한국의 귀면(鬼面)

환상적인 신의 얼굴

한국의 귀면(鬼面) 환상적인 신의 얼굴

2024년 9월 25일 초판 1쇄 발행
지은이 김성구

펴낸이 권혁재

편 집 권이지
진 행 권순범
교정교열 천승현
디자인 이정아

인 쇄 성광인쇄
펴낸곳 학연문화사
등 록 1988년 2월 26일 제2-501호
주 소 서울시 금천구 가산디지털1로 16 가산2차 SKV1AP타워 1415호

전 화 02-6223-2301
전 송 02-6223-2303
E-mail hak7891@chol.com

ISBN 978-89-5508-698-0 (93910)

한국의 귀면(鬼面)

환상적인 신의 얼굴

김 성 구

학연문화사

머리말

국립박물관에서 기와를 전공한 필자는 귀신의 얼굴을 무섭게 장식한 귀면기와에 남다른 관심을 갖고 있었다. 기와는 목조건물의 지붕에 이는 주요한 건축부재로, 방수와 방화, 내구성과 미관 등 여러 기능과 장점을 지녀 고대부터 성행했다. 기와에는 당시 사람들이 바라는 길상과 벽사, 불교적 염원을 나타낸 각종 문양들로 가득 채워져 그 집에 살고 있는 사람들의 행복과 건강은 물론 자손만대의 부귀영화를 기원했다.

귀면은 대부분 몸체를 생략한, 앞을 주시한 정면관의 얼굴 위주로 표현되었다. 입을 벌려 송곳니와 앞니를 드러냈고 입 주위에는 무서운 귀기(鬼氣)가 서렸다. 두 눈은 눈동자가 왕방울처럼 튀어나왔고 두 눈썹이 치켜졌다. 코는 콧구멍이 뚫린 채 위로 들렸고 귀는 소귀처럼 솟았다. 이마에는 머리털이 뻗쳤고 뿔이 무섭게 돋았다. 옛사람들은 이와 같은 귀면에 대해 많은 두려움과 공포를 느끼면서도 각종 재앙을 막고 사귀를 내쫓는 신의 얼굴로 여겨, 삶과 죽음의 벽사의장으로 활용하는 놀라운 지혜를 발휘했다.

『한국의 귀면(鬼面)-환상적인 신의 얼굴-』은 10여년에 걸쳐 출판을 준비한 개인적인 프로젝트였다. 필자는 2009년 정년 이후『귀면기와』에 대한 작은 책자를 펴내려고 준비했다. 그런데 귀면이 장식된 기와와 전돌 이외에 고대와 고려시대의 고고유물 및 미술품을 비롯해 조선시대의 궁궐과 관아, 능원과 문묘, 사원과 서원, 사우와 고택, 기타 각종 공예품과 기물 등에 다양한 유형의 귀면이 장식되어 이의 조사 및 연구가 필요하게 되었다.

그 후 몇 년 동안 전국 수백 곳의 유적과 사찰 및 고택을 찾아 많은 수량의 귀면자료를 조사하여 촬영했고, 귀면이 새겨진 고고유물 및 미술품을 집성하여, 700여 점에 이르는 귀중한 자료를 확보할 수 있었다. 따라서 목조건축의 지붕에 이어진 '귀면기와' 위주의 간략한 책자 대신에 우리나라 귀면장식의 전체를 다룬『한국의 귀면』이라는 책을 펴낼 수가 있게 되어 자못 감회가 새롭고, 한국문화에 있어서 귀면이 차지하고 있는 비중과 위상이 상당히 지대했음을 실감하게 되었다.

이 책은 삼국시대부터 조선시대까지 다양하게 장식된 각종 귀면자료를 집성하여, 4장과 각 절 및 여러 항목으로 나누어 한국 귀면의 전모를 살필 수 있도록 구성하였다. 각 시대의 귀면을 사용처와 기능, 각종 장식품과 기물에 따라 분류하여 제시하였다. 특히 조선 후기의 귀면장식은 상당량의 귀면자료가 현재 그대로 유존하고 있기 때문에 여러 항목으로 구분하여 그 실태와 특성 등을 자세히 살펴보았다. 그리고 귀면과 관련된 여러 용어를 발췌하여 귀면의 역할과 그 정체성을 살폈고, 귀면과 다른 존재인 도깨비와 용면, 치우와 키르티무카 등에 대해 그 개념과 상위를 폭 넓게 검토하였다.

첫째 장인 '귀면의 개념과 유형'에서는 '귀(鬼)'와 '신(神)'의 자형변화를 통해 귀신의 뜻을 유추했고, 추상적이고 관념적인 귀면의 형상화를 인간이 창출한 이귀제귀((以鬼制鬼)의 지혜에서 찾았다. 그리고 귀신의 독특한 표현방식인 귀면의 유형분류를 귀형·귀두·귀면·유익귀면·귀목·고리귀면 등 여섯 유형으로 구분했고, 우리나라의 문헌과 가사에 나오는 귀면과 귀두 및 귀와, 수두와 나어두 등 귀면과 관련된 여러 용어를 발췌해 제시했다. 그리고 귀면의 원류를 탐구한, 도철설·신상설·기두설·사자설·방상시설 등 여러 기원설에 대하여 간단히 살펴보았다. 이 가운데 앞을 무섭게 주시한 정면관의 도철이 귀면의 원류로 여겨지고 있으나, 귀면과 도철은 그 정체와 유형이 서로 다른 별개의 존재로 파악되었다.

둘째 장의 '한국의 귀면장식과 변천'에서는 우리나라의 귀면을 가야를 포함한 고구려·백제·신라의 삼국시대는 물론, 발해와 후삼국, 고려와 조선 등 각 시대별로 구분해 그 사용처와 변천, 기능을 다양한 자료를 통해 검토했다. 특히 조선후기의 귀면자료는 상당량이 현지에 그대로 보존되어 우리나라의 귀면연구에 중요시되었다. 그리고 수백 종에 달하는 각종 귀면장식을, 각 기능에 따른 시대 및 사용처별로 구분해 그 역할과 특성 등을 살폈는데, 사귀를 막는 귀면의 다양한 변화와 그 정체성 파악에 유익한 자료가 되었다.

셋째 장인 '귀면의 정체와 특이점'에서는 귀면 특유의 정체성을 비롯해 특이한 귀면장식, 신라 귀면기와의 주요 관점 등에 대해 살펴보았다. 필자는 귀면의 정체성을, 정면관의 얼굴 위주와 두 눈과 입으로 사귀를 경계하고 위협한 점, 이마에 무섭게 돋은 귀면의 뿔과 이귀제귀의 벽사 등에서 찾았다. 그리고 특이한 귀면장식으로는 「왕(王)」자가 쓰인 귀면과 연꽃과 금강저, 모란꽃과 물고기 등을 입에 문 귀면, 이마에 돋은 외뿔귀면 등에 대해 여러 자료를 모아 한국 귀면의 정체성은 물론 그 특성의 파악에 유의하였다.

넷째 장의 '귀면과 다른 존재'에서는 귀면을 차용한 도깨비와 이를 도용한 용면, 이외 서로 무관한 치우와 키르티무카 등에 대해 그 개념과 상위를 여러 자료를 통해 살펴보았다. 도깨비는 그 개념이 두 가지로 구분되는데, 하나는 이매망량이나 독각귀와 연관된 귀신의 또 다른 존재로 본 것이고, 다른 하나는『석보상절』의 '돗가비'와 관련한 풍요의 신과 성인남자를 상징한 것으로 달리 해석한다. 무형의 도깨비를 귀형 또는 귀면과 동일시하여 이를 형상화한 것은 도깨비를 귀신의 또 다른 존재로 간주해 귀면을 차용한 것으로 이해했다.

귀면이 용면이라고 주장해, 한 동안 우리 학계에 혼란을 야기했던 용면의 제기는 큰 오류임이 여러 문헌과 자료를 통해 규명되었다. 그리고 인도의 여러 사원과 힌두교 및 자이나교사원에 장식된 키르티무카는 시바 신의 분노에서 화현한 영광의 얼굴로 동아시아의 귀면과 전혀 다른 존재임을 확인하였다. 키르티무카는 몸체를 생략한 무서운 얼굴로 부처와 시바 신을 수호하고 이에 대한 벽사를 나타냈으나, 귀면은 귀형·귀두·유익귀면·귀목·고리귀면 등 여러 유형으로 표현되었고 인간의 생사와 관련된 삶과 죽음을 수호한 벽사의장으로 서로 무관한 존재임을 살필 수 있다.

끝으로 이 책은 여러 기관의 협조와 많은 사람들의 도움을 받아 간행되었다. 국가유산청과 국립박물관, 대학교박물관과 성보박물관, 유금와당박물관 등을 비롯해, 사찰과 향교, 서원과 고택 등 귀면자료를 제공해 준 여러 기관과 소장자 여러 분에게 깊은 감사를 드린다.

또한 귀중한 사진을 흔쾌히 제공해 준 수봉 신병찬(전 국립중앙박물관회 사무국장)님과 키르티무카의 일본 자료를 찾아 보내 준 고정용(일본 리츠메이칸대학 명예교수)님 및 여러 지인들, 여러 가지 어려운 여건에서도 책을 무사히 출판해 준 학연문화사의 권혁재사장님에게 심심한 감사를 드린다. 그리고 귀면자료를 조사하기 위해 전국의 수많은 유적을 찾아 돌아다닐 때, 옆에서 묵묵히 지원해 준 집사람에게도 고마움을 표한다.

2024년 8월 여름

와림(瓦林) 김성구(金誠龜)

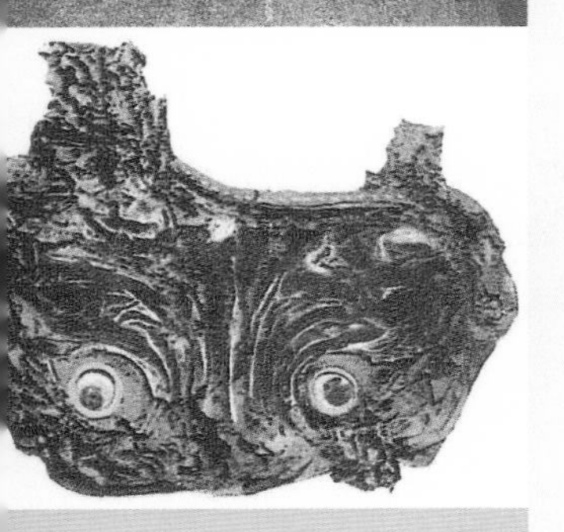

목 차

제2장 한국의 귀면장식과 그 변천

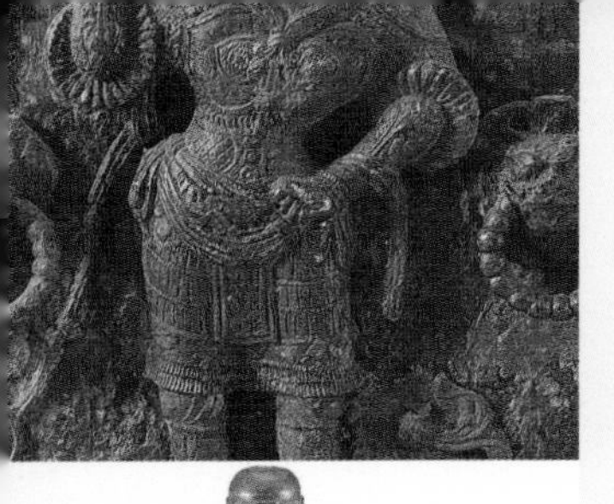

제3장 귀면의 정체성과 특이점

제4장 귀면과 다른 존재

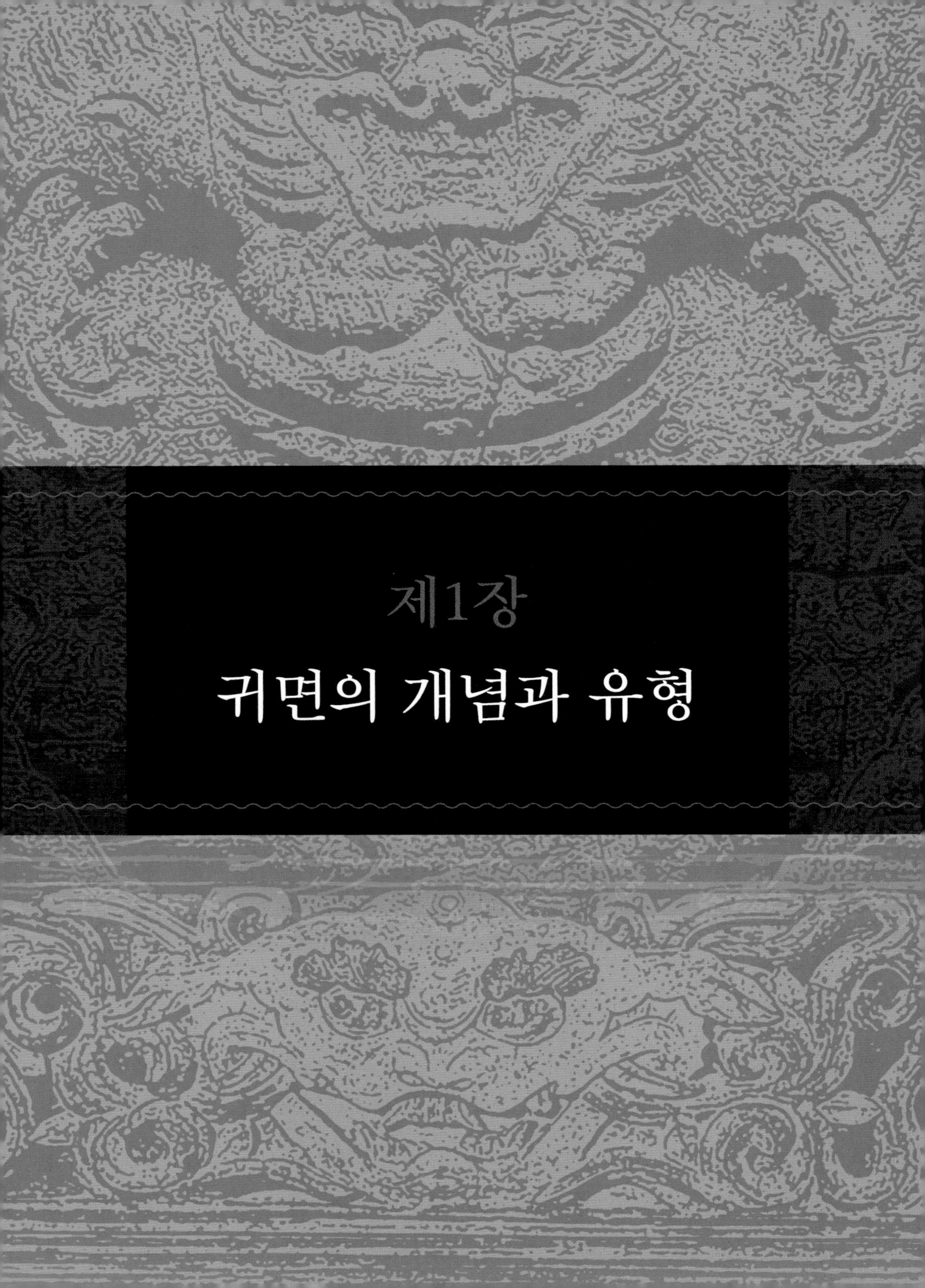

제1장

귀면의 개념과 유형

제1절. 귀신과 귀면

귀신(鬼神)은 무엇이고 어떤 존재일까?

옛 사람들은 귀신을 왜 그렇게 무서워했고 말하기조차 꺼렸을까?

실체가 없는 귀신을, 얼굴 위주의 정면관인 귀면으로 표현해 고분벽화나 기와를 비롯한 각종 건축부재, 다양한 생활 공예품이나 부장품에 무슨 의미로 새기고 그렸을까 상당히 궁금하다.

과학문명이 발달한 요즈음에 귀신과 귀면의 얘기가 황당한 얘기로 들릴지 모르겠지만, 그 존재는 이미 삼국시대부터 건축부재인 기와와 여러 종류의 기물에 장식되어 우리의 문화와 관념 속에 깊게 자리했다. 두렵고 무시무시한 얼굴로 표현된 귀면은 귀신의 초자연적인 힘을 빌려 인간의 생명과 생활을 위협하는 각종 재앙과 사귀를 막기 위한 특이한 존재라고 할 수 있다.

귀면은 잡귀나 요사한 기운을 물리쳐 내쫓은 축사(逐邪)의 의미로 고대부터 독특한 벽사문화를 낳았다. 사람들이 오랫동안 죽지 않고 편안하게 잘 살기를 바라는 신선사상은 장수 및 섭생과 관련해, 복을 불러오는 길상과 사귀를 막는 벽사 등 다채로운 문화를 이룩했다. 고대에는 오늘날과 같이 의학과 과학이 발달하지 못했기 때문에 다양하게 전개된 길상과 벽사의장을 통해 삶의 지혜와 심신의 안정을 추구했다. 따라서 귀면은 귀신과 함께 사람들이 무서워했고 말하기조차 꺼렸는데, 우리의 옛 문화에 다양하게 활용되어 '그로테스크(grotesque)하고 환상적인 신의 얼굴'로 이해되는 신이(神異)한 존재가 되었다.

1. 귀신이란?

귀신은 인간이 상상으로 유추한 초자연적인 존재로, 그 정체가 독특하여 간단히 정의되지 않는다. 귀신은 인간을 신격화한 인신(人神)의 '鬼'와 천신(天神)의 신인 '神'의 두 글자가 합해진 것이다. 귀신은 대개 죽은 사람의 넋인 혼백을 나타내 사람에게 화복을 내려준다는 특이한 의미를 지녔다. 사람이 죽으면 정신에서 벗어난 혼(魂)은 하늘로 올라가 신이 되고, 육체에서 이탈한 백(魄)은 땅으로 들어가 귀가 되었다. 그런데 땅속의 귀는 사람에게 복과 화를 주고 하늘의 신은 조화를 부리는 신령과 같이 존귀하다고 믿었다. 따라서 귀신은 반드시 몰아내야할 불필요한 존재임과 동시에 또 경외해야 할 신이한 대상으로 예부터 인간생활의 길흉화복과 밀접하게 관련되었다.

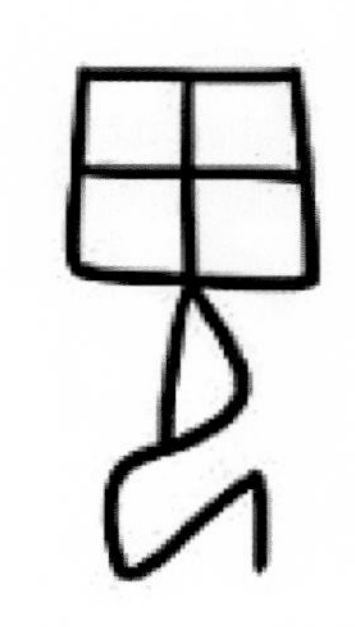

도1. 갑골문(甲骨文)의 귀(鬼)

'귀(鬼)'자는 그 자형(字形)을 통해 상형문자(象形文字)와 회의문자(會意文字)로 각각 다르게 해석한다. 신이하고 초자연적인 존재인 귀신의 정체를 간단히 규명하는 것은 매우 어려운 일이다. 그런데 기괴하고 경외한 귀신의 존재를, 고대의 여러 문헌에 게재된 '귀'와 '신'의 자형변화를 통해 그 정체를 약간이나마 파악할 수가 있다.

상형문자의 '귀'는 귀신의 머리 모양을 본떠서 만들었는데 갑골문(도1)에서는 사람이 얼굴에 큰 가면을 쓰고 앉아 있는 형상으로 그려졌다. 중국 주나라와 전국시대의 관직과 제도를 기록한 『주례(周禮)』에는, "당시 악귀를 몰아내는 일을 맡아 처리하는 방상시(方相氏)라는 관리가 있었는데, 마을에 역성전염병이나 재앙이 들면 부하 무리들을 이끌고 해당지역을 이리 저리 돌며 역귀를 몰아낸다고 했다. 그의 형상은 가관이었는데, 곰 가죽을 덮어쓰고 눈이 네 개 달린 쇠 가면을 쓰고, 검은 옷을 걸치고 붉은 바지를 입고 손에는 창과 방패를 들었다. 이와 같이 방상시라는 관리는 귀신을 쫓아내기 위해 커다란 가면을 쓰고 요상한 모습을 하였고 그 모습을 형상화한 것이 귀신

귀(鬼)이다" 라고 하였다.[1)]

도1-1. 소전(小篆)의 귀(鬼)

중국 후한 때 허신(許愼)이 편찬한 자서인 『설문해자(說文解字)』에는 '귀(鬼)'자(도1-1)를 "사람이 돌아가는 바를 귀(鬼)라고 한다. 인(儿)으로 구성되었다. 불(甶) 부분은 귀신의 머리를 형상화한 것이다. 사(厶)로 구성되었다. 귀의 음기가 해를 끼칠 수 있으므로 사(厶)로 구성된 것이다. 귀(鬼) 부에 속하는 한자는 모두 귀(鬼)의 의미를 따른다. 귀(䰟)는 고문에서는 시(示)로 구성되어 있다"고 하였다.[2)] 그런데 귀신머리 불(甶)은 귀신의 머리 모양을 본떠 만든 글자로, 정수리 신(囟)과 같은 문자로 간주한다. 따라서 귀신의 머리 모양은 망령의 모습으로, 정령이나 유령과 같이 매우 무섭고 두려운 존재가 되었다. 또한 "서개가 이아를 참고해 말했다. 귀(鬼)는 돌아간다는 말이다. 『한시외전(韓詩外傳)』에서는 사람이 죽으면 육체는 흙으로 돌아가고, 피는 물로 돌아가고, 뼈는 돌로 돌아가고, 혼의 기운은 하늘로 올라가고, 음의 기운은 박약하여 홀로 남아 의지하는 바가 없다."라고 하였다.

한편 '귀(鬼)자'는 불(甶)과 인(儿), 사(厶)의 세 글자가 합하여 만들어진 회의문자로 해석하기도 한다. '귀신 귀(鬼)'는 '귀신머리 불(甶)'이나 '정수리 신(囟)'에 사람[人]의 변형인 '어질 인(儿)'을 합하고, 구름처럼 움직인다는 뜻을 지닌 '구름 운(云)'의 생략체인 '사사 사(厶)'를 다시 결합하여 만든 문자로 간주한다. 그런데 혹자는 '귀(鬼)'자가 유(由)와 궤(几), 사(厶)의 세 글자가 합쳐 만들어진 회의문자로 달리 보기도 한다. 유(由)는 기괴한 얼굴을 상형했으며, 궤(几)는 인(人)자를 변형시킨 것이고, 사(厶)는 사(私)의 원형이라는 것이다. 여기에서 '사(厶)'의 글자가 움직이는 구름을 뜻하는 '구름 운(云)'과 인간 개인

---

1) 『周禮』 卷31, 「夏官司馬」 第4.

2) ① 許愼 『說文解字』 鬼. "人所歸爲鬼. 從人. 象鬼頭. 鬼陰氣賊害, 故從厶. 凡鬼之屬皆從鬼, 示+鬼, 古文從示." "徐鍇按爾雅曰, 鬼之言歸也. 韓詩外傳曰, 人死肉歸於土, 血歸於水, 骨歸於石也, 魂气升于天, 陰气薄然, 獨存無所依也."
② 이인경, 2021, 「《說文解字》'鬼' 부수 漢子와 고대 중국의 鬼文化」, 『中國學論叢』 第73輯, 고려대학교 중국학연구소, p.195.

을 뜻하는 '사사 사(厶)'로 구분되어 차이를 나타냈다. 이와 같이 '귀(鬼)'자는 그 자형이 상형문자와 회의문자로 다르게 만들어졌고 그 해석도 차이가 있는데, 옛사람들은 이를 매우 두렵고 신이한 존재로 여겼다.

귀신을 뜻하는 '신(神)'자는 처음에는 번갯불이 번쩍이는 자연현상의 모양을 본떠 만든 신(申)으로 그려졌다. 그 후 제사나 귀신과 관련된 제단(祭壇)을 뜻하는 '제사 시(示)'를 덧붙여 제사의 대상인 하늘의 신인 천신(天神)을 나타내게 되었다. 따라서 귀신은 인신의 귀(鬼)와 천신의 신(神)인, 귀와 신의 두 글자가 합한 것으로, 죽은 사람의 넋인 혼백이나 망령이외에 사람에게 화복을 내려준다는 신령스러운 뜻을 함께 지녔다.

옛날 사람들은 귀신을 초자연적인 힘을 지닌, 무섭고 신령스러운 존재로 생각했다. 오늘날과 같이 과학문명이 발달하지 못한 옛날에는 갑자기 일어난 괴이하고 신이한 자연현상을 귀신과 관련된 흉사나 길사로 여겨, 자연에 대한 외경(畏敬)과 함께 귀신을 매우 두려워했고 믿고 따랐다. 귀신은 실체가 없는, 무형의 비물질적인 존재로 간단히 정의되지 않는다. 귀신은 괴수나 괴인, 영수(靈獸)나 신인(神人)과 같이 두렵고 착한 모습으로 상상하거나 묘사되어 인간생활의 길흉화복을 주재하는, 독특한 신의 위상을 확립해 사귀를 막는 벽사의 기능을 수행하였다.

2. 귀면의 개념

사람들은 예나 지금이나 오랫동안 무탈하게 잘 살아가기를 소망한다. 오늘날과 같이 과학문명이 발달하지 못한 옛날에는 천둥과 번개, 천재지변과 같은 괴이한 자연현상은 물론, 인간의 길흉화복과 각종 재난 및 질병 등을 사악한 귀신의 소행으로 간주했다. 그런데 사람들은 이승과 저승을 넘나드는, 형체가 없는 귀신을 직접 상대할 수 없기 때문에 난감했고 몹시 두려워하였다. 사람들은 이와 같은 사악한 귀신을 막기 위하여 무당이나 퇴마사를 동원하거나 주문을 외우고 부적과 같은 주술과 비법 등을 펼쳤으나 별다른 효과를 거두지 못하였다.

귀면은 귀신의 얼굴을 무섭게 묘사한 것으로, 맹수의 얼굴에 순한 동물의 뿔이 합성된 것과 같은 특이한 모습이다. 옛사람들은 인간생활을 위협하는 각종 재앙과 질병, 화재 등을 사악한 귀신의 탓으로 돌리고 이를 막기 위한 중요한 수단과 방책으로, 초자연적인 힘을 지닌 귀신의 얼굴 즉 귀면을 형상화하는 이귀제귀의 지혜를 발휘하였다.

이귀제귀(以鬼制鬼)는 '오랑캐로 오랑캐를 제어하다'의 이이제이(以夷制夷)와 '독으로 독을 다스리다'의 이독제독(以毒制毒), '열은 열로써 다스리다'의 이열치열(以熱治熱) 등의 고사성어와 같이, '초자연적인 힘을 지닌 귀신으로 하여금 사악한 잡귀를 제압하다'는 의미를 지닌 특이한 대비책이다. 그런데 이이제이는 '적을 이용해 다른 적을 제어하다'는 비유로 중국의 대외 이민족정책의 하나인데, 본래는 『후한서(後漢書)』「등구열전(鄧寇列傳)」에 나오는 '오랑캐로 오랑캐를 치다'의 이이벌이(以夷伐夷)에서 유래했고 이이공이(以夷攻夷)라고도 이른다.[3] 따라서 귀신의 얼굴을 무섭게 표현한 귀면장식은 추상적이고 관념적인 형상이지만, 사귀를 막는 벽사의 주체로서 복을 불러오는 길상의장과 함께 옛사람들이 창안한 독특한 지혜의 산물이라고 할 수 있다.

귀면은 우리나라와 일본에서 쓰이는 대표적인 벽사 용어로, 동아시아의 고대문화를 연구하는데 중요한 자료가 된다. 귀면은 중국 한대(漢代)에 비롯되어 남북조시대에 그 형상이 갖추어졌고 여러 기물에 장식되었다. 우리나라에는 삼국시대 초에 전래되어 통일신라시대에 이르러 정형화되었다. 귀면은 얼굴 중심의 정면관이 주류이나 사지나 팔과 다리, 머리를 드러낸 귀형과 귀두도 포함된다. 귀신의 얼굴을 무섭게 표현한 귀면은 주요한 건축부재인 기와와 전돌을 비롯해 여러 장신구와 실생활의 다양한 기물에 장식되어 각종 재앙과 질병, 화마 등을 막는 상징적인 의미를 지녔다. 그런데 일부 사람들은 귀면을 괴수면으로 부르는데, 괴수는 괴물과 같은 짐승 이미지가 부각되어 사귀를 막는 벽사 용어로 적합하지 못하다. 북한에서는 귀면을 '괴이하다'는 뜻을 지닌, 괴면(傀面)으로 달리 불러 벽사와 다른 차이를 나타냈다.

중국에서는 귀면대신에 동물 얼굴을 묘사한 수면(獸面)이라는 용어를 주로 사용한

---

3) 『後漢書』卷16, 列傳 第16「鄧寇列傳」. "議者, 咸以羌胡相攻, 縣官之利, 以夷伐夷, 不宜禁護".

다. 어두귀면(魚頭鬼面)과 신두귀면(神頭鬼面) 등의 고사성어가 중국에서 유래했으나, 귀면대신에 특정하지 않은 동물 얼굴을 묘사한 수면이라는 용어를 사용해 벽사의 주체인 귀면의 정체와 다른 단순한 의미를 지녔다. 그런데 중국에서도 사지가 달린 귀면장식을 초자연적인 신수(神獸)로 불러 서상적인 의미를 나타냈는데, 우리나라와 일본에서는 이와 같은 신수를, 귀형(鬼形) 또는 귀신(鬼身) 등으로 불러 벽사의미를 강조했다.

귀면은 사귀를 쫓는 독특한 속성 때문에 얼굴의 각 부위가 무섭고 흉측하게 묘사된다. 사귀를 위협하고 경계하기 위하여 얼굴을 중심으로 입과 두 눈이 강조되어 정면을 향한 분노의 모습으로 대부분 표현된다. 귀면은 경주 월지에서 출토한 녹유귀면문기와(도2)의 각 부위 명칭도(도2-1)와 같이, 둥근 얼굴에 각 부위가 잘 구비되어 정제되었다. 입을 벌려 날카로운 송곳니와 혀가 드러났고, 귀기(鬼氣)가 넝쿨처럼 뻗쳤다. 코는 콧구멍이 뚫린 채 콧등이 두텁고, 두 눈은 눈동자가 돌출했다. 귀는 귓구멍이 뚫린 나선형이며 눈썹은 그 끝이 말렸다. 이마에는 보주가 장식되었고 좌우의 두 뿔은 소뿔처럼 돌아 안쪽으로 굽었다.

귀면은 입에 귀기 대신에, 점차 초엽과 당초, 연꽃과 모란, 물고기와 금강저 등을 물어 벽사이외에 길상 및 불교적인 염원이 함축되어 복합적인 의미를 나타냈다. 그리고

도2. 녹유귀면문기와 월지 통일신라.

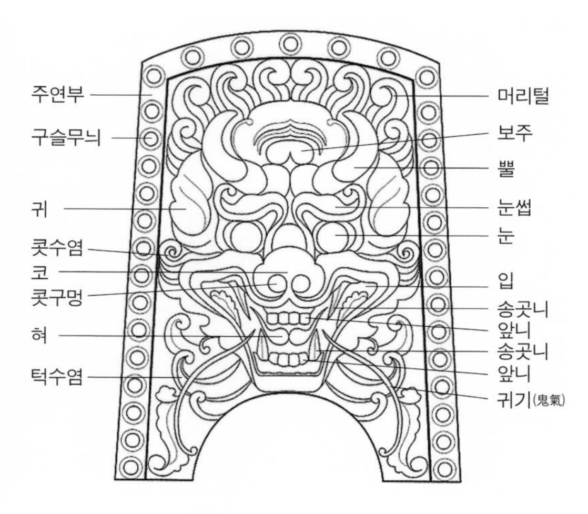

도2-1. 귀면의 각 부위 명칭도.

귀면의 입주위에는 간혹 사악한 기운을 감지하는 촉수가 길게 뻗쳤고, 이마에는「왕(王)」자를 새겨 귀면이 벽사의 으뜸임을 강조했다. 우리나라의 귀면장식은 어느 문헌이나 자료에도 아직 도해되지 않았으나 호랑이나 사자와 같은 무서운 맹수의 얼굴에, 소나 양과 같은 순한 동물의 뿔이 합성된 독특한 형태로 묘사되어 사악한 잡귀를 막는 벽사를 나타냈다.

귀면은 인간의 지혜가 만들어낸 초자연적인 도상으로, 복을 기리는 다양한 길상미술과 함께 사귀를 막는 특이한 벽사미술을 낳았다. 사람이 직접 잡귀나 사귀를 상대할 수 없기 때문에 또 다른 귀신을 설정하여 이를 물리친다는 '이귀제귀'의 벽사는 대표적인 장수비결인 길상과 함께 우리 문화를 더욱 더 풍부하게 발전시켰다. 우리나라의 귀면장식은 정면관의 얼굴위주로 무섭게 의장되어, 눈과 입을 강조하는 이귀제귀(以鬼制鬼)의 특성을 나타내 삼국시대부터 조선시대까지 성행하여 사귀를 막는 벽사를 나타냈다. 그런데 여러 문헌과 가사에서 달리 표기한 수두(獸頭)와 수면, 나두(螺頭)와 나어두(羅魚頭) 등은 그 모습과 의미가 귀면과 유사하고 큰 차이가 없기 때문에, 필자는 이 모두를 귀면에 포함해 함께 다루었다.

한편 우리나라에서는 간혹 귀면을 도깨비나 용면(龍面)으로 잘못 불러 그 조형과 상징성은 물론 그 정체와 귀면연구에 상당한 혼란을 야기했다. 도깨비는 귀신과 같이 실체가 없는 허상(虛像)으로, 일부 사람들이 귀형과 귀면을 차용해 도깨비로 형상화했다. 그런데 도깨비는 귀형과 귀면의 주요 특성인 사귀를 막는 벽사기능과 달리 인간을 희롱하거나 가무를 즐기며 재화에 밝아 서로 다른 부류임을 알 수 있다.

용면은 용의 얼굴로 근래에 생긴 신조어이다. 귀면이나 귀와(鬼瓦)가 우리말이 아니고 일본말이기 때문에, 귀면대신에 용면이라는 말을 새로 만들어 이를 도용하였다. 그런데 귀면은 일본말이 아니라 고려시대부터 사용한 우리말임이 후술하는 귀면 관련의 여러 문헌과 가사에서 확인되었고, 용면은 우리나라의 옛 문헌이나 국어사전에 전혀 기록되지 않은 생소한 말이다. 그리고 용은 대부분 몸 전체를 갖춘 측면관으로 표현되어 길상을 나타냈고. 귀면은 정면관의 얼굴 위주로 묘사되어 벽사를 나타내 서로 다른 별개의 존재라고 할 수 있다.

제2절. 귀면의 유형분류

귀면은 무정형의 귀신얼굴이 호랑이나 사자와 같은 무서운 동물얼굴로 상상되어, 각종 부조와 도상으로 새겨지거나 그려진다. 우리나라의 귀면은 고구려의 고분벽화를 비롯해 기와와 전돌의 건축부재는 물론, 갑옷과 장신구, 여러 가지의 기물과 사원의 불단 등에 채용되어 사귀를 막는 독특한 벽사기능과 장엄을 나타냈다.

우리나라의 귀면은 귀신의 독특한 표현방식에 따라 귀형(鬼形)과 귀두(鬼頭), 귀면(鬼面)과 유익귀면(有翼鬼面), 귀목(鬼目)과 고리귀면[環附鬼面] 등 여섯 유형으로 구분된다.[4] 귀신의 다양한 표현방식은 후술한 바와 같이 각 시대와 그 사용처에 따라 적절하게 활용되어 우리나라 벽사미술의 근간을 이루었다. 그런데 이와 같은 여섯 유형의 표현방식은 모두 얼굴 위주의 귀면이 중심을 이루었고 전시기에 걸쳐 주류를 차지하고 있기 때문에, 이 유형 모두를 합해 귀면, 또는 귀면장식으로 통칭한다.

1. 귀형

귀형은 귀신의 얼굴뿐만이 아니라 몸 전체가 표현되거나 몸의 일부분인 다리나 팔을 묘사한 무서운 형상으로 약간씩 제작되었다. 고분벽화의 도상이나 여러 기물의 조상으로 묘사되었는데, 얼굴 중심의 귀면에 비해 그 사례가 흔치 않다. 귀형은 중국에

---

4) 김성구, 2024,「한국 귀면의 유형분류와 그 정체성」,『한국기와학보』제9호, 한국기와학회 pp. 13~31.

서는 신수(神獸)로, 일본에서는 귀형 또는 귀신(鬼身) 등으로 불린다.

고구려의 귀형은 큰 얼굴에 두 다리를 지닌 웅크린 자세로, 퉁구 사신총의 널방 천장 괴임의 남쪽벽화에 그려졌다. 백제의 귀형은 부여 외리유적에서 출토한 귀형문전돌이 잘 알려져 있다. 귀형은 허리에 허리띠를 찼고 두 팔을 펼친 입상으로 당당하다. 신라의 귀형은 경주 식리총에서 출토한 금동신발의 바닥판에 4구가 투각되었다. 귀형은 얼굴과 다리와 팔을 갖추었는데 귀갑 안에 새겼다.

통일신라의 귀형은 마루기와에 얼굴과 굵은 다리가 묘사되어 이채롭다. 고려의 귀형은 여주 고달사지의 원종대사탑비(보물) 이수에 나타났고, 조선의 귀형은 경복궁의 대비 침전인 자경전 십장생굴뚝(보물)과 왕비 침전인 교태전 아미산굴뚝(보물)을 축조한 전돌에 새겨져 벽사를 나타냈다. 전돌의 귀형은 다리와 팔이 달렸고 이마에는 소뿔형의 뿔이 돋았는데 물과 관련된 괴어(怪魚)의 모습이다. 이외 경산 환성사의 대웅전 불단에도 두 팔을 뻗쳐 화지(花枝)를 잡은 귀형이 묘사되었다.

2. 귀두

귀두는 귀면의 얼굴과 두부가 함께 표현된 고부조, 또는 환조의 조상(彫像)으로 상당히 입체적이다. 귀두의 명칭은 1795년(정조 19)에 편찬한 『이충무공전서』에 도해되어 처음 나타났는데 우리나라의 귀면연구에 중요한 자료가 되었다. 「전라좌수영거북선」의 뱃머리에 장식된 귀두는 임진왜란 당시 왜군과의 해전에서 죽음의 공포를 이기고 승리하려는 수병들의 처절한 의지와 사귀를 막는 벽사를 나타냈다.

귀두는 목조건물의 지붕에 잇는 마루끝기와로 제작되어 지붕에 이어졌고, 조선 후기의 수군조련도에 그려진 판옥선에 표현되었다. 환조의 귀두는 발해와 고려의 여러 유적지에서 출토하였다. 녹유가 칠해진 귀두는 발해 도읍지인 상경 용천부에서 출토해 그 위용과 화려함을 살필 수 있다. 고려의 귀두는 진도 용장산성과 원주 법천사지에 출토했는데 두 눈동자가 튀어나왔다. 조선의 귀두는 구미 선산객사에 이어져 벽사와 장엄을 나타냈다.

3. 귀면

귀면은 귀신의 얼굴을 중심으로 표현한 가장 기본적인 유형으로 전시기에 걸쳐 성행했다. 고구려의 고분벽화를 비롯해 기와와 전돌, 화반과 창호 등의 각종 건축부재, 사리장엄구와 불단, 장신구와 무기 및 여러 기물에 장식되어 벽사의 주체적인 역할을 수행했다. 귀면은 정면관 위주로 입과 두 눈에 중점을 두고 이마에 뿔을 갖추고 무섭게 표현하였다.

우리나라의 귀면은 통일신라시대에 정형화되었고 조선시대에 이르러 다방면에 활용되었다. 조선시대에는 단청이 입혀진 귀면이 목조건물의 화반과 궁창, 불단과 뻴목의 마구리 등에 장식되어 목재의 부식 방지는 물론 건물의 장려함을 돋보였다. 고대의 귀면은 대개 이빨을 드러낸 입가에 귀기가 뻗쳤다. 그런데 조선시대의 귀면은 입에 간략한 초화나 넝쿨모양의 당초(唐草), 모란꽃과 연꽃, 금강저와 물고기 등을 새겨 또 다른 변화와 의미를 나타냈다. 이와 같은 의장은 귀면 본연의 벽사이외에 길상과 풍요, 불교적인 염원과 화마 방지 등 여러 가지 의미가 함축된, 복합적인 의미를 나타낸 것이라고 할 수 있다.

4. 유익귀면

유익귀면은 날개가 달린 귀면으로 보기 드믄 유형에 속한다. 최근에 새롭게 분류한 귀면의 한 유형으로 우리나라의 귀면연구에 중요한 자료가 된다. 아직까지 출토 사례가 많지 않으나 귀면이 위협적이고 날개가 달려 특히 주목된다. 유익귀면은 후백제와 고려 초에 제작된 암막새에 표현되었는데 날개를 펼친 채 사귀를 쫓는 모습이다.

광주 무진고성에서 출토한 암막새에는 날개가 달린 귀면이 장식되어 특이하다. 암막새의 중심장식으로 귀면을 중앙에 배치하고, 그 좌측과 우측에는 큰 날개를 장식하였다. 귀면은 크게 벌린 입과 두 눈, 코와 두 귀를 무섭게 표현했는데 이마의 뿔은 생략되었다. 귀면은 정면을 향하여 날개를 펼친 채 하늘을 날고 있는데, 봉황이 장식된 수막새와 조합을 이루어 벽사와 길상을 나타냈다.

5. 귀목

귀목은 귀면의 입과 코, 귀와 뿔 등을 대부분 생략하고 두 눈을 크게 돌출해 장식한 특이한 유형이다. 귀목은 조선 전기에 출현해 조선말까지 성행했는데, 암막새와 망와에 시문되어 사귀를 막는 벽사를 나타냈다. 그런데 귀목은 두 눈동자를 강조한 단순한 의장이지만, 당시의 생략과 해학을 반영한 수준 높은 와공의 창의로 이해된다.

조선 후기에는 귀목에 백자편을 박아 넣거나, 두 눈동자가 파이고 뚫어진 암막새와 망와가 제작되어 또 다른 변화를 나타냈다. 귀목은 당시에 제작된 인면문망와에 영향을 끼쳐 인목(人目)이 출현하게 되는 주요한 계기가 되었고, 인목도 귀목과 함께 사귀를 쫓는 벽사를 나타냈다.

6. 고리귀면

고리귀면은 입에 고리를 문 귀면의 한 유형으로, 문비나 기물의 손잡이에 장식된다. 우리나라에서는 돌방무덤의 묘문과 궁궐의 출입문, 석탑의 문비와 사리장엄구, 향로와 조선 능원의 고석 등에 장식되어 사귀를 막는 벽사를 나타냈다. 중국에서는 포수(鋪首) 또는 수환(獸鐶)이라고 하여 중국 진한대의 묘문(墓門)이나 청동기에 장식되었다. 고리귀면은 다른 귀면과 마찬가지로 정면관인 얼굴위주로 표현되었는데, 크게 벌린 입과 분노한 눈, 털과 이마의 장식성 등 중국 서주의 도철문과 관련되고 있으나 별개의 존재이다.

고리귀면은 금동 또는 청동으로 제작된 장식구로, 통일신라의 여러 유적지에서 출토하였다. 경주 월지에서 출토한 귀면문고리는 금동제로, 왕궁의 출입문에 부착된 것으로 보인다. 경주 감은사의 3층 석탑에서 출토한 사리외함과 장항리 5층석탑의 문비에도 귀면문고리가 장식되어 불사리를 수호하고 사귀를 막는 역할을 하였다. 이외에 조선 왕릉의 고석에 새긴 나어두는 그 형태와 역할이 귀면과 유사하여 광의(廣義)의 고리귀면에 포함하였다.

제3절. 귀면 관련의 문헌과 가사

귀면의 문헌조사는 그 동안 거의 이루어지지 않았다. 귀면과 관련한 문헌 및 가사는 2000년대 초부터 필자에 의해 조사되어 귀면의 정체성 파악에 귀중한 자료가 되었다. 귀면과 귀두, 귀와와 어두귀면 등의 주요한 귀면관련의 용어는 『고려사절요(高麗史節要)』와 『이충무공전서(李忠武公全書)』, 『해동잡록(海東雜錄)』과 『박씨전(朴氏傳)』 등의 여러 문헌과 「속사미인곡」과 「회심곡」 등의 판소리의 가사에서 확인되었다.

귀면나찰과 귀면불심, 어두귀면 등의 사자성어(四字成語)는 귀면의 존재를 알려준 또 다른 고사성어로 중요한 자료이다. 이외 귀면장식에 포함된 수두와 수면, 나두와 나어두 등이 『삼국사기(三國史記)』와 『조선왕조실록(朝鮮王朝實錄)』, 『화성성역의궤(華城城役儀軌)』 등 여러 문헌에 기록되어 귀면 연구에 많은 진전이 이루어졌다.[5)]

1. 귀면

귀면은 고려의 역사를 편년체로 정리한 『고려사절요』에 처음 기록되어 귀중한 자료가 된다. 『고려사절요』는 조선 전기인 1452년(문종 2)에 김종서 등이 편찬하였는데, 기전체인 『고려사(高麗史)』와 더불어 고려시대의 중요한 역사책이다.

---

5) ① 김성구, 2015, 「한국의 기와연구와 주요 과제」, 『釜山기와』, 부산박물관, pp,237~238.
② 김성구, 2023, 「한국의 귀면장식과 그 정체성-귀면기와를 중심으로-」, 『기와, 지붕을 장엄하다』, 제20회 한국기와학회 정기학술대회, 한국기와학회, pp18~19.

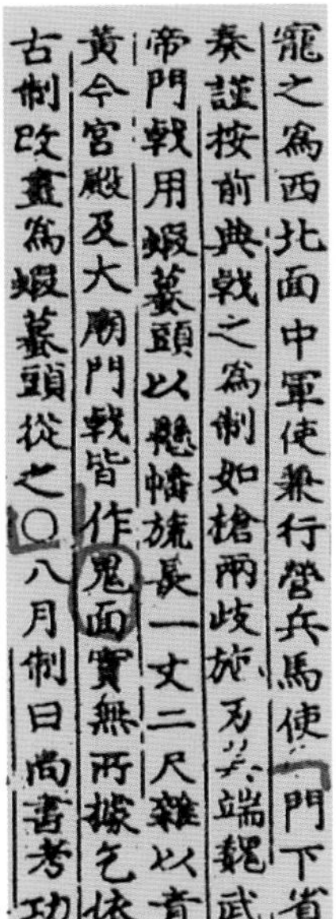
寵之爲西北面中軍使兼行營兵馬使○門下省
奏謹按前典戟之爲制如槍兩岐旋[illegible][illegible]端魏武
帝門戟用蝦蟇頭以懸幡旒長一丈二尺雜以青
黄今宮殿及大廟門戟皆作鬼面實無所據乞依
古制改畫爲蝦蟇頭從之○八月制曰尙書考功

도3. 귀면 기록 『고려사절요』 조선.

『고려사절요』 4권 문종 원년(1047)조(도3)에 "문하성이 아뢰기를… '궁전과 태묘의 문에 세운 극(戟)은 모두 귀면을 새겨 실로 근거가 없으니 옛 제도를 따라 두꺼비머리[蝦蟆頭]로 고쳐 그렇게 하소서' 하니 따랐다."는 기록이 있다.[6] 『고려사절요』에 기록된 극은 끝이 세 갈래로 갈라진 긴 창으로, 궁전과 태묘의 문에 세워 왕실의 권위와 위엄을 나타낸 주요한 무기이다. 극은 무서운 귀면을 새겼는데 그 근거가 없어 두꺼비머리로 대체하여 또 다른 벽사를 나타낸 것으로 보인다. 그러나 '작귀면(作鬼面)', 즉 '귀면을 새기다.' 라는 문구를 통하여 귀면이 고려 문종 때인 서기 1047년에 이미 사용된 우리말임이 확인되어 귀면연구에 매우 중요한 근거가 되었다.

'귀면'이란 용어는 『고려사절요에 처음 기록되었는데, 두 글자 이상의 다른 말과 어울려 '귀면나찰'과 '어두귀면' 등의 새로운 뜻을 나타냈다. 이와 같은 성어(成語)는 『박씨전』의 문헌에 기록되었거나 「판소리」와 「회심가」, 「별회심가」 등의 가사에 포함되어 다양하게 쓰였다.

2. 귀면의 사자성어

1) 귀면나찰(鬼面羅刹)

귀면나찰은 귀면과 나찰이 합성된 말로, 무시무시한 형상을 연상하게 한다. 나찰은 범어 'raksasa'에서 온 말로 원래 인도 신화 속에서 나타난 귀신의 일종인 악귀인데, 불교가 수용하여 호법 외호신이 되었다. 나찰은 또 아방나찰(阿傍羅刹)로 불러 지옥의 옥졸인 귀신을 의미했다. 나찰에는 소머리에 사람 손을 가진 우두나찰(牛頭羅刹)과 말머리 형상을 한 마두나찰(馬頭羅刹) 등이 있는데, 귀면나찰은 귀면이 불교에 수용되면

6) 김종서 외, 2004, 『新編高麗史節要』 上, 민족문화추진회, 신서원.

서 나찰보다 더 무섭고 두려운 존재가 되어 불법을 수호했다.

휴정(休靜)이 쓴 「회심곡(回心曲)」에는 "…귀면나찰들은 전후좌우 벌려 서서…" 와 "…남녀죄인 잡아들여 다짐받고 봉초할 제 귀면정제 나졸들이 전후좌우 벌려 서서…" 등 '귀면나찰'과 '귀면정제 나졸' 의 여러 가사가 있다. '귀면나찰'은 귀면과 나찰이 합해진 성어이며, '귀면정제 나졸'은 나졸의 또 다른 무서운 형상을 나타낸 말이다.

「회심곡」은 조선 중기에 서산대사 휴정(1520~1604)이 지은 불교가사로, 1776년(영조 52) 합천 해인사에서 펴낸 목판본 『보권염불문(普勸念佛文)』에 실려 전한다. 원래 4·4조의 가사인데 불교의 민중 포교를 위해 민요의 선율을 따라 부르게 되었다. 이 곡은 임진왜란과 병자호란의 양란이후 신도들의 신앙심을 높이고 불교를 포교하기 위해 부르게 되었는데 일명 「회심곡(悔心曲)」이라고 한다. 「회심곡」은 모두 163구(句)인데, 87구에 '남녀죄인 잡아들여 다짐받고 봉초할 제 귀면정제 나졸들이 전후좌우 벌려 서서' 에서 귀면 관련의 가사가 확인된다.

2) 어두귀면(魚頭鬼面)

어두귀면과 어두귀면지졸(魚頭鬼面之卒), 어두귀면나찰 등은 귀면의 존재를 알려준 또 다른 대표적인 고사성어이다. 어두귀면은 물고기 머리에 귀신 낯짝이라는 말로 몹시 흉한 얼굴을 이르며, 어두귀면지졸은 물고기 머리에 귀신 낯을 한 졸개들이라는 뜻으로 어중이떠중이나 지지리 못난 사람들을 얕잡아 이르는 말이다. 이 두 말은 한자의 고사성어로 중국의 원과 명, 청에서도 일반화되었고 우리나라의 『국어사전』에도 실렸는데, 귀면나찰과 함께 귀면의 존재를 살피는데 중요한 근거가 된다.

어두귀면은 『박씨전』과 「속사미인곡(續思美人曲)」, 「경난록(經亂錄)」 등의 문헌과 가사에서 확인된다. 『박씨전』에는 "…계화가 잡았던 칼을 공중에 휘저으며 진언을 외우매, 모래와 돌이 날리고 사방에서 어두귀면의 병졸이 아우성을 치고…"의 내용이 실렸다. 『박씨전』은 작자 미상으로 병자호란을 배경으로 한 군담소설이다. 조선이 청나라에 패배한 것을, 박씨부인의 재주와 영웅적인 활약으로 승리한 것처럼 엮어, 백성의 자존심과 긍지를 돋으려고 하였다. 따라서 당시의 실존인물인 이시백과 이시백의 아내인 가공의 박씨를 주인공으로 하여, 병자호란에서 패배한 참담함과 고통을 극복하고 이를 해소하고자 하는 백성들의 뜻이 반영되었다.

「속사미인곡」은 "어두귀면갓한 로한(逋漢)이랄 만나보니"의 가사에서 어두귀면의 성어를 확인할 수 있다. 「속사미인곡」은 조선 후기의 문신 이진유(李眞儒)가 유배를 가게 되자, 1727년(영조 3)에 그 심정과 생활을 기행체로 서술한 노래이다. 가람문고에 있는 「가사(歌詞)」에 순 한글로 수록하였다. 정철의 「사미인곡」과 같이 이별한 남편을 그리워하는 아내의 심정에 의탁해 노래의 가사를 썼다.

이범석의 시문집인 『확재집(確齋集)』에 수록된 「경난록」에는 "1894년[癸巳] 봄에 이른바 동학당(東學黨)으로 어두귀면한 몇 명이 대궐문 밖에 나와 엎드려…"에서 어두귀면이 나온다. 「경난록」은 조선 말기에 각지에서 일어난 민란과 남연군묘 도굴사건, 동학란 등을 기술한 중요한 역사 자료이다. 이범석은 시문에 밝은 조선 후기의 학자로, 1894년 동학농민혁명 이후 향리에 은거하였다.[7]

어두귀면지졸은 「수궁가(水宮歌)」의 가사에 있다. 「수궁가」에 "…좌우제신이 어두귀면지졸되야 면면상고에 묵묵부답…"에서 어두귀면지졸을 살필 수 있다. 어두귀면지졸은 고사성어로 지지리 못난 사람을 이르는 말이다. 「수궁가」는 판소리 다섯마당 가운데 하나로, 「토끼타령」, 「별주부타령」, 「토별가(兎鼈歌)」 등으로 불린다. 「수궁가」는 "용왕이 병이 들자 약에 쓸 토끼의 간을 구하기 위해, 자라는 세상에 나와 토끼를 꾀어 용궁으로 데리고 간다. 그러나 토끼는 꾀를 내어 용왕을 속이고 살아 돌아온다."는 가사 내용이다. 「수궁가」는 조선 중기에 불렸는데, 조선 후기의 문헌인 『관우희(觀優戲)』와 『관극팔영(觀劇八令)』 등에 실렸다.

어두귀면 나찰은 「회심곡」과 「별회심곡(別回心曲)」 등의 가사에 나온다. 「회심곡」에는 "…다짐받고 봉초할 제 어두귀면 나찰들은 전후좌우 벌려 서서…"의 가사에서 어두귀면나찰이 나온다. 이 말은 어두귀면이 나찰과 합성되었는데, 앞에서 살펴 본 귀면나찰과도 관련되어 귀면의 존재를 다시 살필 수 있다. 「별회심곡」에는 "…어두귀면 나찰들

7) 이범석, 『確齋集』, 「경난록」, 필사본, 근대, 연세대학교 도서관

이 전후좌우 벌어 서서…" 의 가사에서 어두귀면 나찰의 성어가 또 확인된다. 「별회심곡」은 조선 중기에 휴정이 지은 불교 가사로, 「회심곡」에서 파생되어 『석문의범(釋門儀範)』에 실려 있다. 저승에서 악인은 지옥으로 가고 선인은 극락으로 간다는 내용의 4·4조의 가사로 모두 304구로 이루어졌는데, 모든 중생이 염불에 힘쓸 것을 권하고 있다.

3)귀면불심(鬼面佛心)

귀면불심은 무서워 보이지만 매우 자상하고 온유한 마음을 나타낸 것이거나, 또 그런 사람을 뜻한다. 축귀(逐鬼)의 귀면이 불교에 수용되면서, 귀면의 벽사와 부처의 자비심이 하나의 용어를 이룬 사자성어이다.

귀면불심은 얼굴이 귀신과 닮아 매우 무서워 보이지만, 실은 부처같이 착한 마음을 지녔음을 나타낸 말이다. 귀면불심은 중생들의 교화를 나타낸 말로, 인면수심(人面獸心)의 한자성어와 그 뜻이 대비되어 사용된다. 그런데 인면수심은 사람이 도리를 지키지 못하고 배은망덕한 행동이나 마음이 몹시 흉악하고 음탕한 마음을 나타낸 것이거나, 또 그런 사람을 비유한 것이다.

3. 나티

최근 귀신의 한 종류로 '나티'라는 용어가 일부 사용된다. 나티는 국립국어원에서 발간한 『표준 국어대사전』과 고려대학교 민족문화연구원에서 발간한 『고려대 한국어대사전』, 『네이버 국어사전』 등에 기재되었다. 나티는 짐승의 모양을 한 일종의 귀신, 또는 검붉은 곰으로 알려졌고, 나티상은 귀신같이 망측하고 무시무시한 얼굴을 뜻한다.

나티는 옛 문헌이나 가사에서 찾을 수 없고 그 의미도 아직 분명하지 않다. 그런데 근래에 제작된 무협소설이나 이와 관련한 영상에 특이한 짐승 모양의 귀신으로 나타나 많은 두려움을 주고 있다. 나티는 아직 그 정체가 확실하지 않고 사귀를 막는 벽사의 주체인 귀면과 동일시할 수 없는, 근현대에 이르러 새로 나타난 특이한 신조어로 간주된다.

4. 귀 와

귀와(鬼瓦)는 귀면이 장식된 기와로, 조선의 문헌설화집인 『해동잡록』에 그 용어와 벽사의미가 기록되어 중요한 자료가 된다. '귀와'는 이제까지 '오니가와라(おにがわら)'로 불린 일본의 기와 용어로 알았고, 일부 연구자들은 이 귀와를 도깨비기와로 불러 많은 착오를 나타냈는데, 『해동잡록』에 기록된 귀와를 통해 귀와가 우리나라 고유의 기와 용어임이 밝혀지게 되었다.

『해동잡록』은 조선 중기의 학자인 권별(權鼈)이 1670년에 저술한 문헌설화집으로 1798년에 일부가 판각되었는데, 경상북도 유형문화유산으로 지정되었다.[8] 『해동잡록』의 「정창손」조(도4)에 "창손이 정승노릇을 30년 하였고 거의 90세까지 살았는데, 하루는 집에 귀신의 요사(妖邪)가 갑자기 일어나서 대낮에 돌을 던지기를 그치지 않아 조정이 모두 아주 괴상히 여겼는데, 공이 귀와(鬼瓦)를 태워 죽여서 누르니 그 요사함이 그치고 공도 건강하여 병이 없다"는 내용이다. 따라서 귀면기와를 지칭한 '귀와'라는 우리말과 귀면이 장식된 '귀와를 태워서 사귀를 물리쳤다'는 축귀(逐鬼)의 벽사가 확인되어 귀면의 정체를 파악하고 이해하는데 중요한 자료가 되었다.

鄭昌孫
東萊人字孝仲甲孫之弟再捷科第登我 光廟恭佐翼功臣又參佐理
功三爲首相不事產業諡貞 昌孫爲相三十年年幾九十一日家有鬼
妖忽作白晝投石不已擧朝大怪之公燒殺鬼瓦以禳之其妖遂息公亦
康強無恙 [illegible] 成三問及金碩等謀復魯山碩知事必不成馳去與妻父昌

도4. 귀와(鬼瓦) 기록
『해동잡록』 조선.

실재 『성종실록』의 성종 17년(1486) 11월 10일에는 임금의 물음에 홍응이 대답하기를 "정창손의 집에 괴이함이 있으므로 집 사람이 옮겨 피하기를 청하였으나, 정창손이 말하기를, '나는 늙었으니, 비록 죽을지라도 어찌 요귀로 인하여 피하겠느냐'고 하였는데 집에 마침내 재앙이 없었다."고 하였다. 유지(柳輊)가 아뢰기를 "청컨대 화포로

8) 權鼈, 1670, 1798, 일부 판각, 『海東雜錄』.

써 이를 물리치소서." 하니 임금이 응하지 아니했다.[9] 이와 같은 기록은 정찬손이 사망하기 1년 전의 일로, 성종 앞에서 예조판서 유지와 홍응 등이 나눈 대화이다. 그런데 "화포로써 요귀를 물리치자"는 것은 '방술(화약)을 써서 재앙을 막는다.'는 양진(禳鎭)을 뜻했는데, 음기의 귀신을 양기인 불, 즉 화포로 물리칠 수 있음을 나타낸 것으로 『해동잡록』에 기록된 '소살귀와'와 함께 조선 전기의 주요한 축귀방책이었음을 알 수 있다.

『해동잡록』에 나오는 '소살귀와(燒殺鬼瓦)'의 문구를 통해 귀와가 우리 고유의 기와 용어임이 밝혀졌고, 귀와의 재료가 도제나 금속제가 아닌 목제임이 파악되었다. 그리고 귀와를 태워서 귀신의 요사함을 막아냈다는 축귀의 벽사 의미가 확인되어 귀면의 개념과 상징성 파악에 중요한 근거가 되었다. 정창손은 영의정을 역임한 조선 전기의 문신으로, 정창손과 관련된 '귀와'의 기록을 통해 귀와로 불리는 귀면 용어는 귀면기와가 제작된 고려, 또는 그 이전까지 소급될 수 있을 것으로 생각된다.

5. 귀두

조선시대의 수군이 사용한 전함은 거북선과 판옥선이다. 거북선은 임진왜란 당시 여러 해전에서 왜적을 물리쳐 승리한 거북 모양의 전함으로 특히 유명한데, 배 머리 중앙에는 귀신 머리인 귀두(鬼頭, 도5)가 새겨져 벽사를 나타냈다. 1795년(정조 19)에 편찬한 『이충무공전서(李忠武公全書)』에는 거북선(龜船)의 규모와 특징. 이순신의 일기와 장계, 시문과 비명 등이 수록되었다. 그런데 이 책의 도설(圖說)에는 통제영거북선과 전라좌수영거북선의 그림과 설

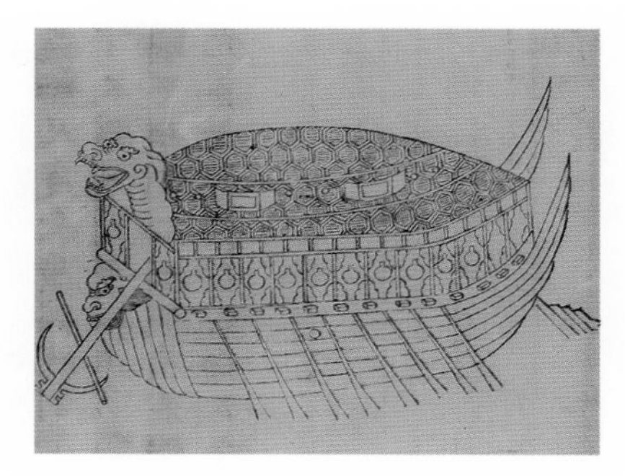

도5. 전라좌수영귀선 『이충무공전서』 조선(국립중앙도서관).

9) 『成宗實錄』, 17年. 11月 10日, 己巳.

도5-1. 귀선 도설 『이충무공전서』
조선 (국립중앙도서관).

명문이 수록되었는데, 전라좌수영거북선의 배 앞에는 귀신얼굴인 귀두가 새겨져 귀면 연구에 중요한 자료가 되었다.

『이충무공전서』의 거북선 도설(도5-1)에는 "전라좌수영 귀선의 길이·너비 등은 통제영귀선과 거의 같으나, 다만 거북머리 아래에 또 귀신머리를 새겼으며, 복판 위에는 거북무늬를 그렸고, 좌우에 각각 문이 2개 있으며, 거북머리 아래에 포혈이 2개, 현판 좌우에 포혈이 각 1개씩, 현란 좌우에 포혈이 각각 10개씩, 복판좌우에 포혈이 각각 6개씩, 노는 좌우에 각각 8개씩이다."고 기록되어 거북머리와 함께 귀신머리의 존재를 확인할 수 있다.[10)]

전라좌수영거북선은 통제영거북선과 길이(64척 8촌)·너비(14척)는 거의 같지만, 판옥선의 여장을 그대로 두고 거기에 뚜껑을 씌웠기 때문에 통제영거북선과 다른 전함이다. 또 거북머리 아래에 귀신머리를 새겼고 덮개 위에 거북무늬를 새겨 넣었다. 거북머리는 그 속에서 유황·염초 등을 태워 그 연기를 입으로 내뿜게 하여 적이 몹시 두려워했고, 귀신머리는 무서운 귀신얼굴을 부조하여 수군들의 안전과 사귀를 막는 벽사를 나타냈다. 거북머리 밑의 귀두는 앞니가 드러났고 두 눈은 정면을 향하여 날카롭게 응시하고 있다. 코는 크며 얼굴에 털이 무성한데, 용머리인 용두와 구별되는 중요한 자료가 된다.

6. 귀도의 귀모와 귀자

『이충무공전서』 권수 도설에는 참도(斬刀)와 함께 귀도(鬼刀)가 수록(도6)되었다. 귀도

10) 李舜臣, 『李忠武公全書』, 卷首 圖說, 全羅左水營龜船. "全羅左水營龜船. 尺度長廣. 與統制營龜船略同. 而但龜頭下. 又刻鬼頭. 覆板上. 畵龜紋. 左右各有二門. 龜頭下礮穴二. 舷板左右. 礮穴各一. 舷欄左右. 礮穴各十. 覆板左右. 礮穴 各六. 左右櫓各八"

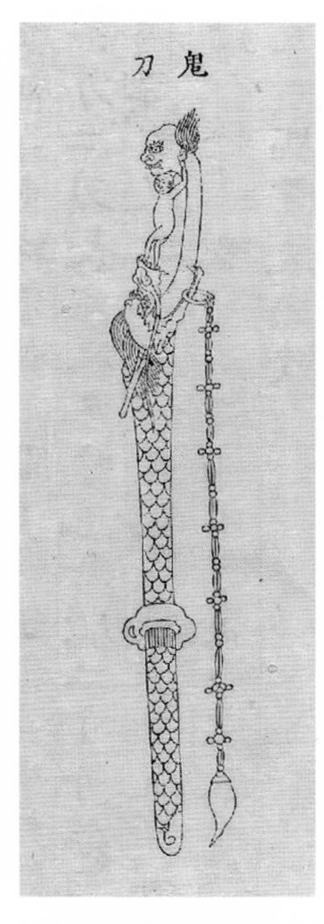

도6. 귀도(鬼刀) 『이충무공전서』 조선 (국립중앙도서관).

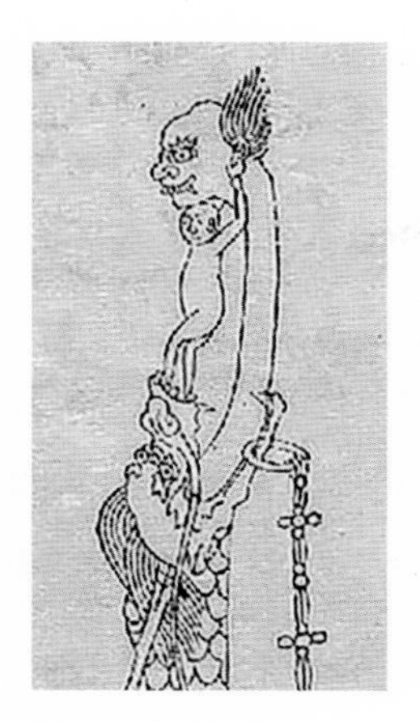

도6-1. 귀모와 귀자.

도6-2. 귀도(鬼刀) 충렬사 (국립진주박물관).

는 칼 손잡이 끝에 귀신형상이 장식된 칼로 통영 충렬사에 소장된 팔사품 가운데 하나이다. 귀도는 실전용이 아닌 도독의 호위에 사용된 의전용으로 간주된다. 도설의 귀도(도6-1)는 손잡이에 입을 벌린 용수(龍首)가 장착되었고 그 끝에는 용수의 입에서 분출한 귀모(鬼母)가 새겨져 귀자(鬼子)가 매달렸다.[11]

이순신의 사당인 통영 충렬사에는 명나라 신종(神宗)이 충무공 이순신에게 내린 「통영 충렬사 팔사품 일괄」이 보관되었는데, 벽사를 나타낸 귀도가 포함되어 중요한 자료가 된다. 팔사품(보물)은 임진왜란 때 이순신의 전공을 높이 평가한 명나라 황제인 신종이 명의 장수인 진린(陳璘)을 통해 보내준 8종 15점의 물품을 말한다. 그런데 최

11) 李舜臣, 『李忠武公全書』, 卷首 圖說, 鬼刀.

근 팔사품은 명의 황제인 신종이 하사한 것이라기보다 명의 장수인 진린이 이순신 장군을 기리기 위해 통제영에 남긴 것으로 추정했다. 그리고 8종의 유물가운데 5종(도독인·호두영패·귀도·참도·곡나팔)은 본래의 것이고, 3종(독전기·홍소령기·남소령기)은 후대에 조선에서 제작한 것으로 추정해 주목되었다[12].

귀도(도6-2)는 2자루로 전체 길이가 137.9㎝이고 칼날의 길이가 83.3㎝이다. 칼자루는 박달나무로 만들었는데 용수와 귀모를 조각해 붉게 칠했다. 오동나무로 만든 칼집은 종이로 싸서 붉은 칠을 한 다음, 용의 비늘을 채색해 그렸다. 용수는 측면관으로, 입을 벌려 귀모의 목심(木心)을 물었는데 송곳니가 드러났다. 용은 두 눈이 돌출했고 코가 크고 뭉툭하며 이마에는 분기한 뿔이 뻗쳤다. 귀모는 턱에 이형장식이 달렸는데,『이충무공전서』에 그려진 귀도의 귀자와 약간 다른 모습이다. 귀모의 머리는 돌출된 귀두모양이다. 두 눈은 선명하며 코는 들렸는데 귀는 사람 귀와 비슷하다. 약간 튀어나온 이마는 소뿔모양의 뿔이 돋았고 얼굴 전체에 털이 수북하다. 그런데 귀도의 칼자루에 새겨진 측면관인 용수와 정면관인 귀모는 용과 귀신을 구별할 있는 또 다른 중요한 자료가 된다.

7. 수두·수면

동물의 머리인 수두(獸頭)와 동물의 얼굴인 수면(獸面)은 거의 비슷한 형상으로 그 역할과 장식성이 유사하다. 수두는『삼국사기』의「옥사」조와『세종실록(世宗實錄)』「오례의(五禮儀)」의「치장」조에, 수면(獸面)은『화성성역의궤』에 기록되었거나 도해되었는데, 사귀를 막는 귀면과 관련하여 그 기록과 의장이 중요한 자료가 된다.

『삼국사기』「옥사(屋舍)」조에는 수두가 기록되어 중요한 자료가 된다.[13]「옥사」조에는 "5두품은 당와를 덮지 못하고 수두를 설치하지 못한다. 4두품에서 백성에 이르기

12) 장경희, 2014,「보물 제440호, 통영 충렬사 팔사품(八賜品)연구」,『역사민속학』, 한국역사민속학회 제46호.

13) 金富軾,『三國史記』, 卷第三十三,「屋舍」. "五頭品, 不覆唐瓦, 不置獸頭. 四頭品, 不覆唐瓦, 不置獸頭飛簷拱牙懸魚"

까지는 당와를 덮지 못하고, 수두·비첨·공아·현어를 설치하지 못한다."고 기록되어 그 사용에 신분의 규제가 엄격했음을 알 수 있다. 동물의 머리를 무섭게 새긴 수두는 비첨(飛簷)과 공아(拱牙), 현어(懸魚)와 함께 『삼국사기』에 표기될 정도로 매우 중요한 건축부재임을 알 수 있다. 『삼국사기』에 기록된 수두는 조선시대의 『세종실록』「오례의」나 『화성성역의궤』에 나오는 수두나 수면과 같이 도해되지는 않았으나, 귀면과 같은 무서운 모습으로 장식되어 사귀를 막는 벽사를 나타냈을 것으로 보인다. 그 동안 경주 월지와 동궁터, 월성과 여러 절터의 발굴조사를 통하여 많은 수량의 귀면기와가 출토하였는데, 『삼국사기』의 「옥사」조에 기록된 당와 및 수두의 기록과 관련해, 당와는 녹유귀면기와이고 수면은 사귀를 쫓는 귀면을 표현한 것으로 추정하였다. [14)]

도7. 원방패 도설 『세종실록』「오례의」 조선 (국사편찬위원회).

조선 왕조의 『세종실록』「오례의」와 『화성성역의궤』에 수두와 수면 등의 그림과 설명 등이 수록되어 귀면연구에 중요한 자료가 된다. 『세종실록』「오례의」에는 원방패와 장방패의 그림과 설명이 다음과 같이 수록되어 그 규모와 수두, 각 군부대의 색깔 등을 살필 수 있다. 원방패(도7)에는 "서도(書圖)에 간(干)은 방패[盾]이다. 지금의 제도에는 두 가지가 있다. 긴 것은 장방패라고 하는데 길이는 5척6촌이고 너비는 2척 2촌이며, 둥근 것은 원방패라고 하는데 직경이 3척이고, 쇠로써 선을 두르고 모두 판목(板木)으로써 바탕을 하였는데, 겉에는 쇠가죽[牛皮]으로 싸고, 안에는 흰 천[白布]으로 쌓았다. 면상(面上)에는 다섯 가지 채색으로써 수두(獸頭)를 그렸는데, 중군(中軍)은 적색이고 좌

14) 김성구, 2023, 「한국의 귀면장식과 그 정체성-귀면기와를 중심으로-」, 『기와, 지붕을 장엄하다』, 제20회 한국기와학회 정기학술대회 자료집, 한국기와학회, pp.56~60.

도7-1. 장방패 그림.

도8. 수면 도설 『화성성역의궤』 조선 (경기문화재단).

군(左軍)은 청색이고 우군(右軍)은 백색이다."로 쓰였다.[15]

『세종실록』「오례의」의 장방패(도7-1)에는 두 수두가 불꽃 위에 그려졌는데, 입에는 앞니를 드러낸 채 귀기가 서렸고 두 눈은 정면을 주시하였다. 이마에는 뿔이 분기하였고 얼굴전체에 털이 길게 뻗쳤다. 원방패에는 한 수두가 그려졌는데 발톱을 드러낸 채 수염과 털이 수북하다. 그런데 두 방패의 수두는 두 눈을 부릅뜬 무서운 모습으로 이마에 뿔이 분기하여 무섭게 표현하였는데, 벽사를 나타낸 귀면과 큰 차이가 없이 유사하다. 그런데 수두(獸頭)는 다섯 가지 색으로 채색되었는데 후술한 바와 같이 『태종실록』에서는 나두(螺頭)로, 『세종실록』과 『국조오례의(國朝五禮儀)』에서는 나어두(羅魚頭)로 각각 기재되어 그 실체를 파악할 수 없으나, 넓은 의미에서 귀면의 범주에 포함했다.

『화성성역의궤』에는 동물의 얼굴을 의장한 수면의 그림과 설명이 도해되어 중요하다. 수원 화성은 장안문의 판문을 비롯하여 동북각루와 포루(舖樓) 등의 외벽에 판재로 판벽을 만들어 수면을 그렸고, 총을 쏠 수 있는 총안(銃眼)을 뚫은 전붕판문(戰棚板門)이 설치되었다. 『화성성역의궤』에 수록된 수면의 그림과 설명(도8)은 북쪽 수문의 판문에 그려진 것으로, 수면의 용어와 함께 그 사용처를 나타내 중요한 자료가 된다.[16] 수면은 입을 크게 벌려 혀와 이빨을 드러냈고 수염은 말렸다. 두 눈은 위로 치켜져 날카롭고 눈썹이 뭉쳤다. 이마

15) 『世宗實錄』「五禮儀」, 『국편 영인본』 5책 356면. "書圖干盾也. 今制有二. 長者日長防牌 長五尺六寸廣二尺二寸. 圓者日圓防牌 徑三尺. 鐵緣 皆以板爲質 外裏牛皮 內裏白布. 面上以五采畵獸頭. 中軍赤 左軍青 右軍白"

16) 『화성성역의궤 건축용어집』, 2007, 경기문화재단.

에는 분기한 뿔이 길게 뻗쳤는데 머리카락이 분노한 듯 곤두섰다.

『화성성역의궤』에 실린 장안문 외도에는 판문 밖에 수면이 그려졌고, 동북각루와 포루(舖樓)에도 성 밖 외벽에 판재로 판벽을 만들어 수면을 장식하여 벽사를 나타냈다. 『화성성역의궤』는 1801년(순조 1)에 화성성곽의 축조에 관한 경위와 제도 및 의식 등을 기록하였다. 수원 화성은 정조가 아버지인 사도세자(思悼世子)의 능을, 1789년(정조 13)에 화산의 현륭원으로 옮긴 다음, 1794년부터 3년 동안 축성한 성곽으로 사적 제3호로 지정되었다.

8. 나두·나어두

나두(螺頭)와 나어두(羅魚頭)는 고리를 입에 문 귀면의 모습으로, 조선 왕조의 『태종실록』과 『세종실록』에 기록되었다. 나두는 『태종실록』에는 "비로소 삼군(三軍)의 방패를 만들었다. 그 모양은 널판으로 둥글게 만들기도 하고 길게 만들기도 하는데 모두 안쪽으로 오그라졌다. 모두 안쪽에는 가죽으로 싸고 오채(五彩)를 베풀어 나두(螺頭)를 그렸고, 그 가운데 머리 위에는 구리거울을 장치했다."고 쓰였다.[17] 나두는 오채로 채색하였는데 『세종실록』과 『국조오례의』에서는 나두를 같은 의미인 나어두로 표기하였다. 그리고 방패에 구리거울을 장치한 것은 햇빛의 난반사를 이용해 적을 당황시켜 혼란스럽게 한 주요한 전략임을 알 수 있다.

『세종실록』「오례의」의 「치장」조에는 나어두를 새긴 석상(石床)이 해설되었다.[18] 그 내용은 "또 석실의 남쪽 한 복판에 석상 1개를 두고, 길이는 9척 9촌, 너비는 6척 4촌, 두께는 1척 5촌이다. 족석(足石)이 4개인데 형상은 북과 같으며, 사면에 나어두를 새긴다. 사방의 모퉁이에 각각 1개씩 두는데, 높이는 1척5촌이고 원경(圓徑)은 2척 2촌 5분이다. 아래에는 지대석이 있다."고 기록되었다.

---

17) 『太宗實錄』7年 9月5日 己巳. "始制三軍防牌。其制以板爲之, 或圓或長, 俱內向, 裹以皮施五彩, 畫螺頭於其中, 頭上置銅鏡"

18) 『世宗實錄』「五禮儀」, 凶禮 治葬. "又於石室之南正中. 置石床一, [長九尺九寸, 廣六尺四寸, 厚一尺五寸, 足石四狀如鼓, 四面刻羅魚頭四隅各一, 高一尺五寸, 圓徑二尺二寸五分, 下有地臺石."

왕실의 능원은 정자각(丁字閣)에서 제의 절차가 모두 이루어지기 때문에, 석상에는 진설(陳設)되지 않고 '죽은 사람의 영혼이 밖으로 나와 유락(遊樂)한다'는 뜻에서 석상을 혼유석(魂遊石)이라고도 한다. 석상은 4개의 족석 위에 놓이는데, 족석은 둥근 북같이 생겨서 고석(鼓石)이라고 한다. 나어두는 석상을 받치는 족석, 즉 고석의 각 4면에 새겨졌는데, 『국조오례의』와 『국조상례보편(國朝喪禮補編)』, 여러 『산릉도감의궤(山陵都監儀軌)』 등에도 기록되었다. 그런데 나어두는 대부분 둥근 고리를 문 귀면모양으로 새겨져 다른 귀면장식과 차이를 나타냈다.

조선 왕조의 『태종실록』에 기록된 방패의 나두(螺頭)와 『세종실록』「치장」조의 고석에 새겨진 나어두(羅魚頭)는 한자의 표기가 서로 다르나 그 의장과 의미가 유사해 동일한 존재로 추정한다. 또 『세종실록』에 표기한 원방패의 수두(獸頭), 역시 나두 및 나어두와 달리 표기하였으나 그 의장과 의미는 큰 차이가 없다. 따라서 수두와 수면, 나두와 나어두 등은 조선시대의 여러 문헌에 각각 다르게 표기되었으나, 무섭고 두려운 존재로서 벽사의 의미를 잘 나타내 넓은 의미에서 귀면의 범주에 포함해도 큰 무리가 없을 것으로 간주된다.

한편 조선시대의 방패나 왕릉의 고석에 새겨진 나어두는 어떤 존재일까? 나두(螺頭)와 나어(羅魚)의 한자에 주목하여 이와 관련한 물고기를 찾기 위하여 여러 문적을 조사했으나 아직 그 실체를 파악하지 못했다. 그런데 중국의 신화집 및 지리서인 『산해경(山海經)》에는 한자 표기는 다르나 우리말과 음이 같은 나어(蠃魚)가 기록되었다. 『산해경』의 「서산경(西山經)」에는 "몽수(濛水)가 규산(邽山)에서 나와 남쪽으로 흘러 양수(洋水)로 흘러드는데, 그 속에는 누런 조개와 나어들이 많다. 나어는 물고기 몸에 새의 날개를 가졌으며 그 소리는 원앙과 같으며, 사람들에게 띠이게 되면 그 고을에는 홍수가 난다."고 기록되었다.[19] 그런데 『산해경』에 기록된 나어(蠃魚)는 날개를 가진 물고기로, 방패나 왕릉의 고석에 새겨진, 고리가 달린 나어(羅魚)와 음은 같으나 그 형태가 달라 서로 무관한 존재임을 알 수 있다.

---

19) 『山海經』, 〈西山經〉, 卷二 第七編 서차 4경, 邽山.

제4절 귀면의 기원설

귀면은 초자연적인 귀신의 힘을 빌러, 각종 재앙과 사귀를 물리치기 위해 대부분 무섭게 표현한다. 귀면은 입을 벌려 이빨을 드러냈고, 눈동자가 튀어나와 위협적이며, 이마에 뿔이 돋거나 머리칼이 뻗친 괴기한 모습이다. 귀와와 귀면에 대한 기원설은 10여개에 이르나, 중국 상주시대의 청동기에 새겨진 도철(饕餮)과 육조시대의 신상(神像), 수당의 기두(魌頭)와 사자, 방상시 등에서 찾는 다섯 가지 설이 비교적 유력하며 잘 알려졌다.

동아시아의 귀와 및 귀면의 연구는 일본에서 주로 이루어져 그 동안 상당한 성과를 거두었다. 일본은 일찍부터 문화 전파에 따른 원류 파악에 관심이 많았는데 귀와와 귀면의 기원설도 예외는 아니다. 특히 목조건물의 지붕에 이는 기와에 귀면이 많이 장식되어 고건축 연구자의 관심이 많았고, 기와와 전돌을 중심으로 귀면의 기원설이 일찍부터 제기되었다. 다음의 기원설은 대부분 일본인 연구자가 제기했는데 그 내용을 간단히 간추려 검토하였다.

1. 도철설

도철설(饕餮說) 은 중국 상주시대의 청동기에 새겨진 도철이 귀면의 원류로 간주한 것

도9. 도철문반막새 중국 연(燕) (국립중앙박물관)

으로, 일본인 무라타 지로(村田治郎)씨가 1968년에 주장했다.[20] 무라타씨는 상주의 청동기 및 연(燕)의 반막새[半瓦當]에 장식된 도철문이 귀와의 귀면과 유사해 그 기원설을 주장하였다.

청동기에 새겨진 도철은 괴상한 수면(獸面)으로, 좌우 대칭인 정면향의 얼굴로 각 부위가 뇌문형식을 빌어 무섭게 표현되었다. 크게 벌린 입에 송곳니가 솟았고 두 눈은 부릅떠 공포를 느끼게 한다. 콧대는 길고 귀는 작으나, 이마의 뿔은 크게 말렸다. 좌우측에는 수족(獸足), 또는 변형된 용의 형상이 새겨졌다. 상대 초기에는 도철이 얕게 새겨졌으나 그 이후는 고부조(高浮彫)를 이루어 양감의 차이를 나타냈다.

중국 전국시대의 연(燕)에서는 도철문이 장식된 반막새(도9)가 출토해 중요한 자료가 된다. 도철문은 정면관으로 기와에 무섭게 장식되었는데, 무라타씨는 기와에 새겨진 귀면과 같이 입과 두 눈, 코와 뿔 등의 의장이 유사하고 벽사의 특징을 지녀 그 원류로 삼았다. 도철설은 도철이 용이라는 주장과 한(漢)의 포수 및 수면과의 관련성 등 약간의 문제점이 남아 있으나, 여러 기원설가운데 귀면의 원류로 상당히 유력시되고 있다. 그러나 필자는 귀면의 개념과 벽사, 그 표현유형과 정체성이 서로 달라 별개의 존재로 인식하였다.

2. 신상설

신상설(神像說)은 코스기 카즈오(小杉一雄)씨와 세키네 다쓰오(關根龍雄)씨 등이 1938

20) 村田治郎, 1968, 「中國建築に用いられた鬼面紋史概說」, 『鬼面紋瓦の研究』, 井內古文化研究所.

년과 1939년에 제시했다.[21] 코스기씨는 미국 보스톤 미술관에 소장된 중국 북위의 「정광3년(正光三年, 522)」명 빙옹처원씨묘지(馮邕之妻元氏墓誌)에 조각된 괴수들이 당시 민간신앙의 신상인 점에 주목하였다. 묘지석에는 「환희(懽憘)」·「수복(壽福)」·「획천(擭天)」·장설(長舌)·「오획(烏擭)」·「확천(攫天)」·「척원(拓遠)」등 18개의 많은 괴수들이 새겨졌고 각각의 명칭이 쓰였다.

도10. 육조의 신상 (小杉一雄,「鬼瓦考」)

묘지석에 새겨진 신상인 확천(도10)은 부여 외리유적에서 출토한 전돌 문양의 귀형과 닮아 서로 비교되었다. 전돌의 귀형과 확천은 얼굴과 양팔을 벌린 나신인 점, 머리와 어께에 우모(羽毛)가 휘날리고 수족의 가락이 2~3개인 점 등이 유사하여 귀면의 신상기원설을 뒷받침했다. 또한『사기(史記)』에 나오는 오획을 비롯하여 수복과 맹설(孟說) 등 진나라의 역사(力士)들이 남북조시대에 민간신앙의 주요 신상으로 숭배되었는데, 신상의 모습이 귀와의 귀형이나 귀면과 유사해 귀면이 육조의 신상에서 유래했다고 추측하게 되었다.

세키네씨는 귀와가 지붕마루에 이어지는 이유를 벽사초복의 상징으로 보았고, 귀와의 귀면을 사귀를 막는 표징으로 삼았다. 이에 귀와의 귀면은 육조시대 신상의 얼굴을 표시한 것으로, 코스기씨의 신상설을 따르게 되었다. 그런데 이와 같은 신상설은 부여 외리유적에서 출토한 전돌의 귀형과 통일신라의 기와에 장식된 일부 귀형에서 그 상관관계를 살필 수 있으나, 귀면과 유익귀면, 귀목과 고리귀면 등 귀면 전체의 기원설로 간주하기에는 적합하지 않아 검토가 필요하다.

21) ① 小杉一雄, 1938,「鬼瓦考」,『綜合古瓦研究』, 夢殿 18冊.
② 關根龍雄, 1939,「本邦上代の鬼瓦た就いて」,『考古學雜誌』29卷 5号.

3. 기두설

기두설(魌頭說)은 후지사와 가즈오(藤澤一夫)씨가 처음 주장했고 오오미 쇼지(根江昌司)씨가 보강한 설이다.[22] 후지사와씨는 통일신라의 귀와에 나타난 수각(獸脚)과 양 뿔 및 두 귀의 모델을 기두에서 찾아 기두설을 주장했다. 오오미씨는 후지사와씨의 견해를 더욱 진척시켜, 기두를 표현한 것으로 보이는 신라의 귀와를, 웅크려 응시하는 모습인 준거형(蹲踞形)의 기두로 의인화하여 분류했다. 오오미씨는 기두를 수당시대의 분묘에서 출토한 괴이한 진묘수(鎭墓獸)로 보았는데. 그 형상은 유각인두(有角人頭)이며 수두형(獸頭形)이다. 신라의 귀와에 기두가 표현된 것은 기두가 지닌 벽사사상의 영향도 고려했을 것으로 오오미씨는 추정하였다.

기두는 무덤을 지키는 진묘수로 무섭게 의장되어 벽사의 의미를 나타냈다. 그러나 기와에 새겨진 수신문(獸身紋)은 기두와 관련하여 한말(漢末)이나 남북조까지 소급된 점을 감안하면 수당시대의 기두설은 좀 더 검토가 필요하다. 한편 무서운 괴수형상을 외수(畏獸)로 인식하여, 괴수가 귀면의 원류로 보는 외수설이 있다. 외수설은 나가히로 토시오(長廣敏雄)씨가 1969년에 주장했는데, 전술한 신상설 및 기두설과 중복된 양상이다.[23]

4. 사자설

사자설(獅子說)은 혀를 내밀고 다리가 표현된 귀면이 사자에서 기원한 것으로 이해하고, 1979년 야마모토 다다나오(山本忠尙)씨가 주장했다.[24] 백수의 왕인 사자는 아프리카와 서아시아, 인도 등지에 주로 분포한다. 중국은 후한시대에 처음 사자와 접촉해 그 존재를 인식했을 것으로 보이는데 전통적인 호랑이의 형상에서 크게 벗어나지

---

22) ① 藤澤一夫, 1964,「鬼面の屋瓦」,『日本美術工藝』312号.
② 根江昌司, 1963,「獸身紋鬼板通考(上・下)」,『大和文化硏究』9巻 2号·6号.

23) 長廣敏雄, 1969,「鬼神圖の系譜」,『六朝時代の美術硏究』.

24) 山本忠尙, 1979,「舌出し獸面考」,『硏究論集』V, 奈良文化財硏究所.

못했다. 육조시대의 능묘 앞에는 천록(天祿)과 벽사(辟邪) 등의 석수(石獸)가 표현되었는데 그 의장도 사자의 영향을 받았을 것으로 야마모토씨는 주장했다.

중국의 사자는 불교가 전래되고 불좌(佛座)에 사자가 조각되면서 그 존재가 점차 확실해졌다. 화북의 석굴사의 사자와 같이 사자는 혀를 내밀고 등에 날개모양이나 화염상의 돌기가 있고, 웅크려 응시하는 준거형(蹲踞形)의 모습을 취하게 된다. 야마모토씨는 사자가 토설(吐舌)하고 포효하는 정면형의 모습은 북위에서 북제 때 변모한 것으로 보고, 이와 같은 사자모양을 귀면의 원류로 간주했다. 또 귀와의 귀면도 그 원류를 사자두(獅子頭)에 두고 북조에서 신라를 거쳐 일본으로 전파했다고 생각했다.

야마모토씨가 주장한 사자설은 사자가 맹수로서 벽사의 의미를 지녔으나, 뿔이 없고 혀를 내민 의미가 특이하지 않아 귀면의 원류로 보기에는 아직 미흡하다. 특히 통일신라시대에는 날개가 달린 유익사자를 비롯해 좌상과 입상의 사자가 시문된 사자문수막새가 귀면문수막새와 별도로 제작되어 와즙되었기 때문에 사자는 귀면과 다른 별개의 존재임을 확인할 수 있다.

5. 방상시설

방상시설(方相氏說)은 1984년 중국의 탕지(湯池)씨가 주장했고 2004년 문단(文丹)씨가 그의 주장을 보강했다. 중국의 한(漢)과 남북조의 묘실(墓室)에는 묘주의 혼령을 지키기 위해 무서운 괴수가 장식되었는데 이를 방상시로 간주했다. 『주례(周禮)』「방상시(方相氏)」조에는 방상시가 "곰 가죽을 쓰고 황금 네 개의 눈을 가지고 있으며 검은 옷에 붉은 하의를 입고 창과 방패를 쥔 모습으로 역귀를 쫓는다. 장례 때에는 묘실 안에 들어가서 창으로 사방을 쳐서 방량이라는 역귀를 물리치는 일도 하였다."고 쓰였다. [25]

---

25) ① 李秀美, 2005, 『統一新羅時代 怪獸文 圖像 硏究』, 東國大學校 大學院 美術史學科 碩士學位論文, pp,6~10. 주9)와 주11).
② 『周禮』「方相氏」條, 掌蒙熊皮, 黃金四目, 玄衣朱裳, 執戟揚盾, 帥百吏而時儺, 以索室毆疫, 大喪先柩, 及墓, 以戟擊四隅, 毆方良.

중국의 탕지씨와 문단씨는 묘실에 장식된 이와 같은 귀형(鬼形)을 혼령의 수호자인 방상시로 간주했다. 방상(方相)은 '사방을 살피다'는 뜻으로 네 개의 눈을 지녀 사귀를 쫓는 벽사의 역할을 하였다. 그런데 조선시대의 망와(望瓦)와 상여 마구리판에는 귀면과 다른 모습으로 방상시가 별도로 새겨져, 방상시가 귀면과 같은 벽사 의미를 지녔으나 귀면과 다른 존재로 파악된다.

귀면의 원류는 이와 같이 도철설과 신상설, 기두설과 사자설, 방상시설 등 여러 기원설이 제기되었는데, 몸체가 생략된 정면관인 도철설이 상당히 유력한 귀면의 기원설로 계속 거론되고 있다. 그러나 도철은 전술한 「귀(鬼)」자의 자형 해석과 귀면의 개념 및 그 표현유형, 후술한 귀면의 특성과 정체성에서 서로 다른 별개의 존재임이 확인되었다. 그리고 신상과 기두는 귀면의 특성과 부합되는 벽사 의미를 지녔으나 그 표현 유형에서 차이가 많아 원류로 간주하기에는 아직 미흡하다. 또한 사자와 방상시도 각각 사귀를 쫓는 벽사 의미를 지녔으나 귀신과 다른 존재로 인식해 검토가 필요하다.

한편 국내에서도 귀면이 도깨비 또는 용면이고, 중국의 치우와 인도의 키르티무카에서 유래했다고 보는 여러 주장이 제기되었다. 아직까지 학문적인 근거와 자료를 충분히 제시하지 못한 상태로, 우리나라의 귀면연구에 많은 혼란과 지장을 초래하고 있다. 그런데 이와 같은 주장은 벽사의 주체인 귀면을 잘못 인식하고, 관련 자료의 비교와 분석은 물론 문헌의 출처와 그 출현 시기, 그리고 유형적인 차이 등을 충분히 고려하지 않는 단순한 견해에 불과해 앞으로 검토가 필요하다. 필자는 후술한 「귀면과 다른 존재」의 장(章)에서 귀면과 도깨비, 귀면과 용면, 귀면과 치우 및 키르티무카 등에 대해 그 개념과 특성을 파악해 여러 자료의 비교를 통해 그 상위(相違)를 검토하였다.

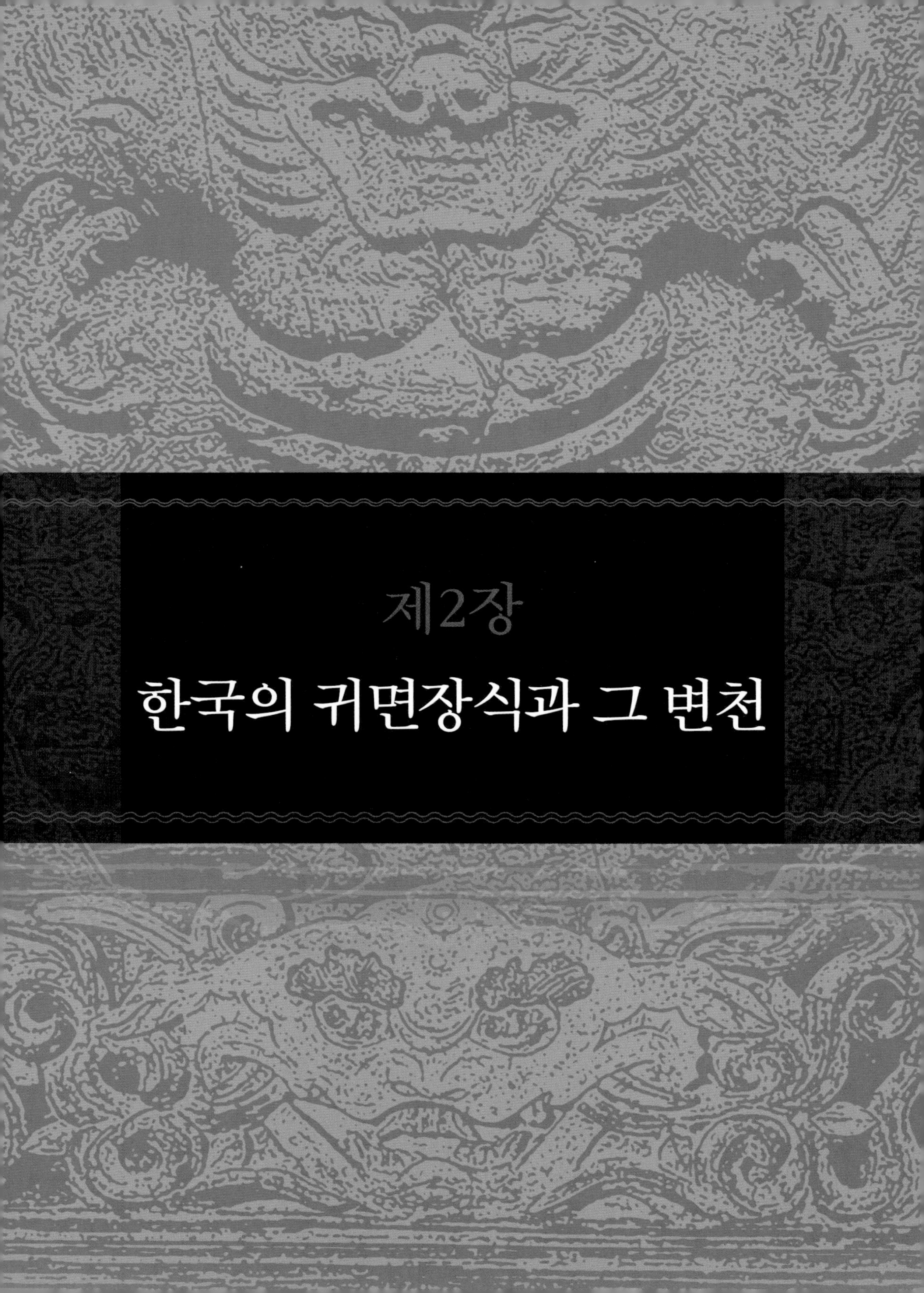

제2장
한국의 귀면장식과 그 변천

제1절. 고구려의 귀면

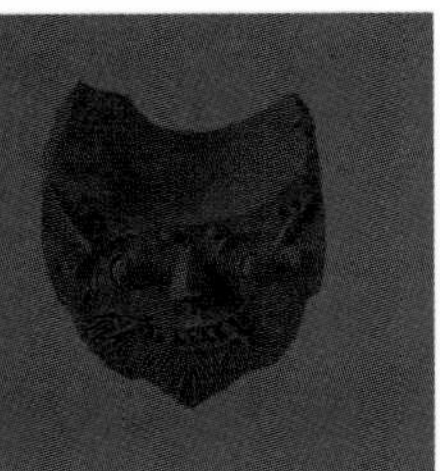

귀면은 귀신의 얼굴로 그 개념이 특이하고 의장도 다양하다. 귀면은 사귀를 쫓고 물리치는 벽사 즉 축귀의 상징적 의미를 지녀, 고대부터 사후세계의 고분벽화를 비롯하여 실생활의 건축 및 여러 기물 등에 장식되었다. 고구려는 서기전 37년부터 668년까지 만주 일대와 한반도의 북부지방에 존속한, 우리나라의 고대 왕국가운데 하나이다. 고구려는 도읍지의 위치에 따라 환인(桓因)시기와 국내성시기, 평양시기 등으로 나뉘는데, 귀형과 귀면장식은 국내성시기에 출현하여 평양시기에 성행했다.

고구려의 귀면자료는 고분벽화와 각종 기와에 장식되어 사귀를 막는 벽사를 나타냈다. 안악3호분은 357년에 조성된 고구려의 대표적인 고분벽화로, 돌기둥의 기둥머리와 무덤주인이 들고 있는 깃털부채에 귀면이 그려져 벽사를 나타냈다. 이외 목조건축의 지붕에 이는 수막새와 반원수막새, 마루끝기와와 마루수막새, 착고 등 여러 종류의 기와에 귀면이 시문되어 우리나라 귀면기와의 선례가 되었다.

1. 고분벽화의 귀면장식

고구려는 굴식 돌방무덤[横穴式石室墓]의 벽면에 회칠을 하고 그 위에 여러 종류의 그림을 그렸다. 벽화의 주제는 대개 묘주와 관련된 생활풍속도와 무덤을 장엄하게 꾸미기 위한 특이한 장식들, 사귀를 쫓아 묘주의 혼령을 지키는 사신도 등으로 이루어졌다. 따라서 고분벽화는 당시의 생활상은 물론 건축과 신앙, 의복과 무기. 음악과 무용 등 고구려 문화를 다양하게 살필 수 있는 중요한 자료가 되었다.

우리나라의 귀형 및 귀면장식은 고구려의 벽화고분에 처음 장식되었다. 통구사신총과 오회분 4호묘, 안악3호분과 팔청리벽화고분, 천왕지신총과 덕흥리벽화고분, 수산리벽화고분 등에는 귀형이나 귀면이 무섭게 장식되어 사귀를 막는 벽사를 나타냈다. 특히 357년에 축조된 안악3호분은 기둥머리와 묘주의 깃털부채에 귀면을 그렸는데, 우리나라에 있어서 귀면의 출현 시기는 물론 그 모습과 개념 파악에 중요한 자료가 되었다.

1) 천장 고임돌 사이의 귀형장식

중국 길림의 통구사신총(通溝四神冢)과 오회분(五盔墳) 4호묘에는 흔히 괴수로 불린 귀형이 장식되어 주목된다. 통구사신총은 1966년 중국에서 재조사가 실시되어 집안 통구고분군 우산묘구 제2112호로도 불린다. 1935년 처음 조사가 실시되었는데, 널길[羨道]과 널방[玄室]으로 구성된 외방무덤으로 널길의 입구는 남향에 위치한다. 천장은 1단의 평행고임 위에 다시 2단의 삼각고임을 얹었다. 널방은 석회암 판석으로 축조했고 벽화는 석면에 직접 그렸는데, 청룡과 백호, 주작과 현무 등 사신도가 중심을 이루었다.

귀형은 널방의 천장에 놓인 삼각고임 사이의 두 측면에 묘사되었다. 남쪽 고임돌에 그려진 귀형(도11)은 팔과 다리를 갖춘 무서운 괴수를 닮았다. 유난히 큰 얼굴로 앞을 주시한 정면관의 모습인데 전신에 털이 길게 휘날려 공포를 느끼게 한다. 팔은 위로 올리고 발을 안쪽으로 오므렸는데 발톱이 5개로 날카롭다. 귀형은 입을 벌려 앞니가 드러났고 혀가 길게 뻗쳤는

도11. 천장의 귀형장식 통구사신총 고구려 (한국회화통사)

데 귀기가 서렸다. 두 눈은 돌출했고 이마 중심에는 특이한 장식(㉦)이 그려졌다.[26]

귀형 좌측에는 '담육부지(噉宍不知)'의 글씨가 묵서되었다. 그런데 '담육'이 '고기를 씹다'는 의미로 해석된다면, 귀형이 고기를 씹어 먹을 만큼 무시무시한 존재인 점을 강조한 것으로 풀이된다. 퉁구사신총의 귀형장식은 괴수, 또는 신수로도 불리는데, 천장의 고임돌 사이에 묘사되어 무덤을 지키는 수호신 역할을 하였다. 그런데 몸과 다리가 달린 이와 같은 귀형장식은 널방의 벽면에 그려진 청룡과 그 의장과 의미가 달라 귀면이 용면이라는 주장은 잘못된 것임을 알 수 있다.

한편 오회분 4호묘에도 귀형장식이 묘사되었다. 오회분 4호묘는 1945년에 조사했는데 길림성 집안현 우산촌에 위치한다. 1950년 재조사 때 벽화가 발견되어 퉁구고분군 우산묘구 제2104호로도 불린다. 널길과 널방으로 구성된 외방무덤으로 천장은 2단의 삼각고임으로 이루어졌다. 석면 위에 벽화를 직접 그렸는데 그 주제는 사신도이다. 귀형은 동벽 모서리에 교룡과 어울려 작게 묘사되었다. 귀형은 이빨을 드러낸 채 두 눈을 부릅뜬 무서운 모습이다.

2) 기둥머리의 귀면

고구려의 안악3호분(安岳三號墳)과 팔청리벽화고분, 천왕지신총(天王地神塚) 등에는 귀면이 장식되어 무덤을 수호하였다. 안악3호분은 황해남도 안악군 오국리에 있는 흙무지돌방무덤[封土石室墳]으로 광복이후에 조사되었다. 무덤은 남향으로, 널길과 널길방, 곁방이 딸린 앞방, 널방, 회랑 등 여러 방으로 구성된 다실묘(多室墓)이다. 벽화는 널길부터 널방에 이르기까지 벽과 천정에 묘사되었는데, 무덤 주인의 초상화를 비롯해 고구려 상류층의 생활모습이 그려졌다. 앞방 서벽에는 전연(前燕)에서 고구려로 망명한 동수(冬壽)라는 사람 이름과 영화(永和) 13년의 묵서가 확인되어 357년에 축조되었음을 알 수 있다. 안악3호분은 1949년에 조사되어 1957년에 보고서가 간행되었는

26) ① 홍선표, 2017, 『한국회화사통사1. 선사 고대회화』, pp. 283~284.
② 전호태, 2006, 「퉁구사신총 벽화의 귀면」, [고구려 벽화고분], 한국역사연구회.

데, 북한학계에서는 안악3호분을 고구려의 왕릉으로 간주하여, 피장의 주인공이 고국원왕 또는 미천왕이라는 두 설이 제기되었다. 그런데 우리나라와 일본 및 중국의 학계에서는 묘지명에 의해 동수묘설이 유력하게 거론되었다.[27)]

도12. 널방 남쪽 돌기둥 안악3호분 고구려 (한성백제박물관)

안악3호분의 돌기둥 기둥머리[柱頭]에는 우리나라에서 가장 이른 시기에 해당하는 귀면이 그려져 중요한 자료가 된다. 귀면은 7개의 기둥머리에 그려졌는데 입에는 이빨이 드러났고 두 눈을 부릅뜬 무시무시한 모습이다. 널방과 앞방사이, 널방과 북쪽 회랑사이는 각각 3개씩의 돌기둥이 세워졌고, 양쪽 곁방과 동쪽 및 북쪽 회랑 입구에는 1개와 2개씩의 돌기둥이 세워졌다. 기둥머리는 돌기둥위에 놓였는데 귀면과 연화가 그려졌거나 문양이 생략되었다.[28)]

앞방과 널방 사이는 3개의 팔각 돌기둥이, 동쪽의 곁방 입구에는 1개의 사각 돌기둥(도12)이 세워져 있다. 각 기둥머리에는 표정이 다른 정면관의 귀면이 그려졌는데 얼굴과 입은 2조의 권선으로 둘렀다. 널방 남동쪽의 기둥머리에 그려진 귀면(도13)은 각 부위가 선명하다. 입을 크게 벌려 이빨을 드러냈고 두 눈은 눈자위와 눈동자가 또렷하며 속

도13. 기둥머리 귀면 안악3호분 고구려 (국립문화유산연구원)

---

27) ① 안악군 안악3호분 1949, 1957, [유적발굴보고 3집] 황남, 고고.
② 鄭好燮, 2009,『高句麗 古墳의 造營과 祭儀』, 高麗大學校 大學院 博士學位論文, pp.141~151.

28) 한성백제박물관, 2016,『고구려 고분벽화』.

도14. 기둥머리 귀면 안악3호분 고구려 (국립문화유산연구원)

도15. 기둥머리 귀면 안악3호분 고구려 (한성백제박물관)

눈썹까지 그렸다. 코는 콧구멍이 약간 보일뿐 곧고 길쭉하다. 얼굴과 이마에는 털이 무성한데 뿔은 확인되지 않았다. 널방 남쪽 중앙의 기둥머리에 그려진 귀면(도14)은 입과 코, 눈썹 등의 윤곽만 남았을 뿐 각 부위가 퇴색하였다. 이마에는 뿔이 돋았고 머리카락이 길게 드리웠다. 입에는 송곳니가 날카롭고 붉은 혀가 뻗쳤다. 두 눈은 감긴 듯 눈동자가 보이지 않고 눈썹만 무성하다. 이마 중심에는 둥근 돌기가 있고, 좌우에는 소뿔형의 뿔이 돋았다.

도16. 기둥머리 귀면 안악3호분 고구려 (국립문화유산연구원)

널방 남서쪽의 기둥머리에 그려진 귀면(도15)은 얼굴의 윤곽을 2조의 권선으로 나타냈는데 선명하다. 입에는 혀와 앞니가 드러났고, 두 눈은 눈동자가 검게 칠해졌다. 눈썹은 치켜졌고 귀는 작은 편이다. 동쪽 곁방입구의 귀면(도16)은 사각 돌기둥의 기둥머리에 그려졌다. 앞을 주시한 정면관의 얼굴 위주로, 얼굴을 2조의 권선으로 그 윤곽을 나타내 무섭고 괴기하다. 입을 벌려 앞니와 혀를 드러냈고, 두 눈은 눈동자가 검게 칠해져 뚜렷하다. 눈썹은 짙은데 이마에는 소뿔형의 뿔이 돋아 위협적이다

널방과 북쪽회랑 사이(도17)는 3개의 팔각 반기둥이, 양끝에는 사각 반기둥이 각 1개씩 세워져 있다. 귀면은 팔각 반기둥의 기둥머리에 그려졌는데 사각 반기둥의 기둥머리에는 귀면이나 문양

도17. 널방 북쪽 돌기둥 안악3호분 고구려 (국립문화유산연구원)

이 생략되었다. 귀면은 1개를 제외하고 다른 2개는 각 부위가 퇴색되어 온전치 못하다. 중앙에 세워진 팔각 반기둥의 기둥머리에 그려진 귀면(도18)은 2조의 권선으로 얼굴과 입술의 윤곽을 그려 반부조의 모습을 나타냈다. 입을 크게 벌려 송곳니와 앞니를 드러냈고, 두 눈은 눈자위와 눈동자를 그려 속눈썹까지 묘사했다. 코는 콧등과 콧구멍이 고사리모양인데 콧등에 그려진 삼각무늬가 이채롭다. 이마에는 뿔이 확인되지 않았다. 팔각 반기둥에 그려진 다른 귀면도 퇴색했으나, 중앙의 팔각 반기둥에 새겨진 귀면과 유사한 것으로 파악된다.

도18. 기둥머리 귀면(복원) 안악3호분 고구려 (한성백제박물관)

한편 평안남도 대동군 팔청리에 위치한 벽화고분에도 귀면이 표현되어 있다. 팔청리벽화고분(八清里 壁畵古墳)은 앞방과 뒷방이 있는 두방무덤[雙室墳]으로 남향인데, 5세기전반 경에 축조된 것으로 보인다. 벽면에 회를 바르고 벽화를 그렸는데, 앞방 서벽에는 주인공의 초상이 있고, 동벽에는 행렬도가 그려졌다. 앞방과 뒷방의 네모서리에는 기둥과 두공을 세워 가옥과 같이 꾸몄는데, 뒷방의 기둥머리에는 인동과 연꽃, 당초 등을 그렸고 그 위에 귀면을 장식했다. 귀면은 입을 벌려 송곳니와 앞니를 드러냈고, 두 눈의 눈자위와 눈동자가 묘사되었다. 눈썹은 짙고 두둑한데 이마에는 뿔이 돋지 않았다.[29]

3) 천장 소로아래 귀면

천왕지신총의 천장 소로아래에는 귀면이 그려져 중요한 자료가 된다. 천왕지신총은 평안남도 순천시 북창리에 위치하고 있는데 1916년에 조사되었다. 앞방과 널방으로 이루어진 흙무지돌방무덤으로, 당시의 생활풍습과 여러 무늬가 장식되었다. 그런

---

29) 국립문화재연구소, 2001, 『한국고고학사전』.

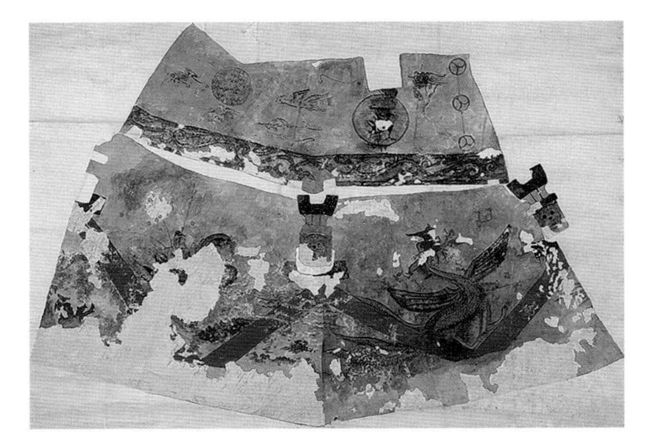

도19. 널방 천장 동쪽 벽화 모사도 천왕지신총 고구려 (국립중앙박물관)

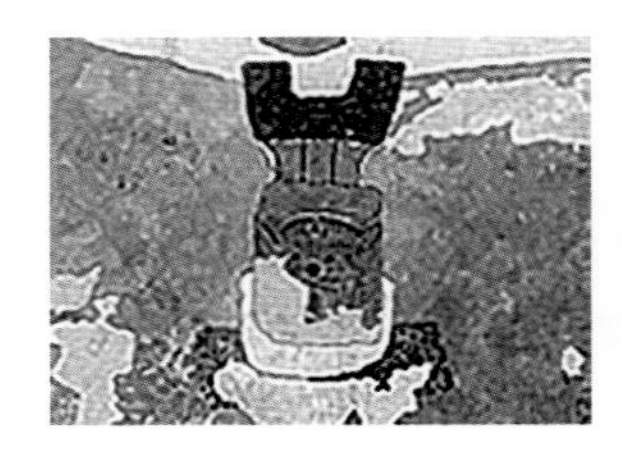

도19-1. 소로아래 귀면

도19-2. 소로아래 귀면

데 천장 고임돌에 '천왕(天王)'과 '지신(地神)'의 묵서가 발견되어 천왕지신총의 이름이 붙게 되었다. 벽화의 보존상태가 좋지 않아 1917년에 모사되었는데, 현재 국립중앙박물관에 소장되어 있다.

천장은 팔각고임과 사각고임으로 이루어진 특이한 구조로, 천왕·지신·천수 등과 신인(神人)·해·달·별자리·넝쿨무늬 등이 그려졌는데, 5세기 후반 경에 축조된 것으로 보인다. 널방 천장의 동쪽 벽화(도19)는 빨간 소슬 사이의 동쪽에 '천추'의 묵서가 쓰인 새가, 동북쪽에 선인을 태운 새가 각각 묘사되었다. 그런데 널방 천장의 북쪽 벽화에는 서쪽에 새를 탄 선인의 머리 위에 '천왕'이, 북쪽에 뱀의 몸 양끝에 사람얼굴이 달린 사이에 '지신'이 묵서되었다.

소슬 위의 소로아래 앞면에는 8개의 귀면이 묘사되었는데 1개의 귀면은 훼손되었다. 귀면은 벽화의 일부가 훼손되었거나 지워져 잘 살필 수 없으나 유사한 모습이다. 소로는 원래 두공이나 장여, 첨차나 익공 등의 공포를 받치는 네모난 부재인데, 8각고임과 4각고임의 특이한 천장고임의 구조에 사용되었다. 귀면(도19-1, 도19-2)은 네모난 소로에 작게 그려졌는데 이마에는 별과 같은 장식(㉦)이 그려져 특이하다.[30] 귀면은 입을 벌려 붉은 혀와 이빨을 드러냈고, 두 눈의 눈동자는 검게 칠해졌다. 얼굴에는 털

---

30) 국립중앙박물관, 2006, 『고구려 무덤벽화』, 국립중앙박물관 소장 모사도, pp.130~143.

이 수북하고 이마에는 소뿔형의 뿔이 돋았다.

4) 깃털부채의 귀면장식

깃털부채에 귀면이 그려진 고분벽화는 안악3호분과 덕흥리벽화고분, 수산리벽화고분 등에서 찾아볼 수 있다. 깃털부채는 고대 중국에서 높은 신분을 나타내며 무덤 주인의 권위를 상징한다. 안악3호분의 서쪽 곁방에는 무덤의 주인부부를 비롯해 관료와 시종들이 묘사되었다. 서벽에는 무덤 주인이 장막을 두른 평상에 앉아 정사를 보고받고 있는 모습이 그려졌다. 무덤 주인(도20)은 두루마기와 같은 도포를 입었고 머리에는 검은색 내관과 외관인 백라관(白羅冠)을 썼는데, 오른 손에는 귀면이 그려진 깃털부채를 들었다. 무덤 주인은 얼굴이 길쭉하며 콧수염이 팔자 모양으로 뻗쳤다. 무덤 주인의 왼쪽에는 붉은 의장기가 세워졌고, 장막 바깥의 좌우에는 붓과 홀, 문서 등을 손에 들고 있는 문관과 무관이 배열했다. 그리고 장막 덮개의 양쪽 모서리에는 연꽃봉오리를 표현해 이채롭다.

무덤 주인이 오른 손에 쥐고 있는 털 부채는 중국에서 주미선(麈尾扇)이라고 부른다. 주미선은 먼지떨이와 부채를 겸한 도구로 사슴 꼬리로 만들었는데, 중국 위진시대(魏

도20. 깃털부채의 귀면 안악3호분 고구려 (국립문화유산연구원)

도20-1. 귀면 세부

晉時代)의 명사들이 평소 들고 다녔던 주요한 상징물이다.[31] 깃털부채(도20-1)는 나뭇잎 모양의 검은 색 깃털로 엮어 만들었는데, 하단에는 부채를 손에 쥘 수 있도록 손잡이가 달렸다. 부채는 중심부를 평평하게 다듬어 붉게 칠한 다음, 귀면의 각 부위를 흰색과 검은 색으로 묘사했는데, 입술과 두 눈썹, 이마의 두 뿔이 흰색으로 그려져 눈에 띈다. 귀면은 입을 벌려 혀와 앞니를 드러냈고 콧구멍이 뚫렸다. 두 눈은 눈동자가 뚜렷하고 눈썹이 두둑하다. 얼굴 전체에 털이 수북한데 이마에는 소뿔형의 뿔이 돋아 안쪽으로 굽었다.

이외 귀면이 장식된 깃털부채는 덕흥리벽화고분과 수산리벽화고분에도 발견되었다. 덕흥리벽화고분은 평안남도 남포시 강서구역 덕흥동에 위치했는데 1976년에 발굴되었다. 앞방과 널방이 있는 두방무덤으로, 무덤의 벽면에 회를 바르고 벽화를 그렸는데, 주제는 주로 당시의 생활풍속이 묘사되었다. 앞방 천장의 북쪽에 쓰인 묵서에서 무덤 주인이 408년(영락 18년)에 죽은 유주자사 진(鎭)임을 알 수 있다. 앞방의 북벽 서쪽에는 무덤 주인인 유주자사 진의 초상이 묘사되었는데, 그는 광개토대왕의 신하로 높은 관직까지 올랐다. 무덤주인은 붉은 색 도포를 겉옷으로 입고 평상에 앉아 있는데, 고구려의 관모인 검은색 내관과 청라관(青羅冠)을 겹쳐 썼고, 오른손에는 귀면이 그려진 깃털부채를 쥐었다.[32] 귀면장식은 거의 지워져 살필 수 없으나 안악3호분의 무덤 주인이 들고 있는 깃털부채의 귀면장식과 같이 사귀를 막는 벽사를 나타낸 것으로 보인다.

수산리벽화분은 평안남도 남포시 강서구역 수산리에 위치한다. 1972년에 발굴되었는데, 널길과 널방이 있는 외방무덤(單室墳)으로, 5세기 후반 경에 축조된 것으로 추정된다. 널방의 북벽은 우진각 지붕의 목조 기와집이 그려졌고, 무덤 주인인 부부가 생활하는 모습을 묘사했다. 북벽의 서쪽에는 붉은 옷을 입은 남자 주인이 정면을 향

---

31) 한성백제박물관, 2016, 앞의 책, pp.23~24.

32) 이태호, 2006, 「평양지역 8기의 고구려 벽화고분」, 『남북공동 고구려 고분벽화고분 보존실태조사 보고서』 제1 권, 문화재청, p.94.

도21. 널방의 깃털부채 수산리벽화분 고구려 (한국콘텐츠진흥원)

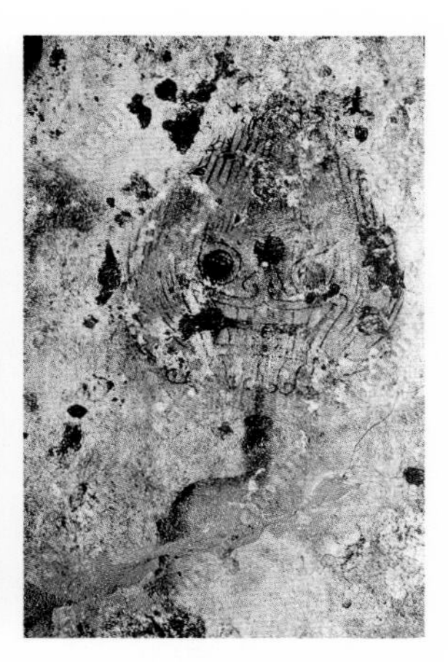

도21-1. 깃털부채의 귀면 수산리 벽화분 고구려 (조선일보, 1997)

해 앉았고, 북벽의 동쪽에는 여주인이 앉아 남자를 향해 고개를 돌렸다. 현재는 벽화의 박락이 심하여 묘주와 시종은 훼손되어 보이지 않는다. 널방 북벽의 박락된 무덤주인의 오른편(도21)에는 깃털부채 1개가 세워졌는데, 깃털부채를 손에 쥔 안악3호분과 덕흥리벽화분의 무덤주인과 차이를 나타냈다. 깃털부채(도21-1)는 하단에 S자모양의 손잡이가 달렸고 부채 살이 나뭇잎모양인데, 홍색바탕에 청색과 흑색으로 귀면을 표현했다. 귀면은 입을 벌려 앞니를 드러냈고, 두 눈은 눈동자가 도드라졌다. 이마 중심에는 둥근 보주가 장식되어 특이한데, 이마에는 뿔이 돋지 않았다.[33)]

이외 남포 강서구역에 위치한 태성리1호분의 주인공도 깃털부채를 쥐었는데, 깃털부채에 귀면이 장식되었는지 파악되지 않고 있다. 이와 같이 깃털부채에 귀면이 그려진 것은 무덤 주인공의 신분을 과시함은 물론 사귀를 쫒는 벽사를 의미한 것으로 보인다.

---

33) ① 문화콘텐츠닷컴, 「고구려 고분벽화이야기 수산리벽화분」, 한국콘텐츠진흥원
② 朝鮮日報, 1997, 「화보(7) 분단 50년, 첫 공개되는 북한문화재」, 문화·라이프. 조선일보는 일본 소학관이 발행하는, 『세계미술전집(世界美術全集)』 취재팀이 북한에서 촬영한 귀면부채를 다른 화보를 함께 1997, 10. 22에 처음 공개했다.

2. 귀면기와

고구려기와는 한국기와의 선례로써, 2~3세기경부터 본격적으로 제작되기 시작하여 목조건축의 지붕에 이어졌다. 기와는 당시의 도읍지인 국내성과 평양에서 대부분 출토했는데 수막새에는 구름과 연꽃, 보상화와 인동, 귀면과 인면 등이 장식되어 길상과 벽사를 나타냈다. 그런데 귀신의 얼굴을 장식한 귀면기와는 사귀를 막고 화마(火魔)를 방지한 독특한 벽사기능을 수행하여, 그 집에 살고 있는 사람들의 안전은 물론 행복한 삶을 기원하였다.

고구려의 귀면기와는 서기 400년 전후에 제작되어 지붕에 이어진 것으로 보인다. 귀면기와는 수막새와 반원막새 , 마루끝기와와 마루수막새, 착고 등으로 분류되는데, 평양천도 이후에 대부분 제작되었다.[34] 그런데 귀면이 장식된 우리나라의 기와는 각 시대에 따라 수막새와 암막새, 부연기와와 사래기와, 착고와 마루끝기와, 망와와 치미 및 보탑장식 등 여러 종류로 구분되는데, 이 모두를 합하여 귀면기와로 통칭하고 있다.

1) 귀면문수막새

귀면이 시문된 수막새는 집안의 국내성과 환도산성, 평양에서 출토했는데, 서로 다른 형식적인 차이를 지녔다.[35] 국내성에서 출토한 수막새(도22)는 동형의 기와가 환도산성에서도 발견되었다. 귀면은 입을 네모꼴로 벌려 혀와 이빨을 드러냈다. 두 눈은 돌출했는데 눈썹이 불꽃처럼 뻗쳤다. 코는 콧구멍이 뚫렸고 이마에는 머리카락이 묘사되었다. 환도산성 궁전지에서 출토한 수막새(도23)는 국내성에서 출토한 수막새와 비슷하나 눈동자가 동그랗고 눈썹이 치켜졌다. 코는 콧구멍이 뚫렸고 콧대 끝이 주름

---

34) 김희찬, 2009,「고구려 귀면문와당의 형식과 변천」,『고구려발해연구』34집,

35) ①文物出版社, 2004,『國內城 -2000~2003年集安國內城与民主遺趾試掘報告』, 도판40 도4.
②文物出版社, 2004,『丸都山城 -2001~2003年集安丸都山城調査試掘報告』, 도판80 도3.

도22. 귀면문수막새 국내성 고구려 (국내성시굴보고)

도23. 귀면문수막새 환도산성 고구려 (환도산성조사시굴보고)

졌다. 그런데 두 귀면기와는 흑색이 아닌 적갈색을 나타내 5세기 초에 제작된 것으로 보이는데 귀와 뿔은 묘사되지 않았다.

평양에서 출토한 귀면기와는 여러 종류로 구분된다. 평양에서 출토한 수막새(도24)는 적색기와로 힘차고 정제되었다. 넓게 벌린 입에는 잇몸과 혀, 앞니가 드러났고 귀기(鬼氣)가 서렸다. 두 눈은 크고 눈동자가 왕방울처럼 돌출했는데 눈썹이 불꽃처럼 묘사되었다. 코는 구멍이 뚫려 두툼하며 귀는 묘사되지 않았다. 이마에는 뿔은 돋지 않았으나 중앙에 특이한 장식이 놓였다. 이 수막새는 평양시기에 제작된 적색기와로 힘차고 강인한 특색을 잘 나타냈는데 동형의 기와가 대동군 상오리에서 출토했다. 막새의 지름은 18.2㎝내외로 비교적 큰 규모이다.

도24. 귀면문수막새 평양 고구려 (국립중앙박물관)

고구려에서는 귀면과 연화(蓮花), 귀면과 인면이 복합된 수막새가 제작되어 중요한 자료가 된다.[36] 귀면과 연화가 복합된 수막새(도25)는 4개의 귀면과 4엽의 연화문이 번갈아 시문되었는데 중심에는 반구상의 자방이, 외측에는 꽃술대가 밀집되었다. 능선이 있는 연판은 그 끝이 날카로운 행인형(杏仁形)으로 6세기 중엽에 유행된 고구려기와의 특색을 잘 나타냈다. 귀면은 두 눈과 입, 코와 이마가 간략히 묘사되었는데, 불법을 수호하는 연꽃과 함께 사귀를 막는 벽사를 나타냈다.

도25. 귀면·연화문막새 고구려 (경희대학교 중앙박물관)

유금와당박물관에 소장된 수막새(도26)는 대동 장수원리에서 출토했는데, 인면과 귀면, 연꽃이 번갈아 배치되어 우리나라의 귀면연구에 중요한 자료가 된다. 2구씩의 인면과 귀면, 4엽의 연화가 번갈아 장식된 독특한 복합의장을 나타내 고구려의 특색을 잘 나타냈다[37] 인면(도26-1)은 길쭉한데 입과 눈, 코와 귀를 묘사했다. 입은 약간 벌렸고 수염이 짙다. 코는 두툼하며 두 눈이 돌출했다. 귀면(도26-2)은 입과 두 눈, 코와 귀를 묘사했는데 기괴하다. 마손이 심한 편인데, 입은 벌려 혀를 내밀었고 두 눈은 도

도26. 복합문수막새 고구려 (유금와당박물관)

도26-1. 인면 세부

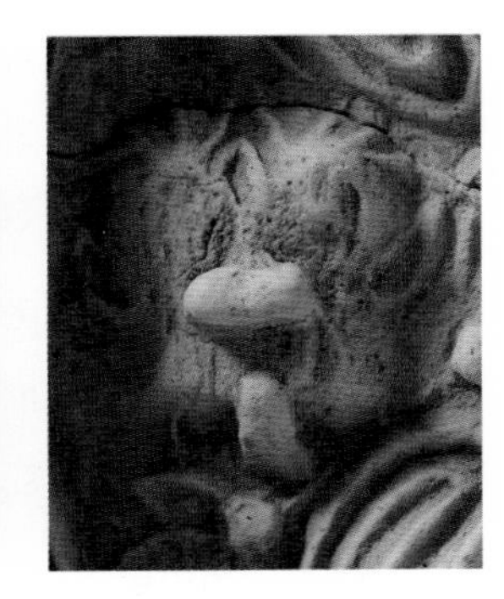
도26-2. 귀면 세부

36) 김성구, 2005, 「고구려 기와의 분류와 그 변천」, 『고구려와당』, 경희대학교 중앙박물관, pp.145~146.
37) 국외소재문화재재단, 2015, 『돌아온 와전 이우치 컬렉션』, p.274, 도45.

드라졌다. 이마에는 뿔이 돋지 않았으나 머리털이 뻗쳤다. 연화문은 자엽(子葉)이 2개인 복판양식으로 6세기 후엽의 작례를 나타냈다. 그런데 인면은 역강한 장수의 얼굴로 묘사되어 귀면과 같이 사귀를 막는 벽사를 나타낸 것으로 보인다.

2)귀면문반원막새

고구려에서는 연화와 인동, 귀면과 두꺼비가 시문된 이형의 수막새로 반원막새가 약간씩 제작되었다. 뒷면에 부착된 수키와가 막새와 사각(斜角)을 이루었기 때문에 목조건물의 지붕이 「ㄱ」자로 꺾이는 회첨(會檐)에 사용한 것으로 추정되었다. 그런데 통일신라시대에는 이와 같은 반원막새가 타원막새로 대체되어 회첨에 사용되어 차이를 나타냈다. 평양 토성리에서 출토한 반원막새(도27)는 주연부가 민무늬인데, 외측에 권선을 두고 귀면을 선각하였다. 귀면은 입과 눈, 코가 새겨졌는데 입에는 귀기가 넝쿨처럼 뻗쳤다. 그런데 두 귀와 이마의 뿔은 생략되었다.

도27. 귀면문반원막새 토성리 고구려 (유금와당박물관)

도28. 복합문반원막새 고구려 (유금와당박물관)

도28-1. 귀면 세부

두꺼비와 귀면이 복합된 수막새(도28)는 그 의장이 특이하다.[38] 두꺼비는 네 발을 길게 뻗은 역동적인 모습인데 등위에 올라탄 귀면은 작게 표현되었다. 큰 체구의 두꺼비는 입을 벌렸고 두 눈의 눈동자는 작은 구슬처럼 튀어나와 이채롭다. 귀면(도28-1)은 입을 크게 벌려 앞니와 혀를 드러냈고 두

38) 유금와당박물관, 2008,『한국와당 수집100年 명품100選』, p. 48 도34.

눈이 돌출했다. 코는 콧구멍이 뚫렸고 이마에는 소뿔형의 뿔이 돋았다. 그런데 두꺼비는 대단한 영물로 재복을 상징하고 수호신 역할을 했는데, 귀면의 벽사기능과 복합되었다.

3) 귀면문마루끝기와

목조건물의 각 마루 끝에 이어진 귀면기와가 고구려에서 5세기중반부터 제작되어 중요한 자료가 된다. 귀면이 장식된 마루끝기와는 원두방형(圓頭方形)으로 주연부가 민무늬인데, 하단 중심이 반원형으로 파였다. 평양에서 출토한 마루끝기와(도29)는 귀면의 입과 눈, 코가 묘사되었다. 넓게 벌린 입에는 송곳니가 드러났고 귀기가 서렸다. 눈동자는 반달모양이고 이마에는 뿔이 생략되었다. 평양 청암리에서 출토한 마루끝기와(도30)는 높이가 39.3㎝가량인 큰 기와로, 커다란 입과 오뚝한 코, 돌출한 눈과 귀가 잘 묘사되었다. 크게 벌린 입에는 이빨이 무섭게 드러났고 귀기가 서렸다. 눈은 돌출했고 귀 속이 파인 채 묘사되었다. 이마에는 나선모양의 돌기가 돋아 특이하다.

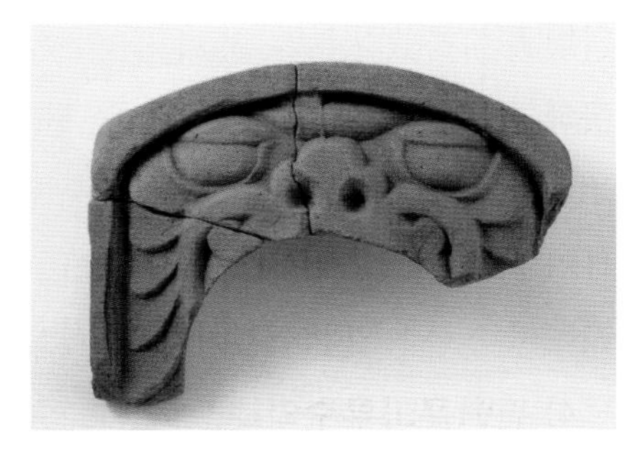

도29. 귀면문마루끝기와 고구려 (국립중앙박물관)

도30. 귀면문마루끝기와 고구려 (유금와당박물관)

평양 토성리에서 출토했다고 전하는 마루끝기와(도31)는 일제강점기 때 수집되어 귀판(鬼板)으로 불렸고, 『조선고문화종감』에 실려 고구려의 귀면기와로 알려졌으나 약간의 검토가 필요하다.[39] 넓게 벌린 입에는 송곳니가

39) ① 養徳社, 1966(昭和 41年).『朝鮮古文化綜鑑』第四卷, p.34, 도판 제61 도197.
② 井內功, 昭和42年,「高句麗の鬼面紋屋瓦」,『鬼面紋瓦の硏究』, 井內古文化硏究室編, p.18 圖1.

굵게 뻗쳤고 코는 들창코로 콧대가 짧은 편이다 그런데 이마에는 머리털이 뻗쳤는데 작은 구멍이 파여 특이하다. 그리고 주연이 생략되었고 미간에 못구멍이 뚫려 전술한 고구려의 마루끝기와와 다른 차이를 나타냈다. 필자는 아직 이 기와를 실견하지 못해 그 제작기법이나 색조 등을 확인할 수 없으나 고구려의 귀면기와가 아닌 후대의 기와, 또는 위작의 기와로 추정된다.

도31. 귀면문마루끝기와 토성리 고구려 (『조선고문화종감』)

4) 귀면문마루수막새

고구려는 평양시기에 마루끝기와의 상단에 사용되는 마루수막새가 제작되어 반전을 통한 건물의 미관을 잘 나타냈다. 환도산성 궁전지에서 출토한 마루수막새(도32)는 귀면이 장식되었는데, 뒷면에 부착된 수키와가 굽은 상태로 마루끝기와의 상단에 얹혀 사용할 수 있도록 제작되었다.[40] 귀면은 입을 벌려 송곳니와 앞니를 드러냈고 두 눈은 눈동자가 반구형으로 볼록하다. 눈썹은 치켜졌고 이마의 머리털은 분노한 듯 솟았다. 콧대가 굵고 긴 편인데, 이마의 뿔은 생략되었다. 주연은 문양이 없는 민무늬인데, 드림새 외측에는 권선과 구슬무늬가 장식되어 7세기전후의 작례를 나타냈다. 이외에 고구려에서는 기왓골 상단을 막음하는 착고에도 귀면이 새겨져 벽사를 나타냈다.

도32. 귀면문마루수막새 환도산성 고구려 (집안시)

40) 文物出版社, 2004, 『丸都山城 -2001~2003年集安丸都山城調査試掘報告』, 도판87 도1.

제2절. 백제의 귀면

백제는 한반도의 중서부에 위치했던 고대왕국으로, 서기전 18년에 개국하여 660년에 멸망했다. 도읍지의 위치에 따라 한성시기와 웅진시기, 사비시기로 나뉘며 각 시기의 문화양상도 많은 차이를 나타냈다. 귀면이 장식된 수막새는 5세기 초반 한성시기에 제작되었는데, 웅진 및 사비시기에는 와전(瓦塼)을 비롯해 여러 장신구와 기물에 귀형 및 귀면이 새겨져 사귀를 막는 벽사를 나타냈다.

귀면이 새겨진 허리띠는 공주 수촌리고분과 송산리고분군, 무령왕릉 등 백제의 여러 무덤에서 출토해 중요시되었다. 그런데 귀형은 금동대향로와 고리자루칼, 금동신발 등에 장식되어 그 특성을 잘 발휘했다. 이외 전돌과 말방울에도 귀형과 귀면이 새겨졌는데, 부여 외리유적에서 출토한 2매의 귀형문전돌은 귀신의 형상은 물론 귀신과 용의 차이를 구별할 수 있는 중요한 자료가 되었다.

1. 귀형문전돌

귀형(鬼形)은 귀신의 얼굴뿐만이 아니라 팔과 다리를 포함한 귀신의 전신을 표현한 것으로 귀신형(鬼身形)이라고도 한다. 귀형이 장식된 전돌은 백제의 유적인 부여 외리유적에서 두 종류가 출토했다.[41] 외리유적은 낮은 야산의 산기슭에 위치했는데 8매의 문양전돌이 출토하여 백제문화의 우수성을 잘 나타냈다. 문양전돌은 산경(山景)과 귀형이 각각 새겨진 두 종류씩, 봉황과 용, 연화와 구름이 장식된 한 종류씩 모두 8종인데 보물 제343호로 지정되었다. 특히 산경문전돌은 한 폭의 아름다운 산수화를 연상하게 하고, 암자와 승려, 상서로운 구름과 봉황 등이 표현되어 백제 사람들의 불교신앙과 신선세계의 또 다른 이상향을 살필 수 있는 중요한 자료가 되었다.

부여 외리유적은 사비시기의 건물터로 일제강점기인 1937년에 조사되어 백제의 전돌과 기와, 토기 등이 출토했다. 그런데 조사 당시 전돌이 백제의 와적기단(瓦積基壇)과 겹쳤고 서로 엇갈렸기 때문에, 후대에 전돌을 다른 용도로 사용하기 위하여 다시 배치한 제2차의 유구(遺構)로 해석했다. 네모난 문양전돌은 귀형과 봉황 등이 입상으로 부조되었고 네 귀에 홈이 파였기 때문에 건물의 벽면이나 불단과 같은 단(壇)의 축조에 사용된 벽전돌[壁塼]로 간주되었다. 그런데 전돌은 네 모서리에 작게 잘린 꽃무늬가 새겨져 전돌이 사방으로 연속하여 이어질 수 있도록 제작되었다. 전돌은 각 변의 길이가 29㎝내외이고 그 두께는 4㎝로 비교적 얇은 편이다.

귀형문전돌(도33, 도34)은 2매가 출토했는데, 대좌가 바위로 이루어진 암좌(岩座)와 연꽃으로 이루어진 연화좌(蓮花座)의 차이를 제외하고는 서로 유사하

도33. 귀형문전돌 외리유적 백제 (국립부여박물관)

도33-1. 귀면 세부

41) ① 有光敎一, 「扶餘窺岩面の文様塼出土遺蹟と遺物」, 『昭和十一年度古蹟調査報告書』, 朝鮮古蹟硏究會.
② 김성구, 2004, 『백제의 와전예술』, 주류성, pp.139~147, 사진154~155.

도34. 귀형문전돌 외리유적 백제 (국립중앙박물관)

다. 전돌은 목제 틀에서 찍어냈기 때문에 그 표면에 목리흔적(木理痕迹)이 나타났다. 귀형은 두 팔을 뻗고 당당하게 직립한 나신(裸身)의 입상이다. 상체가 발달한 두 어깨에는 갈기 모양의 털이 솟았고 손가락과 발가락은 맹금류처럼 날카롭다. 풍만한 가슴에 유두가 드러났고 허리에는 허리띠를 둘렀고 요패에는 수식이 달렸다. 귀형은 얼굴(도33-1)이 몸체에 비해 큰 편인데, 암좌가 넘실대는 물결에 솟은 해암(海巖)과 같이 날카롭게 묘사되었다. 크게 벌린 입에는 혀와 앞니가 드러났고 입술에는 수염이 무성하다. 두 눈은 도드라졌고 콧대가 곡절되었는데 이마에는 뿔이 돋지 않았다.

전돌의 귀형은 허리띠를 두르고 대좌위에 당당히 서 있는 정면관의 모습으로 동아시아의 귀면연구에 중요한 자료가 된다. 특히 연화좌의 귀형은 연화대좌를 갖춘 불상과 비견될 수 있을 만큼 그 위상이 대단했고, 귀형이 괴수나 괴인과 같이 무섭게 표현되었으나 인간을 이롭게 하는 신인(神人)으로 의인화되었음을 알 수 있다. 그런데 귀신과 용이 다르게 장식된 두 전돌이 외리유적에서 함께 출토했다는 점은 귀면이 용면이라는 주장이 허구임을 입증하는 주요한 단서가 되었다.

2. 금동대향로의 귀형

부여 능산리사지에서 출토한 백제금동대향로(국보)는 높이가 61.8㎝의 큰 향로로, 뚜껑과 몸체, 받침 등 3부분으로 구성되었다. 받침은 한 마리의 용이 몸체인 연꽃봉우리를 입으로 받쳤고, 그 위에 뚜껑인 박산(博山)이 놓였으며, 뚜껑 꼭대기에는 봉황 한 마리가 비상하고 있다. 뚜껑은 박산을 상징하여 중첩된 산악과 나무, 신선과 인물상,

각종 동물과 식물들이 묘사되었다. 박산은 중국의 동쪽바다 한 가운데에 신선들이 살고 있다는 이상향인 삼신산(三神山)을 표현한 것인데, 박산향로는 신선사상이 유행한 중국의 진·한대에 많이 제작되었다. 백제금동대향로의 뚜껑에는 5명의 주악상과 10명의 선인을 비롯하여, 원숭이·호랑이·사자·멧돼지· 사슴 등의 여러 동물과 독수리와 긴 부리새·긴 꼬리새·외뿔 새 등이 다양하게 표현되었다. 또 인면조신과 인면수신의 동물상을 비롯해 뱀을 물고 있는 동물, 기이한 식물과 바위 등이 묘사되었다. 그런데 뚜껑에는 귀형이 포수(鋪首)와 외수(畏獸) 모양으로 장식되었다.[42]

포수모양의 귀형은 뚜껑의 하단 한 곳에 표현되었다. 포수는 북쪽으로 들어오는 악귀를 막기 위한 무서운 수면장식으로, 입에 둥근 고리를 물었다. 한대의 묘문(墓門)과 화상석, 청동용기 등에 장식되었는데 금포(金鋪)나 동포(銅鋪), 수환(獸環) 등으로 불린다. 귀형(도35, 도35-1)은 뚜껑 하단의 유운대(流雲帶) 위의 높은 산속에서 얼굴을 아래로 내리고 정면을 응시하고 있다. 귀형은 입을 벌렸고 눈동자가 볼록하며 눈꺼풀이 뻗쳤다. 콧구멍이 드러난 코는 콧등이 주름졌고 귀는 속이 비었다. 이마에는 3개의 산악이 중첩되었고 소뿔형의 뿔이 안쪽으로 굽었다. 귀형은 포수와 달리 얼굴 양측에 두

도35. 백제금동대향로의 귀형 능산리사지 백제 (국립부여박물관)

도35-1. 귀형 세부

42) 국립부여박물관, 2003,『百濟金銅大香爐』, p.35, p.55.

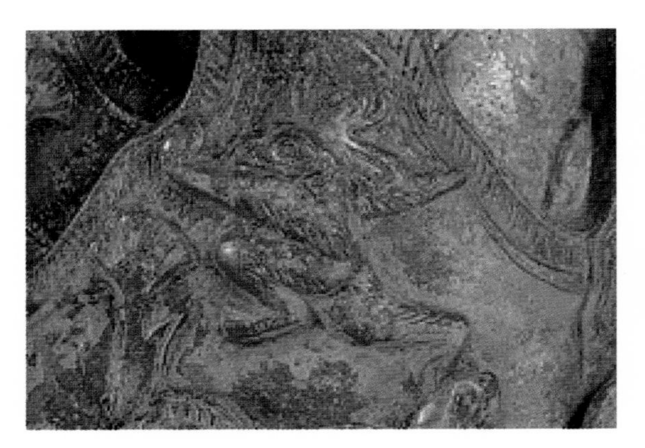

도36. 백제금동대향로의 외수모양의 귀형 능산리사지 백제 (국립부여박물관)

도36-1. 외수모양의 귀형

발이 새겨졌고 입에는 고리가 생략되었다.

외수모양의 귀형장식은 뚜껑의 상부 2곳에 표현되었다. 두 귀형은 두 다리와 양팔을 내뻗고 힘차게 질주하는 형상인데 양팔과 발에는 깃털이 수북하다. 한 귀형(도36)은 달리면서 입으로 어떤 것을 들이미는 모습이고, 다른 귀형(도36-1)은 입을 벌려 포효하는 모습이다. 외수는 사지를 갖추고 손과 발이 구분된 사람 형상의 짐승인데 중국 남북조시대에 유행했다. 그런데 외수는 일종의 신상인 역사상(力士像)을 표현한 것인데, 우리나라에서는 사귀를 막는 귀형으로 분류된다. 그런데 외수모양의 귀형장식은 부여 외리유적에서 출토한 전돌의 귀형과 유사하여 사귀에 대한 벽사기능을 수행한 것으로 보인다.

3. 금동신발의 귀형

금동신발(보물)은 나주 정촌고분 1호 석실 제3목관에서 한 쌍이 발견되었다. 장례 때 의례용으로 제작되어 부장된 금동신발은 5세기후반 경에 제작된 것으로 보이며 형태가 완전하다. 정촌고분은 백제 마한지역의 분구묘로, 무덤 안에서 널무덤과 돌방무덤, 독널무덤 등 41개의 무덤이 발견되었고 토기와 칼, 마구 등 다양한 유물이 출토했

다.[43]

금동신발(도37)은 얇은 금동판 4장으로 바닥판과 좌우 옆면 판, 발목의 깃 판 등을 만들어 작은 못으로 연결했다. 신발의 육각문안에는 용과 인면조(人面鳥), 귀형과 연화 등 사후 영생을 기원한 각종 무늬들이 정교하게 투각되었고, 발등에는 용머리가 장식되어 백제 금속공예기술의 수준을 잘 살펴볼 수 있다. 금동신발은 백제의 중앙 권력자인 왕이 지방 유력자에게 하사한 일종의 위세품으로, 국립나주문화유산연구소에서 실시한 과학적 분석에 의해 그 주인공은 40대 여성으로 추정했다.

도37. 금동신발 정촌고분 백제 (국립나주문화유산연구소)

금동신발의 바닥판에는 연화와 귀형이 투각되었다. 연화문은 8엽씩인 세 연판이 중첩된 중판양식으로, 외측 두 연판은 꽃술이 배치되었고 내측의 연판에는 자엽이 생략되었다. 귀형(도37-1, 도37-2)은 괴수로 불렸는데, 대좌위에 선 입상으로 두 팔은 옆으로 올렸고 두 발을 약간 구부렸다. 얼굴에는 수염과 털이 뻗쳤고 몸체는 투각되어 형상화되었다. 가슴에는 허리띠의 과판과 같은 장식이 묘사되었다. 입에는 송곳니와 앞니가 드러났고, 두 눈이 선명하다. 이마에는 소뿔형의 뿔이 확인된다.

도37-1. 바닥판의 귀형장식

도37-2. 귀형 도면

43) 국립나주문화재연구소, 2017,『羅州 伏岩里 丁村古墳』.

4. 귀면기와

1) 귀면문수막새

백제의 귀면기와는 수막새와 서까래기와의 일종인 부연기와로 구분된다. 귀면이 장식된 수막새는 한성시기의 초기 도성인 서울 풍납토성에서 2점이 출토했다. 풍납토성의 경당지구에서 출토한 수막새(도38)는 파손되었으나 귀면이 간략하게 묘사되었다. 귀면은 두 눈을 제외하고 각 부위가 선각되었다. 둥근 얼굴에 털이 무성하고 이마에는 머리털이 솟았다. 입에는 이빨이 드러났고 두 눈에 눈동자가 묘사되었는데, 귀와 뿔은 생략되었다. 주연은 민무늬로, 막새 표면에 목리흔적이 관찰되어 목제 틀을 사용하여 기와를 제작한 것으로 보인다. 그런데 한성시기에 제작된 귀면문수막새는 중국 남조의 수면문수막새와 유사하여 그 영향이 짐작된다.

풍납토성에서 출토한 귀면문수막새(도39)는 완전한 형태로 지름이 12,1㎝가량이다. 귀면은 눈과 코를 부조시키고 나머지 부위는 선각으로 묘사했다. 입에는 앞니가 드러났고 귀기가 서렸는데 턱수염이 무성하다. 코는 긴 콧대가 양분되었고 두 눈의 눈동자가 도드라졌는데 눈썹이 선각되었다. 이마에는 산형장식(山形裝飾)이 뚜렷하나 뿔은 돋지 않았다.

도38. 귀면문수막새 풍납토성 백제 (한신대학교박물관)

도39. 귀면문수막새 풍납토성 백제 (국립문화유산연구원)

2) 귀면문부연기와

귀면이 시문된 백제의 부연기와는 한 종류에 불과하나 부여의 가탑리사지와 금성산 등지에서 출토했다. 네모난 부연기와는 서까래기와의 일종으로 삼국가운데 유일하게 백제에서 제작되었다. 그런데 귀면이 시문된 둥근 연목기와는 아직 출토하지 않아 귀면이 새겨진 부연기와만 서까래에 부착되어 벽사를 나타낸 것으로 보인다.

도40. 귀면문부연기와 가탑리사지 백제 (국립부여박물관)

가탑리사지에서 출토한 부연기와(도40)는 네모난 형태로 중앙에 못 구멍이 뚫렸다. 귀면은 입과 두 눈, 코가 표현되었으나 귀와 뿔은 생략되었다. 크게 벌린 입에는 잇몸과 송곳니, 윗니가 드러났고, 귀기가 분출했다. 두 눈은 타원형으로 돌출하였는데 눈 속의 귀기가 불꽃처럼 이글거려 이채롭다. 두 눈의 눈꺼풀이 중첩되었으나 눈썹은 묘사되지 않았다. 그런데 미간에는 보주 모양의 원형의 돌기가 묘사되어 특이하다.

5. 허리띠의 귀면

백제에서 귀면이 새겨진 허리띠는 한성시기의 공주 수촌리고분군과 청주 신봉동고분군, 웅진시기의 공주 송산리고분과 무령왕릉에서 출토했다. 허리띠는 허리에 둘러 매는 띠로 요대(腰帶) 또는 과대(銙帶)라고 한다. 허리띠는 걸쇠[刺金]이 달린 띠고리[鉸具]와 유기질 띠에 부착하는 띠꾸미개[銙板], 띠 끝장식과 띠 아래로 내려뜨린 드리개[腰佩] 등으로 구성되었다.

띠고리와 띠 끝장식은 띠의 두 끝을 마주 걸어 결합시키고, 띠꾸미개는 허리를 두르는 것으로 다양한 문양이 베풀어진다. 삼국의 무덤에서는 허리띠를 장식하거나 결합시키기 위한 띠꾸미개와 드리개 같은 금속제부품들이 약간씩 출토했는데, 관(冠)과 목걸이, 귀걸이와 팔지, 반지와 신발 등 여러 장신구와 함께 피장자의 사회적 신분을 반영했다. 귀면은 허리띠의 띠꾸미개와 드리개에 장식되어 사악한 귀신을 몰아내는 벽사기능을 수행하였다.

공주 수촌리고분군은 충청남도 공주시 의당면에 위치하며 사적 제460호로 지정되었다. 한성시기에 해당하는 덧널무덤[木槨墳]을 비롯하여 앞트기식돌방무덤[橫口式石室墳]과 굴식돌방무덤[橫穴式石室墳] 등 여러 형태의 무덤이 조사되었는데, 덧널무덤과 굴식돌방무덤에서는 금동관모를 비롯하여 금동제신발과 고리자루큰칼[環頭大刀] 등 다양한 위세품이 출토했다. 이 고분군은 4세기말에서 5세기 전반 경에 조성된 지방의 유력자 무덤으로, 한성시기의 중앙귀족과 지방의 토착세력 사이의 관계를 살필 수 있는 중요한 유적으로 평가된다.

귀면이 새겨진 띠꾸미개는 1호 덧널무덤과 4호 굴식돌방무덤에서 출토했는데, 모두 금동제로 표면에 귀면이 장식되었다.[44] 수촌리1호분에서는 7점의 띠꾸미개가 출토했는데 단면이 오각형인 2점과 역심엽형(逆心葉形)인 5점으로 구분된다. 두 띠꾸미개(도41)

도41. 띠꾸미개의 귀면 수촌리1호분 백제 (국립공주박물관)

44) 충청남도역사문화연구원·公州市, 2007,『公州 水村里遺蹟』, pp.138~142, pp.254~255, p.367.

는 띠고리의 연결부위와 가장자리의 둥근 못[釘]의 개수가 차이가 있을 뿐 귀면장식은 한 틀에서 주조되어 동일하다. 띠꾸미개는 길이가 3.0㎝내외이고 너비가 2.6㎝가량이다. 귀면은 각진 턱으로 하부가 좁아졌으나 정면향인 원형이다. 귀면은 굳게 다문 이빨이 드러났고, 두 눈이 움푹 파였다. 코는 멧돼지의 콧구멍같이 뚫려 들렸고, 귀는 나선형으로 뻗쳤다. 얼굴주위와 이마에는 털이 무성하며 소뿔형의 뿔이 돋아 굽었다.

도41-1. 띠꾸미개의 귀면

띠꾸미개(도41-1)는 5점이 출토했는데 길이가 3.4㎝이고 너비가 2.6㎝인 심엽형이다. 모두 유사한 형태로 하부는 평평하나 상부는 끝이 뾰족하다. 하단부에는 작은 고리가 달렸고 고리 속에 또 다른 고리가 끼워졌는데, 여러 장식품을 매달은 것으로 추정된다. 띠꾸미개의 가장자리에는 5개의 둥근 못이 박혔고 그 이면에 못 끝이 드러났다. 귀면은 오각형의 띠꾸미개에 새겨진 귀면과 유사하다. 귀면은 원형에 가까운데 얼굴과 이마에는 털이 무성하며 이마에는 소뿔형의 뿔이 돋았다.

수촌리4호분인 굴식돌방무덤에서는 금제귀걸이와 금동신발, 금동허리띠 등이 출토하였다. 귀면이 새겨진 띠꾸미개는 금동제로 2점이 출토하였다. 띠꾸미개(도41-2)는 원두방형으로 일부가 파손되었는데, 하단부에는 빗금이 그어진 타원장식이 부착된 것으로 보인다. 귀면은 둥글넓적한 얼굴로 양 볼에는 굵은 수염이 휘날린다. 작은 입은 네모졌는데 두 코는 위로 들려 콧구멍이 뚫렸다. 두 눈은 눈자위와 눈꺼풀이 길게 치켜져 매서운 모습이다. 양미간에는 보주장식이 있고 띠꾸미개의 가장자리에는 파상무늬의

도41-2. 띠꾸미개의 귀면 (충남역사문화연구원)

도42. 허리띠의 귀면 송산리고분 백제 (국립공주박물관)

못 자국이 남았다. 다른 띠꾸미개에도 똑같은 귀면이 새겨졌는데 이마에서 뿔의 흔적이 관찰된다. 따라서 수촌리고분에서 출토한 허리띠는 띠꾸미개가 낱개로 출토되어 전모를 살필 수 없으나 한성시기의 관복과 귀면의 연구에 중요한 자료가 된다. 특히 한성시기에 제작된 수막새의 귀면은 뿔이 생략되었으나 수촌리고분에서 출토한 띠꾸미개의 귀면에는 소뿔형의 뿔이 돋아 비교되었다.

공주 송산리고분군에서는 웅진시기에 제작한 금동제허리띠 2개(도42)가 출토했다. 허리띠는 띠고리와 띠꾸미개가 분리되어 수습되었는데 드리개는 발견되지 않았다. 두 허리띠는 띠고리와 방형의 띠꾸미개가 남았는데 띠꾸미개의 문양장식과 띠고리 형태 등이 다른 모습이다. 위쪽 허리띠의 띠꾸미개는 방형판이 남아 문양의 장식여부를 살필 수 없으나, 아래쪽 허리띠의 띠꾸미개(도42-1)는 귀면이 장식되어 사귀를 막는 벽사를 나타냈다. 그런데 국립중앙박물관에는 공주시에서 출토한 귀면문띠꾸미개(도42-2)가 소장되었는데 송산리고분군에서 출토한 귀면문띠꾸미개와 동일한 모습이다. 귀면은

도42-1. 띠꾸미개의 귀면

돋을새김으로 중앙부위가 융기했는데, 얼굴 전체에 털이 수북하고 수염이 무성하다. 입은 반쯤 벌려 앞니를 드러냈고 코는 뭉툭하다. 두 눈은 눈동자가 튀어나왔고 이마에는 원형보주가 장식되었고 뿔은 돋지 않았다. 띠꾸미개의 가장자리에는 점열무늬와 넝쿨무늬를 새겼는데 6개의 둥근 못이 박혔다.

도42-2. 띠꾸미개의 귀면 (국립중앙박물관)

공주 무령왕릉에서는 귀면이 장식된 허리띠장식[金銀製銙帶] 1개(도43)가 완전한 형태로 출토했다.[45] 허리띠는 길이가 95.7cm로 띠고리와 띠꾸미개, 드리개로 이루어졌는데 피장자

도43. 허리띠장식 무령왕릉 백제 (국립공주박물관)

---

45) 국립공주박물관, 2009, 『무녕왕릉 신보고서 I』, p, 088.

도43-1. 드리개의 귀면

인 왕이 착용한 것이다. 띠고리는 버섯모양이며 띠꾸미개는 크고 작은 두 종류의 타원형판을 교대로 연결되었다. 드리개는 1줄로 길게 늘어졌는데, 금판 2장에는 귀면과 두꺼비를 맞새김[透彫]하였다. 귀면(도43-1)은 드리개 하부의 방형판에 간략하게 새겼는데, 드리개의 상부에 새겨진 두꺼비무늬와 대비된다. 귀면은 입을 벌려 송곳니와 아랫니 하나씩을 맞댔고, 두 눈은 둥그렇게 뚫렸다. 코는 그 윤곽이 선각되었고 귀는 위로 뻗쳤다. 양미간에는 보주가 장식되어 특이한데, 그 위에는 안쪽으로 굽은 소뿔형의 뿔이 돋았다. 방형판의 가장자리에는 점열문과 당초문을 새겼는데, 상부와 하부에는 2개씩의 둥근 못이 박혀있다. 그리고 드리개 끝의 장방형 은판에는 주작과 백호를 새겨, 벽사를 의미하는 귀면과 달을 상징하는 두꺼비 등과 더불어 다양한 의미를 나타냈다.

6. 고리자루칼의 귀면

고리자루칼은 칼 손잡이 끝부분이 둥근 고리모양으로 된 칼로, 환두대도(環頭大刀)라고 부른다. 고리자루칼은 고리의 형태와 고리 안의 장식에 따라 다양하게 구분되는데, 용과 봉황, 삼엽(三葉)과 당초, 귀면 등이 새겨져 당시의 수준 높은 공예기법을 살필 수 있다.

나주 복암리 3호분 제7호 돌방무덤에서는 귀면이 장식된 금은제고리자루칼(도44)이 출토되어 중요한 자료가 된다. 복암리고분군은 전남 나주시 다시면에 있는 삼국시대의 무덤으로 사적으로 지정되었다. 3호분은 발굴조사를 통하여 돌방무덤[石室墓]와 돌덧널무덤[石槨墓], 독널무덤과 널무덤[木棺墓] 등 7가지 형태의 묘제 41기가 확인되어,

영산강유역의 다장(多葬) 복합묘(複合墓)의 특성을 나타냈다. 금동신발과 은제관식, 고리자루칼 등 중요한 유물이 출토하여 백제의 성장에 따른 지방 세력과의 밀접한 관계를 살필 수 있는 중요한 자료로 평가된다.[46]

고리자루칼은 길이가 84㎝로, 칼 손잡이 끝부분에 C자형의 고리 3개가 달려 있기 때문에 세고리자루칼[三環頭大刀]로 불리는데, 사귀를 막는 귀면이 세 고리 안쪽에 장식되어 주목된다. 귀면(도44-1)은 정면을 향해 고리를 물었는데, 입고 코, 눈과 뿔이 묘사되었다. 크게 벌린 입에는 송곳니와 윗니가 드러났고 세 고리에는 귀기가 구름처럼 서렸다. 코는 위로 들려 콧구멍이 뚫렸고 두 눈은 눈동자가 검게 칠해져 선명하다. 양미간에는 보주가 장식되었고 소뿔형의 뿔이 솟아 안쪽으로 굽었다. 귀면이 장식된 세고리자루칼은 국내에서 처음 출토되어 주목되었는데, 6세기후반 경에 제작된 것으로 추정된다.

도44. 고리자루칼 복암리3호분 백제 (국립나주문화유산연구소)

도44-1. 고리자루칼의 귀면

7. 기타 귀면장식

1) 말방울의 귀면

말방울[馬鈴]은 말의 목에 다는 방울로, 삼국시대 백제와 가야에서 주로 출토하는 일종의 마구류(馬具類)이다. 고들개나 밀치끈에 달았던 방울로 장식 효과와 함께 말이 움직이면 소리가 날 수 있도록 제작되었다. 몸체는 구형(球形), 또는 타원형으로, 위쪽에

46) 국립나주문화재연구소, 2006,『羅州 伏岩里 三號憤』.

도45. 청동말방울 표정리 백제 (국립부여박물관)

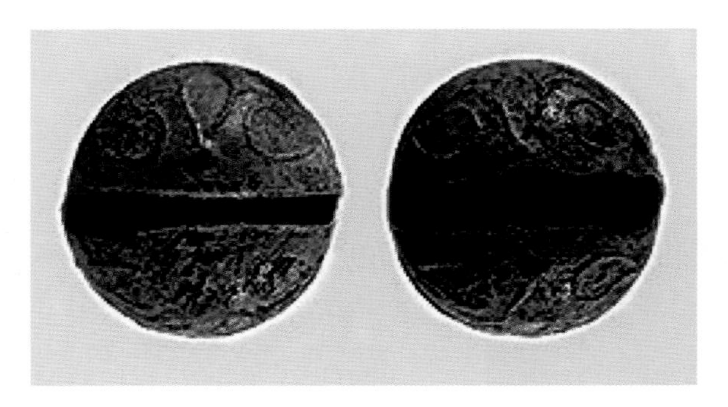

도45-1. 귀면 세부

는 방울을 매달 수 있는 고리가 있고 아래쪽 하단에 구멍이 뚫렸다. 주조된 청동제로 귀면·연꽃·꽃무늬 등을 새겼는데, 안쪽에는 작은 돌이나 금속제 알맹이가 들어 있어 움직이면 소리가 난다.

논산 표정리에서 한 쌍의 백제 금동말방울이 수집되었다. 높이가 7.1㎝, 가량인 청동제로, 구멍이 길게 뚫린 몸체 양면에 귀면을 새겨 사귀를 막는 벽사를 나타냈다. 말방울(도45)은 주조한 봉합선인 돌대를 기준으로 상하의 두 부분으로 나뉘어 위쪽은 연화문을, 아래쪽은 귀면을 새겼다. 연화문은 홑잎[單瓣]으로 그 끝이 날카롭고 사이 잎도 있다. 귀면(도45-1)은 눈과 코, 뿔을 간략하게 선각하였다. 두 눈이 크고 이마에는 소뿔형의 뿔이 돋았다.[47] 그런데 말방울에 묘사된 이와 같은 귀면을 인면(人面)으로 간주하기도 하나, 후술한 가야의 말방울과 같이 이마에는 여러 형태의 뿔이 돋거나 선각되어 벽사기능의 귀면을 장식한 것으로 간주된다.

2) 청동귀면장식

부여 구아리에서 특이한 귀면장식(도46)이 출토하여 중요한 자료가 된다. 귀면장식

47) ① 국립진주박물관, 1992,『눈으로 보는 고대의 소리』, pp,32~36, 도88.
② 국립청주박물관, 1990,『三國時代 馬具特別展』, p.6, 도6

은 1966년 구아리 상수도공사 중 도로변에서 석조보살입상 및 토제곰상 등과 함께 출토했다. 부여의 구아리일대는 천왕사지와 구아리사지, 구아리 백제유적 등으로 불렸던 곳으로, 일제강점기부터 몇 차례에 걸쳐 조사가 이루어졌다. 1944년 부여경찰서를 신축할 당시 일본인 후지사와 가즈오(藤澤一夫)씨가 긴급조사를 실시해 목탑의 심초석과 소조불상, 「천왕사(天王寺)」명 기와 등 백제 유물이 다수 출토하여 천왕사(天王寺)로 비정되었으나 보고서가 간행되지 않았다. 그 후 일제 때 건립된 부여경찰서가 이전됨에 따라 1992년에 발굴정비조사를 실시해 천왕사지의 위치를 밝히고자 했으나 백제의 우물터만 확인되었다. 그 후 고리귀면이 출토한 도로변을 포함한 구아리일대에 대한 소규모의 발굴조사가 이어졌으나 아직까지 그 실체를 파악하지 못했다.[48]

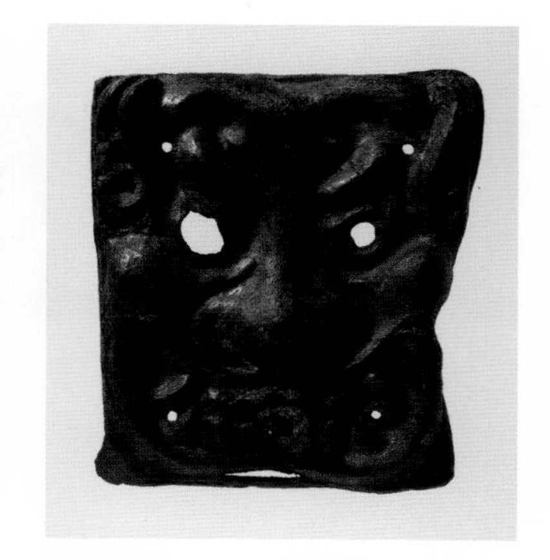

도46. 청동귀면장식 구아리 백제 (국립부여박물관)

청동으로 주조된 귀면장식은 장방형으로 높이와 길이가 각각 22.0㎝, 20.4㎝가량이다. 네 모서리에는 못 구멍이 뚫렸는데, 귀면의 각 부위가 힘 있게 표현되었다. 입을 벌려 송곳니가 날카롭게 뻗쳤고 윗니와 아랫니로 작은 고리를 물었는데, 고리의 한쪽이 파손되어 구멍만 이빨 사이에 남았다. 코는 콧등이 솟아 뭉툭하고 뺨의 양 볼은 볼록하다. 두 눈의 눈동자가 파였는데 오른쪽 눈은 파손되었다. 눈썹은 뭉쳐 치켜졌고 귀는 굽어 솟았다. 이마에는 소뿔모양의 뿔이 튼실하게 돋았다. 귀면장식은 네 모서리에 못 구멍이 뚫렸기 때문에 목조건물의 사래에 사용된 것으로 보았으나, 두 눈동자가 투공상태이고 입에 작은 고리가 물렸기 때문에 특수한 기물에 장착된 것으로 간주된다.

48) 扶餘文化財硏究所·忠淸南道, 1993,『扶餘 舊衙里 百濟遺蹟 發掘調査報告書』.

제3절. 신라의 귀면

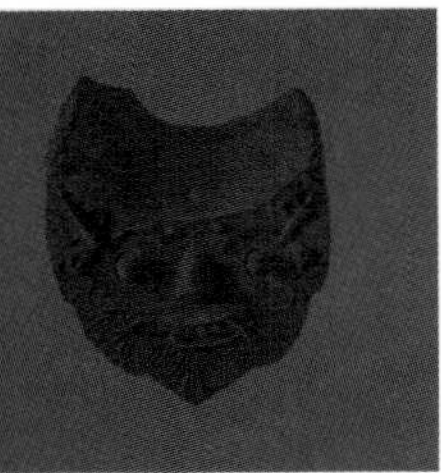

신라는 한반도의 동남부에 위치했던, 고구려 및 백제와 함께 고대 삼국가운데 한 왕국이다. 신라는 대개 7세기 중엽에 백제와 고구려를 평정한 삼국통일 이전의 신라와 그 이후의 통일신라로 구분된다. 그런데 통일신라는 698년 발해의 건국과 더불어 남북국시대의 남국으로 불리기도 한다.

신라의 귀면은 금동신발과 허리띠, 수막새와 화살통 및 교구 등에 새겨졌다. 신라의 귀형은 경주 식리총에서 출토한 금동신발의 바닥판에 새겨져 중요한 자료가 된다. 다리와 팔을 벌린 귀형 4구가 투각되었는데 피장자의 위세품으로 간주된다. 이외 수키와에 귀형이 새겨졌는데 벽사보다도 여기(餘技)가 엿보인다. 경주 계림로 14호묘에서 출토한 교구는 청동으로 된 좌금구에 금장하여 두 면(面)의 귀면을 대칭으로 무섭게 새겼다. 교구는 말안장에 달렸던 부속구로 말갖춤의 수준 높은 공예기술과 화려함을 살필 수 있다.

1. 금동신발의 귀형

경주의 식리총에서는 귀형이 새겨진 금동식리 즉 금동신발이 출토해 중요한 자료가 된다. 식리총은 경주 노동동고분군에 포함된 126호분으로, 발굴조사에서 금동신발이 출토해 그 명칭을 식리총(飾履塚)이라고 붙였다. 식리총은 지하에 구덩이를 파고 덧널을 설치한 돌무지덧널무덤[積石木槨墳]으로 1924년에 발굴 조사되었다. 금관을 제외한 관 수식·금 귀걸이·유리목걸이·은제허리띠·금동제신발 등의 장신구를 비롯하여, 여러 종류의 마구류와 특이한 청동용기, 고리자루칼 등이 출토했다. 식리총은 금관이 출토하지 않아 왕족 또는 귀족의 무덤으로 추측되며 5세기 후엽에 축조된 것으로 간주된다.[49)]

도47. 금동신발(바닥판) 식리총 신라 (국립중앙박물관)

금동신발(도47)은 피장자의 발치 아래쪽에서 출토했는데 3매의 금동판을 조립해 만들었다. 길이가 32.7㎝로 다양한 문양이 정교하게 투조(透彫)되거나 타출[(打出)되었다. 바닥판은 외측에 연속된 연주(連珠)와 불꽃과 같은 화염, 11개의 연꽃을 새겼다. 그런데 귀갑문 안쪽에는 귀신과 쌍조(雙鳥)를 번갈아 배치했고, 인면조신의 가릉빈가(迦陵頻伽)와 새, 기린과 날개가 달린 물고기가 표현되었다.

신발의 옆판에도 동물머리에 새의 몸을 지닌 수두조신(獸頭鳥身)과 현무, 새와 기린, 상서로운 짐승인 서수 등이 장식되었다. 이와 같은 각종 문양과 도안은 사산조 페르시아에서 유행한 미술양식과 유사하여 당시 신라와의 문화적 교류를 짐작하게 하는 귀중한 자료이다. 귀신은 귀형(도47-1)으로 신발 바닥판에 4구가 표현되었

도47-1. 귀형 세부

49) ① 梅原末治 外, 1932, 「慶州金鈴塚·飾履塚發掘調査報告」, 『大正十三年度古蹟調査報告書 Ⅰ』.
② 국립문화재연구소, 2001, 『한국고고학사전』.

는데 다리와 팔을 벌린 당당한 모습이다. 크게 벌린 입에 앞니가 드러났고 치켜진 두 눈에 눈썹이 뭉쳐 솟았다. 이마에는 뿔 대신 화염보주가 장식되어 특이하다. 그런데 금동신발은 무덤에서 출토한 여러 종류의 장신구와 함께, 피장자의 정치·사회적 신분을 상징하는 위세품으로 간주된다.

2 귀면기와

1) 귀형문수키와

수키와의 표면에 귀형이 묘사되어 이례적이다. 두께가 0.8㎝가량인 얇은 기와로 7세기초반의 작례를 나타냈다 수키와(도48)는 소성온도가 높은 회흑색의 경질기와로 파손되었는데, 기와를 굽기 전 표면에 와공이 스케치하듯 귀형을 새겼다. 이면은 가로방향으로 물 손질되었고, 두 측면은 기와 칼로 금을 내 분할했다.

도48. 귀형문수키와 신라 (국립중앙박물관)

귀형은 두 구로 모두 입상이나 다른 모습이다. 통옷을 입은 위쪽의 귀형은 옆으로 몸을 돌려 지물을 쥔 두 손을 앞으로 내뻗었다. 얼굴이 둥글고 길쭉한데 코와 입, 귀를 생략하고 두 눈을 새겼다. 주름이 많은 옷은 발까지 덮었다. 턱에는 수염이 무성하며 이마에는 2개의 뿔이 돋았다. 다른 귀형은 목이 길며 체구가 작은 편인데 한 손을 가슴에 댔다. 두 다리는 약간씩 구부렸고 발목이 묘사되었다. 정면을 향한 얼굴은 윤곽만 묘사되었고 이마에는 뿔이 돋았다. 귀형의 우측 여백에는 특이한 문양이 있는데 무엇을 나타냈는지 확실하지 않다.[50] 두 귀형은 와공이 수키와의 표면에 간략히 스케치하듯 묘사한 것으로, 사귀를 막는 벽사보다도 여기(餘技)의 기미가 엿보인다.

2) 귀면문수막새

귀면이 새겨진 신라의 기와는 고구려와 백제보다 비교적 늦은 시기인 7세기 중엽에 약간씩 제작되어 벽사를 나타냈다. 경주 황룡사지에서 출토한 수막새(도49)는 귀면의 입과 두 눈, 코와 뿔 등이 무섭게 표현되었는데 귀는 생략했다. 입은 크게 벌려 혀를 내밀었고 송곳니와 윗니가 드러났다. 코는 콧구멍이 뚫렸고 미간에는 보주장식이 놓였는데 두 눈은 돌출했다. 이마에는 소뿔형의 뿔이 굽었는데 안쪽에 꽃장식이 장식되었다. 소성도가 높은 경질기와로 주연은 민무늬이다. 이외 황룡사지에서는 귀면 눈동자가 둥글게 파였거나 눈자위가 묘사된 유형도 출토했다.

도49. 귀면문수막새 황룡사지 신라
(국립경주문화유산연구소)

포항 법광사지에서 출토한 귀면문수막새(도50)는 황룡사지에서 출토한 귀면문수막새와 거의 유사하다. 크게 벌린 입과 돌출한 두 눈, 콧구멍이 뚫린 코와 안쪽으로 굽은 두 뿔 등 서로 닮은 모습이다. 주연이 민무늬인 경질기와로 황룡사지에서 출토한 귀면기와를 모범(母范)으로 제작된 것으로 보인다. 수막새는 당간지주가 위치한

도50. 귀면문수막새 법광사지 신라
(경북문화유산연구원)

---

50) 국외소재문화재재단, 2015, 앞의 책, p.303, 도99.

북쪽의 제4건물지에서 출토[51]했는데, 7세기 후반에 와즙한 법광사 초창의 모습을 추정해 볼 수 있는 귀중한 자료이다.

3. 허리띠의 귀면

귀면이 장식된 신라의 허리띠는 상주 청리유적 A-가-9호묘와 사천 월성리 4호묘에서 출토했다.[52] 청리유적은 상주군 청리면 마공리·청하리·하초리 일대에 위치한 복합유적으로, A-가-9호묘는 7세기전반 경에 조영된 돌방무덤이다. 띠고리와 띠꾸미개가 출토했는데 띠 연결부에는 귀면에 새겨졌으나 마손되었다. 그런데 방형의 띠꾸미개에는 용과 초화가 새겨져 차이를 나타냈다.

사천 월성리 4호묘는 유구가 파괴되었으나 도굴 갱 안에서 띠고리, 띠꾸미개, 띠 끝장식이 수집되었다. 구리로 만든 주조품으로 띠고리의 띠 연결부(도51)와 띠꾸미개(도51-1)에 동일한 귀면이 새겨졌고 띠 끝장식에는 초화가 표현되었다. 타원형의 띠고리는 걸쇠[刺金]이 굵은 편으로 끝부분이 굽었다, 이와 같은 허리띠는 645년에 조영된 경주 황룡사의 목탑지에서도 출토하여 황룡사형 허리

도51. 허리띠의 귀면장식 사천 월성리4호묘 신라

도51-1. 띠꾸미개의 귀면

51) (財)慶尙北道文化財硏究院, 2015,『浦項 法光寺址發掘調査中間報告 II』, p,40, 사진12.

52) ① 한국문화재보호재단 외, 1998,『상주 청리유적(Ⅰ)』, p.119.
② 慶尙大學校博物館, 1998,『泗川 月城里古墳群』, p.42.

띠장식으로 분류되었는데 중국 당의 허리띠장식과 관련된다.[53]

월성리 4호묘에서 출토한 허리띠의 귀면장식은 입과 눈, 코가 간략히 표현되었다. 크게 벌린 입에는 송곳니와 앞니가 드러났고 양 옆으로 수염이 치솟았다. 도톰한 코는 콧대가 이마까지 뻗쳤고, 두 눈은 눈동자가 돌출했고 눈꺼풀이 치켜졌다. 이마에는 콧대와 연결된 선각에 구슬이 장식되어 이채롭다. 띠고리의 띠 연결부와 띠꾸미개의 가장자리에는 각각 5개와 3개의 못 구멍이 뚫렸다.

4. 화살통의 귀면

신라의 무덤인 경주 호우총에서는 귀면이 장식된 화살통이 출토했다. 호우총(壺杅塚)은 사적 제39호로 지정된 노서동고분군의 노서동 제140호분으로, 발굴조사에서 고구려에서 제작된 청동그릇의 바닥에 새겨진 '乙卯年國罡上廣開土地好太王壺杅十(을묘년국강상광개토지호태왕호우십)'명 호우(壺杅)가 출토해 호우총으로 불렸다. 호우총은 광복직후인 1946년에 국립중앙박물관이 처음 발굴 조사한 유적으로, 신라의 일반적인 무덤구조인 돌무지덧널무덤인데, 북쪽에 있는 은령총과 맞붙은 쌍무덤(雙墳)이다.

도52. 화살통의 귀면장식 호우총 신라 (국립중앙박물관)

호우총은 광복이후 우리나라 고고학자에 의해 처음 발굴조사가 이루어졌다는 점에서 고고학적인 의의가 크다. 호우총에서는 신라와 고구려의 교류관계를 짐작할 수 있는 청동호우를 비롯해 금동관과 관수식·유리목걸이·은제허리띠·금동신발·고리자루칼·화살통·마구류·토기 등이 출토했다. 호우총은 출토한 여러 유물

---

53) ① 국립경주박물관, 2001, 『특별전 新羅黃金』, pp. 204~205.
② 이한상, 2004, 『황금의 나라 신라』, 김영사, p. 261.

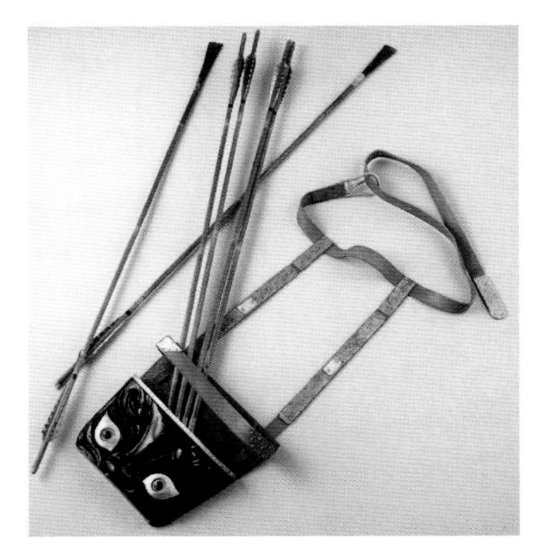

도52-1. 복원된 화살통 (국립중앙박물관)

을 통해 6세기 초에 축조된 것을 보이며, 무덤의 주인공은 금동관이 출토되어 왕족인 남성으로 간주되었다.[54]

호우총에서 출토한 여러 유물가운데 방상시 탈로 보이는 특이한 유물(도52)이 발견되어 주목되었다. 나무에 칠을 한 목심칠기로, 두 눈의 눈꺼풀이 금으로 장식되어 또렷했고 눈꼬리가 치켜졌다. 방상시는 『주례(周禮)』에 기록되었는데, 곰의 가죽을 쓰고 황금의 네 눈을 가진 가면으로 악귀를 쫓는 의미를 지녔다. 그런데 2000년 초 국립중앙박물관의 보존과학실에서 정밀 조사한 결과 이 유물은 방상씨 탈이 아니고, 밤나무에 귀면을 조각해 칠을 한 신라의 화살통으로 밝혀졌다. 복원한 화살통(도52-1)은 너비가 21.5㎝이고 높이가 14.0㎝인데, 고구려의 안악3호분의 벽화에 그려진 궁수의 화살통과 비슷했고, 부산 복천동 제21·22호분의 가야무덤에서 출토한 금동제화살통과 유사해 당시의 문화교류를 살필 수 있다.

귀면은 두 눈과 코, 눈썹 등이 남았는데, 검은 눈동자와 흰자위가 선명하다. 두 눈동자의 시선은 서로 다르게 우측과 좌측의 위아래를 향한 경계의 모습인데, 두 눈의 눈꺼풀이 금장(金裝)되어 특이하다. 칠을 한 목심의 표면이 주름졌는데 얼굴 좌우측은 털을 묘사했고, 이마에는 소뿔형의 두 뿔이 돋은 것으로 추정된다.

5. 교구의 귀면

귀면이 새겨진 교구(鉸具)는 경주의 계림로14호묘와 금령총에서 출토해 벽사를 나

54) 국립박물관고적조사보고 1, 1948,『호우총(壺杅塚)과 은령총(銀鈴塚)』, 을유문화사.

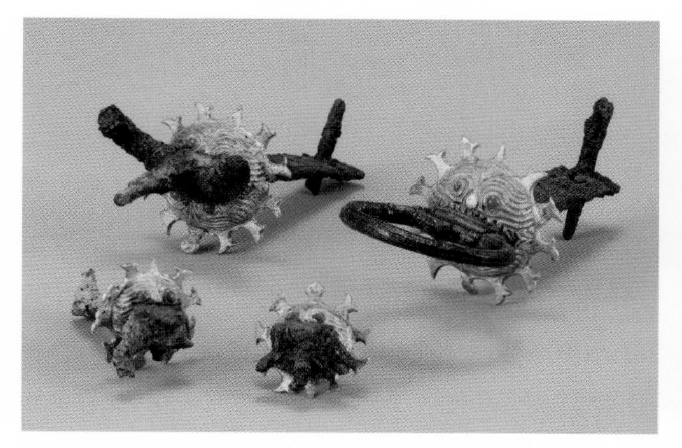

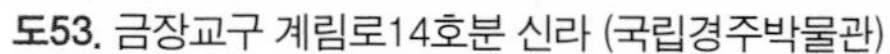
도53. 금장교구 계림로14호분 신라 (국립경주박물관)

도53-1. 금장교구의 귀면

타냈다.[55] 계림로14호묘는 대능원 동쪽에 새 도로를 내는 공사 중에 발견되어 1973년에 발굴조사를 실시했는데, 규모가 작은 돌무지덧널무덤으로 5세기경에 조영된 것으로 보인다. 무덤에서는 황금보검(보물)을 비롯하여 금제귀걸이, 비단벌레의 날개로 장식한 화살통과 용무늬가 입사된 말안장[鞍橋], 금장된 교구와 유리로 장식한 말띠드리개[杏葉] 등 정교하고 세련된 부장품이 출토해 주목되었다.

귀면이 장식된 교구는 말안장에 달렸던 마구(馬具)의 부속구이다. 교구는 좌금구(座金具)의 지름이 4.3㎝가량인 대형과 2.8㎝가량인 소형으로 나뉘었는데, 각각 2점씩 모두 4점(도53)이 출토했다. 대형교구는 띠고리와 좌금구, 좌목(座木) 등이 온전하고, T자형의 교침(鉸針)과 걸이쇠 등아 남았다. 소형교구는 띠고리가 파손되었고 좌금구와 좌목 일부만이 남았다. 대형의 금장교구(도53-1)는 상태가 비교적 양호하다. 좌금구는 청동에 금장(金裝)하여 화려하며, 위아래 대칭으로 두 면(面)의 귀면을 새겼다. 귀면은 입과 코, 눈과 모발이 묘사되었고 얼굴 전체에 주름이 무성하다. 입은 다물어 가로쇠를 물었는데 이빨이 촘촘하다. 두 면의 네 눈은 청색 유리구슬을 박아 넣어 푸른빛을 냈

55) ① 국립경주박물관, 2010,『慶州 鷄林路 14號墓』, pp.93~94.
② 梅原末治,「慶州金鈴塚·飾履塚發掘調査報告」, 1924,『大正十三年度古蹟調査報告書』, 朝鮮總督府.

도54. 금동제귀면문교구 금령총 신라 (국립중앙박물관)

고, 코는 뭉툭하며 콧대가 길쭉하다. 이마에는 뿔이 돋지 않았는데, 그 상단 두 곳에는 원형 및 첨형장식이 달렸고, 가장자리는 Y자형장식이 불꽃처럼 뻗쳤다.

경주 금령총에서 출토한 금동제귀면문교구(도54)는 1925년에 촬영된 것으로, 국립중앙박물관이 보관한『유리원판목록 I』에 실렸다. 금령총(金鈴塚, 사적)은 노동리고분군에 포함된 신라의 돌무지덧널무덤으로, 1924년 일본인 우메하라 스에지(梅原末治)씨 등에 의해 조사되었다. 부장품가운데 금제방울이 포함되어 금령총으로 불렸는데 6세기 초엽에 조성된 것으로 보인다.

금령총에서는 보물로 지정된 금관과 금제 허리띠 등 여러 장신구를 비롯하여 국보로 지정된 기마인물형뿔잔과 채화칠기 및 유리용기, 기마인물형토기 등이 출토했다. 금동제교구는 2점으로, 띠고리와 좌금구가 남았는데 좌금구에는 T자형의 교침과 걸이쇠가 부착되었다. 좌금구는 타원형으로 가장자리에 빗금 친 주연을 두고 내부에는 무서운 귀면을 새겼다. 귀면은 교침과 걸이쇠에 의해 일부 훼손되었으나 얼굴 전체에 털이 수북하고 이마에는 소뿔형의 뿔이 돋았다.

6. 귀면·봉황문장식

경주의 월성 해자에서 귀면과 봉황이 장식된 특이한 장식(도55)이 출토했다. 작은 칼의 손잡이모양으로 길이는 7.1㎝정도인데 칼날은 파손되었다. 손잡이 끝에는 둥근 원판이 달렸고, 앞면과 뒷면에는 테두리를 두르고 귀면과 봉황을 새겼다. 귀면(도55-1)은 정면관인 얼굴 위주로 정제되었으나 일부가 훼손되었다. 크게 벌린 입에는 앞니와 혀가 드러났고, 입 주위에는 수염이 짙게 뻗쳤다. 코는 콧등이 솟았는데 콧대가 분절되었고 귀는 훼손되어 확실하지가 않다. 두 눈은 동그랗게 돌출하였는데 눈썹이 뭉쳐 치켜졌다. 이마에는 뿔이 돋았고 그 위에 꽃장식이 있다.

도55. 귀면·봉황문장식 월성 해자 신라 (국립경주박물관)

뒷면의 봉황장식(도55-2)은 마손되었다. 테두리에 구슬무늬가 장식되었고 안쪽에는 두 날개를 펼친 봉황이 하늘을 날고 있다. 그런데 측면향의 봉황은 부여 외리유적에서 출토한 봉황문전돌의 봉황과 유사해 그 관련성이 짐작된다.[56] 작은 칼의 손잡이 양 끝에 새겨진 귀면과 봉황은 벽사와 길상을 나타냈는데 7세기전반 경에 제작된 것으로 추정된다.

도55-1. 귀면 세부

도55-2. 봉황 세부

56) 김성구, 2004, 앞의 책, 주류성, pp.144~145, 사진156.

제4절. 가야의 귀면

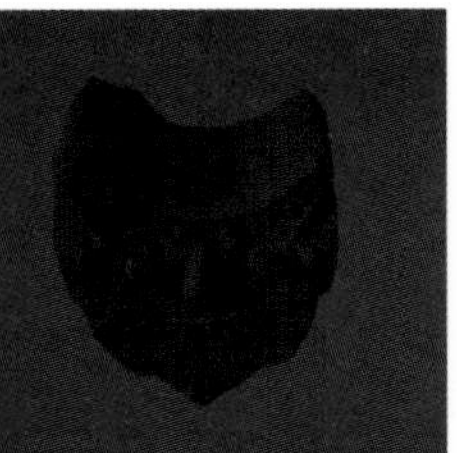

가야는 서기전 1세기부터 6세기 중엽까지, 경상남도 전역과 경상북도 일부 지역에 위치했던 고대국가이다. 가야는 변한(弁韓)의 12소국 연맹체로, 3세기에는 김해의 금관가야가 전기 가야연맹체의 중심이 되었고, 5세기 중엽에는 고령의 대가야가 후기 가야연맹체의 중심이 되었다. 금관가야와 대가야는 신라의 의해 각각 532년과 562년에 병합되었다.

가야는 삼국의 시대구분에서 제외되어 그 문화의 우수성을 살필 수 없었으나 귀면이 장식된 유물이 약간씩 발견되어 함께 다루었다. 가야의 귀면장식은 합천 옥전고분에서 출토한 도자(刀子)를 비롯해 약간의 허리띠꾸미개가 있다. 도자는 작은 칼로, 손잡이와 칼집에 장착된 금판에 귀면이 새겨져 특이하다. 이외에 말방울과 금동귀면장식 및 귀면장식금구 등이 있다. 금동귀면장식은 함안 도항리고분에서 출토했는데 화살통 꾸미개로 추정되었다.

1. 도자의 귀면

합천 옥전고분의 제12호분에서는 귀면이 새겨진 도자가 발견되어 중요한 자료가 된다. 도자(刀子)는 작은 칼로 소도(小刀)라고도 한다. 옥전고분군(사적)은 합천군 쌍책면 성산리 옥전마을에 있는 가야의 고분유적으로, 고대 가야국 가운데 다라가야의 최고 지배층이 묻혀있는 공동묘역이다. 옥전고분군은 경상대학교박물관에서 1987년부터

여러 차례에 걸쳐 발굴조사를 실시해 수천 점의 유물이 출토하였다.[57)]

도56. 도자의 귀면 옥전12호분 가야 (경상대학교박물관)

귀면이 새겨진 도자(도56)는 길이가 13㎝내외로 칼날과 손잡이가 잔존한 작은 칼이다. 귀면(도56-1)은 손잡이와 칼집에 장착한 금판에 부조되어 각 부위가 간략하게 표현되었다. 입은 벌려 앞니가 드러났고 코에는 콧구멍이 뚫렸다. 두 눈이 튀어나왔고 눈썹은 뭉쳐 치켜졌다. 귀는 길쭉하며 이마에는 소뿔형의 뿔이 돋았고 모발이 무성하다. 도자는 관모나 허리띠 장식, 고리자루칼 등과 같이 일종의 위의구(威儀具)에 해당하는 부장품이다.

도56-1. 귀면 세부

2. 허리띠의 귀면

일제강점기 때 경남 거창에서 수집되었다고 전(傳)하는 허리띠의 띠꾸미개에 귀면이 장식되어 중요한 자료가 된다. 두 종류가 수집되었는데, 띠고리와 띠 끝장식이 누락되어 전체 모습을 살필 수 없다. 띠꾸미개는 일제강점기 때에 수집된 다양한 한국문화유산의 오구라컬렉션[小倉コレクツョン]에 포함되어 일본 동경국립박물관이 소장했는데, 국립문화유산연구원에서 오구라컬렉션의 한국문화유산을 조사해 2005년에

---

57) ① 慶尙大學校博物館, 1998,『陜川玉田古墳群 Ⅶ-12· 20·24號墳』.
② 국립대구박물관, 2007,『한국의 칼』, p.106, 도156.

도57. 띠꾸미개의 귀면 전거창 가야 (국립문화유산연구원)

보고서를 간행했다.[58]

두 종류가운데 하나인 띠꾸미개(도57)는 금동제의 대금구(帶金具)로 5개가 수집되었는데 모두 같은 모양이다. 높이와 너비가 각각 2.1㎝, 2.0㎝인 평면 방형으로, 귀면은 꾸미개의 뒷면에서 두드려 볼록하게 표현했다. 띠꾸미개는 도금상태가 양호하며 가장자리에는 4개의 못 구멍이 뚫렸다. 귀면의 작은 입에는 앞니가 드러났고 코는 콧구멍이 뚫린 들창코로 콧대가 굵다. 두 눈은 치켜졌고 귀는 구멍이 파인 채 소귀처럼 솟았다. 이마에는 소뿔형의 뿔이 돋았고, 원형상의 귀면은 얼굴과 이마에 털이 갈기 모양으로 뻗쳤다. 이와 유사한 띠꾸미개는 고령의 지산동 구39호분과 백제의 송산리고분 등지에서 출토했다.

도57-1. 띠꾸미개의 귀면

다른 띠꾸미개(도57-1)는 동제은장(銅製銀裝)의 대금구로 2개가 수집되었는데 높이와 너비가 각각 3.0㎝, 2.7㎝가량이다. 띠꾸미개는 일부가 파손된 평면 원두방형으로, 가장자리에는 6개가량의 못 구멍이 뚫렸다. 귀면은 입을 벌려 송곳니와 앞니를 드러냈고 코는 들창코로 콧대가 굵은 편이다. 두 눈은 날카롭고 눈썹이 두둑하다. 이마에는 뿔이 굽었고 머리카락이 나선형으로 뭉쳐 특이하다.

58) 국립문화재연구소, 2005, 『일본 도쿄국립박물관소장 오구라컬렉션 한국문화재』, p.51, 도173, p.54, 도185.

3. 말방울의 귀면

가야의 말방울[馬鈴]은 합천 반계제와 창녕 교동, 김해 예안리 등 여러 가야유적에서 출토했다. 말방울은 말에 매달은 마구로, 말이 움직이면 소리가 날 수 있게 제작하였다. 몸체는 대부분 구형(球形)인데, 위쪽에 방울을 매달 수 있는 고리가 있고 아래쪽은 구멍이 뚫려있다. 청동으로 주조되어 내부는 작은 돌이나 금속제 알맹이가 들어있어 움직이면 소리가 난다.

합천 반계제고분군의 가A호분에서 한 쌍의 말방울이 출토하였다. 반계제고분은 합천군 봉산면에 있는 가야의 돌덧널무덤으로, 국립진주박물관이 1986~1987년에 발굴조사를 실시했다. 말방울은 금동제로 아래 하단부에 구멍이 길게 뚫렸고 둥근 몸체의 양면에 귀면을 장식했다. 지름이 6.0㎝가량인 말방울(도58)은 귀면의 각 부위가 간략히 표현되었으나 차이가 있다. 귀면은 길게 뚫린 입과 두 눈이 강조되어 매서운 모습이다. 입은 벌려 앞니를 드러냈는데 내부에는 알맹이가 들어있다. 코는 콧대가 긴 것과 굵은 것으로 구분된다. 두 눈의 눈동자는 작으나 눈꺼풀이 길쭉하고 크다. 눈썹은 선각되었는데 이마에는 뿔이 뻗쳤다.

창녕 교동고분군(사적)의 11호묘에서 말방울이 5점 가량 출토했다. 교동고분군은 70여기의 가야무덤이 군집했는데, 일제강점기인 1918년에 11호묘가 다른 무덤과 함께

도58. 금동말방울 반계제 가야 (국립진주박물관)

도59. 청동말방울 교동 11호묘 가야 (국립중앙박물관)

조사되었으나 보고서가 발간되지 않았다. 말방울(도59)은 청동제로, 주조한 봉합선인 돌대를 중심으로 상하로 나누어 위쪽은 연꽃을, 아래쪽은 귀면을 장식했다. 높이가 10.8㎝가량인 말방울은 하단부에 구멍이 길게 나 있고, 몸체 아래의 양면에는 연꽃과 귀면을 새겼다. 연화문은 자엽이 있고 그 끝이 날카롭다. 귀면은 두 눈과 코, 뿔을 간략하게 새겼는데 입과 두 귀는 생략되었다.[59] 두 눈은 눈꺼풀만 선각되었고, 코는 콧대가 선각되어 길게 뻗쳤다. 이마에는 소뿔형의 뿔이 돋아 안쪽으로 굽었다. 고대의 말방울에는 귀면이외에 인면도 묘사되었으나 인면의 이마에는 뿔이 돋지 않아 차이를 보였다.

4. 기타 귀면장식

1) 금동귀면장식

금동귀면장식(도60)은 함안의 도항리고분 (문) 54호 묘에서 출토했는데 화살통 꾸미개[盛矢具裝飾]으로 추정했다.[60] 함안 도항리고분군(사적)은 말산리고분군(사적)과 같은 구릉안에 위치한 아라가야의 고분군으로, 능선 위에 대형봉토분이 밀집했다. 금동귀면장식은 원두방형이 1개이고 평면 원형이 2개로 다른 모습이다. 원두방형의 꾸미개는 귀면장식이 방형판의 한쪽 끝부분에 박혔는데 앞의 귀면장식과 달리 볼록하게 타출되었다.

귀면은 입을 벌려 앞니가 드러났고 콧등이 두둑하다. 두 눈은 눈썹이 박약한 편이고, 이마에는 뿔이 돋았고 머리카락이 솟았다. 원형의 두 꾸미개는 유사하나 가장자

59) 국립진주박물관, 1992, 앞의 책, p.33, 도87.

60) 함안박물관, 2004,『함안박물관도록』, p.121, 도114.

리에 박은 원두정의 개수가 다르다. 귀면은 꾸미개의 뒷면에서 두드려 볼록하게 묘사되었다. 귀면은 입을 벌려 앞니가 드러났고, 코는 들창코로 위로 들렸다. 두 눈은 돌출했고 눈꼬리가 치켜졌는데 눈썹이 짙다. 이마에는 영양의 가지뿔과 같이 뿔이 분기했고 머리카락이 솟았다.

도60. 금동귀면장식 도항리 54호묘 가야 (함안박물관)

2)귀면장식금구

귀면장식금구(도61)는 은제로 혁대의 머리장식으로 추정되었는데, 구덩식 돌방무덤인 고령 지산동 제75호분(사적)의 봉분에서 출토했다.[61] 지산동75호분은 덧널무덤에서 구덩식 돌방무덤으로 바뀌는 대가야 묘제의 변천을 잘 보여준 대형 봉토분으로, 2007년 대동문화유산연구원에서 발굴조사를 실시했다. 좌측의 귀면장식금구(도61-1)는 원두방형으로 귀면을 양각했는데 하단부에 'J'

도61. 은제귀면장식금구 지산동 제75호분 가야 (대동문화유산연구원)

61) 계명대학교 한국학연구원, 2009,『高靈 池山洞 第73·74·75號墳 發掘調査』, 대가야 학술총서 7권, 도면 199, 도 판 645, pp.418~419.

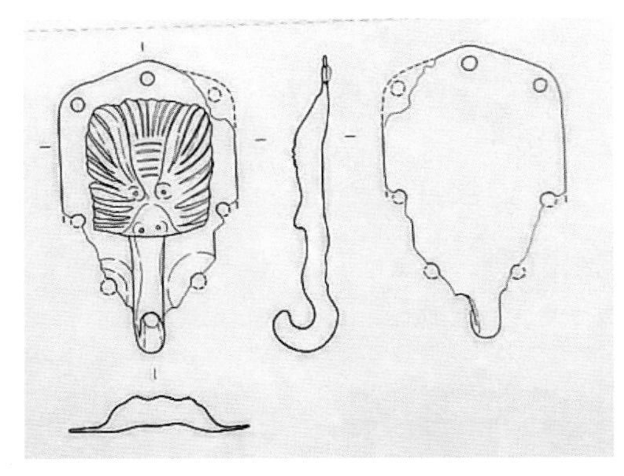

도61-1. 좌측 귀면장식금구 실측도

자형 고리가 달려 특이하다.

입이 생략된 귀면장식은 콧구멍이 뚫렸고 콧등이 돌출했다. 두 눈은 도드라졌고 눈동자가 파였다. 이마에는 굵은 뿔이 소뿔모양으로 돋았고, 얼굴과 이마에는 털과 머리카락이 수북하다. 금구의 테두리에는 못을 박아 부착할 수 있도록 7개의 구멍이 뚫렸다. 우측의 귀면장식금구는 마손되었으나 좌측의 금구와 유사한 귀면을 새겼다. 금구는 하단부에 'J'자형 고리가 달렸고 둥근 고리가 걸렸다.

제5절. 통일신라의 귀면

통일신라는 7세기 중엽에 백제와 고구려를 신라가 평정하고 한반도를 통합한 이후 935년까지 존속한, 우리나라에서 가장 화려하고 번영했던 고대왕국이다. 통일신라는 698년 만주를 중심으로 건국한 발해와 함께 남북국시대로 불리기도 한다. 통일신라의 귀면은 매우 성행했는데, 주요한 건축부재인 기와와 전돌, 석탑과 돌방무덤의 문비, 사리구와 향로, 창호와 옷걸이, 십이지상과 방울 등 다양하게 장식되어 사귀를 막는 벽사의 주체로 폭 넓게 활용되었다.

통일신라의 귀면장식은 그 유형에 따라 귀형과 귀면, 고리귀면 등으로 구분된다. 귀형은 사래기와와 마루끝기와에 시문되었는데 얼굴과 함께 발이 묘사되었다. 귀면은 기와와 전돌을 비롯해 십이지상과 옷걸이, 방울과 기타 기물 등에 장식되었다. 귀면이 장식된 기와는 통일신라에 성행했고 그 종류도 다양하다.[62] 특히 녹유가 칠해진 마루끝기와는 녹색의 은은한 발색과 함께 귀면이 정제되어, 우리나라의 귀면장식 가운데 최고의 수작(秀作)으로 꼽힌다. 고리귀면은 석탑과 돌방무덤의 문비, 사리장엄구와 향로, 창호와 옷걸이 등에 새겨져 사귀를 막는 벽사기능이 삼국시대보다 더 보편화되었다.

---

62) ① 김성구, 1992.『옛기와』, 대원사. pp.33~34.
② 양종현, 2012,「경주지역 신라시대 귀면문마루끝장식기와 고찰」,『선사와 고대』, 제37호.
③ 윤용희, 2018,「신라 귀면와의 형식과 변천」,『신라기와의 편년』제15회 한국기와학회 정기학술대회 자료집.

1. 귀면기와

귀면이 시문된 통일신라의 기와는 수막새와 암막새, 사래기와와 마루끝기와, 마루수막새 등 여러 종류로 구분된다. 이 가운데 마루 끝에 사용된 귀면기와는 원두방형으로 정형화를 이루어 목조건물의 반전과 장엄을 돋보이게 한다. 경주 월지에서 출토한 녹유귀면문기와는 암녹색의 은은한 발색과 그 의장이 정제되어 보물로 지정해도 손색이 없을 만큼 최고급의 건축부재에 속한다. 이마의 보주와 뿔, 눈과 코, 입과 귀기가 묘사된 수작이다.

1) 귀형문사래기와와 마루끝기와

귀형은 귀신의 몸체나 다리 및 발을 표현한 것으로 삼국시대에는 전신상이 고분벽화나 금동신발 등에 묘사되었다. 그러나 통일신라의 귀형은 사래기와와 마루끝기와에 다리가 표현된 한 유형에 불과해 차이를 나타냈다. 사래기와(도62)는 원두방형으로 경주 월지에서 출토했는데, 미간에 못 구멍이 뚫렸다.

도62. 귀형문사래기와 월지 통일신라 (국립경주박물관)

귀형은 입을 벌려 앞니와 혀를 드러냈고, 코는 들창코로 위로 들렸다. 두 눈은 눈동자가 돌출했고 눈썹이 불꽃처럼 뻗쳤다. 이마에는 소뿔형의 뿔이 돋았고 그 사이에 꽃잎이 중첩되었다. 턱과 입가에는 수염이 뭉쳤고, 주연은 연속된 꽃무늬가 화려하다. 그런데 입 양쪽에는 다리와 발이 수각(獸脚)처럼 튼실하게 묘사되었는데, 다리와 발이 표현된 특이한 귀형으로 주목된다.

귀형이 시문된 마루끝기와(도63)는 내림마루나 추녀마루 끝에 이어지는 장식기와로, 하단 중심부가 반원형으로 파였다. 앞의 귀형문사래기와와 같은 틀에서 찍어낸 동범기와로 다리와 발이 표현된 귀형이다. 귀형이 장식된 통일신라의 기와는 사래기와와 마루끝기와로 구분되는데, 대부분 경주 월지와 반월성 등 통일신라의 주요 건물터에서 출토했다. 미간에는 못 구멍이 뚫려 마루 끝에 장착할 수 있다. 귀형은 정면관의 얼굴위주로 정제되었는데 8세기 중엽 경에 제작되었다.

도63. 귀형문마루끝기와 통일신라 (동국대학교박물관)

2) 귀면문수막새

귀면이 시문된 수막새는 경주 왕경을 비롯해 각 지방의 여러 유적지에서 출토했다. 출토지가 미상인 수막새(도64)는 귀면을 간략히 새겼는데 주연부가 민무늬이다. 이 수막새는 1987년 일본인 이우치 이사오(井內 孔)선생이 국립중앙박물관에 기증한 1082점이 기와가운데 하나이다.[63] 귀면은 입을 벌려 송곳니와 앞니를 드러냈고, 코는 뭉툭하다. 두 눈은 도드라졌고 눈썹은 뭉쳤다. 이마는 주름졌으나 뿔은 돋지 않았다. 주연 안쪽에는 구술무늬가 장

도64. 귀면문수막새 통일신라 (국립중앙박물관)

63) 國立中央博物館, 1990,『井內孔寄贈瓦甎圖錄』, p.186 도678.

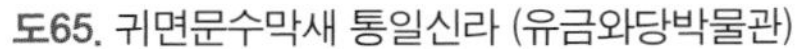

도65. 귀면문수막새 통일신라 (유금와당박물관)

도66. 귀면·귀갑문수막새 통일신라 (국립경주박물관)

식되었는데 통일신라직후에 제작된 고식수막새이다.

경주에서 출토한 귀면문수막새(도65)는 권선을 두른 주연부에 구슬무늬를 새겼다. 귀면은 커다란 입과 눈, 코를 표현했고 귀와 뿔은 생략되었다. 입에는 송곳니와 앞니가 드러났고 두 눈이 튀어나왔다. 이마에는 화염보주가 장식되어 특이한데 동범의 기와가 경주 사천왕사지에서 출토했다.[64]

통일신라시대에는 귀면과 연화, 귀면과 귀갑(龜甲) 등이 복합된 수막새가 제작되어 벽사와 길상, 불교적 염원을 나타냈다. 귀면과 연화가 복합된 수막새는 경주 분황사에서 출토했는데 귀면이 24엽의 연화문이 장식된 내측에 시문되었다. 경주부근에서 수집한 수막새(도66)는 구슬무늬가 장식된 권선을 경계로, 외측과 내측에 귀갑과 귀면을 각각 시문했다. 귀면은 두 눈이 돌출했고 귀는 속이 비었다. 이마에는 분기한 가지뿔이 돋아 굽었다. 장수를 상징하는 8개의 귀갑은 중첩되었다.

---

64) 金誠龜, 1984, 「統一新羅時代의 瓦塼硏究」, 『考古美術』 제162·163號, 韓國美術史學會, pp.177~180 도64.

3) 귀면문암막새

경주 남산의 천룡사지에서 출토한 암막새(도67)는 드림새에 여러 귀면이 시문되어 이채롭다. 파손품으로 정면관인 두 귀면이 남았다. 그런데 중심장식이 파손되었으나 그 좌측과 우측에는 각각 2개씩, 모두 4개의 귀면이 장식되어 벽사를 강조한 것으로 보인다. 주연부에 구슬무늬가 장식되었고 귀면이 정제되어 8세기후엽 경에 제작된 것으로 보인다. 귀면은 입을 벌려 앞니를 드러냈고 귀기가 서렸다. 두 눈은 눈동자가 돌출했고 귀가 확대되었다. 이마에는 보주장식이 놓였고 머리털이 뻗쳤는데 소뿔형의 뿔이 돋았다.

도67. 귀면문암막새 천룡사지 통일신라 (국립경주문화유산연구소)

이외 통일신라에는 간혹 중심장식으로 귀면을 배치하고 그 양측에 구름을 시문한 암막새가 제작되어 벽사를 나타냈다. 귀면과 구름이 복합되어 귀면운문으로 부를 수 있으나 구름은 원래 귀면당초문의 당초와 같이 귀면이 내뿜는 귀기를 의장한 것이다. 이와 같은 기와는 경주 고선시지와 불국사 및 석굴암에서 출토했는데 대부분 8세기 후엽에 제작되었다.

4) 귀면당초문암막새

귀면과 당초가 복합된 귀면당초가 시문된 암막새는 통일신라 후기부터 후삼국, 고려 초까지 상당히 성행했다. 전술한 바와 같이 당초는 구름과 같이 귀기가 변화한 것으로 매우 유려하다. 유금와당박물관이 소장한 암막새(도68)는 턱이 돌출한 유악식으로 중심부에 귀면을

도68. 귀면당초문암막새 통일신라 (유금와당박물관)

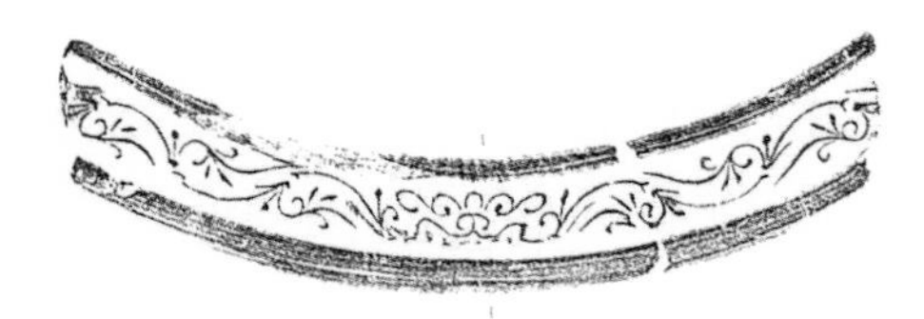

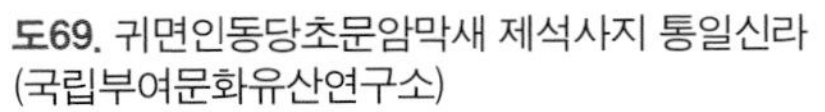

도69. 귀면인동당초문암막새 제석사지 통일신라 (국립부여문화유산연구소)

도69-1. 탁본

장식하고, 그 양측에는 당초를 시문했다. 정면관인 귀면은 각 부위가 간략히 새겨졌는데, 주연에 구슬무늬가 밀집되어 8세기중엽 경에 제작된 것으로 보인다.

익산 제석사지에서 출토한 암막새(도69, 도69-1)는 중심장식으로 귀면을 배치하고 양측에 인동당초를 시문했다. 턱이 돌출한 유악식으로 뒷면에 접합된 암키와 이면에는 포목흔적이 남았다. 귀면은 입을 벌려 송곳니와 앞니를 드러냈고, 눈과 코를 새겼으나 귀와 뿔은 생략되었다. 당초는 인동과 복합된 인동당초로 정제되었는데 돌대처럼 융기한 주연은 무늬가 생략되었다. 이 암막새는 백제시대에 제작된 제석사의 중건기와로, 경주 월지에서 출토한 당초문암막새의 선행형식으로 추정해 약간의 논란이 일었다.[65] 그런데 이 암막새와 유사한 기와가 후술한 바와 같이 부여 금강사지에서 출토했는데 통일신라 말인 후삼국시대에서 고려 초까지 그 작례가 확인되어 서로 대비된다.

경주 월지에서 출토한 당초문암막새는 턱이 없는 무악식으로, 통일신라직후인 680년경에 출현한 우리나라 최초의 암막새로 간주되었다.[66] 그런데 제석사지에서 출토한 암막새는 턱이 돌출한 유악식으로, 7세기후반 경의 백제기와가 아닌, 9세기 전후해 제작한 통일신라 후기의 기와로 보인다. 턱이 돌출한 유악식암막새는 경주 월지와

---

65) ① 국립부여문화재연구소, 2011,『제석사지발굴조사보고서 I』, pp.234~235. 고구려 안학궁에서 출토한 귀면당초 문암막새(표7)는 고구려 암막새가 아닌 고려 암막새이며, 제석사지에서 출토한 같은 계열의 암막새는 부여 금 강사지에서 출토했는데 통일신라 말인 후삼국시대의 기와로 추정되었다.
② 김선기, 2012,「백제시대 암막새 형식과 전개」,『문물연구 22』.

66) 金誠龜, 1983,「多慶瓦窯址出土 新羅瓦塼小考」,『미술자료』제33호, 국립중앙박물관, pp.16~17.

월성, 황룡사지와 사천왕사지 등지에서 여러 종류가 출토했는데, 대부분 8세기이후에 제작되어 목조건물의 지붕에 이어졌다.

제석사지에서 출토한 암막새의 동범기와가 인근 미륵사지의 서 연못 내부와 북 승방 북서쪽 등 통일신라 퇴적층에서 발굴조사를 통해 3점이 출토했는데,[67] 백제기와가 아닌 통일신라 후기의 개수기와로 와즙된 것이다. 그리고 이와 같은 암막새가 부여 도성의 유적지에서는 전혀 출토하지 않았고, 뒷면에 부착된 암키와 이면에는 백제 암키와의 주요 특징인 해체식 와통에 의한 판재흔적이 보이지 않고, 통일신라부터 본격적으로 사용된 고정식 와통에 의한 포목흔적이 남아 있기 때문에, 당시의 조와 체계와 수급관계에 따라 백제기와가 아닌 통일신라기와로 판단되었다. 따라서 귀면당초문암막새는 제석사지에서 함께 출토한 중판연화문수막새와 조합된, 통일신라의 기와로 간주된다.

5) 귀면문사래기와

사래기와는 서까래기와의 일종으로, 통일신라시대에 마루끝기와와 함께 성행했다. 사래는 귀마루 끝에 잇대어 댄 방형의 건축부재로 사래기와가 부착되어 목재의 부식을 방지하고 화려한 장식성을 보였다. 하단부가 편평한 사래기와는 반원형의 홈이 파인 원두방형의 마루끝기와와 유사하고 대부분 귀면이 장식되어 벽사를 나타냈다. 미간에 못 구멍이 뚫린 귀면문사래기와는 통일신라직후에 출현했는데, 간혹 녹유가 칠해져 화려한 장식성을 나타냈다.

경주 용강동 원지(苑池)에서는 암·수막새를 비롯해 사래기와가 출토해 중요한 자료가 되었다. 원지(사적)는 통일신라의 주요한 정원유적으로 연못과 호안석렬, 인공섬과 건물터가 발견되었다. 사래기와(도70)는 양감 있게 귀면이 묘사되었는데 주연에는 구슬무늬가 정연하다. 입에는 송곳니와 윗니가 드러났고 코는 오뚝하다. 두 눈이 왕방울처럼 튀어나왔고 눈썹이 말렸다. 이마에는 뿔이 돋지 않았으나 못 구멍이 뚫렸고

67) 國立扶餘文化財硏究所, 1996,『彌勒寺遺蹟發掘調査報告書 Ⅱ』, pp. 221~222, 圖版187-⑤, 拓本5-⑥.

도70. 귀면문사래기와 원지 통일신라
(영남매장문화유산연구원)

도71. 귀면문사래기와 선림원지 통일신라 (국립춘천박물관)

보주가 놓였다.

양양 선림원지(禪林園址)에서 출토한 사래기와(도71)는 하단부가 편평한 원두방형으로 완전하다. 높이가 24㎝가량인 사래기와는 못 구멍이 뚫리지 않는 대신, 뒷면에 C자형 고리가 달렸다. 귀면은 입을 벌려 송곳니와 앞니, 혀를 드러냈고 턱과 입술에는 수염이 말렸다. 두 눈은 왕방울처럼 튀어나왔고 눈썹이 뭉쳐 갈라졌다. 이마에는 화염보주가 놓였고 뿔이 분기했다. 그리고 선림원지에서는 귀면이 시문된 마루끝기와가 함께 출토했는데 귀면의 이마에는 꽃장식이 놓였다. 선림원은 9세기중반 경에 홍각선사(弘覺禪師, 810~880)가 중창했다. 경내에는 보물로 지정된 삼층석탑과 석등, 886년에 조성된 홍각선사탑비가 남았는데 1985년 동국대학교 박물관에서 발굴조사를 실시했다.

6) 귀면문마루끝기와

마루끝기와는 내림마루나 귀마루의 끝을 막음하는 장식기와로, 하단의 중심부가 반원형으로 파여 지붕의 기왓등에 이어질 수 있도록 제작되었다. 귀면이 장식된 통일신라의 마루끝기와는 사래기와와 같이 원두방형으로 제작되어 여러 형식으로 구분된다.[68] 경주 월지에서 출토한 마루끝기와(도72)는 완전한 형태의 녹유귀면기와로 중요한 자료가 된다. 귀면은 입과 눈, 코와 귀, 뿔 등을 모두 갖춘 정형화된 모습으로, 국가지정 문화유산인 보물로 지정해도 손색이 없을 만큼 완벽하게 제작된 수작으로, 당시 궁궐의 장려한 모습을 살필 수 있다.

도72. 녹유귀면문마루끝기와 월지 통일신라 (국립중앙박물관)

귀면의 입에는 송곳니와 앞니, 혀가 드러났고 넝쿨과 같은 귀기가 서렸다. 코는 콧방울이 뚜렷하고, 두 눈은 도드라졌으며 눈썹 끝이 치켜졌다. 귀는 조개귀와 같이 귓바퀴가 길며 얼굴에는 수염과 모발이 무성하다. 이마에는 뿔이 분기했고 모발이 산형(山形)을 이루었다. 주연과 두 측면에도 구슬과 당초를 새겼는데 뒷면에는 마루 끝에 고정시킬 수 있도록 C자형 고리가 달렸다. 이와 같은 녹유귀면기와는 암녹색의 은은한 발색과 귀면의 조각솜씨가 완벽한 최상급의 궁궐기와로, 『삼국사기』의 「옥사」조에 기록된 당와(唐瓦)로 간주되었다.

도73. 귀면문마루끝기와 신당리 통일신라 (국립경주박물관)

경주 신당리에서 출토한 마루끝기와(도73)는 표면이 빨갛게 주칠(朱漆)되어 이채

68) ① 井內潔, 昭和42年, 「新羅棟端式瓦の展望」, 『鬼面紋瓦の硏究』, 井內古文化硏究室編, pp. 48~58.
② 岩戸晶子, 2005, 「技術的觀點からみる統一新羅の鬼面文鬼瓦」, 『MUSEUM』, 東京國立博物館硏究誌, pp. 70.

도74. 녹유귀면문마루끝기와 사천왕사지 통일신라
(국립경주문화유산연구소)

롭다. 원두방형으로 상부의 주연은 절단되어 없어졌다. 귀면은 입과 눈, 코와 귀 등 각 부위가 무섭게 묘사되었다. 입에는 귀기가 서린 채 이빨과 혀, 잇몸 등이 드러났고 턱에는 수염이 무성하다. 두 눈은 돌출했고 귀는 조개 귀를 닮았다. 이마의 뿔은 분기하였는데 뿌리만 남았다. 귀면기와가 빨갛게 주칠된 것은 채색의 장식성이외에 벽사를 강조한 것으로 보인다.

경주 사천왕사지에서 출토한 마루끝기와(도74)는 녹유가 시유되었는데 귀면과 연꽃이 복합되었다.[69] 서탑지 남편의 폐와무지에서 출토했는데, 화재로 녹유가 산화되어 등색(橙色)으로 변했다. 귀면은 입을 벌려 앞니와 혀가 드러났고 귀기가 서렸다. 코는 구멍이 뚫린 채 들렸고 두 눈이 돌출했다. 이마에는 뿔은 분기해 안쪽으로 굽었는데, 산형장식이 놓였다. 하단의 연화문은 복판양식으로 그 주위에 당초문이 뻗쳤다.

7) 귀면문마루수막새

통일신라에는 마루수막새에도 귀면이 장식되어 벽사를 나타냈다. 마루수막새는 마루끝기와의 상단에 이어져 마루의 반전과 장식을 위해 사용되는 마루장식기와로, 뒷면에 굽은 수키와가 부착되어 마루상단의 수마룻장기와에 이어진다. 마루수막새에 귀면이 장식된 것은 전술한 바와 같이 고구려에서 비롯되었는데, 대부분 연화문이 장식되어 극락왕생을 소원한다.

---

69) 국립경주문화재연구소, 2014,『四天王寺 回廊外廓 발굴조사보고서』, p.272, 표15, p.377, 사진204-186.

도75. 귀면문마루수막새 통일신라 (국립경주박물관)

마루수막새(도75)는 추녀 끝에 잇는 수막새와 같은 둥근 모양인데 투박한 귀면이 장식되었다. 주연은 낮으나 큰 구슬무늬가 장식되었다. 귀면은 입을 벌려 송곳니와 앞니, 혀를 드러냈고 두 눈은 돌출했다. 코는 콧등이 솟았으나 곡절되었고 귀는 귓구멍이 파였다. 이마에는 뿔이 돋아 분기했고 머리털이 뭉쳤다.

8) 기타 귀면기와

도76. 귀면기와 왕경유적 통일신라 (국립경주문화유산연구소)

경주 왕경유적에서 출토한 귀면기와(도76)는 원두방형이나 일반형의 사래기와와 다른 모습이다. 귀면은 입과 눈, 코와 귀, 뿔 등 각 부위가 정제되었는데, 수막새 틀에서 찍어낸 듯 면상이 둥글고 외측에 구슬무늬가 놓였다. 입은 크게 벌려 앞니와 혀가 가지런하며, 코는 들려 콧구멍이 드러났다. 두 눈은 도드라졌고 귀는 조개의 귀와 닮았다. 미간에는 못 구멍이 뚫렸고 이마에는 굵은 뿔이 분기하였다.

기와는 하단부가 편평하고 미간에 못 구멍이 뚫렸기 때문에 사래기와로 분류할 수 있으나, 너비가 높이보다 확대되어 특이하다. 또한 주연도 생략되어 일반형의 사래기와와 다른 모습이다. 따라서 네모난 건축부재인 평방이나 뺄목 등에 사용된 기와로 추정할 수 있으나 그 사례가 많지 않아 사용처의 검토가 필요한 기와이다.

2. 귀면와범

도77. 귀면와범 통일신라 (국립경주박물관)

수막새와 암막새, 서까래기와와 마루끝기와는 연꽃과 당초, 귀면 등 다양하게 시문되었는데, 대부분 목제와범(木製瓦范)에서 찍어내 생산되었다. 그러나 통일신라시대에는 점토로 구운 도제와범(陶製瓦范)이 제작되어 기와생산에 많은 변화를 가져왔다. 도제와범은 모범(母范)인 목제와범을 통해 여러 개가 제작되어 많은 기와를 생산할 수 있기 때문에 당시의 급증하는 기와 수요를 감당할 수 있었다. 경주의 금장리가마터에서는 도제의 암·수막새의 와범은 물론 귀면와범이 출토하여 당시의 조업실태를 살필 수 있다.

경주에서 수집한 귀면와범(도77)은 사래기와의 제작 틀이다. 귀면의 각 부위가 음각되었고 주연은 낮은 편이다. 귀면은 큰 입에 두 눈과 코가 파였고 미간의 보주와 뿔도 음각되었다. 이외에 귀면이 새겨진 마루끝기와의 와범도 약간씩 수집되었는데 대부분 파손되었다. 그런데 도제의 귀면와범은 삼국과 고려 및 조선시대에서는 아직 발견되지 않아 통일신라시대에 한정하여 사용된 것으로 보인다.

3. 귀면전돌

전돌[塼]은 점토로 제작되어 건물의 기단과 바닥에 깔거나 벽과 전탑 등을 쌓는 건축부재로 통일신라시대에 성행했다. 통일신라직후부터 쌍록보상화문전돌이 출현하여 화려한 장식의장을 나타냈는데, 귀면이 장식된 전돌은 특수전돌과 탑전돌로 약간씩 제작되었다.

도78. 누각·귀면전돌 중산리사지 통일신라 (국립경주박물관)

울산 중산리사지에서 수집한 전돌(도78)은 전탑(塼塔) 모서리에 사용된 탑전돌로 중요한 자료가 된다.[70] 네모난 전돌로 한 모서리에는 귀면이 무섭게 묘사되었고 좌우 측면에는 반분된 누각과 서상적인 구름이 장식되었다. 귀면은 입을 벌려 이빨과 잇몸을 드러냈는데 그 중심에는 구멍이 났다. 이 구멍은 번(幡)이나 풍탁 등 불교와 관련된 장식품을 부착하기 위한 것으로 추정된다. 두 눈은 튀어나왔고 귀는 나선형인데, 뿔은 소뿔형으로 굽었다. 입가에는 수염이 무성하다. 누각은 구름위에 세워진 팔작집으로 귀면장식에 의해 반분되었다. 종마루에 치미가 이어진 누각은 정면이 5칸 가량인데. 당시의 목조기와집을 살필 수 있는 주요한 자료가 되었다.

도79. 귀면전돌 통일신라 (국립경주박물관)

이외 통일신라시대에는 특수전돌이 약간씩 제작되었다. 경주에서 수집한 귀면전돌(도79)은 하단에 낮은 단이 마련되었고 상단에는 두 귀가 솟은 사다

70) 김성구, 1999, 『옛 전돌』, 대원사, pp.74~75.

리꼴의 이형전돌로, 특정한 장소에 감입하여 사용된 것으로 보인다. 입에는 송곳니와 윗니가 드러났고 뭉툭한 코는 콧대가 분절되었다. 두 눈이 튀어나왔고 돌출한 미간에는 못 구멍이 뚫렸다. 얼굴 전체에 수염과 털이 무성하며 이마에는 소뿔형의 뿔이 돋았다.

4. 사천왕상의 귀면

통일신라 석탑에서 출토한 사리장엄구와 전탑 기단의 사천왕상에 귀면이 장식되어 사귀를 쫒는 벽사를 나타냈다. 경주 감은사지의 동서삼층석탑에서 출토한 사리외함에는 고리귀면과 함께 사천왕상의 상갑(裳甲)에 귀면이 새겨졌고, 안동 법흥사지의 7층 전탑기단의 사천왕상에도 귀면이 새겨졌다. 그런데 이와 같은 사천왕상의 귀면은 고려와 조선시대 사천왕상과 사천왕도의 귀면장식의 선례가 되어 벽사를 나타냈다.

사천왕상은 동방의 지국천왕(持國天王)과 서방의 광목천왕(廣目天王), 남방의 증장천왕(增長天王)과 북방의 다문천왕(多聞天王)으로, 불국토인 수미산의 동서남북을 각각 수호한다. 사천왕상은 불법의 호법신으로 갑옷을 입고 무장했는데 손에는 칼·창·보탑·보주·용 등의 지물(持物)을 들었다. 사천왕상은 통일신라시대에 성행했는데, 경주 사천왕사지에서 출토한 녹유사천왕상전의 사천왕상과 감은사지 삼층석탑에서 출토한 사리외함에 장식된 사천왕상, 석굴암의 사천왕상 등이 잘 알려져 있다. 그런데 고려와 조선시대에는 라마불교의 영향으로 사천왕상의 배치와 지물에서 통일신라의 사천왕상과 약간 다른 차이를 나타냈다.

1) 감은사지 서탑출토 사리외함

경주 감은사는 통일신라직후인 682년(신문왕 2)에 완공되어 1,300여년간 법등이 이어오다가 조선 후기인 18세기경에 폐사되었다. 감은사지(사적)는 발굴조사이후 사역이 정비되었으나 동서의 삼층석탑은 퇴락되어 1959년과 1996년에 각각 해체하여 수리되었다. 1959년 서삼층석탑을 해체 수리하던 중 3층탑신에서 방형의 사리외함과 사리기, 사리병 등 사리장엄구가 발견되었다. 사리장엄구(보물)는 부처의 사리를 봉안한 것으로, 동삼층석탑에서도 유사한 사리구가 발견되어 통일신라의 뛰어난 금속공예의 수준을 잘 보여주었다.

감은사지 서탑에서 출토한 사리외함은 네모난 상자모양으로 높이가 31㎝가량이다. 외함의 네 벽면에는 사리를 수호하는 사천왕상을 별도로 만들어 부착했는데 그 주변에는 꽃무늬가 있고 좌우에는 고리귀면을 달았다. 사천왕상은 갑옷을 입고 각기 다른 지물을 들었는데, 현존하는 우리나라의 사천왕상가운데 가장 이른 시기에 해당되며 조각솜씨가 뛰어나 신라 공예기술의 백미로 꼽힌다. 사천왕들은 한 손을 허리에 대고, 동방 지국천왕은 왼 손에 삭극(矟戟)과 같은 긴 창을, 서방 광목천왕은 오른 손에 귀면이 장식된 금강저(金剛杵)를, 남방 증장천왕은 왼 손에 화염보주를, 북방 다문천왕은 오른 손에 보탑 등을 각각 쥐었거나 잡았다.[71] 그런데 서탑에서 출토한 사리외함의 남방 증장천왕과 서방 광목천왕은 상갑의 상단에 무서운 귀면이 장식되어 주목되었다. 그리고 동탑에서 출토한 사리외함의 서방 광목천왕과 북방 다문천왕의 상갑의 상단에도 귀면이 장식되어 사귀를 막는 벽사를 나타냈다.

도80. 사리외함의 증장천왕 감은사지 서탑 통일신라 (국립중앙박물관)

서삼층석탑에서 출토한 사리외함의 사천왕상가운데 남방 증장천왕과 서방 광목천왕은 상갑의 상단과 어깨의 견갑에도 귀면이 표현되어 사리를 수호하기 위한 벽사기능

71) 國立博物館, 1960,『感恩寺址發掘調査報告書』, 國立博物館特別調査報告 第2冊, pp.67~69.

도80-1. 증장천왕 입면도

도80-2. 증장천왕의 상갑 귀면

을 나타냈다. 갑옷을 입은 남방 증장천왕(도80, 도80-1)은 왼손에 화염보주를 들었는데 상갑의 상단에는 귀면을 장식했다. 증장천왕의 귀면(도80-2)은 정면관의 얼굴 위주로, 입을 벌려 송곳니와 앞니가 드러났는데 아래턱은 허리띠에 가려졌다. 코는 뭉툭하며 콧대가 주름졌다. 두 눈은 튀어나왔고 눈썹이 뭉쳤다. 이마의 뿔은 소뿔형으로 굽었고 그 위에는 꽃무늬가 장식되었다. 두 어깨의 견갑에도 귀면이 무섭게 부조되었다.

서방 광목천왕(도81, 도81-1)의 상갑과 두 어깨 견갑에도 귀면이 새겨졌다. 광목천왕의 귀면(도81-2)은 보주장식과 허리띠에 의해 입과 코, 이마가 가려져 두 눈과 모발이 표현되었다. 얼굴에는 털이 수북하며 두 눈은 돌출했다. 견갑의 귀면은 입을 벌린 채 팔을 물었는데, 앞니와 두 눈, 코와 모발이 묘사되었다. 그런데 광목천왕이 오른 손으로 들고 있는 지물은 귀면이 장식된 금강저(도81-3)로 매우 특이하다. 금강저는 불교의식에 사용되는 불구(佛具)로, 밀교에서 지물이나 수행도구로 사용된다. 손잡이 양쪽에 창과 같은 저(杵)를 붙여 그 수에 따라 독고저·2고저·3고저·5고저 등으로 나뉜다. 광목천왕이 들고 있는 금강저는 한쪽에 저가 달린 일종의 독고저로, 끝이 뾰족하고 예리하다, 귀면은 손잡이의 다른 한쪽에 장식되어 벽사를 나타냈다. 입을 벌려 앞니를 드러냈고, 두 눈은 부릅떠 안광이 불꽃처럼 뻗쳤다. 금강저의 귀면장식은 작은 편이나 입과 두 눈이 돌출해 상당히 위협적이다.

도81. 사리외함의 광목천왕 감은사지 서탑 통일신라
(국립중앙박물관)

도81-1. 광목천왕 입면도

도81-2. 광목천왕의 상갑 귀면

도81-3. 금강저의 귀면장식

2) 감은사지 동탑출토 사리외함

감은사지 동삼층석탑은 탑신이 기울고 퇴락되어 1996년에 해체 수리되었는데, 서삼층석탑과 같이 유사한 사리장엄구가 발견되었다. 사리장엄구는 사리를 안치한 내함인 전각형사리기와 이를 덮고 있는 사리외함으로 구분된다. 사리외함은 뚜껑이 덮인 네모난 상자모양으로, 네 벽면에 사리를 수호하는 무장형의 사천왕상을 부착하였

도82. 사리외함의 광목천왕 감은사지 동탑 통일신라 (경주시)

도82-1. 광목천왕 입면도

도82-2. 광목천왕의 상갑 귀면

다. 사천왕상은 악령귀(惡靈鬼)와 양(羊)을 밟았는데 좌우 양옆에는 고리귀면과 구름을 배치했다. 그런데 고리귀면은 문고리장식으로 사천왕상이 사리를 수호하는 수문신(守門神)임을 나타냈다.

사천왕상은 갑옷을 입고 무장한 채 서로 다른 지물을 들었는데 당시의 수준 높은 공예기술을 엿볼 수 있다. 동방 지국천왕은 왼손에 금강저를, 서방 광목천왕은 오른손에 파손된 지물의 자루를 각각 쥐었다. 남방 증장천왕은 오른손에 짧은

칼을 잡았고 북방 다문천왕은 오른손에 보탑을 올렸다. 그런데 서방 광목천왕과 북방 다문천왕의 상갑 상단에는 귀면이 장식되어 사귀를 쫒는 벽사를 나타냈다. 보고서에서는 북방 다문천왕의 상갑에 장식된 귀면을 길상을 상징한 용의 얼굴로 간주해 벽사 기능의 오류를 나타냈다.[72)]

서방 광목천왕(도82, 도82-1)은 갑주로 무장한 체 몸통을 오른쪽에서 왼쪽으로 튼 당당한 모습이다. 오른손은 파손된 지물의 자루를 쥐었고 왼손을 허리에 붙이고 악귀를 밟았다. 그런데 광목천왕은 상갑의 상단과 두 어깨의 견갑에 귀면이 새겨졌다. 귀면(도82-2)은 정면관의 얼굴 위주로 털이 수북하다. 입을 벌려 송곳니와 윗니가 드러났고 코는 멧돼지의 코와 같이 콧구멍이 뚫려 들렸다. 두 눈은 도드라졌는데 이마에는 뿔이 돋아 가지뿔처럼 분기했다. 그리고 두 어깨의 견갑에도 귀면이 새겨져 벽사를 나타냈다.

북방 다문천왕(도83, 도83-1)은 윗몸과 얼굴을 각각 오른쪽과 왼쪽으로 틀어 아래를

도83. 사리외함의 다문천왕 감은사지 동탑 통일신라 (경주시)

도83-1. 다문천왕 입면도

72) 경주시, 2011, 『경주 감은사지 동삼층석탑 해체수리보고서』, pp. 302~311.

도83-2. 다문천왕의 상갑 귀면

주시한 무장의 모습이다. 왼손은 구부려 허리에 댔고 오른손은 보탑을 들었는데 두 발로 악귀가 아닌 양을 밟았다. 다문천왕은 상갑의 상단에 귀면을 새겨 벽사를 나타냈다. 귀면(도83-2)은 정면관의 얼굴 위주로 무섭게 의장되었다. 입을 벌려 허리띠를 문 형상인데 송곳니와 윗니가 무서게 드러났다. 코는 콧구멍이 뚫려 위로 들렸고 두 눈은 치켜졌다. 귀는 소략하고 이마에는 소뿔형의 뿔이 돋아 안쪽으로 굽었다.

3) 안동 법흥사지 7층전탑의 기단

안동 법흥사지의 7층전탑 기단의 사천왕상에는 귀면이 새겨져 중요한 자료가 된다. 7층전탑(국보)은 통일신라시대에 조성되어 고려 말인 1381년에 중수되었고 1487년(성종 18)에 개축되었다고 전하는데, 높이와 기단 너비가 각각 17m, 7.75m에 이른다. 전탑은 1단의 기단위에 7층의 탑신을 쌓아올렸는데 탑신의 지붕에는 기와를 이어 목탑을 모방해 만든 것임을 알 수 있다. 기단의 각 면에는 화강암으로 조각한 팔부중상과 사천왕상을 조각했고, 기단 남쪽에는 중앙에 계단이 있고 1층 탑신에는 감실(龕室)을 설치했다.

도84. 전탑 기단의 사천왕상 신세동 7층전탑
통일신라 (신병찬)

단층기단의 네 면에 새겨진 팔부중상과 사천왕상은 순서가 바르지 않아 일제강점기에 시멘트를 발라 보수했을 때 원상이 훼손된 것으로 보인다. 귀면은 남쪽 기단의 좌측에서 두 번째에 위치한 사천왕상의 상갑에 정면관의 얼굴위주로 새겨졌다. 사천왕상(도84)

은 좌상으로 갑옷을 착장했는데 두 손으로 칼을 쥐었다. 귀면(도84-1)은 복부의 허리띠 위쪽인 상갑의 상단에 새겨졌는데 마손되었다. 귀면은 입을 벌려 이빨이 드러났고 코는 콧구멍이 뚫렸다. 두 눈은 도드라졌고 이마는 흉갑에 눌린 상태로 뿔의 모습은 살필 수 없다.

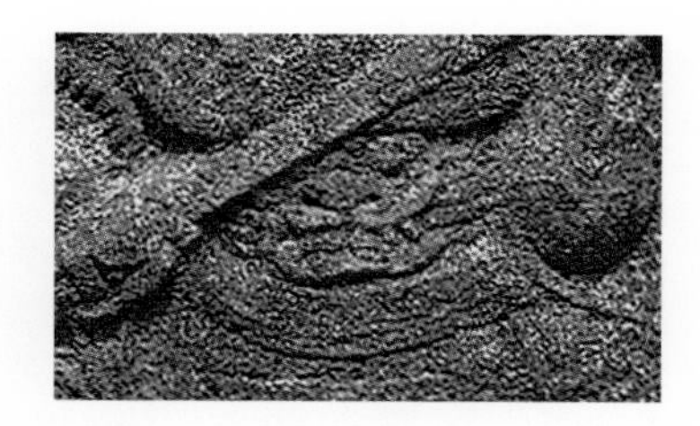

도84-1. 사천왕의 상갑 귀면

5. 십이지상의 귀면

통일신라의 왕릉은 무덤을 수호하고 왕권을 상징하기 위해 분구의 판석 주위에 십이지(十二支)를 배치했다. 경주 성덕왕릉(사적)은 십이지를 비롯하여 석인·석수·능비 등을 갖춘 통일신라 초기의 능묘이다. 십이지상은 분구의 판석사이에 탱주를 놓고 삼각형의 석주를 세워 보강해 열두 방향으로 배치하였다. 그런데 십이지 가운데 원숭이의 신상(申像)과 쥐의 자상(子像)은 사귀를 막는 귀면이 장식되어 중요한 자료가 된다.

경주 성덕왕릉에서 국립경주박물관으로 옮겨온 신상(도85)은 갑옷을 착장한 입상으로, 대도의 손잡이 끝[柄頭]에 귀면이 새겨져 벽사를 나타냈다. 신상은 머리가 원숭이 모습이고 몸체는 사람 형상인데, 갑옷을 입고 대석위에 당당히 서 있다. 높이가 116㎝가량인 신상은 큰 칼을 오른손에 쥐고 가슴에서 대석까지 길게 세웠다. 『삼국사기』에는 '경덕왕 13년(754)에 성덕왕의 비석을 세웠다'는 기록이 전해 그 당시에 십이지상이 조성된 것으로 보인다. 귀면(도85-1)은 입을 벌려 앞

도85. 십이지 신상(원숭이) 성덕왕릉 통일신라 (국립경주박물관)

도85-1. 칼 손잡이끝의 귀면

도86. 십이지 자상(쥐) 성덕왕릉 통일신라 (계림)

도86-1. 상갑의 귀면

니가 드러났고 코는 들렸다. 두 눈은 부릅떴으나 마손되었다. 어깨의 두 견갑에도 귀면이 무섭게 장식되었다.

쥐의 자상은 성덕왕릉의 호석 주위에 파손된 채 세워져 있다.[73] 환조(丸彫)로 머리가 없어졌으나 몸체는 사람형상으로 다른 십이지상과 유사하다. 갑옷을 입은 자상(도86)은 네모난 대석위에 서 있는데, 상갑의 상단과 두 어깨의 견갑에 귀면이 새겨져 벽사를 나타냈다. 두 팔은 허리에 올렸으나 마모되었다. 귀면(도86-1)은 송곳니와 앞니가 드러났고 코는 콧구멍이 뚫렸다. 두 눈은 왕방울같이 튀어나왔고 이마에는 보주가 장식되었다. 두 어깨의 견갑에도 귀면이 새겨졌는데 마손되었다.

왕릉의 수호신으로 십이지 가운데 신상과 자상이 걸쳐 입은 갑옷은 중국식 갑옷으로, 중국 남북조에서 당까지 성행한 명광개(明光鎧)의 영향을 받아 제작된 것으로 짐작된다. 명광개는 작은 쇳조각을 가죽 끈으로 연결해 만든 찰갑(札甲)으로, 흉부에 호심이 부착되고 상갑의 상단에 귀면이 장식된 것이 주요한 특징이다. 경주 감은사지에서 출토한 사리외함의 사천왕상이나 조선시대의 천왕문에 봉안한 사천왕상, 그리고 조선 왕릉을 수호하는 무석인이 착장한 갑옷의 상갑에도 귀면이 장식되어 벽사를 나타냈다.

73) 계림의 국토박물관 순례, 「경주 신라 성덕왕릉」, https:/blog.daum.net/kelim/7749468, 2006년 3월 14일.

6. 금동귀면옷걸이

경주 월지에서는 귀면이 새겨진 금동옷걸이가 출토했다. 완전한 형태로 높이가 7.2㎝이고 너비가 6.5㎝인데, 귀면은 정면관의 얼굴 위주로 정교하게 주조되었다. 월지는 통일신라시대의 대표적인 원지(苑池)로 674년(통일신라 문무왕 14)에 조성되었는데 조선시대에는 안압지로 불렸다. 월지는 679년에 완공된 동궁과 함께 1975년에 실시된 발굴조사를 통하여 많은 유물이 출토했다. 금동가위와 보상화문벽걸이, 금동접시와 금동완, 청동숟가락과 청동뒤꽂이, 자물쇠와 문비장식 등 다양한 생활용구들이 출토해 신라 별궁의 화려하고 장엄한 모습을 엿볼 수 있다.

금동귀면옷걸이(도87)는 상부와 양측 가장자리에 둥근 못 구멍이 뚫렸는데, 실내 벽면에 부착해 귀중한 물건이나 옷 등을 걸어 둔 장식구로 추정된다. 귀면의 입에는 송곳니와 앞니가 드러났는데 U자형 걸이개가 달렸다. 코는 콧구멍이 뚫려 들렸고 미간에는 보주가 놓였다. 두 눈은 돌출했고 눈썹이 나선형으로 솟았다. 이마에는 소뿔형의 뿔이 돋아 굽었고 머리털이 뭉쳤다. 통일신라 초에 제작된 생활용구로 얼굴 전체에 털이 무성하다.

도87. 금동귀면옷걸이 월지 통일신라 (국립경주박물관)

7. 금동투조귀면장식

경주 동대봉산의 절 골에 위치한 황룡사지(黃龍寺址)에서 3점의 금동투조귀면장식이 출토해 귀면연구에 중요한 자료가 된다. 황룡사지는 불교문화유산연구소가 국가유산청과 함께 2018년부터 중요 폐사지 발굴조사사업의 일환으로 조사를 실시하였다.

도88. 금동투조귀면장식 황룡사지 통일신라
(불교문화유산연구소)

도88-1. 측면

동대봉산의 황룡사는 경주 구황동의 신라 최대 사찰인 황룡사(皇龍寺)와 다른 절로, 계곡주변에 석축을 쌓아 조성한 산지가람이다. 황룡사는 「불국사고금역대기(佛國寺古今歷代記)」에 의해, 633년(신라, 선덕여왕 2)에 황둔사(黃芚寺)의 사명으로 창건되었으나 통일신라 소성왕 때 황룡사로 사명이 개칭되었다고 전한다.

3점의 귀면장식 가운데 한 귀면장식은 「황룡사 대전(黃龍寺 大殿)」 명 문자암키와와 함께 2018년에 출토했고, 다른 2점의 귀면장식은 금동보당 당간과 금동사자상, 금동연봉과 금동촛대받침 등과 2020년에 출토했다.[74] 금동귀면장식은 금속판의 일부를 문양에 따라 뚫거나 파서 모양을 나타낸 투조기법으로 제작되었다. 2018년에 출토한 귀면장식(도88, 도88-1)은 높이가 15㎝가량인 소형으로, 입의 좌측이 파손되었으나 뒷면에는 「왕(王)자」가 음각되어 벽사의 으뜸임을 나타냈다. 귀면은 입과 눈, 코와 귀, 뿔을 모두 갖춘 정면관의 얼굴 위주로 입체감이 돋보인다. 크게 벌린 입에는 걸이개가 달렸는데 송곳니가 날카롭다. 고리와 다른 모양의 걸이는 U자형으로 그 끝에 연봉을 새겼다. 코는 콧구멍이 뚫렸고 두 눈은 돌출했는데 미간에는 작은 보주가 놓였다.

74) ① 불교문화재연구소, 2018, 『경주 황용사지 발굴조사 현장설명회 자료』.
② 불교문화재연구소, 2020, 『경주 황용사지 발굴조사 현장설명회 자료』.

도89. 금동투조귀면장식 황룡사지 통일신라 (불교문화유산연구소)

이마에는 소뿔형의 뿔이 돋아 굽었는데 화형장식(花形裝飾)을 감쌌다.

다른 금동투조귀면장식(도89)은 2점으로 입에 거는 걸이개가 없어졌다. 입은 벌려 송곳니와 앞니가 드러났고 중앙에 걸이개의 구멍이 뚫렸다. 코는 콧구멍이 뚫려 들렸고 귀가 나선형으로 솟았다. 두 눈은 돌출했는데 미간에 보주가 놓였다. 이마에는 소뿔형이 뿔이 돋아 안쪽을 굽었는데 화형장식을 감쌌다. 통일신라 후기에 제작된 것으로 귀면은 각 부위가 정제되었고 얼굴 전체에 털이 무성하다. 출토 사례가 없어 용도가 미상이나, 전술한 월지에서 출토한 금동귀면옷걸이와 관련하여, 귀중한 의례용 장엄구나 법의 등을 걸개에 걸어 보관했던 것으로 추정한다.

8. 기타 귀면장식

기타 귀면장식으로는 경주 황룡사지에서 출토한 것과 논산과 경상도에서 수집한 것 등 약간의 자료가 있다. 금동귀면장식(도90)은 파손되었으나 귀면이 양감 있게 표현되었다. 입이 파손되었으나 귀기가 넘치고 수염이 뻗쳤다. 두 눈은 도드라졌고 눈

도90. 금동귀면장식 황룡사지 통일신라
(국립경주문화유산연구소)

도91. 청동귀면장식 논산시 통일신라
(국립부여박물관)

썹이 말렸는데, 귀는 소귀처럼 귓구멍이 파인 채 길쭉하다. 이마에는 소뿔형의 뿔이 돋아 안쪽으로 굽었다. 귀면장식은 장방형으로 한쪽 길이가 22.3㎝인데 그 사용처는 미상이다.

청동귀면장식은 논산과 경상도에서 수집되었다. 논산에서 출토한 귀면장식(도91)은 평면 타원형으로, 높이가 6.6㎝이고 너비가 5.2㎝가량인 작은 규모이다. 귀면은 입을 다문 채 앞니가 드러났고 양 볼에는 큰 구멍이 났다. 코는 콧구멍이 뚫렸고 두 눈은 도드라져 뚜렷하다. 귀는 소귀처럼 솟았는데 이마에는 뿔이 분기했다. 정교하게 주조된 귀면은 털과 수염이 무성해 매우 위협적이다.

경상도 지역에서 수집한 귀면장식(도92)은 그 형태가 타원형과 원형, 장방형 등 다양하다. 평면 타원형의 귀면장식은 5점으로 논산에서 출토한 귀면장식과 비슷하다. 귀면은 정제되었는데 양 볼에 2개의 구멍이 뚫렸고 얼굴과 턱에 털과 수염이 무성

도92. 청동귀면장식 통일신라 (국립경주박물관)

하다. 평면 원형의 귀면장식은 규모가 비교적 작은 편이다. 귀면은 차이가 있으나 양 볼과 입에 3개씩 구멍이 뚫려 이채롭다. 장방형의 귀면장식의 귀면은 앞니를 드러내 귀기가 뻗쳤고, 코는 콧대가 곡절되었다. 두 눈은 돌출했고 눈썹이 수북하다. 이마에는 분기한 뿔이 돋았고 머리카락이 뻗쳤다. 이와 같은 귀면장식은 양 볼과 입에 구멍이 뚫려 특이한데 그 용도는 미상이다. 동형의 귀면장식은 일제강점기 때 수집되어 일본 동경국립박물관이 소장한 오쿠라컬렉션에도 포함되었다.

9. 승탑의 유익귀면

도93. 보조선사탑 보림사 통일신라

장흥 보림사의 보조선사탑(普照禪師塔)에는 날개가 달린 유익귀면이 새겨진 문비가 장식되어 중요한 자료가 된다. 보조선사탑(보물)은 보림사의 주지인 보조선사(804~880)의 사리를 봉안한, 신라의 전형인 팔각원당형의 승탑이다. 탑(도93)은 보조선사탑비(보물)에 의하면 선사가 입적하자, 신라 헌강왕이 시호를 보조(普照), 탑호를 창성(彰聖), 절 이름을 보림(寶林)으로 추증해 탑비와 함께 884년에 조성했다. 승탑은 높이가 4.1m로, 기단 위에 탑신과 옥개, 상륜부가 놓였다. 상·중·하의 각 대석에는 구름과 안상, 연꽃 등이 장식되고, 탑신에는 문비와 사천왕상을 조각했다.

문비(도93-1)는 팔각 탑신의 앞면과

도93-1. 문비장식

도93-2. 유익귀면 세부

뒷면의 두 곳에 네모난 문틀로 이루어졌다. 앞면의 문비 상부에는 화려한 꽃무늬를 새겼는데, 문비 안에는 날개가 있는 유익귀면과 문고리가 새겨졌다. 문고리는 한 쌍으로 둥근 자릿쇠[座金]에는 문양이 생략되었고 고리는 능형인데 두 날개를 펼친 귀면이 위에서 수호하는 형상이다. 유익귀면은 원래 인두조신(人頭鳥身)의 가릉빈가로 알려졌으나, 두 날개를 펼친 채 새의 몸체가 생략되었고 얼굴도 인면이 아닌 무서운 귀면으로 묘사되어 필자는 유익귀면으로 간주하였다. 그런데 탑신 뒷면의 문비는 자물통과 문고리가 위아래에 각각 새겨져 탑신 앞면의 문비장식과 차이가 있다.

탑신 앞면의 유익귀면(도93-2)은 정면관의 얼굴 위주로 두 날개를 펼쳤는데, 우근(羽根)과 깃이 힘차고 위협적이다. 반쯤 잘린 입에는 송곳니와 앞니가 드러났고 코는 콧구멍이 뚫렸고 콧대가 곡절되었다. 두 눈은 돌출했는데 눈썹이 뭉쳤고 이마에는 큰 보주가 장식되었다. 그런데 유익귀면장식은 후술한 후삼국시대의 암막새에도 시문되어 사귀를 막는 벽사기능을 나타냈다.

10. 금동귀면문고리

금동귀면문고리는 경주 월지와 창녕 말흘리유적에서 출토했다. 경주 월지에서 출토한 귀면문고리(도94)는 3점으로 모두 같은 제작 틀에서 주조되었다. 전체 길이가 10.4㎝이고 너비가 8.3㎝가량의 완전한 형태로, 통일신라 초의 세련된 조각솜씨를 엿볼 수 있다. 지름이 6.8㎝인 문고리는 촉이 작은 고리에 끼워져 손으로 잡을 수 있도록 제작되었고 자릿쇠[座金]의 양 입술 가장자리에는 못 구멍이 뚫렸다. 귀면의 입에

도94. 금동귀면문고리 월지 통일신라 (국립경주박물관)

는 염주모양의 둥근 고리가 부착되었다. 눈은 돌출했고 눈썹이 말렸는데, 귀는 나선형이다. 이마는 꽃장식과 머리털이 층을 이루었고, 얼굴 전체에 털이 수북하다. 월지에서는 이 외에도 보상화가 장식된 문고리가 여러 점 출토해 궁궐의 대문이나 특수한 기물에 부착되었던 것으로 보인다.

창녕 말흘리유적에서는 한 쌍의 귀면문고리(도95)가 출토했다. 말흘리유적은 창녕 화왕산의 남서쪽 구릉지에 위치한 통일신라시대의 절터이다. 1호 건물지의 남서쪽 원형구덩이 속에서는 불상이 새겨진 금동장식판과 자루달린 향로, 솥과 초두(鐎斗), 자물쇠 등이 들어있는 큰 철 솥과 금동제풍경이 발견되어 중요시되었다.[75] 그런데 이와 같은 금속공예

도95. 금동귀면문고리 말흘리유적 통일신라 (국립김해박물관)

75) 국립김해박물관, 2011,『땅속에 묻힌 염원, 창녕 말흘리유적 출토유물』.

품은 사찰에서 사용되다가 전란과 같은 위급한 상황을 맞이해 매장된 것으로 추정된다. 귀면문고리는 금동제로 높이가 10.0㎝인데, 고리는 없어지고 귀면이 새겨진 자릿쇠[座金]만 남았다. 귀면은 정교하게 주조되었는데 입을 벌려 앞니가 드러났고 네모난 고리구멍이 뚫렸다. 코는 오뚝하며, 두 눈이 도드라졌다. 이마에는 머리털이 층을 이루었고 중심부에 구멍이 뚫렸거나 못이 박혀 있다.

11. 돌방무덤의 귀면문고리

경주 노서동 쌍상총(雙床塚)과 충효동 돌방무덤에서는 귀면문고리가 부착된 문비장식이 조사되어 중요한 자료가 된다. 경주 쌍상총은 노서동고분군(사적)에 위치한 굴식돌방무덤(노서동 제137호분)으로, 1953년에 국립중앙박물관이 발굴조사를 실시했다. 무덤은 널길과 널방으로 이루어졌는데 널길 입구의 두 측면에 문기둥을 세워 이맛돌을 얹고 널문을 만들었다. 널문 양쪽(도96)에는 귀면이 조각된 한 쌍의 청동문고리와 빗장이 달렸다.[76] 무덤은 이미 도굴되었는데 신라 말, 또는 통일신라 초에 조성된 것으로 추정되었다.

도96. 문비장식 쌍상총 통일신라 (국립박물관)

귀면문고리(도96-1)는 평면 타원형으로 자릿쇠[座金]의 높이와 지름이 각각 10㎝이고 14~15㎝가량이다. 한 쌍의 귀면문고리는 약간의 차이가 있으나 유사한 모습이다. 자릿쇠의 귀면은 입을 벌려 앞니가 드러났는데, 둥근 고리가 코 밑과 윗입술 사이의 인중(人中)에 부착되어 이채롭다. 고리는 지름이 12㎝정도인데 두 고리에 빗장을 걸어

76) 國立博物館, 1955,『慶州 路西里 雙床塚·馬塚·一三八號墳』, 國立博物館 古墳調査報告書 第二冊, pp.3~15, 圖板 第八 b 羨門.

문을 잠글 수 있게 하였다. 코는 콧구멍이 뚫렸고 두 눈은 도드라졌다. 미간과 이마 상단에는 큰 보주와 산형장식(山形裝飾)이 새겨졌고 그 외측에는 뿔이 돋았다.

도96-1. 청동귀면문고리 쌍상총 (국립중앙박물관)

이외 경주 충효동 고분군에서도 귀면문고리가 수집되었다. 고리가 쌍상총의 문고리와 달리 입에 부착되었는데 다른 부위는 쌍상총에서 출토한 귀면문고리와 유사하다. 귀면은 역강하게 새겼는데 미간에 보주가 장식되었고 이마에 뿔이 돋았다. 충효동 고분은 굴식돌방무덤으로 일제강점기 때 조사되었는데 이미 도굴된 상태였다, 무덤에서는 약간의 인화문이 새겨진 토기편이 수습되어 통일신라 초에 조영된 것으로 보인다.

12. 석탑의 귀면문고리

통일신라의 석탑은 간혹 탑신 안의 사리를 수호하기 위해 1층탑신의 외벽에 문비와 인왕상 등을 새겼다. 석탑의 문비장식은 경주 고선사지 삼층석탑의 1층 탑신에 못 구멍이 뚫린 문비 흔적이 그 선례가 되고 있는데, 경주 장항리사지 삼층석탑에서는

도97. 장항리사지 석탑 통일신라 (국립문화유산연구원)

귀면문고리가 있는 문비장식과 인왕상이 새겨져 벽사를 나타냈다. 그 후 문비는 석탑 이외에 승탑에도 새겨졌는데, 귀면이 생략된 문고리나 자물쇠와 함께 문고리만 장식된 여러 변화를 겪으면서 고려 전기까지 이어진다. 따라서 문비장식은 석탑의 1층탑신과 승탑의 몸돌에 부처나 고승의 사리가 안치되었다는 의미로 조각되어 사귀를 막는 벽사를 나타냈다.

장항리사지의 오층석탑(국보)과 울산 간월사지의 삼층석탑의 1층 탑신에는 귀면문고리가 새겨진 문비가 장식되어 중요한 자료가 된다. 경주 장항리사지(사적)는 폐사된 일명사지로 오층석탑과 금당지의 불상대좌만 남아있다. 장항리사지의 두 석탑(도97)은 1923년에 사리장치를 탈취할 목적으로 도굴꾼들이 폭파하여 도괴되었는데, 서탑은 1932년에 복원되었고, 동탑은 일제강점기 때 도괴된 것을 1966년에 수습하여 서탑 옆에 쌓아놓았다.

장항리사지의 서오층석탑은 1층 탑신(도98)의 네 면에 문비를 모각하고 귀면문고리를 조각했다. 문비 양쪽에는 연화좌 위에 인왕을 조각했는데, 8세기경에 제작된 신라 석탑의 전형양식을 보여주었다. 석탑의 사리공은 1층 탑신에서 발견되었는데, 문비장식의 귀면과 외측의 인왕상이 사리를 수호하고 있었음을 알 수 있다. 다른 귀면문고리(도98-1)는 탑신의 각 면에 한 쌍씩 8개가 조각되었다. 귀면은 입에 송곳니와 앞니가 드러났고 둥근 고리가 부착되었다. 코는 콧등이 두둑하고 귀는 솟았다. 두 눈은 도드라졌고, 이마에는 보주와 뿔이 장식되었다.

도98. 문비장식 장항리사지 서오층석탑(남면) 통일신라

울산 간월사지는 1984년 동아대학교 박물관에서 발굴조사를 실시해 사역이 정비되었는데, 2기의 삼층석탑(울산광역시 유형문화유산)이 남

북방향으로 세워져 있다. 간월사는 8세기 후반 경에 창건되어 조선시대의 임진왜란 때 소실되었다. 그 후 중건되어 조선 말기에 폐사되었는데 삼층석탑은 발굴조사 당시 붕괴해 흩어졌던 각 부재를 모아 1984년에 복원하였다. 두 삼층석탑은 1층탑신의 네 면에 각각 문비를 새겼고 그 양쪽에는 암좌(巖座) 위에 인왕을 조각했는데, 옥개석의 층급받침이 5단이다. 인왕은 불법을 수호하는 대표적인 신장으로 금강역사라고 불리기도 한다. 그런데 남쪽 삼층석탑(도99)은 문비 안에 귀면문고리를 새겼으나 북쪽 삼층석탑은 문비 안에 귀면문고리가 생략되어 차이를 보였다. 남쪽 삼층석탑의 귀면문고리(도99-1)는 한 쌍으로 유사한 모습이다. 귀면은 입을 벌려 앞니가 드러났는데 큰 고리가 부착되었다. 두 눈은 돌출했고 이마에는 뿔이 돋았는데 마손되었다.

도98-1. 고리귀면 세부

도99. 남삼층석탑 문비장식 간월사지 통일신라 (신병찬)

도99-1. 고리귀면 세부

13. 사리외함의 고리귀면

경주 감은사지의 동서 삼층석탑에서 출토한 사리장엄구(보물) 가운데 사리외함에는 전술한 바와 같이 사천왕상과 함께 고리귀면이 장식되어 사리를 보호하기 위한 벽사

도100. 사리외함의 고리귀면(동벽) 감은사지 서탑 통일신라 (국립중앙박물관)

를 나타냈다. 감은사지의 서탑과 동탑은 1959년과 1996년에 각각 해체·수리되었는데, 사리장엄구가 발견되어 통일신라 초의 수준 높은 금속공예의 정수를 엿볼 수 있다.[77] 특히 동 삼층석탑에서 출토한 사리외함의 고리귀면은 이마에 외뿔이 새겨져 귀면연구에 중요한 자료가 된다.

감은사지 서탑에서 출토한 사리외함은 높이가 31㎝가량인 네모난 상자모양이다. 사리외함 외벽의 동서남북의 네 벽면에는 지국천왕과 광목천왕, 증장천왕과 다문천왕 등의 각 사천왕상과 2개씩의 큰 고리귀면을 부착해 사리를 수호하였다. 사리외함의 동벽(도100)은 갑옷을 입고 무장한 동방 지국천왕이 왼손에 삭극(矟戟)과 같은 창을 들었는데, 그 좌우에는 고리귀면과 구름이 배치되었다. 고리귀면(도100-1, 도100-2)은 자릿쇠[座

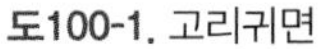

도100-1. 고리귀면

도100-2. 고리귀면 도면

77) ① 國立博物館, 1960,『感恩寺址發掘調査報告書』, 國立博物館特別調査報告 第2冊, pp.67~69.
② 경주시, 2011, 앞의 책, pp.303~316.

金]의 화판에 귀면이 정교하게 새겨졌는데 못을 박아 고정하였다. 귀면은 정면관의 얼굴 위주로 입에는 염주형의 고리를 물었다. 코는 콧구멍이 뚫렸고 귀는 솟았다. 두 눈은 도드라졌고 이마에는 소뿔형의 뿔이 돋았다. 사리외함 서벽의 고리귀면(도101)도 남벽과 북벽의 고리귀면과 같이 똑 같은데, 동벽의 고리귀면과 함께 동일한 제작틀에서 주조되었다.

도101. 사리외함의 고리귀면(서벽) 감은사지 서탑 통일신라 (국립중앙박물관)

감은사지 동탑에서 출토한 사리외함은 방형인데, 서탑에서 출토한 사리외함과 약간의 차이가 있다. 사리외함의 네 벽면에는 사천왕상 1구와 2개씩의 고리귀면이 각각 부착되어 사리를 수호했다. 그런데 귀면은 이마에 양뿔[兩角]이 아닌 외뿔[單角]이 장식되어 우리나라의 귀면연구에 중요한 자료가 되었다. 사리외함의 동벽(도102)에는 동방 지국천왕이 오른 손을 가슴에 대고 왼손으로 금강저를 들었는데, 그 좌우에는 큰 고리귀면과 구름이 장식되었다. 고리귀면(도102-1)은 귀면이 새겨진 자릿쇠와 고리로 구성되었는데 못을 박아 사리외함의 각 벽면에 부착했다. 귀면은 정면관의 얼굴 위주로 둥근 편인데 입에

도102. 사리외함의 고리귀면(동벽) 감은사지 동탑 통일신라 (경주시)

도102-1. 좌측 고리귀면

는 염주형의 큰 고리를 물었다. 두 눈은 돌출했고 이마 중심에는 짧은 방망이 같은 외뿔이 돋아 특이하다. 염주형의 큰 고리는 작은 구슬 14개가 꿰어졌고 한 쪽에 촉이 달려 입에 장착되었다. 사리외함 서벽의 고리귀면(도103, 도103-1)도 동벽의 고리귀면과 같고, 남벽과 북벽의 다른 고리귀면도 동일한 제작 틀에서 주조되어 동일하다. 그런데 전술한 바와 같이 서벽의 광목천왕과 북벽의 다문천왕은 상갑과 어깨의 견갑에도 귀면이 새겨져 벽사기능이 한층 더 강조되었다.

도103. 사리외함의 고리귀면(서벽) 감은사지 동탑 통일신라 (경주시)

도103-1. 고리귀면 도면

14. 금동향로의 고리귀면

익산 미륵사지에서는 고리귀면이 부착된 금동향로(보물)가 출토해 중요한 자료가 된다. 금동향료는 미륵사 목탑지의 북쪽 회랑을 정비하는 과정에서 2000년도에 출토했는데 높이와 지름이 각각 30㎝, 29.7㎝가량이다. 금동향로는 다리가 4개인 다족향로(多足香爐)로, 다리와 몸체, 뚜껑 등 3세부분으로 이루어졌는데, 발견 당시 뚜껑과 몸체는 완전한 상태였으나 다리와 고리귀면 등은 분리되어 국립문화유산연구원에서 보존처리를 실시했다. 향로는 성분 분석에 따라 금과 구리를 6 : 4로 배합된 수은아말감법

에 의해 도금된 것으로 확인되었다.[78)]

금동향로(도104)는 네 다리가 수각형(獸脚形)으로 무서운 수면이 새겨졌다. 몸체는 납작한 화로모양으로, 다리 사이에는 4개의 고리귀면이 장식되어 잡귀를 막는 벽사기능을 수행했다. 뚜껑은 높은 반구형으로 구름과 연꽃이 새겨졌고, 위에 달린 연꽃봉오리 모양의 꼭지에는 향 줄기가 피어오를 수 있도록 구멍이 뚫려있다. 자릿쇠의 귀면(도104-1)은 혀를 내밀고 이빨이 무섭게 드러났는데 입에는 고리를 낄 수 있는 구멍이 옆으로 뚫렸다. 두 눈은 치켜졌고 이마에는 소뿔형의 굵은 뿔이 돋아 안쪽으로 굽었다. 이마의 중심과 양 볼의 가장자리에는 향로의 몸체에 부착된 둥근 못이 그대로 박혀있다. 금동향로는 목탑 회랑지의 통일신라 유구 층에서 출토했고, 우수한 조형성과 양식적인 특성에 따라 8~9세기경에 제작한 것으로 추정되어 우리나라의 금속공예 연구에 귀중한 자료가 된다.

도104. 금동향로 미륵사지 통일신라 (국립익산박물관)

도104-1. 고리귀면

78) 국립문화재연구소· 미륵사지유물전시관, 2008, 『미륵사지출토 금동향로』.

제6절. 발해·후삼국의 귀면

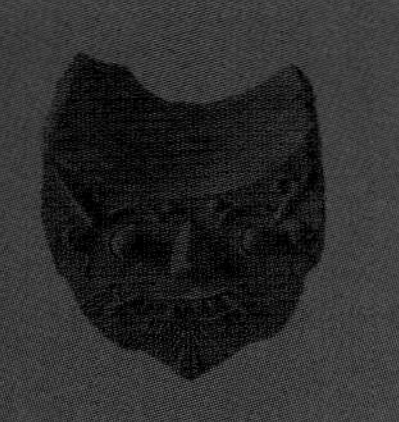

1. 발해의 귀면기와

발해는 고구려가 멸망한 이후 그 계승을 표방한 대조영이 698년에 건국하여 926년까지 존속한 고대국가이다. 발해는 한반도의 북부와 만주 및 연해주 일대를 차지해 번성했는데 통일신라와 더불어 남북국시대로 불린다. 발해의 귀면자료는 기와이외에는 잘 파악되지 않고 있다.

발해의 귀면기와는 귀두와 귀면문수막새가 약간씩 제작되었는데 녹유나 황유가 칠해진 귀두가 대표적이다. 귀두는 귀신의 머리가 입체적으로 표현된 것으로, 목조건축의 마루 끝에 사용되는데, 발해와 고려, 조선시대에 약간씩 제작되었다. 녹유귀두는 중국 당의 영향을 받아 제작했으나 다른 모습이며, 사귀를 쫒는 벽사이외에 목조건축의 장엄과 화려한 장식성을 나타냈다. 귀두는 중국에서는 수두(獸頭)로 불린다. 귀면문수막새는 약간씩 제작되었는데 이마에 뿔이 돋아 귀두 머리에 솟구친 굵은 머리털[竪鬃]과 차이를 보였다.

1) 귀두

녹유귀두는 발해 도읍지인 상경 용천부에서 여러 유형이 출토했다.[79] 귀두는 궁전이나 사원의 목조건축의 각 마루에 사용되는 장식기와로, 부조가 아닌 환조로 제작되었다. 녹유귀두(도105)는 발해 상경 용천부지(上京 龍泉府址)의 동반성 9호사지(東半城 9號寺址)에서 출토했다. 귀두는 파손된 채 여러 점이 출토했는데 그 중 일부가 복원되었다. 입은 천장이 드러날 정도로 크게 벌려 송곳니와 앞니가 드러났고 긴 혀를 S자로 구부려 그 끝이 치켜졌다. 두 눈은 왕방울처럼 돌출했고 코는 콧구멍이 뚫린 채 콧대가 들렸다. 귀두는 머리위에 세 줄의 머리털이 뻗쳐 이채롭다. 그런데 머리위의 머리털[竪鬃]은 두세 줄로 나란히 솟구쳐 분노의 모습을 나타냈는데, 이와 같은 머리털을 좌우로 돋은 뿔로 잘못 착각하는 경우도 있다. 녹색유약이 칠해졌는데 혀끝과 두 눈의 눈까풀에는 자색유(紫色釉)가 관찰되었다. 동반성 9호 절터에서는 기본기와를 비롯해 연화문수막새와 치미가 출토했다. 그런데 동형의 귀두가 상경 용천부지의 성북 9호사지(城北 9號寺址)에서도 수집되어 당시에 성행한 양식임을 알 수 있다.

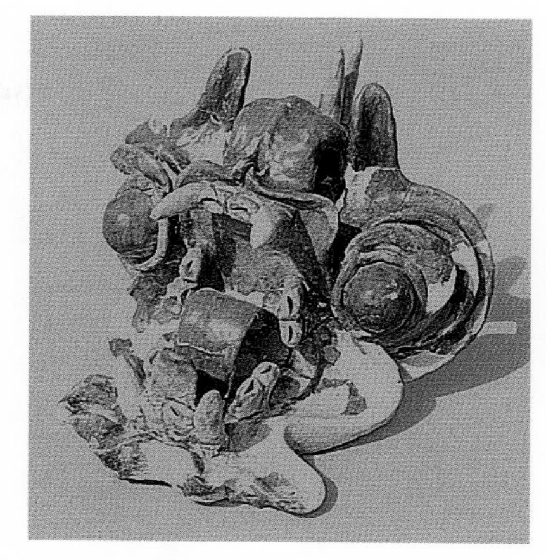

도105. 녹유귀두 상경 용천부 발해

도106. 녹유귀두 상경성 발해 (동경대학교)

상경성에서 출토한 녹유귀두(도106)는 녹유의

79) ① 中國社會科學院考古研究所, 1997,『六頂山與渤海鎭』, 中國大百科全書出版社, pp.106~107, 彩版 7-2.
② 서울대학교·동경대학문학부, 2003,『해동성국 발해』, p.33, 도3.
③ 예맥, 2008,『아름다운 우리문화재』, 평양 조선중앙력사박물관, p.68.

발색이 양호하다. 입을 벌려 송곳니가 드러났고 혀가 묘사되었다. 두 눈은 돌출했고 눈썹이 층을 이루었다. 귀두 양 볼의 가장자리는 C자형 고리모양으로 투조되어 두 귀와 이어졌다. 코는 옆으로 콧구멍이 뚫렸고 귀는 위로 솟았다. 동반성 9호사지에서 출토한 녹유귀두와 유사한 모습이다.

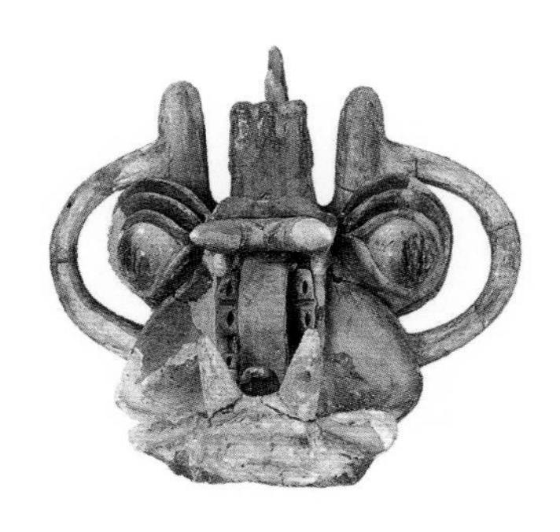

도107. 황유귀두 상경 용천부 발해 (조선중앙력사박물관)

황유귀두(도107)는 중국 영안시의 상경 용천부에서 출토했는데 높이가 39㎝가량이다. 입을 벌려 송곳니와 앞니가 드러났고 혀를 구부려 뻗었다. 두 눈이 돌출했고 눈꺼풀과 눈썹이 층을 이루었다. 양 볼의 가장자리에는 C자형 고리가 투조되어 두 귀와 이어졌다. 콧구멍이 옆으로 뚫렸고 머리에는 두 줄의 굵은 머리털[豎鬃]이 뿔처럼 솟아 이채롭다. 귀두는 복원되었는데 황유(黃釉)가 일부 탈색되었다.

도108. 귀두 오매리사지 발해 (함흥력사박물관)

북한 함흥의 오매리사리에서 출토한 귀두(도108)는 파손되었는데 일부가 복원되었다. 두 눈과 두 귀, 이마의 머리털이 남았는데 전술한 녹유귀두 및 황유귀두와 다른 모습이다. 입과 코가 없어져 잘 살필 수 없으나 동그란 두 눈은 눈동자가 유난히 튀어나와 특이하며, 두 귀는 토끼 귀처럼 쫑긋 세워졌다. 이마 정수리에는 한 줄의 굵은 머리털이 뾰족한 뿔처럼 복원되어 솟았다. 오매리사지는 함흥시에 위치한 발해의 옛 절터로, 고구려계인 연화문마루수막새와 암·수키와가 출토했다.

2) 귀면문수막새

귀면이 시문된 수막새는 동경성과 길림성의 발해 유적지에서 약간씩 출토했다.[80)]

---

80) 서울大學校 博物館, 1982, 『渤海·高句麗·樂浪遺物』, 칼라 도판 3, 흑백 도판 30.

동경성에서 출토한 수막새(도109)는 지름이 12.8㎝로 규모가 크지 않으나 귀면이 간략하게 표현되었다.

귀면은 수염과 털이 무성하며 주연은 민무늬이다. 입은 작으나 코는 콧대가 굵고 긴 편이다. 두 눈은 눈동자가 튀어나왔고 눈썹이 둥글게 말렸다. 이외 발해의 아성현(阿城縣)에서도 귀면이 시문된 수막새가 약간씩 출토했으나 다른 모습이다.

도109. 귀면문수막새 동경성 발해 (서울대학교박물관)

2. 후삼국의 귀면기와

후삼국은 신라와 후백제, 후고구려(태봉 · 마진) 및 고려의 세 나라가 정립했던 시대(892~936년)로, 고려의 왕건이 936년에 후삼국을 통일한 이전인, 대략 50여년의 기간에 해당된다. 당시는 통일신라의 지방 호족과 군진세력이 반란을 일으킨 일종의 혼란시기로, 한국미술사에서 일컫는 '나말여초(羅末麗初)'의 특이한 미술양식을 낳았다.

후백제는 통일신라 말기인 892년에 광주 무진주에서 견훤이 나라의 기틀을 마련해, 900년 전주 완산주에 도읍했다. 후고구려는 901년 궁예가 개국하여 철원에 도읍했는데, 국호를 마진·태봉 등으로 고쳤다. 고려는 태봉의 궁예를 축출하고 918년 왕건이 즉위해 개경에 도읍하였다. 그 후 통일신라는 935년 고려에 항복했고, 후백제는 936년 멸망해 고려가 후삼국을 통일하게 되었다.

후삼국의 귀면자료는 거의 파악되지 않고 있다. 9세기 말과 10세기 초의 통일신라의 자료는 경주 왕경과 그 주변에서 약간씩 출토했고, 후백제의 귀면자료는 광주 무진고성에서 출토한 암막새가 알려져 있다. 후고구려와 고려의 귀면자료는 강원도 양양과 개성 및 평양 등지에서 약간씩 수집되었으나 아직 확실하지가 않다.

1)귀면문수막새

후삼국의 귀면문수막새는 2례가 수집되었다. 출토지가 미상인 귀면문수막새(도110)는 일본 데즈카야마대학 부속박물관이 소장한 고려 초의 후삼국기와로, 국외소재문화유산재단에서 조사한 이우치이사오컬렉션에 해당된다.[81] 주연에 당초가 장식되었는데 귀면의 모습이 특이하다. 귀면은 입을 벌려 송곳니와 윗니를 드러냈고 수염이 뻗쳤다. 두 눈은 돌출했고 눈꺼풀이 눈썹과 맞닿았다. 코는 콧방울이 두 쪽으로 나뉘었고 양 볼은 두툼한데 귀는 작게 묘사했다. 얼굴 전체에 털이 수북하고, 이마에는 화염보주가 놓였는데 뿔은 생략되었다.

도110. 귀면문수막새 후삼국
(일본 데즈카야마대학 부속박물관)

도110-1. 귀면문수막새 후삼국
(국립중앙박물관 유리건판)

국립중앙박물관의 유리건판(琉璃乾板, 번호 9599)에는 이의 동형기와(도110-1)가 '평양부 기림리에서 출토했다'고 기록되어 그 수집처가 확인되었다.[82] 유리건판의 이미지는 일제강점기 때 나카무라 신자부로(中村眞三郎)씨가 수집해 소장한 수막새를 촬영한 것으로, 현재 이 기와의 소재지는 확인되지 않았다. 그런데 이 기와는 고려의 다른 귀면기와와 많은 차이를 나타내 필자는 고려 초의 후삼국기와로 추정했다.

---

81) 국외소재문화재재단, 2020,『일본 데즈까야마대학 부속박물관 소장 한국문화재』, p.303 도411.

82) ① 동아대학교박물관, 2001,『소장품도록』, p.125, 도185.
② 유리건판은 흑백사진 필름의 원형으로, 유리에 감광제유제(感光乳劑)를 도포하여 건조시킨 것이다. 일제강점기 에 촬영·제작한 것을 광복 후 국립중앙박물관이 조선총독부박물관로부터 인계받아 소장(38,170장)했다.

경주에서 출토한 수막새(도111)는 귀면과 연화가 복합되었는데, 통일신라 말기에 제작된 후삼국시대의 기와이다. 주연의 구슬무늬는 치밀하지 못하며, 권선(圈線)으로 구획된 귀면과 연꽃무늬도 경직되고 간략히 표현하였다. 귀면은 입을 벌려 윗니를 드러냈고 두 눈의 눈동자가 작게 묘사되었다. 코는 뭉툭하며 이마에는 소뿔형의 뿔이 돋아 안쪽으로 굽었다. 연꽃은 24엽의 세판양식으로, 동형의 기와가 경주 분황사에서 출토하였다.

도111. 귀면·연화문수막새 후삼국 (동아대학교박물관)

2) 귀면문암막새

귀면이 장식된 암막새는 2례가 수집되었다. 국립중앙박물관에 소장된 암막새(도112)는 귀면이 간략히 시문되었는데 주연은 민무늬이다. 하단부가 잘린 귀면의 입에는 이빨에 드러났고 귀기가 구름모양으로 묘사되었다. 두 눈은 눈동자가 도드라졌고 눈꺼풀이 옆으로 뻗쳤다. 코는 들렸는데, 이마에는 소뿔형의 뿔이 길게 뻗쳤다.

도112. 귀면문암막새 후삼국 (국립중앙박물관)

부여 금강사지에서 출토한 암막새(도113)는 주연이 민무늬로 돌대처럼 간소하다. 중심장식인

도113. 귀면문암막새 금강사지 후삼국 (경희대학교 중앙박물관)

귀면은 간략하며 입은 잘렸으나 귀기가 구름처럼 묘사되었다. 코는 콧방울이 분기했는데 두 눈은 도드라졌고 눈썹이 길게 뻗쳤다. 이마에는 소뿔형의 뿔이 돋았다. 귀면문암막새는 그 제작시기가 통일신라 말이나 고려 초로 추정되고 있으나 나말여초의 과도기에 제작된 후삼국시대의 기와로 분류하였다.

3) 유익귀면문암막새

날개가 달린 유익귀면(有翼鬼面)이 암막새에 시문되어 귀면의 한 유형으로 주목되었다. 필자에 의해 그 자료가 처음 집성되면서 그 유형의 존재는 물론 실체를 약간이나마 파악할 수 있어서 귀면연구에 중요한 자료가 된다. 그런데 후삼국의 유익귀면문은 884년에 조성된 보림사의 보조선사승탑에 새겨진 유익귀면이 그 선례가 된 것으로 추정되는데, 그 후 특정한 지역의 기와장식으로 채용되어 벽사를 나타낸 것으로 보인다.

유익귀면이 시문된 암막새는 광주광역시를 비롯해 전북 고창과 임실 등 호남지방과 평양 등지에서 몇 례가 수집되었다. 그 중 한 형식이 광주의 무진고성에서 출토했다. 무진고성(武珍古城, 광주 기념물)은 광주 무등산에 위치한 통일신라의 성터로 다수의 후백제의 기와가 출토했다. 1988년과 1989년 두 차례에 걸쳐 전남대학교박물관에서 발굴조사를 실시해 「관(官)」과 「국성(國城)」의 글자가 새겨진 문자기와를 포함해 귀면과 봉황, 보주가 장식된 암·수막새, 순청자와 상감청자 등이 출토했다. 따라서 그 출토유물을 통해 무진고성은 8세기 말에서 9세기 초에 처음 축조되었고, 9세기후반 경에 다시 수축하여 고려 초까지 계속 사용된 성터로 추정되었다.[83)]

도114. 유익귀면문암막새 무진고성 후백제 (국립광주박물관)

날개가 달린 귀면이 시문된 암막새(도114)는 후백제의 와즙과 그 위상

83) 전남대학교박물관, 1990, 『武珍古城』Ⅰ, Ⅱ.

을 살필 수 있는 귀중한 자료이다. 귀면은 반절된 입에 송곳니와 앞니가 드러났고, 납작한 코와 오목한 귀, 볼록한 눈과 치켜진 눈썹이 힘차게 표현되었다. 귀면문암막새는 막새의 중심에 중심장식으로 귀면을 배치하고 그 양측에는 구름이나 당초가 장식하는 것이 대부분인데, 무진고성에서 출토한 암막새는 중심장식인 귀면이 날개를 펼쳐 하늘을 비상하는 모습으로 의장되어 특이하다. 그리고 무진고성에서는 귀면문암막새와 조합되는 봉황문수막새가 함께 출토해 벽사이외에 길상을 나타냈다.

도115. 유익귀면문암막새 고창 후백제 (국립전주박물관)

유익귀면이 시문된 암막새는 전북의 고창과 임실의 용암리사지에서도 출토했다. 고창에서 출토한 암막새(도115)는 파손되었으나 정면관의 귀면이 날개를 펼친 채 무섭게 표현되었다. 위아래의 주연에는 구슬무늬가 새겨졌고 좌우의 주연은 생략되었다. 귀면은 입을 벌려 송곳니와 앞니를 드러냈고, 뭉툭한 코에 콧대가 길쭉하다. 두 눈은 도드라졌고 뿔은 묘사되지 않았다. 임실 용암리사지에서 출토한 암막새는 무서운 귀면이 날개를 펼친 채 비상하였다. 귀면은 입을 벌려 앞니를 드러냈고 코는 콧구멍이 뚫린 채 들렸다. 두 눈은 도드라졌고 눈썹은 위로 뻗쳤다. 날개는 층을 이루며 넓게 펼쳤는데 구름이 장식되었다.[84)]

유금와당박물관에 소장된 귀면문암막새(도116)는 날개가 달린 유익

도116. 유익귀면문암막새 후삼국 (유금와당박물관)

84) 미륵사지유물전시관, 2005, 『전북의 옛 절터 출토유물』, p.63, 68의 좌측.

귀면으로 중요한 자료가 된다. 앞의 무진고성에서 출토한 암막새의 유익귀면과 다른 모습으로, 주연에 파상문이 장식되었다. 귀면은 입을 벌려 송곳니와 앞니를 드러냈고, 두 눈은 눈동자가 작은 구슬처럼 돌출했고 눈썹이 말렸다. 코는 콧방울이 나뉘어 두툼하며 귀가 두텁게 묘사되었다. 이마에는 머리털이 솟았는데 그 중심에는 보주가 놓였다. 넓게 펼친 두 날개는 깃과 깃털이 층을 이루었다. 그런데 양 볼이 두툼하고 눈썹이 위로 말린 점, 얼굴 전체에 털이 수북하게 뻗쳤고 주연에 파상문이 장식된 점 등을 감안하면, 전술한 평양 기림리에서 출토했다고 전하는 귀면문수막새와 조합된 암막새로 추정된다.

4) 귀면문사래기와

귀면이 장식된 사래기와(도117)는 자강도 자성군 송암리2호분에서 출토했다. 송암리2호분은 현재 북한에 소재해 고분의 성격과 출토된 기와와의 상관관계를 살필 수 없는 실정이다.

도117. 귀면문사래기와 송암리2호분 후삼국 (조선중앙역사박불관)

사래기와는 하단부가 평평한 원두방형으로 주연이 생략되었다. 귀면은 입과 코, 양 볼과 두 눈이 양감 있게 묘사되었다. 입에는 송곳니와 앞니가 날카롭게 드러났고, 코는 두툼한데 분절되었다. 두 눈은 돌출했는데 눈썹이 치켜졌다. 양 볼이 도드라졌는데 주름이 나선형으로 밀집되어 특이하다. 미간에는 못 구멍이 뚫렸으나 귀와 뿔은 묘사되지 않았다.

5) 귀면문마루끝기와

양양 오색석사지에 출토한 마루끝기와(도118)는 원두방형으로 코와 두 눈이 돌출한 귀면이 무섭게 시문되었다. 오색석사(五色石寺)는 통일신라 말에 선문구산의 하나인 가지산파(迦智山派)의 개산조인 도의(道義)가 창건한 사원이다. 현재 절터에는 양양 오색리삼층석탑(보물)과 기단석 등이 남았다

마루끝기와는 높이가 21.5㎝가량인데 주연에는 굵은 구슬무늬가 장식되었다. 귀면은 눈과 눈썹, 코 등 각 부위의 볼륨이 매우 강한 편이다. 입은 일부가 남았는데 주변에 수염이 무성하며, 두 눈은 돌출했고 눈썹은 뭉쳤다. 코는 콧구멍이 뚫린 채 위로 들렸고 분절되었다. 이마에는 뿔이 생략되었고 작은 꽃무늬가 묘사되었다.

도118. 귀면문마루끝기와 오색석사지 후삼국 (단국대학교 석주선기념박물관)

제7절. 고려의 귀면

고려는 918년 왕건이 태봉의 궁예를 몰아내고 건국한 중세의 왕권국가로, 1392년 조선이 건국되기까지 한반도의 대부분을 지배했다. 고려의 귀면은 초기에는 통일신라와 발해의 귀면유형을 계승했으나 점차 다른 특색을 나타냈다. 고려의 귀면은 귀형과 귀두, 귀면과 고리귀면 등 네 유형으로 구분되었는데 귀형과 귀두는 약간에 지나지 않는다. 그러나 귀두는 마루 끝에 이어지는 기와이외에 청동항아리와 청자항아리, 토기항아리 등의 어깨에 부착되어 또 다른 벽사기능을 나타냈다.

고려의 귀면장식은 전시대와 같이 귀면기와가 주종을 이룬다. 귀면기와는 귀두를 비롯해 수막새와 암막새, 소형수막새와 마루끝기와, 귀면이 새겨진 치미 등으로 구분된다. 고려 초기에는 통일신라의 전통을 이었으나 점차 고려적인 특징을 나타냈다. 귀두는 약간에 지나지 않으나 귀면이 시문된 수막새는 각 부위와 이마의 뿔에 따라 여러 형식으로 나뉘었다. 그리고 이외 고려시대에는 공민왕과 노국공주의 능인 현·정릉(玄·正陵)의 고석과 무석인에 고리귀면과 귀면이 처음 장식되었는데 조선시대 왕릉의 석물조각에 귀중한 선례가 되었다.

1. 귀형

고려의 귀형은 여주 고달사지에 세워진 원종대사탑비(元宗大師塔碑, 도119)에 장식되었다. 원종대사탑비(보물)는 고려 초 국사인 원종대사 찬유(璨幽, 869~958)를 기리기 위해 975년(광종 26)에 세웠는데, 1915년에 무너진 것을 2014년에 비신(碑身)을 복제하여 현지에 복원했다. 비신은 그 동안 국립중앙박물관에 보존되었다가 현재는 여주박물관으로 옮겨 전시 중이다.

도119. 원종대사탑비의 귀부와 이수 고달사지 고려

비의 받침돌인 귀부는 몸체가 거북이 형상으로 등에는 귀갑문이 새겨졌다. 비석을 받치기 위한 비좌는 장방형으로, 연화문 위에 마련되었다. 이수에는 중앙에 '혜목산고달선원국사원종대사지비(慧目山高達禪院國師元宗大師之碑)'라고 쓴 전액(篆額)의 글씨가 음각되었다. 원종대사탑비의 귀부와 이수는 우리나라의 탑비가운데 규모가 가장 크고 화려해 당시의 수준 높은 조각수법을 살필 수 있다.

도119-1. 이수의 귀형장식

이수의 전액 밑에는 귀형(도119-1)이 조각되어 특이하다. 귀형은 팔과 몸체를 생략한 채 두 발을 내뻗는 웅크린 모습이다. 입을 벌려 앞니를 드러냈고 입술 주변에는 수염과 털이 무성하다. 두 눈은 돌출했고 눈썹이 뭉쳐 두둑하다. 코는 오뚝한데 이마에는 뿔이 돋아 분기했다. 그런데 전액 주변에는 구름이 서렸고, 양측 테두리에는 두 마리 용이 조각되어 귀형과 대비되고 있다

2. 귀두

1) 기와의 귀두

귀두는 귀신의 머리가 얼굴과 함께 환조나 고부조로 표현된 기와로, 발해에서 성행한 녹유귀두의 영향을 받아 고려시대에 약간씩 제작되었다. 고려의 귀두는 여주 법천사지와 파주 혜음원지, 진도 용장성 등지에서 출토했는데 대부분 파손되었다. 그런데 법천사지와 혜음원지에서 출토한 귀두는 눈과 코, 귀 등이 잔존한 작은 파손품으로, 용장성에서 출토한 귀두와 같이 각 부위가 입체적으로 묘사되었다.

도120. 귀두 용장산성 고려 (국립제주박물관)

진도 용장성은 목포대학교박물관에서 1989년에 발굴조사를 실시하였는데 3점의 귀두(도120)가 출토했다. 모두 파손되었으나 3점 가운데 2점은 돌출한 두 눈과 귀가 남았다.[85] 용장성(사적)은 고려의 장군 배중손이 이끈 삼별초군이 고려의 원종 11년(1270)부터 14년(1273)까지 대몽항쟁의 근거지로 삼은 산성으로, 건물터와 용장사, 행궁 등이 남았다. 귀두는 두 눈의 눈동자가 돌출하였는데 중앙이 깊게 파였고, 눈썹은 두텁다. 귀는 속이 비었으나 깊고. 귓바퀴가 원형이다. 귀두의 입과 코는 파손되었으나 사귀를 압도하는 무서운 모습을 나타냈음을 알 수 있다.

2) 청자·토기의 귀두

고려의 귀두장식은 기와의 귀두이외에 청자항아리와 토기항아리, 토기병 등의 몸통 어깨에 손잡이 대신에 부착되었다. 귀두장식은 용기에 따라 2개 또는 4개씩 부착되었는데, 환조에 가까운 고부조로 표현되었다. 항아리는 물이나 술 등의 액체를 담

85) 木浦大學校博物館, 1990,『珍島 龍藏城』, pp,63~67, p.195, 사진 115.

는 큰 그릇으로, 몸통에 귀두를 부착해 사귀를 막는 벽사를 나타냈다.

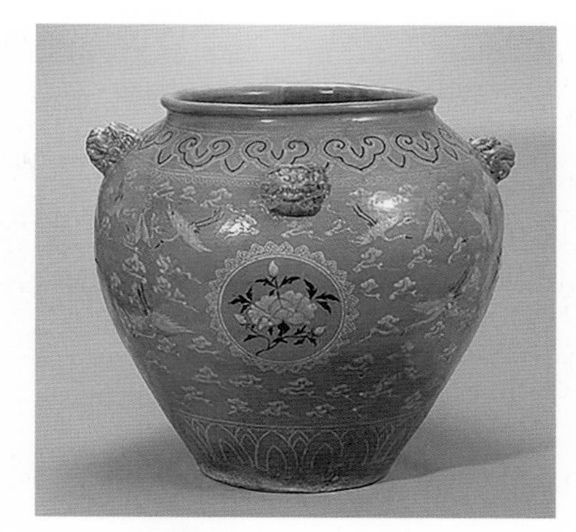

도121. 귀두장식청자항아리 고려 (호림박물관)

호림박물관이 소장한 청자항아리(도121)는 청자상감운학문귀면장식대호로 불리는데, 몸통 상부의 네 곳에 귀두가 장식되어 벽사를 나타냈다. 높이와 입 지름이 각각 48.8㎝, 32.5㎝인 큰 항아리로, 몸통은 풍만하며 바닥은 평평하다. 어깨와 몸통에는 여의두(如意頭)와 모란 및 운학(雲鶴)이, 하단부에는 연판을 각각 상감문양으로 장식해 화려하다. 청자유약은 회갈색과 녹청색을 띠었는데 13세기경에 제작된 것으로 보인다. 귀두장식은 틀에 찍어 부착했는데 고부조로 환조에 가깝다. 귀두는 입을 벌려 이빨을 드러냈고 두 눈은 눈동자가 돌출했다. 코는 콧대가 굵고 귀도 새겨졌다. 귀두는 정면관의 얼굴 위주로, 이마에 뿔이 돋았고 얼굴에는 털이 무성하다.

국립중앙박물관이 소장한 토기항아리(도122)는 기증품으로, 몸통 상부의 두 곳에 귀두가 장식되었다. 항아리는 입술이 밖으로 벌어졌고 바닥은 평평하다. 몸통은 풍만하나 길쭉하며 아래로 내려갈수록 점차 좁혀

도122-1. 귀두

도122. 귀두장식토기항아리 고려 (국립중앙박물관)

도123. 귀두장식토기병 고려 (경북대학교박물관)

졌다. 귀두장식(도122-1)은 손으로 빚어 붙였는데 환조에 가깝다. 귀두는 두 눈과 입을 음각해 간략히 새겼는데, 입은 길게 찢어졌고, 두 눈이 파여 공포를 느끼게 한다. 얼굴에는 빗금처럼 수염과 머리털이 새겨졌고, 이마에는 굵은 뿔이 돋았다. 귀두후면에는 구멍이 뚫렸으나 고리는 끼워지지 않았다. 이 외에 토기에 부착된 귀두장식이 다수 발견되어 물이나 술을 담는 항아리를 지키는 벽사를 나타냈다.

경북대학교박물관이 소장한 토기병(도123)은 높이가 26.6㎝가량으로, 몸통 상부의 양쪽 어깨에 귀두가 장식되었다. 복부는 풍만하나 위와 아래가 점차 좁혀져 길쭉하며 바닥은 평평하다. 귀두(도123-1)에는 입과 코, 두 눈이 간략히 새겨졌다. 입은 벌려 내밀었고 턱에는 수염이 늘어졌다. 코는 뭉툭하며 콧구멍이 깊게 뚫렸다. 두 눈은 눈동자가 왕방울처럼 돌출했고 이마에는 뿔이 돋지 않았다.

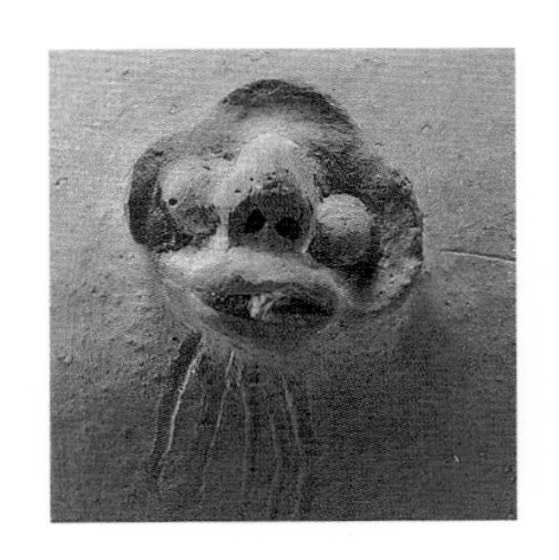

도123-1. 귀두

3. 귀면기와

1) 귀면문수막새

하남 교산동건물지에서 출토한 수막새(도124)는 고려 초기에 제작되었는데 주연이 민무늬이다. 귀면은 입을 벌려 앞니를 드러냈고, 귀기가 불꽃처럼 서렸다. 두 눈은 눈동자가 돌출했는데 눈썹이 불꽃모양으로 솟았다. 이마에는 소뿔모양의 뿔이 돋았고

도124. 귀면문수막새 교산동건물지 고려 (경기문화유산연구원)

도125. 귀면문수막새 개성 궁성지 고려 (국립문화유산연구원)

도126. 귀면문수막새 고려 (국립중앙박물관).

그 위에 작은 보주가 장식되었다.

고려의 궁성인 개성 만월대에서 출토한 수막새(도125)는 주연에 구슬을 장식하고 귀면이 정제되었다. 귀면은 정면관의 얼굴 위주로 앞니와 혀가 드러나 위협적이다. 두 눈은 타원형으로 도드라졌고 눈썹이 뭉쳐 말렸다. 코는 콧등이 뭉툭하고 이마에는 가지뿔형의 뿔이 돋았는데 머리카락이 곤두섰다.

출토지가 미상인 귀면문수막새(도126)는 동범기와가 하남 천왕사지에서 출토했다. 입을 벌려 앞니와 혀, 잇몸을 드러냈고 코는 콧등이 뭉툭하다. 두 눈은 눈동자가 반달모양으로 돌출했고 눈썹은 두껍게 굴곡졌다. 이마에는 가지뿔형의 두 뿔이 돋았는데, 귀면은 무섭지 않고 미소를 짓는 인면에 가깝다.

2) 귀면문암막새

귀면이 장식된 암막새는 여러 절터에서 다양하게 출토했다. 경주 황룡사지에서 출토한 암막새(도127)는 중심장식으로 귀면을 배치하고 귀기가 구름처럼 묘사되었다. 귀면은 입과 코, 눈과 귀를 간략하게 새겼는데 이마에는 소뿔모양이 뿔과 보주가 장식되었다.

도127. 귀면문암막새 황룡사지 고려 (국립경주박물관)

도128. 귀면문암막새 정토사지 고려
(단국대학교 석주선기념박물관)

충주 정토사지에서 출토한 암막새(도128)는 귀면을 중심장식으로 크게 배치해 이채롭다. 주연에 구슬무늬가 새겨졌는데 윗입술과 얼굴에는 수염과 털이 무성하다. 입은 하단부가 잘렸으나 송곳니와 윗니가 드러났고, 코는 위로 들렸으나 콧방울이 분기했다. 눈은 돌출했는데 눈동자 중심이 파였다. 이마에는 작은 보주와 소뿔형의 뿔이 돋았다.

3) 귀면문사래기와

고려의 사래기와는 초기에는 통일신라의 양식을 계승했으나 점차 규모가 축소되고 지역적인 특색이 나타났다. 여주에서 출토한 사래기와(도129)는 회흑색의 경질기와로 귀면이 고부조로 묘사되었다. 주연은 민무늬인데 상주연이 좌우의 주연보다 폭이 넓다. 귀면은 입을 벌려 송곳니와 윗니를 드러냈고, 코는 콧등이 굵고 뭉툭하다. 두 눈은 눈동자가 돌출했고 귀는 짧은 돌대같이 묘사했다. 미간에는 못 구멍이 뚫렸고 이마에는 소뿔형의 뿔이 돋았는데 고려 초의 작례를 나타냈다.

도129. 귀면문사래기와 여주 고려 (국립중앙박물관)

도130. 귀면문사래기와 고달사지 고려 (여주박물관)

여주 고달사지에서 출토한 사래기와(도130)는 넓은 주연에 구슬무늬를 두 줄로 장식했다. 귀면은 입을 벌려 송곳니와 윗니, 혀가 드러났고 귀기가 서렸다. 코는 뭉툭하고, 두 눈은 길쭉하게 돌출했는데 눈썹이 불꽃모양으로 뻗쳤다. 미간에는 못 구멍이 뚫렸고, 이마에는 분기한 뿔이 안쪽으로 굽었는데 반절된 연꽃이 중첩되었다. 사래기와는 높이와 너비가 각각 22.5㎝인 원두방형으로, 귀면의 각 부위가 이례적으로 표현되었고 주연에 두 줄의 구슬무늬가 장식된 일종의 지방양식으로 간주된다. 이외 김천 교동유적에서도 귀면이 장식된 사래기와가 출토했다.

4) 귀면문마루끝기와

마루끝기와는 목조건축의 각 마루 끝에 사용한 기와로 고려시대에는 공주 주미사지와 원주 법천사지, 충주 숭선사지와 남원 실상사지 등지에서 출토했다. 주미사지에서 출토한 마루끝기와(도131)는 주연이 생략된 원두방형으로 하단에 반원형의 홈이 파였다. 귀면은 눈과 코를 새겼고 입은 잘린 상태이다. 두 눈은 유난히 돌출했는데 눈꼬리가 옆으로 치켜졌고 눈썹도 묘사되었다. 귀와 뿔은 생략되었는데 양 볼과 이마가 도드라졌다.

도131. 귀면문마루끝기와 주미사지 고려 (공주대학교박물관)

여주 법천사지에서 출토한 마루끝기와(도132)는 주연에 구슬을 장식했고 하단에 홈이 깊게 파였다. 귀면은 입과 눈, 코를 새겼는데 귀와 뿔은 생략되었다. 입에는 송곳니와 윗니가 드러났고 코는 콧등이 높게 솟았다. 두 눈은 돌출했는데 눈자위와 눈꺼풀은 타원형으로 묘사되었다. 눈썹은 치켜져 분노한 형상이고 양 볼이 높게 융기했다. 높이가 너비에 비해 큰 편인데 고려 후기에 제작된 지방양식으로 간주된다.

도132. 귀면문마루끝기와 법천사지 고려 (국립춘천박물관)

도133. 귀면문마루끝기와 실상사 고려 (국립전주박물관)

남원 실상사에서 출토한 마루끝기와(도133)는 주연이 생략되었고 하단 우측에는 반원형의 홈이 파였다. 귀면은 입과 코, 눈과 뿔을 새겼는데 귀는 생략되었다. 입에는 이빨과 혀가 드러났고 코는 들창코로 콧방울이 분기했다. 두 눈은 눈동자가 볼록했고 눈썹과 맞닿은 이마의 뿔은 소뿔모양으로 굵다. 이마 중심에는 보주가 장식되었는데 얼굴에는 털과 수염이 무성하다.

5) 치미의 귀면

치미(鴟尾)는 종마루 양쪽 끝에 장착된 마루장식기와로, 건물의 경관과 반전을 돋보이게 한다. 청주 흥덕사지에서 출토한 치미(도134)는 파손되어 복원되었는데, 뒷면에 귀면이 장식되어 특이하다. 두부는 마루 끝과 연결되는 큰 구멍이 있고 몸통은 반달모양의 구멍과 연꽃무늬가 부착되었다. 능골은 안쪽으로 굽었는데 날개가 층을 이루면서 우상문(羽狀文)이 새겨졌다. 뒷면에는 상하에 2개의 구멍이 뚫렸고 그 사이에 정면관의 귀면이 장식되었다.

귀면(도134-1)은 태두리 없이 눈과 코, 입이 간략히 표현되었다. 입은 작으나 앞니를 드러냈고 입술주변에는 수염이 짙게 뻗쳤다. 코는 콧

도134. 치미.흥덕사지 고려 (국립청주박물관)

도134-1. 후면 귀면장식

등이 솟아 두툼하고, 두 눈은 눈동자가 튀어나왔다. 이마에는 뿔이 생략되었고 온 얼굴에 털이 무성하다. 치미는 몸통에 부착된 연화문의 판수가 6엽이고, 층을 이룬 날개에는 고려 초에 성행한 우상문이 새겨졌기 때문에 고려 초기에 제작된 홍덕사의 중건 기와로 추정되었다. 귀면이 장식된 홍덕사의 치미는 벽사와 길상을 함께 나타낸 귀중한 마루장식기와로, 귀면을 뒷면에 장식한 조선 취두(鷲頭)의 선례가 되었다.

4. 사천왕의 귀면

영주 부석사의 보장각에는 일제강점기 때 조사당 벽체에서 떼어낸, 고려시대의 조사당벽화(국보) 6점이 보관중이다. 범천과 제석천, 사천왕상을 그린 도상으로 우리나라의 사원벽화 가운데 가장 오래된 것인데, 부석사를 창건한 의상대사의 영정을 모신 조사당을 수호하기 위해 장식했다. 벽화는 현재 박락이 심하고 크게 훼손되어 원형을 잘 살필 수 없으나, 제작 시기는 고려 후기인 14세기 이전으로 소급될 수 있을 것으로 보인다.

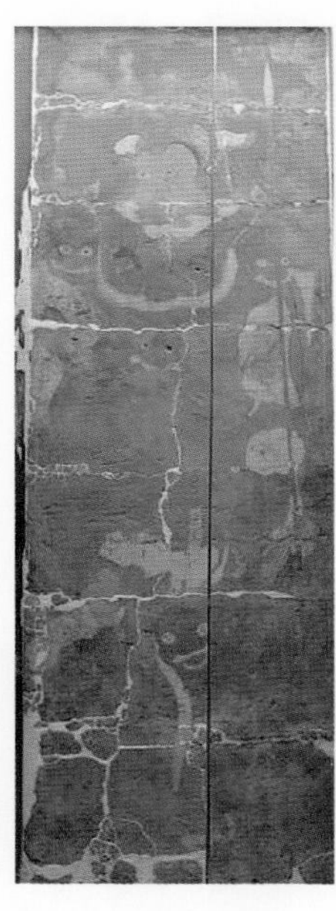

도135. 다문천왕 고려 (부석사 성보박물관)

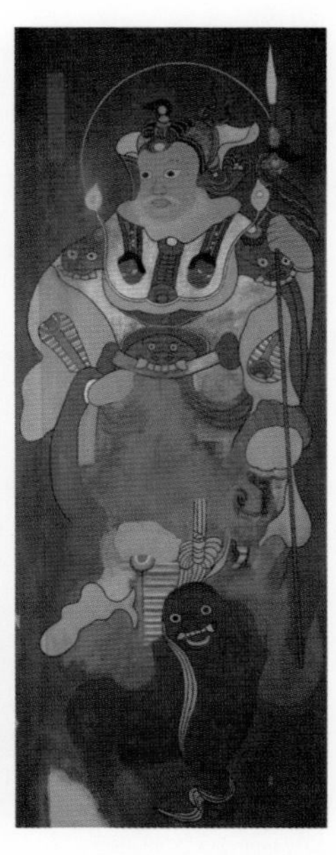

도135-1. 다문천왕(복제) 부석사 조사당

사천왕은 모두 갑옷을 입고 당당한 모습으로 조사당을 수호했는데, 북방의 다문천왕과 서방의 광목천왕은 상갑의 상단과 어깨에 귀면이 그려졌고, 동방 지국천왕은 어깨에서 귀면장식이 확인된다. 다문천왕(도135)은 한발을 올려 악귀를 밟았고, 오른 손을 허리에 댄 채 왼손으로 긴 창을 쥐었다. 상갑의 상단과 두 어깨의 견갑에는 귀면이 그려져 사귀를 막는 벽사를 나타냈다. 부석사 조사당에는 현재 다문천왕이 복

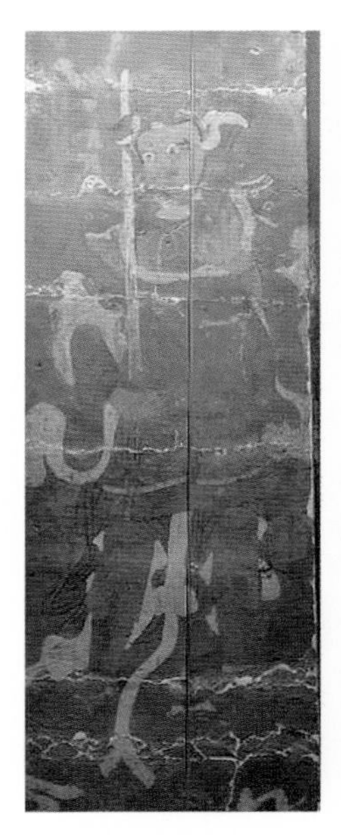

도136. 지국천왕 고려 (부석사 성보박물관)

도136-1. 지국천왕(복제) 부석사 조사당

제(도135-1)되었는데, 귀면은 입과 두 눈, 코를 간략히 표현하였다.

서방 광목천왕은 훼손되었으나 두 발로 악귀를 밟고 왼손으로 칼을 잡은 무서운 형상이다. 양 어깨의 견갑에는 귀면이 그려졌고 복부의 상갑 상단에는 그 흔적만 남았다. 동방 지국천왕(도136)은 머리에 투구를 썼고 오른손으로 칼을 들었는데 두 발로 악귀를 밟고 서있다. 귀면은 양 어깨의 견갑에 그려졌는데, 상갑의 상단은 훼손되어 알 수 없으나 복제(도136-1)된 지극천왕에는 귀면이 그려져 벽사를 나타냈다.

5. 귀면청동로

도137. 귀면청동로 고려 (국립중앙박물관)

귀면청동로(鬼面靑銅爐 국보)는 높이가 12.9㎝인 작은 화로로, 2006년 남궁련이 국립중앙박물관에 기증했다. 귀면청동로(도137)는 완전한 상태로 표면에 청동의 푸른 녹이 덮였는데, 솥 안쪽의 불덩이를 받친 불 받침판은 없어졌다. 솥 모양의 몸체를 다리가 받쳤는데, 몸체 상부에는 도철문이 양각되었고 그 하부에는 귀면형의 통풍구가 뚫렸다. 구연은 3개의 산형(山形)으로 이루어졌고, 몸체의 양 측면에는 2개씩의 고리가 붙어있는데 고리를 연결한 손잡이는 남아있지 않았다. 몸체는 3개의 수각이 받쳤는데 모두 무서운 수면이 조각되었다.

청동로의 귀면장식은 통풍구 역할을 한 몸체에 정면관의 얼굴 위주로 부조되었다. 입은 통풍이 잘 되도록 넓게 벌렸는데, 송곳니와 앞니, 혀가 무섭게 드러났고 입술 주변에는 수염이 뻗쳤다. 코는 콧구멍이 뚫린 채 들렸고 두 눈은 동그랗게 돌출했다. 눈썹은 반달형으로 뭉쳤는데 귀는 소귀처럼 솟았다. 이마는 두둑하나 뿔은 돋지 않았고 도철문이 새겨졌다. 귀면청동로는 향로와 비슷하지만, 규모도 작고 몸체 아래에 귀면장식의 통풍구가 뚫려있는 것으로 보아 풍로나 다로(茶爐)로 사용된 것으로 보인다.

6. 청자·토기의 귀면

고려의 청자와 토기에 귀면이 장식되어 사귀를 막는 벽사를 나타냈다. 진도 용장성의 왕궁지(사적)에서는 청자철채귀면문향로가 출토해 귀중한 자료가 된다. 용장성은 고려의 삼별초가 진도를 근거지로 몽골군에게 항쟁했던 성으로, 2009년부터 2016년까지 목포대학교 박물관에서 발굴조사를 실시해 여러 건물지가 확인되었고 각종 유물이 출토했다. 용장성은 총길이가 12.75㎞로 큰 규모인데 성안에는 궁궐터와 용장사의 절터가 남았다.

도138. 청자철채귀면문향로 용장성 왕궁지 고려 (목포대학교박물관)

도138-1. 귀면 세부

청자철채귀면문향로(도138)는 왕궁건물터에서 청동합과 청동접시, 청동주전자와 청동장식구 등 여러 청동유물과 함께 출토했다.[86] 향로는 절반가량이 파손되었는데 높이가 13.1㎝이고 입 지름이 11.8㎝이다. 향로의 외면은 암갈색의 철채를 시유하고 문양을 파내어 백토를 채운 역상감기법으로 장식했는데 내면은 회녹색 유약을 시유했다. 저부에는 3개의 수각이 받쳤는데 2개만 남았다. 풍만한 몸체는 어깨와 하단부에 연판문대를 두고 중앙에는 당초와 귀면을 장식했다. 구연에는 향로 고리가 달렸고 뇌문이 장식되었다. 귀면(도138-1)은 얼굴 전체에 털이 수북한데, 입을 벌려 혀와 앞니를 드러냈다. 코는 콧구멍이 뚫렸고, 두 눈은 돌출했다. 이마에는 보주가 놓였고 뿔이 돋았다. 그런데 이 향로는 청동유물의 공양구와 함께 의례와 관련된 건물지의 특성을 나타냈다.

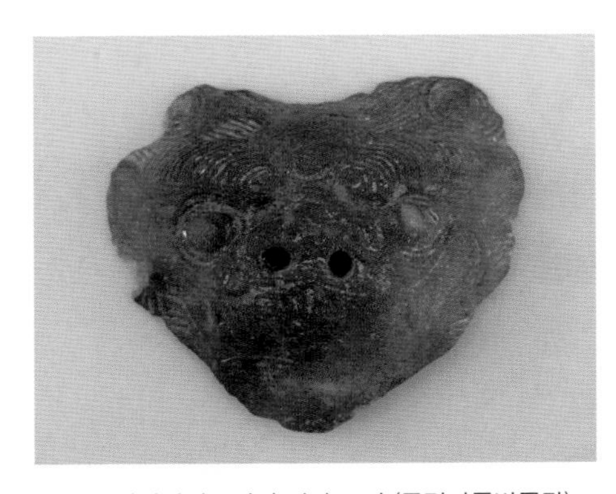

도139. 귀면장식토기편 영암 고려 (국립나주박물관)

영암에서 출토한 토기편(도139)에 귀면이 새겨져 이채롭다. 고려시대의 토기항아리로 파손되었는데, 어깨에 정면관인 귀면이 장식되어 벽사를 나타냈다. 귀면은 온 얼굴이 털투성이고 고부조인데, 입을 벌려 앞니가 드러났다. 코는 들려 콧구멍이 휑하니 뚫렸고, 두 눈은 왕방울처럼 돌출했는데 눈썹이 나선형으로 뭉쳤다. 이마는 중심부가 보주처럼 융기했으나 뿔은 돋지 않았다.

86) ① 목포대학교박물관, 2013, 『珍島 龍藏城 王宮址-발굴조사 중간보고-』, 원색도판5 청자철채향로.
② 목포대학교박물관, 2019, 『珍島 龍藏城 王宮址 발굴조사종합보고서』, pp.158~163, p.348.

7. 정병의 귀면

정병의 귀때에 귀면이 은입사(銀入絲)되어 벽사를 나타냈다. 청동은입사포류문정병(靑銅銀入絲蒲柳文淨甁)은 몸체에 귀때가 부착되고 긴 목 위에는 둥근 태와 높게 솟은 첨대(尖臺)가 있는, 전형적인 고려의 정병(도140)으로 높이가 37.8㎝이다. 팔각의 첨대에는 초엽이 시문되었고 환대 상부에는 중엽의 연판이 돌아가며 입사되었다. 그리고 목 하단부에는 구름과 집선, 여의두가 연속해 시문되었다. 몸체에는 한가로운 물가의 풍경을 묘사한 버드나무와 크고 작은 섬, 낚싯배와 기러기 등이 입사되었다. 몸체 어깨에는 뇌문, 그 하단부에는 당초가 유려하게 시문되었다. 이 정병은 조형미가 우수하고 여러 무늬가 입사되었으나, 몸체의 어깨선이 직선적이고 무늬가 도식화되어 13세기경에

도140. 청동은입사포류문정병 고려 (국립청주박물관)

도140-1. 귀때의 은입사귀면

제작된 것으로 보인다.[87]

귀때는 볼록한 하단부에 귀면(도140-1)이 무섭게 은 입사되었다. 귀때는 주전자의 부리와 같이 속에 담긴 액체가 쉽게 흘러나오도록 한 것으로 주구(注口)라고도 한다. 귀면은 입을 크게 벌려 송곳니와 앞니를 무섭게 드러냈고 입 주변에 수염과 털이 무성하다. 코는 구멍이 뚫린 채 들렸고, 두 눈은 눈동자가 뚜렷하며 눈썹은 짙게 뭉쳤다. 두 귀는 위로 솟았고 이마에는 분기한 뿔이 돋았다. 이와 같이 정병의 귀때에 귀면이 시문된 예는 매우 드믄 편으로, 정병에 담겨진 물이나 액체를 보호하기 위한 벽사 의미로 해석된다.

8. 금강령의 귀면

도141. 금동금강령 고려 (국립대구박물관)

금강령은 종 모양에 금강저가 합쳐진 형태의 불교의식구로 주로 밀교에서 사용한다. 금강령은 손에 쥐고 흔들어 소리를 내게 하는데, 여러 불·보살을 기쁘게 해주고 어리석은 중생의 불성을 일깨우는 상징적인 의미를 지녔다. 손잡이인 고부[五鈷]의 개수와 형태에 따라 독고령·삼고령·오고령(五鈷鈴)·보주령·탑령(塔鈴) 등으로 분류되는데 우리나라에는 삼고령과 오고령이 대부분이다. 오고령은 손잡이 끝부분인 고부가 다섯 가지인 금강령으로 금동제와 청동제가 있다.

도금된 금동금강령(도141)은 완전한 형태로 상태가 양호하다. 굵은 중앙고(中央鈷) 1개를 둘러싸고 날카로운 4개의 협고(脇鈷)가 둥글게 모아지도록 구

87) 호암갤러리, 1995,『大高麗國寶展』, pp.92~93, 도88~89, p.298.

성되었는데, 협고 하단부에는 보주가 장식되었다. 손잡이는 볼록한 중심부에 귀면이 장식되어 상부와 하부로 구분된다. 상부는 띠 매듭으로 구획하여 앙련과 복련을 새겼고 하부는 앙련만을 새겼다. 방울의 몸체[鈴身部]는 범종의 형태로, 상단에는 복련의 연꽃과 연주가 시문되었다. 몸체의 앞면과 뒷면에는 좌상의 명왕(明王)을 양각했고 그 사이에 독고저가 부조되었다.

도141-1. 손잡이의 귀면장식

손잡이의 귀면(도141-1)은 각 면에 장식되었다. 귀면은 얼굴이 통통하며 각진 상태인데, 입과 코, 두 눈과 눈썹이 간략히 부조했다. 입은 벌려 앞니와 혀를 드러낸 듯하고 코는 콧대가 굵다. 두 눈은 치켜졌고 눈썹은 긴 편이다. 금동금강령은 높이가 19.2㎝로 12세기에 제작된 것으로 추정된다. 그런데 고려의 금강령은 대체로 방울의 몸체에 제석천과 범천, 사천왕상을 장식하는데 이 오고령은 명왕과 독고저를 장식해 매우 이례적이다.

동합금의 청동금강령(도142)은 상태가 양호하며 완전한 모습이다. 높이가 21.1㎝이고 몸체의 지름이 5,8㎝가량이다. 굵은 1개의 중앙고와 날카로운 4개의 협고를 갖춘 오고령으로 고려 후기에 제작된 것으로 보인다. 각 협고의 하단에는 무서운 귀면이 새겨져 벽사를 나타냈다. 귀면(도142-1)은 입을 벌려 갈고리모양의 협고를 물었는데 고부조이다. 코는 콧구멍이 뚫렸고 눈은 돌출했는데, 이마에는 분기한 뿔이 돋았다. 손잡이는 중심부에 앙련을 새겼는데, 상부는 띠 매듭이 있으나 하부와 같이 민무늬이다. 방울

도142. 청동금강령 고려 (국립중앙박물관)

도142-1. 협고의 귀면장식

도142-2. 방울의 영심(鈴芯)

의 몸체는 여섯 면으로 구분되었는데, 각 면에는 제석천과 범천, 사천왕 등이 양각되었고 그 가장자리에 꽃잎모양이 장식되었다. 몸체 내부에는 쇠로 만든 막대모양의 영심(鈴芯, 도142-2)이 끈에 매달렸는데, 금강령을 손에 쥐고 흔들면 맑은 소리가 나게 된다.

9. 금동귀면장식

금동귀면장식(도143)은 충주 미륵리사지에서 출토했는데 높이가 11.0㎝가량이다. 파손되어 얼굴 반쪽이 남았는데 도금은 비교적 양호하다. 귀면은 입을 크게 벌려 앞니를 드러냈는데 코와 함께 일부가 파손되었다.

도143. 금동귀면장식 미륵리사지 고려 (국립청주박물관)

눈은 눈동자가 돌출했고 눈썹은 연판처럼 솟았는데 귀는 얇게 새겼다. 얼굴 전체에 털이 무성하며, 이마에는 소뿔형의 뿔이 돋았고 머리털이 빗으로 빗은 것처럼 가지런하다. 귀 밑에는 못을 박아 고정할 수 있는 둥근 구멍이 뚫렸으나 아직 그 사용처는 알 수 없다.

10. 무석인의 귀면장식

도144. 현·정릉의 무석인 고려 (국립문화유산연구원)

고려 말기의 왕릉인 현· 정릉(玄 · 正陵)의 무석인(武石人)에 귀면이 장식되어 사귀를 막는 벽사를 나타냈다. 고려 31대 국왕인 공민왕(재위 1351~1374)의 현릉과 왕비 노국대장공주의 정릉은 개성 개풍군에 있다. 널길과 널방으로 이루어진 쌍릉으로, 동쪽의 능이 정릉이고 서쪽의 능이 현릉인데 정릉이 먼저 조성되었다.

도144-1. 늙은 무석인

현·정릉은 상계와 중계, 하계의 3단으로 구성되었다. 상계에는 능침이외에 그 사방에는 석호(石虎)와 석양(石羊) 각각 4구씩인데 교대로 배치되었다. 봉분은 병풍석과 호석, 돌난간 등이 둘려졌고, 능침 앞 좌우와 각 봉분 중앙에는 망주석과 석상이 놓였다. 상단보다 낮은 제2단인 중계에는 장명등과 문석인 한 쌍이 놓였고, 제3단인 하계에는 무석인 2쌍이 동서방향으로 놓였다. 그런데 이와 같은 현·정릉의 능침과 석물배치는 조선 왕실의 능침제도의 성립에 크게 영향을 끼쳤음을 알 수 있다.

하계에 배치된 무석인은 중계에 놓인 문석인과 열을 맞추어 2쌍(도144)이 마주하였다. 4기의 무석인은 복발형 투구를 쓰고 전포(戰袍)위에 흉갑과 배갑을 합한 신갑(身甲)과 치마와 같은 상갑(裳甲)을 걸쳤다. 허리에는 포두(袍頭)를 둘러 금속제 허리띠[腰帶]를 맺었는데 허리 왼쪽에는 칼집이 매달았다. 안쪽의 젊은 무석인은 칼집에 칼을 꽂은 채 두 손을 맞잡았고, 바깥의 나이가 많은 무석인은 칼집에서 칼을 뽑아 두 손으로 칼을 잡고 있다. 나이가 많은 무석인(도144-1)은 높이가 350㎝가량인데 상갑의 상단에는 귀면이 새겨져 벽사를 나타냈다.[88] 귀면은 정면관의 얼굴 위주로 입을 벌려 앞니를 드러냈고 코는 콧구멍이 뚫렸다. 두 눈은 눈동자가 돌출했고 눈썹이 치켜졌다. 두 귀가 길쭉한데 이마에는 뿔이 돋았다.

11. 족석의 고리귀면

고려 공민왕과 노국대장공주의 현·정릉의 각 봉분 중앙에는 석상(石床)이 1개씩 놓였다. 석상(도145)은 속명으로 혼유석(魂遊石)으로 불리는데, 조선시대에는 왕릉에서 제례를 지낼 때 제수를 석상에 차리지 않고 정자각 안에서 진설하기 때문에 이와 같은 명칭이 붙었던 것으로 보인다. 석상은 5개의 족석(足石)이 받쳤다.[89] 족석은 그 형태가 북 모양의 돌과 같아 조선 후기에는 고석(鼓石)으로 표기되었다.

도145. 현·정릉상석과 족석 고려 (국립문화유산연구원)

현·정릉의 족석은 석상 밑 중앙에 1개, 네 모서리에 각각 1개씩 모두 5

88) ① 국립문화재연구소, 2009, 『조선왕릉[Ⅰ]』, pp.14~31, p.47, 현·정릉 서측무석인.
② 장경희, 2016, 「고려 왕릉의 석인상」, 『조선왕릉 석물조각사 Ⅰ』, p.222, 국립문화재연구소.

89) 국립문화재연구소, 2009, 위의 책, p.41, 현·정릉의 상석 및 고석, 2009.

도145-1. 족석의 고리귀면

개가 배치되었다. 둥근 모양인 족석(도145-1)은 높이가 50㎝내외로, 상단과 하단에 연주를 돌렸고 그 중앙 4면에 고리귀면을 부조했다. 조선시대는 이와 같은 귀면을 나어두(羅魚頭)로 기록했는데 광의로 귀면의 범주에 포함하였다.

고리귀면은 마손되어 살필 수 없다. 얼굴은 둥근 편으로 입에 큰 고리를 물었는데 턱에는 수염이 무성하다. 코는 콧구멍이 파였고 두 눈이 두둑하며 이마에는 뿔이 돋았는지 관찰되지 않는다. 그런데 이와 같은 고리귀면은 이미 통일신라시대의 돌방무덤과 석탑의 문비장식, 감은사 석탑에서 출토한 사리외함 등에 부착되어 사귀를 막는 벽사를 나타내 그 상관성이 짐작된다. 그리고 현·정릉의 석상과 족석은 문석인과 무석인과 함께 조선 왕릉의 능침제도에 많은 영향을 끼쳤음을 알 수 있다.

12. 청동항아리의 고리귀면

도146. 청동항아리 고려 (국립중앙박물관)

고려의 청동항아리는 간혹 몸통의 어깨에 고리귀면이 부착되어 벽사를 나타냈다. 항아리의 어깨에는 둥근 고리가 달린 귀면장식이 2개 또는 4개가 부착되었는데 고부조인 귀두에 가깝다. 개성부근에서 수집된 청동항아리(도146)는 높이가 34.0㎝이고 입 지름과 몸통지름이 각각 20.6㎝, 26.8㎝가량으로 소박하고 장중한 모습이다. 몸통의 어깨 부분이 볼록하며 그 양쪽에 고리귀면이 달

도146-1. 고리귀면

려 있다. 귀면(도146-1)은 입을 벌려 이빨을 드러냈고 코는 콧구멍이 뚫린 채 들렸다. 두 눈은 돌출했고 눈썹이 뭉쳤다. 귀면은 상단과 하단에 2개씩의 못을 박아 항아리의 어깨에 부착했는데, 구멍이 뚫린 후면에는 큰 고리를 끼워 손잡이로 이용할 수 있게 부착했다. 밑에는 높은 굽이 달려 있고, 뚜껑은 위에 얕은 턱이 있고 보주모양의 꼭지가 있다. 굽 부분에는 '운봉사전래(雲峯寺傳來)'라는 문자가 새겨져 사찰에서 사용된 항아리로 보인다.

청주 사뇌사지에서 출토한 청동항아리(도147)는 발견 당시 내부에 청동접시 76개가 들어있었다. 높이가 51.0㎝이고 몸통 지름이 21.5㎝가량인 대형용기로 뚜껑과 굽을 갖췄다. 뚜껑은 보주모양의 꼭지가 달렸고, 몸통의 어깨에는 고리가 없어진 귀면장식이 부착되었다. 귀면(도147-1)은 환조에 가까운 고부조로 양각되었는데, 별도로 주조해 네 곳에 못을 박아 고정했다. 귀면은 입에 앞니가 드러났고 코는 콧구멍이 뚫렸다. 두

도147. 청동항아리 사뇌사지 고려 (국립청주박물관)

도147-1. 귀면 세부

눈은 튀어나왔고 이마에는 뿔이 돋지 않고 미간에 보주가 놓였다. 귀면의 이면 중앙에는 고리를 끼웠던 구멍이 뚫렸는데, 고리는 없어졌다. 사찰에서는 이와 같은 항아리를 감로준(甘露樽)으로 부르는데 부처에 올리는 공양미나 액체 등을 담는 용기로 사용되었다.

13. 도자·토기의 고리귀면

고려의 도자기나 토기에 고리귀면이 달린 자료는 드문 편이다. 삼성미술관 리움이 소장한 청자편병(도148)은 보물로 지정되어 청자상감유로매죽문편병(靑磁象嵌柳鷺梅竹文扁甁)으로 불리는데, 어깨의 두 곳에 고리귀면이 장식되었다. 편병은 둥글납작한 자라모양의 병으로 목이 짧고 입이 직립했는데 높이가 21.9㎝이고 입 지름과 밑지름이 각각 7.3㎝, 8.5㎝가량이다. 몸통의 어깨와 하단에는 연판을 새겼고 몸체 중앙의 납작한 면에는 능화형의 화창(畵窓)을 새긴 후 그 안에 버드나무와 새들을 그려넣었다. 중앙의 볼록한 두 측면에는 세 줄기의 대나무와 매화꽃 한줄기를 새겨 넣었다. 유약은 엷은 회색을 띠며 유층에는 가는 기포가 많은 편이다. 백상감이 새겨진 부분의 유층은 은화현상에 의한 넓은 균열이 나타났으나 흑상감은 치밀하며 안정되었다. 굽은 낮고 단단하며 접지면에 모래비짐한 흔적이 남았다. 14세기경에 제작된 고

도148. 청자편병 리움 고려 (국가유산청)

려 청자로 추정되는데 고리귀면은 조각솜씨가 뛰어났고 고부조로 제작해 어깨 양쪽에 부착했다. 귀면은 입을 벌려 앞니가 드러났고 윗니와 아랫니로 둥근 고리를 물었다. 코는 콧구멍이 뚫렸고 두 눈이 도드라졌는데, 이마에는 소뿔형의 뿔이 돋았다.

도149. 청자항아리편 강진 청자가마터 고려 (고려청자박물관)

강진 고려청자박물관에 소장된 청자항아리편(도149)은 몸통 일부만 남았다. 표면에는 줄무늬기 음각되었고 고리귀면이 부착되어 이채롭다. 태토는 정선되었고 유약은 녹지 않아 옅은 녹색을 띠었고, 내면에는 무늬와 장식이 없다. 귀면은 고리를 입에 물고 있는 정면관인데 고부조로 조식되었다. 고리는 귀면의 입 두 측면에 구멍을 내어 새겼는데 그 일부만 남았다. 입을 다문 귀면은 두툼한 코가 위로 들려 콧구멍이 드러났고 두 눈은 도드라졌다. 이마에는 뿔이 돋아 밖으로 굽었다.

도150. 청자철채항아리편 강진 청자가마터 고려 (국립광주박물관)

강진 청자가마터에서 출토한 도자와 토기는 파손되었으나 고리귀면이 부착되어 의기로서 중요한 자료가 된다. 국립광주박물관에 소장된 청자철채항아리편(도150)은 강진 청자가마터에서 출토했다. 현재 너비가 11.9㎝가량인 조그만 파손품으로 몸통 일

도151. 흑유기대편 강진 청자가마터 고려
(국립광주박물관)

도152. 초벌구이항이리편 강진 청자가마터 고려
(국립중앙박물관)

부만 남았다. 정면관인 귀면은 고부조로, 입 측면에 구멍을 내어 작은 고리를 달았다. 유약은 암갈색을 띠었고 내면에는 장식이 없다. 귀면은 이빨을 드러낸 입과 콧구멍이 뚫린 코가 남았다.

흑유기대편(도151)은 강진 청자가마터에서 출토했는데 고리귀면이 장식되었다. 작은 파손품으로 현재 높이가 7.8㎝가량이다. 몸체 단면이 'L'자형인 기대(器臺)는 위쪽의 내면 가장자리에 큰 구멍이 나 있다. 측면 하단에는 연주가 음각되었고 고리귀면이 부조되었다. 귀면은 입을 벌려 이빨을 드러냈고 윗니 사이로 둥근 고리를 물었다. 두 눈의 눈동자는 구슬모양으로 도드라졌고 이마에는 뿔이 돋았다.

강진 청자가마터에서 출토한 초벌구이 항아리편(도152)은 국립중앙박물관에 소장되어 있다. 너비가 13.6~13.9㎝가량인 작은 파손품으로, 유약을 칠하지 않는 초벌구이편이다. 태토는 정선되었고 색조는 황갈색을 띤다. 고리는 귀면의 입 양 측면에 부착했으나 일부가 남았다. 귀면은 입을 벌려 이빨과 혀를 드러냈고 코는 들렸다. 두 눈이 돌출했고 눈썹은 뭉쳤다. 귀는 소귀처럼 크게 새겨졌고 이마에는 큰 뿔이 돋아 분기했다.

14. 승탑의 고리귀면

승탑의 고리귀면은 구례 연곡사의 북 승탑(국보)과 화순 유마사의 해련탑(보물)의 문비에 새겨졌다. 고리귀면은 통일신라시대의 장항리오층석탑과 간헐사지 삼층석탑 등의 문비로 장식되어 사귀를 막는 벽사를 나타냈다. 그런데 고려시대에는 불탑이 아닌 승탑의 문비에 고리귀면이 새겨져 이채롭다.

구례 연곡사의 북 승탑(도153)은 높이가 3.0m인 팔각원당형부도로, 기단과 탑신, 상륜부로 이루어졌다. 기단은 네모난 지대석을 놓고 그 위에 팔각의 하대석을 두었다. 하대석에는 복련을 새겼고, 중대석에는 각 면에 8구의 신장을 장식했다. 상대석에는 앙련이 돌려졌고 윗면의 기둥사이에 가릉빈가가 1구씩 조각된 화려한 모습이다. 탑신은 8각으로 각 면에 사천왕상과 향로, 문비 등을 배치했다. 옥개석은 지붕이 겹처마로 막새와 사래기와 등을 모각했고 그 하면에 비천이 조각되었다.

도153. 연곡사 북승탑 고려 (국가유산청)

도153-1. 문비의 고리귀면

상륜부는 앙화 위로 보륜, 봉황이 조각된 보개 및 보주가 얹혀졌다. 이 승탑은 경내에 위치한 동 승탑을 모방해 고려 초기에 건립되었다.

연곡사 북 승탑의 문비에는 자물통 밑에 고리귀면(도153-1) 2개가 장식되어 중요한 자료가 된다. 자물통은 굵고 큰 편인데 문틀에 부착되어 여닫은 문이 굳게 잠긴 상태이다. 고리귀면은 자물통의 아래에 장식되었는데, 갸름한 얼굴에 입과 두 눈, 코와 뿔 등이 간략하게 부조하였다. 입에는 큰 고리를 입에 물어 아래로 내려뜨렸다.

화순 유마사의 해련탑(보물)은 승려 해련(海蓮)의 사리를 봉안한 승탑으로, 탑신에 귀면문고리가 장식되어 중요한 자료가 된다. 승탑(도154)은 높이가 2.5m가량인 8각원당형 부도로, 기단과 탑신, 상륜부로 이루어졌는데 상륜부는 남아있지 않다. 기단은 하대석에 안상(眼象)과 복련을 새겼고, 중대석과 상대석에는 각각 안상과 앙련을 새겼다. 탑신은 각 모서리에 기둥을 세웠는데 앞뒷면에는 문비가 조각되었다. 옥개석은 밑면이 3단 받침으로 지붕마루가 표현되었는데, 전각(轉角)은 평평하며 각 모서리에 귀꽃이 장식되었다.

문비는 탑신의 앞뒷면에 조각되었다. 앞면은 기둥을 세우고 문비 안에 고리귀면을 새겼고, 뒷면은 자물쇠 밑에

도154. 유마사 해련탑 고려 (국가유산청)

도154-1. 문비의 고리귀면

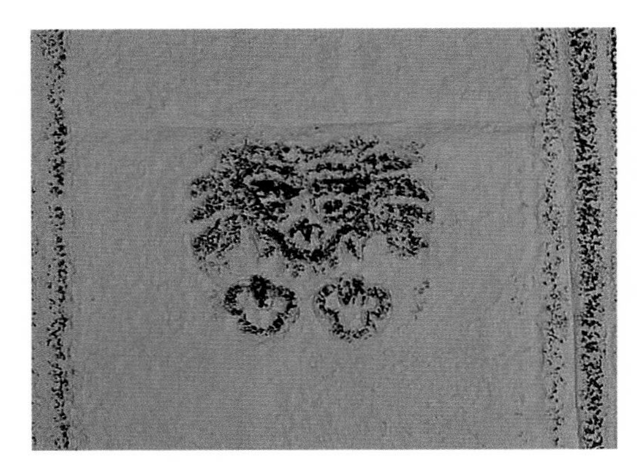

도154-2. 귀면 탁영

문고리를 새겨 다른 모습이다. 앞면의 문비 위에는 '해련지탑(海蓮之塔)'의 글씨가 쓰여, 승탑의 주인공이 해련스님임을 알 수 있다. 고리귀면(도154-1)은 귀면과 문고리로 이루어졌다. 귀면(도154-2)은 정면관의 얼굴 위주로, 이빨을 드러냈고 두 눈이 도드라졌다. 얼굴 전체에 털이 길게 뻗쳤는데 이마의 뿔은 마손되었다. 문고리는 능형으로 한 쌍인데, 귀면 입에 물리지 않고 벽면에 직접 부착한 못의 흔적이 남았다. 해련탑은 통일신라의 승탑을 이은 8각원당형으로, 각 부재의 비례가 알맞고 안상과 연꽃 등의 조각수법이 우수해 고려 전기에 조성된 것으로 보인다.

제8절. 조선의 귀면

조선은 1392년에 이성계가 건국해 1897년 고종의 칭제건원으로 대한제국이 세워질 때까지 약 500년 동안 한반도에 존속했던 근세의 왕권국가이다. 조선의 귀면은 사용처가 다양하고 그 종류와 수량도 풍부하다. 조선시대의 귀면은 날개가 달린 유익귀면을 제외한, 귀형과 귀두, 귀면과 귀목, 고리귀면 등으로 구분된다.

조선시대에는 기와를 비롯한 각종 건축부재, 돌다리와 돌계단, 거북선과 무기, 왕릉의 고석과 무석인, 불교와 관련된 불단과 윤장대, 사천왕상과 금강역사상, 비석과 탑비 및 부도, 상여와 불연, 말방울과 무당방울, 열쇠패 등 30여종에 달하는 각종 건축물과 기물에 귀면이 채용되어 사귀를 쫓는 벽사를 나타냈다. 조선시대에는 주요한 건축부재로서 귀면기와와 귀면화반이 성행했고, 불교문화와 관련한 귀면장식이 특히 많았고, 능묘의 고석과 무석인, 각종 비석 등에도 귀면이 장식되어 사후에도 평안한 안위와 영면을 기원했던 것으로 보인다.

조선시대의 귀면장식은 사귀를 쫓는 본연의 벽사기능 이외에도 인간의 삶이나 생활과 관련된 평안과 안전을 추구하는 수호신 역할을 담당하였다. 사대부 저택의 각 마루에 이어졌던 귀면문망와를 비롯하여 말방울, 조선 후기의 상류사회에서 일종의 혼수예물로 유행했던 열쇠패 등의 귀면장식은 평안한 주거생활과 개인의 삶을 보호하려는 적극적인 벽사행위에서 비롯된 것으로 간주된다. 따라서 조선시대의 귀면은 고대나 고려시대의 귀면과 같이 무시무시하게 의장되지 않고 웃음을 머금은 인면에 가까운 모습으로 장식되어 이승 사람들과 친근하게 조화되고 공생했던 또 다른 특성을 나타냈다.

1. 귀형

1) 굴뚝의 귀형

서울 경복궁의 자경전 십장생굴뚝(보물)과 교태전 아미산굴뚝(보물)은 길상과 벽사를 상징하는 여러 무늬가 전돌(塼)에 장식되었다. 십장생 굴뚝(도155)은 대비의 침전인 자경전의 여러 온돌방 연도를 하나로 모아 전돌로 축조했다. 담장의 한 면을 앞으로 내밀어 굴뚝벽면 사이에 큰 화면(畫面)을 만들고, 해와 구름, 산과 소나무, 거북과 사슴, 대나무와 불로초, 포도와 연꽃 등 십장생무늬를 가득 묘사하였다. 위아래의 벽면에는 학과 귀형, 서수(瑞獸)를 새긴 전돌을 짜 맞추었는데, 십장생은 장수와 길상, 귀형은 연기를 내보내는 굴뚝과 관련하여 화마를 막는 벽사를 의미한 것으로 생각된다. 굴뚝 위에는 기와집과 같은 연가(煙家)를 10개 올려놓았다. 전돌에 새겨진 귀형(도155-1)은 무서운 괴수라기보다 물과 관련된 괴어(怪魚)를 연상한 것으로 보인다. 귀형은 입상으로 얼굴과 다리, 팔과 꼬리 등을 갖추었고, 넓게 벌린 입에는 송곳니와 앞니가 드러났고 귀기가 서렸다. 코와 눈은 작게 묘사했는데 이마의 뿔은 분기하지 않은 소뿔모양이다. 약간 벌린 다리는 발가락이 3개이고 팔과 꼬리는 선각되어 그 끝이 말렸다.

도155. 자경전 십장생굴뚝 경복궁 조선

아미산 굴뚝은 4개로, 밑에 돌을 놓아 붉은 전돌로 쌓았고, 그 위에 서까래를 얹어 기와를 잇고 연가(煙家)를 올렸다. 아미산은 왕비의 침전인 교태전 뒤에 계단식 정원을 만들어, 꽃과 나무를 심고 괴석과 돌로 된 함지를 배치한 인공동산이다. 아미산굴뚝(도156)은 몸체가 6각형인데, 각 면을 구획하여 학과 사슴,

도155-1. 귀형문전돌

불로초와 대나무, 소나무와 돌 등의 십장생과 봉황과 박쥐, 넝쿨과 매화, 국화와 귀형 등을 새긴 전돌로 짜 맞추어 길상과 벽사를 나타냈다.

도156. 교태전 아미산굴뚝 경복궁 조선

아미산굴뚝에 장식된 귀형문전돌(도156-1)은 자경전 십장생굴뚝의 전돌과 유사한 전돌로 경복궁이 중건된 1869년경에 제작되었다.[90] 귀형은 물과 관련된 특이한 괴어(怪魚)와 비슷한데, 얼굴과 다리, 팔 등을 구비한 입상으로 묘사했다. 따라서 귀형이 새겨진 전돌은 십장생굴뚝과 아미산굴뚝의 상단부에 위치했는데, 연기를 배출한 궁궐의 특성을 감안해 화마(火魔)를 막는 벽사 의미로 의장된 것으로 보인다.

도156-1. 귀형문전돌 우측 두 번째

2) 불단의 귀형

불단(佛壇)은 부처님이 사부대중을 위해 설법한 장소인 수미산을 조형화한 것으로 수미단으로 부르기도 한다. 불단은 대개 하대(下臺)와 중대(中臺), 상대(上帶)로 구성되었는데, 전면과 두 측면의 중대와 하대에는 연꽃과 모란. 당초와 보상화, 여러 동물과 새, 용과 물고기, 귀면 등을 새겨 불교의 장엄과 치장을 나타냈다.

경산 환성사 대웅전의 불단(경북 유형문화유산)에는 귀형과 귀면이 장식되어 귀면연구

90) 김성구, 1999, 앞의 책, 대원사, pp.102~107.

도157. 불단의 좌측면 환성사 대웅전 조선

에 주요한 자료가 된다. 환성사 대웅전(보물)은 1635년(인조13년)에 설치되어 1897년(광무 1)에 재건되었다. 대웅전 불단의 중대는 전면과 두 측면이 각각 12칸, 4칸으로 구획되어 꽃과 나무를 배경으로 물고기와 오리, 봉황과 가릉빈가, 코끼리와 원숭이, 기린과 사슴 등이 화려하게 장식되었다. 그런데 불단 하대에는 전면이 12칸으로 구획되어 용과 봉황을 조각했고, 두 측면은 4칸으로 나뉘어 여러 형태의 귀형과 귀면이 묘사되어 길상과 벽사를 각각 나타냈다.

불단 좌측면(도157)의 중대에는 보주를 머리에 인 서수와 업경(業鏡)을 들고 있는 나찰이 표현되었고, 하대에는 각 낙양각내에 청색과 황색, 홍색으로 도색된 귀형과 귀면이 번갈아 장식되어 사귀를 막는 벽사를 나타냈다. 귀형은 두 팔과 입, 두 눈과 코, 귀와 뿔을 갖춘 간략한 모습이다. 귀형은 불단의 남측에서 첫 번째와 세 번째에 장식되었는데 얼굴의 바탕색이 청색과 홍색으로 차이가 있다. 두 귀형(도157-1, 도157-2)은 입에 붉은 화지(花枝)를 물고 두 팔을 뻗어 손으로 잡았는데, 세 번째의 귀형은 화지가 철사처럼 꼬인 상태이다. 두 눈은 눈동자와 눈썹이 검게 칠해졌고 귀는 길게 묘사되

도157-1. 하대의 귀형장식

도157-2. 하대의 귀형장식

었다. 이마에는 소뿔형의 뿔이 돋았다.

2. 귀두

1) 거북선의 귀두

조선 수군의 대표적인 전함은 전라좌수영의 거북선[龜船]과 판옥선으로, 배 머리 중앙에는 귀신머리인 귀두(鬼頭)를 새겨 벽사를 나타냈다. 거북선은 임진왜란 당시 여러 해전에서 왜적을 물리친 거북 모양의 돌격전함으로, 판옥선의 갑판 윗부분을 제거하고 그 자리에 둥그런 개판(蓋板)을 덮은 구조이다. 거북선의 규모와 특징 등은 1795년(정조 19)에 편찬된 『이충무공전서(李忠武公全書)』에 수록되었다. 이 책의 권수(卷首) 도설(圖說)에는 앞에서 살펴본 귀면 관련의 문헌과 같이 통제영거북선과 전라좌수영거북선의 그림과 설명이 기재되었는데, 전라좌수영거북선의 배 앞에는 귀두가 새겨져 우리나라의 귀면연구에 중요한 자료가 된다.

전라좌수영거북선은 통제영거북선과 규모는 거의 같지만 모양은 다르다. 통제영거북선은 판옥선의 갑판 주위에 둘러진 여장을 제거하고 갑판 위에 거북 뚜껑을 덮었

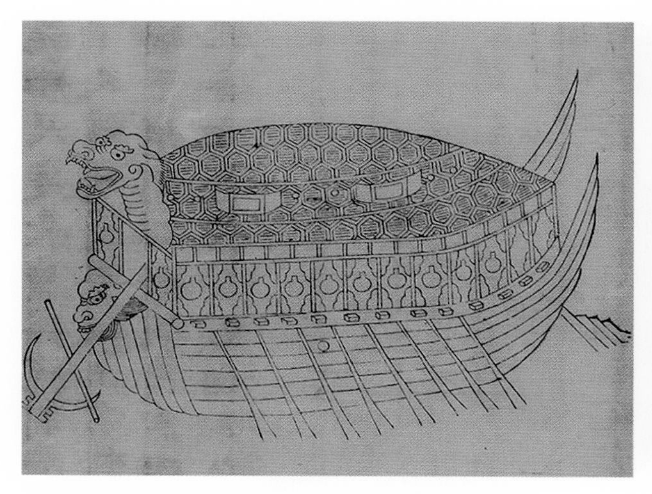

도158. 전라좌수영귀선 『이충무공전서』 조선 (국립중앙도서관)

도158-1. 귀두(龜頭)와 귀두(鬼頭)

으나, 전라좌수영거북선(도158)은 판옥선의 여장을 그대로 두고 거북 덮개를 씌워 차이가 있다. 그런데 통제영거북선은 배 머리에 거북머리인 귀두(龜頭)를 장식하였으나, 전라좌수영거북선은 거북머리인 귀두(龜頭) 밑에 또 귀신머리인 귀두(鬼頭)를 부조해 벽사를 나타냈다. 불을 뿜는 거북머리 밑의 귀신머리인 귀두(도158-1)는 앞니가 드러났고 두 눈은 정면을 주시했는데 눈초리가 날카롭다. 코가 크고 얼굴에 털이 무성한데, 용두(龍頭)와 구별되는 귀두로 『이충무공전서』 도설에 기록되었다.

조선은 임진왜란과 정유재란을 겪은 이후 수조(水操)로 불리는 수군훈련을 매년 해상에서 실시했다. 수조는 각도의 수군절도사가 행하는 도수조(道水操)와 삼도수군통제사가 주관하는 합조(合操)로 구분된다. 도수조는 각도의 수사(水使)가 해당 앞바다에서 8월경에 실시해 추조(秋操)로 불렀고, 합조는 통제사가 경상, 전라, 충청의 수군을 통영에 모아 합동훈련을 실시한 것으로 2월에 실시하여 춘조(春操)라고 하였다. 통제영은 통재사가 있는 영문(營門)으로 지금의 경상도 통영에 위치했다. 합조는 삼도의 수군이 통영 앞바다에 총집결하여 해상훈련을 실시했는데, 이와 같은 훈련의 장면을 그림으로 그린 것이 수군조련도로 불리며 사료적인 가치가 높다.

국립진주박물관에서 전시하고 있는 국립중앙박물관 소장(덕2783)의 수군조련도는 지본채색의 8폭 병풍의 전함도(戰艦圖)로 그 규격이 153×521㎝이다. 140척에 달하는 군선(軍船)과 수많은 수군들이 황색과 적색, 청색과 녹색, 백색과 흑색으로 채색되어 묘사되었다. 19세기 전반에 그려진 것으로 보이는데 진형(陣形)은 1785년에 간행된 《병학통》에 수록된 진법도인 삼도주사첩진(三道舟師疊陣)을 따

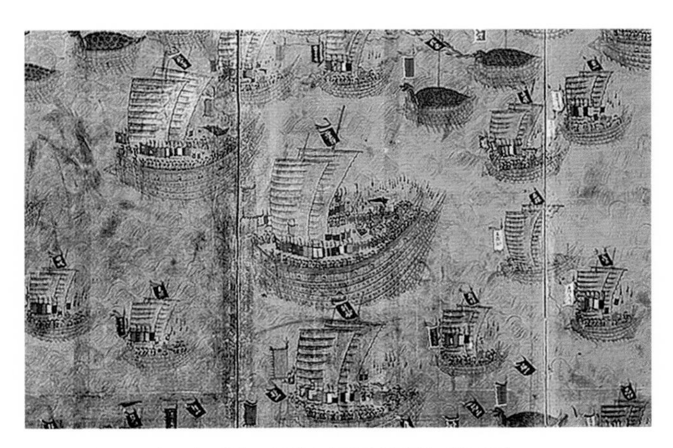

도159. 수군조련도의 기함 조선 (국립진주박물관, 덕2783)

랐다.[91] 수군조련도에 그려진 군선(도159)은 조선 후기의 주력함선인 판옥선과 기동 돌격대인 거북선이다. 거북선은 각 사(司)마다 2척씩 편성되었는데, 거북선(도159-1)은 전라좌수영거북선의 도식을 따른 것으로 뱃머리에 거북머리인 귀두(龜頭)가 있고 그 아래에 귀신머리인 귀두(鬼頭)가 장식되었다. 귀신머리인 귀두(도159-2)는 앞니가 드러났고 두 눈은 눈동자가 검게 칠해져 날카롭다. 이마에는 뿔이 돋았고 얼굴에는 털이 뻗쳤다. 그리고 수군통제사가 승선하는 좌선인 중앙의 판옥선 뱃머리에도 귀신머리인 귀두가 그려져 벽사를 나타냈다.

도159-1. 전라좌수영거북선

도159-2. 귀두(龜頭)와 귀두(鬼頭)

2) 판옥선의 귀두

판옥선(板屋船)은 평평한 선체 위에 다락과 같은 판옥을 올렸는데, 격군이 노를 젓는 하층과 포를 안치하여 전투를 수행하는 상층으로 구성된다. 판옥선은 왜선에 대비하기 위해 1555년(명종 10)에 새로 개발한 전투용 군선이다. 판옥선은 임진왜란 당시에 거북선과 함께 왜적을 물리쳐 완승할 수 있었던 조선 수군의 주력함이다. 『각선도본(各船圖本)』의 전선도(戰船圖)와 조선 후기에 제작된 수군조련도를 통해 그 모습을 살필 수 있는데, 주요함선의 머리에는 전라좌수영거북선과 같이 귀신머리인 귀두(鬼頭)를 장식해 죽음의 공포를 벗어나는 벽사를 나타냈다.

『각선도본』은 조선 후기의 선박 도설서로, 전선·병선(兵船)·조선(漕船)·북조선(北漕船) 등 여섯 장의 색채화이다. 전선도(도160)는 상갑판 위에 다락을 만들어 판옥선 구조를

91) 유미나, 2014, 「조선후반기의 統制營 水軍操鍊圖연구-국립진주박물관 소장 《통제영수군조련도》 병풍을 중심으로-」, 『美術史學研究』 第281號, pp. 175~179.

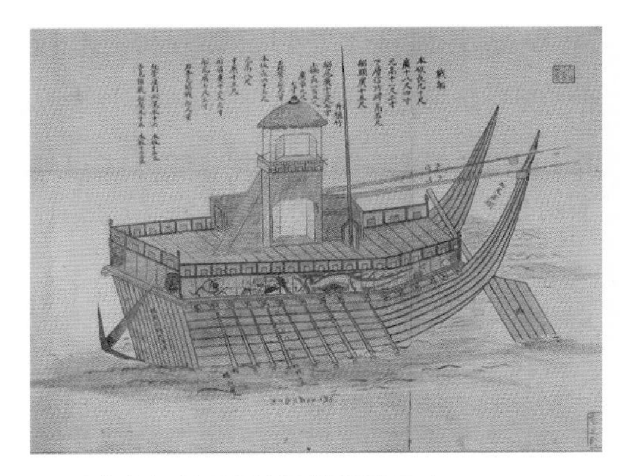
도160.『각선도본』의 전선도(戰船圖) 조선
(서울대학교 규장각)

나타냈고, 돛대와 닻, 노와 키도 그려졌고, 좌우 난간에는 용무늬를, 선수의 패판(牌板) 양옆에는 귀신머리인 귀두를 장식했다.[92]『각선도본』은 상면에 통영상선의 척도를 나타냈는데, 조선 후기에 그려진 수군조련도를 연구하는데 귀중한 자료이다.

국립중앙박물관에 소장(덕수 6270)된 수군조련도(도161)는 조선 수군의 해상 기동훈련의 모습을 담은 일종의 기록화이다. 종이에 채색된 10폭 병풍의 전함도로 조선 후기에 그렸는데 그 규모가 168.2×500.0㎝이다. 수군조련도는 기함(旗艦)인 삼도주사사령(三道舟師司令)인 1호 좌선(一號座船)을 중심으로 전후로 2호부선(二號副船)과 중군선(中軍船)을, 좌우사방에는 경상과 전라, 충청의 3도 수군 소속의 함정들을 배치(도

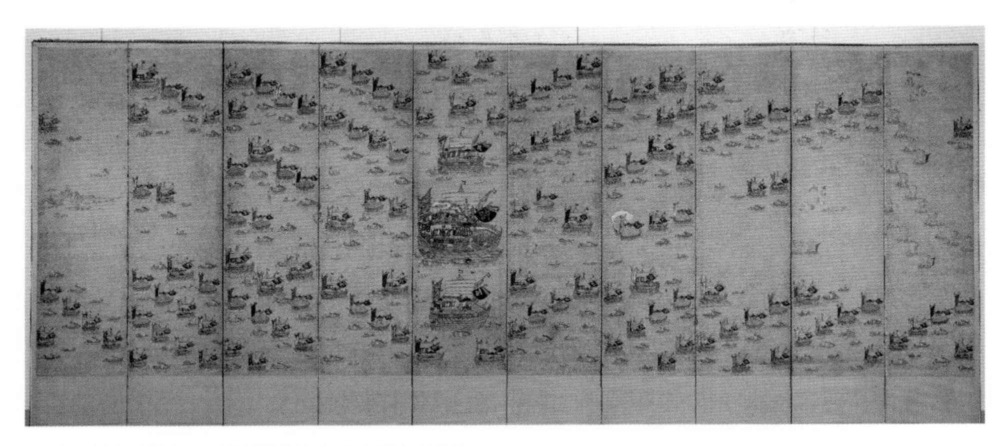
도161. 수군조련도 조선 (국립중앙박물관, 덕수6270)

92) ① 서울대학교 규장각,「전선도(戰船圖)」,『각선도본(各船圖本)』.
② 김재근,『한국의 배』, 1994, 서울대학교 출판부.

161-1)했는데 진형은 학이 날개를 편 모양인 학익진을 이루었다. 1호 좌선(도161-2)은 황룡기를 세운 큰 판옥선으로, 측면에는 황룡을 측면관으로 장식하고 배 머리에는 귀신머리인 귀두를 정면관의 얼굴위주로 그려 다른 모습이다. 좌선의 귀신머리인 귀두(도161-3)는 황색바탕에 홍색반점이 찍혔는데 입에는 앞니가 드러났고 두 눈은 파랗게 칠해져 돌출했다. 뭉툭한 코와 평평한 두 귀는 붉게 칠해졌다. 통통한 얼굴에 이마의 뿔은 가지뿔형으로 분기했다. 같은 판옥선인 2호부선과 중군선도 각각 황룡기와 중군선기를 세웠는데, 측면의 용과 배 머리의 귀두(도161-4, 도161-5)는 1호좌선과 유사하게 그려졌다. 그러나 작은 판옥선과 45척에 달하는 많은 거북선에는 귀두가 장식되지 않았다.

도161-1. 수군조련도의 기함(旗艦)

국립고궁박물관이 소장한 수군조련도는 10폭 병풍으로 19세기 말에 제작되었다. 조선은

도161-2. 좌선

도161-3. 좌선의 귀두

도161-4. 부선의 귀두

도161-5. 중군선의 귀두

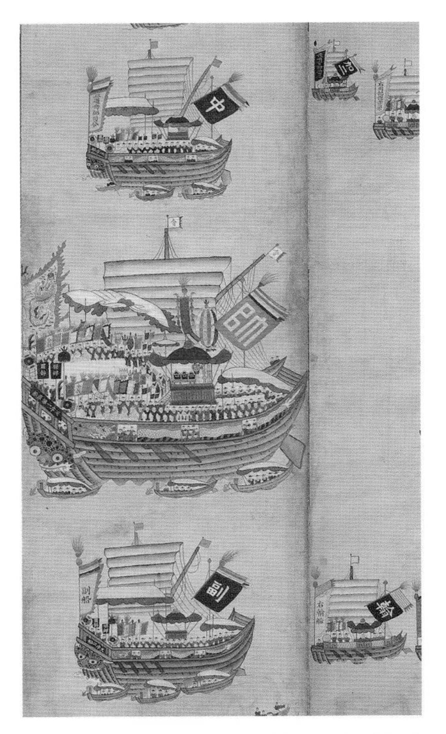

도162. 수군조련도의 기함 조선 (국립고궁박물관)

임진왜란과 정유재란을 겪은 이후 통영에 삼도수군 통제영을 두고 매년 2월경에 합동훈련을 실시했는데, 이와 같은 삼도 수군들의 훈련 장면을 기록한 것이 수군조련도이다. 10폭 병풍가운데 5폭에는 깃발을 단 기함(도162)인 1호 좌선과 그 전후에 2호 부선과 중군선이 배치되었다. 기함의 사방에는 3도의 수군에 소속된 140여척의 많은 함정들이 거북선과 함께 학익진을 이루어 그 위용을 나타냈다. '사(師)'자의 깃발을 단 판옥선은 수조를 지휘하는 삼도수군통제사가 승선한 좌선으로 삼도주사도독사령선(三道舟師都督司令船)이라고 한다. 좌선은 2층의 갑판 위에 장대가 설치되어 수군 편대를 사방으로 조망하며 지휘할 수 있게 하였다.

1호 좌선(도162-1)은 큰 판옥선으로 선체의 난간에는 용을 그렸고 배 머리의 패판에는 귀신머리인 귀두가 장식되었다. 이와 같은 용과 귀두는 각 도의 수사나 방어사 등이 승선한 부선과 중군선에도 거의 동일하게 장식되어 장엄과 벽사를 나타냈다. 좌선의 귀두(도162-2)는 청색바탕에

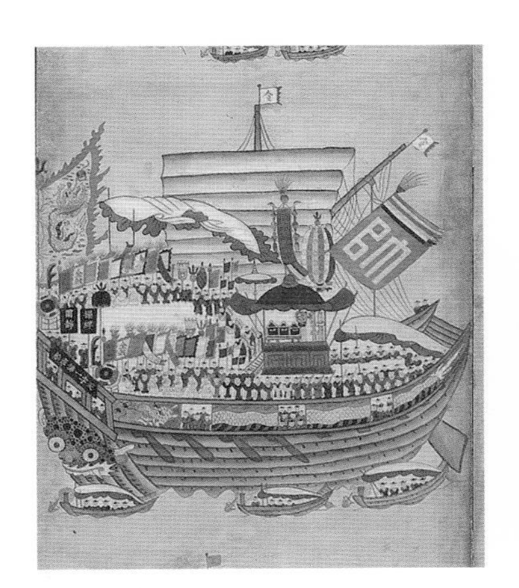

도162-1. 좌선

도162-2. 좌선의 귀두

반점이 찍혔는데 각 부위의 색채가 차이가 있다. 하얀 입에는 송곳니가 드러났고 뭉툭한 코는 빨갛게 도드라졌다. 두 눈은 눈동자가 검고 눈썹이 초록색인데 귀는 적색으로 묘사되었다. 이마에는 하얗게 칠한 뿔이 돋았는데, 부선의 귀두에 장식된 뿔과 같이 소뿔모양이다. 그런데 좌선의 갑판 난간에는 황색바탕의 용이 측면관으로 그려졌는데, 용의 얼굴이 귀두와 전혀 다른 모습이다.

이외에 국립해양박물관이 소장한 근강명소도회(近江名所圖會)의 조선 통신사 정사선(正使船)과 해군사관학교 박물관에 전시한 해진도의 기함 등에도 귀신머리인 귀두가 배 머리에 그려졌다. 해진도는 거북선과 여러 종류의 전선 548척이 첨자진(尖字陣)으로 포진한 모습을 그린 것으로, 세로 120㎝, 가로 40m의 병풍식 10폭으로 되어 있다. 1호 좌선(도163)은 황룡기를 세운 큰 판옥선인데 '사(師)'자가 쓰인 깃발을 달았다. 갑판 측면에는 황룡을 측면관으로 그렸고, 배 머리 패판에는 귀신머리인 귀두를 정면관으로 장식해 다른 모습이다. 귀두는 황색바탕에 반점이 찍혔고 입에는 귀기가 서렸다. 코는 홍색으로 뭉툭하며, 하얀 두 눈은 눈동자가 검고 눈썹이 초록색이다. 이마에는 뿔이 돋지 않았다. 그런데 혹자는 배 머리 패판에 장식된 이와 같은 귀두를 용면으로 잘못 인식하여 착오를 나타냈다

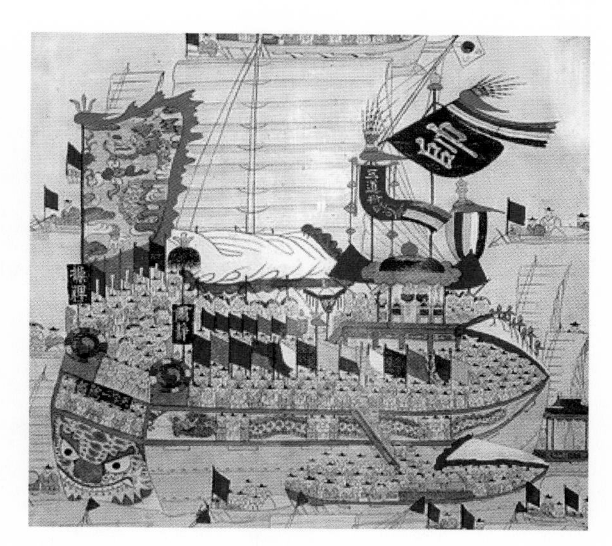
도163. 해진도의 좌선 조선 (해군사관학교박물관)

3) 기와의 귀두

기와의 귀두는 귀신의 얼굴과 두부가 함께 표현된 마루장식기와의 하나로 목조건물의 각 마루 끝에 사용된다. 귀두는 발해에서 처음 출현했고 고려와 조선시대에 약

도164. 귀두 선산객사 조선

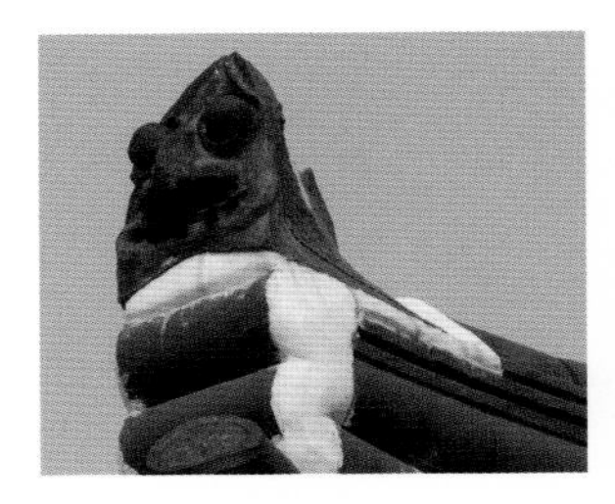

도164-1. 서편 귀마루의 귀두

도164-2. 후면 귀마루의 귀두

간씩 제작되어 귀면과 같이 사귀를 막는 벽사를 나타냈다. 조선의 귀두는 구미 선산객사의 각 마루에 이어져 주요한 자료가 된다. 선산객사(경북 유형문화유산)는 조선시대의 지방관아로 18세기경에 건립되어 1914년에 현재의 자리로 이건하였다.

선산객사의 각 마루에 이어진 귀두(도164)는 얼굴이 기괴하다. 서편 귀마루의 귀두(도164-1)는 동편 귀마루의 귀두와 별 차이가 없다. 약간 벌린 입에는 날카로운 이빨이 드러났고 코는 크고 두툼하다. 눈은 왕방울처럼 튀어나와 전체적으로 무서운 공포를 느끼게 한다. 후두(後頭)에는 귀와 분기한 뿔이 돋았고 털이 무성하다. 동편 귀마루의 귀두도 마루끝수키와 위에 이어졌는데, 입과 코, 두 눈을 크게 새겼는데 환조에 가깝다. 입은 크게 벌려 날카로운 이빨을 드러냈고 두 눈은 둥근 눈꺼풀에 눈동자가 돌출했다. 그런데 객사 후면의 내림마루에 이어진 귀두(도164-2)는 입과 코, 두 눈을 간략하게 새긴 얼굴로 후대에 복제되었다.

4) 석등 옥개석의 귀두

무안 목우암의 석등에는 귀두가 장식되어 이채롭다. 목우암(전남 문화유산자료)은 법천사의 부속암자로 고려 후기에 원나라의 원명국사가 중건했고 1662년(조선 현종 3)에 중창하였다. 법당에는 아미타삼존불을 봉안했고 축성각(祝聖閣)에는 석가모니불을 중심으로 나한상을 모셨다.

목우암 석등(도165)은 하대석과 간주석, 상대석과 화사석, 옥개석과 상륜부로 구성되었는데 상륜은 파손되었다. 팔각형 간주석에는 석등제작의 내역과 「강희 20년 신유4월일(康熙二十年辛酉四月日)」의 문자가 음각되어 조선 후기인 1681년(숙종 7)에 제작된 것임을 알 수 있다. 옥개석은 하층은 우진각이고 상층인 팔작지붕인 중층을 이루었다.

하층 옥개석의 모서리에는 4구의 귀두가 장식되어 마루의 반전과 벽사를 나타냈다. 귀두(도165-1, 165-2)는 고부조로 무섭게 의장되었다. 귀두는 송곳니와 앞니를 드러냈고 귀기가 서렸다. 두 눈은 돌출했고 코는 들창코로 콧대가 높은 데, 이마에는 뿔이 돋았다. 그런데 귀마루에는 귀

도165. 석등의 귀두 목우암 조선(1681년)

도165-1. 옥개석 귀두

도165-2. 옥개석의 귀두

꽃이 새겨져 전통적인 의장을 나타냈다.

5) 종묘 제기의 귀두와 귀면

조선의 제기에는 귀두나 귀면이 새겨져 사귀를 쫒는 벽사를 나타냈다. 종묘제례에 사용된 제기는 국립고궁박물관에 소장되었는데, 보와 세, 등에 귀두와 귀면이 장식되었다.[93] 보(簠)와 궤(簋)는 종묘나 석전의 제례의식 때 네 가지의 밥을 담는 제기로 놋쇠로 만들었는데, 변(籩)과 두(豆) 사이의 제상 한 가운데에 놓인다. 보는 제례 때 쌀밥[稻]과 기장밥[粱]을 담는 음(陰)에 속하는 제기로, '땅이 모지다[地方]'라는 뜻을 담아 사각형으로 만들었고, 몸체 양쪽에 손잡이가 달려있다. 궤는 제례 때 메기장밥[黍]과 피밥[稷]을 담는 양(陽)에 속하는 제기로, '하늘은 둥글다[天圓]'라는 뜻을 담아 둥글게 만들었다. 궤에는 귀두나 귀면이 장식되지 않았으나 몸체 양쪽에 손잡이가 있고 몸체 윗부분에 물결무늬가 새겨졌다.

국립고궁박물관이 소장한 보(도166)는 종묘의 제기 가운데 하나로, 몸체와 받침이 모두 평면 장방형이다. 높이가 11.8㎝이고 가로와 세로가 각각 24.2, 29.0㎝인 작은 규모인데 놋쇠로 제작되었다. 몸체의 두 측면에는 고리를 입에 문 용두장식(龍頭裝飾)

도166. 보(簠). 조선 (국립고궁박물관, 종묘6653)

도166-1. 귀두

93) ① 문화재관리국, 1976, 『종묘제기』.
② 장철수, 1995, 「제기(祭器)」, 『한국민족문화대백과사전』, 한국학중앙연구원.

도167. 세(洗) 조선 (국립고궁박물관, 종묘 9565)

도167-1. 귀두

의 손잡이가 달렸고 몸통의 앞면에는 물결무늬와 번개무늬[雷文]이 새겨졌고 귀두가 부착되었다. 귀두(도166-1)는 정면관의 얼굴 위주로 무섭게 부조했다. 입은 작게 벌렸는데 귀기가 서렸고 콧등이 높게 솟았다. 두 눈은 돌출했고 눈썹이 톱니처럼 날카롭다. 이마에는 소뿔형의 뿔이 돋았다. 그런데 손잡이의 용두는 장두형(長頭形)으로, 입을 벌려 고리를 물었는데 원두형인 귀두와 다른 모습이다.

세(洗)는 제례 때 제관이 손을 씻을 때 사용하는 대야와 비슷한 제기로 놋쇠로 만들었다. 제관이 손을 씻을 때 사용하는 제기는 세 가지로 구분된다. 제관이 손 씻을 물인 관세수(盥洗水)를 담아둔 항아리인 세뢰(洗罍)와 물을 뜰 때 사용하는 국자인 세작(洗勺), 씻는 물을 받은 대야인 세(洗)이다. 세뢰에서 세작으로 뜬 물을 세 위에서 부으면 제관이 손을 씻는데, 동쪽에 위치한 제관인 관세위(盥洗位)가 손 씻는 것을 도와준다. 국왕이 친제할 경우 관세위는 6품의 관원이나 아헌관과 종헌관의 관세위는 참외관이 임명되었다. 술잔을 씻는 것을 돕는 제관인 작세위(爵洗位)는 서쪽에 위치하며, 국왕이 친제할 경우 작세위는 관세위와 같이 6품 관원이 임명되었다.

국립고궁박물관에 소장한 종묘제기의 세는 수량이 많으나 형태는 비슷하다. 두 세(도167, 도168)는 규모가 다르나 유사한 형태로, 높이가 각각 16.0cm, 16.9cm이고, 입지름이 36.2cm, 40.3cm가량이다. 세의 내면에는 수초 위에 노니는 물고기를 장식했고 외면에는 귀두가 고부조로 장식되었다. 굽은 높은 편인데 뇌문을 이중으로 돌렸다. 세의 두 귀두는 원두형의 정면관로 외면 두 곳에 부착했다. 한 귀두(도167-1)는 벌

도168. 세(洗) 조선 (국립고궁박물관, 종묘 9573)

도168-1. 귀두

린 입에 귀기가 서렸고 콧대와 콧방울이 뚜렷하다. 두 눈은 길쭉하게 돌출했고 주름진 이마에는 소뿔형의 뿔이 돋았다. 다른 귀두(도168-1)는 입을 다문 체 콧방울이 두툼하다. 두 눈은 돌출하였고 눈썹이 날카롭다. 이마는 주름졌는데 분기한 뿔이 돋았다.

등(甑)은 종묘제례에서 국을 담는 단지모양의 제기로 놋쇠로 만들었다. 소와 돼지, 양 따위의 고기를 삶아 만든 각각의 육즙에, 양념을 하지 않고 소금도 치지 않고 끓인 소고기국[牛羹]·양고기국[羊羹]·돼지고기국[豚羹]을 제례 때 등에 담아 제사상의 맨 앞줄에 놓는다. 등은 굽이 높은 고배형(高杯形)과 어깨에 손잡이가 달린 단지모양인 두 종류가 전한다. 국립고궁박물관에 소장된 등(도169)은 작은 단지모양으로 높이가 15.0㎝이고 입 지름이 15.0㎝가량

도169. 등(甑) 조선 (국립고궁박물관 종묘 6968)

도169-1. 귀면

이다. 어깨 두 곳에 각진 손잡이가 달렸고 바닥에는 낮은 굽이 있다. 몸체 가운데에는 귀면이 장식된 띠를 돌려 벽사를 나타냈는데, 귀두가 장식된 종묘제기와 함께 벽사를 나타냈다. 귀면(도169-1)은 앞을 주시한 정면관의 얼굴위주로 각 부위가 간략하다. 입에는 귀기가 뻗쳤고 두 눈은 돌출했다. 그런데 코와 귀, 이마의 뿔 등은 생략되었다.

6) 기타 귀두장식

귀두장식은 조선시대의 토제화로와 도기항아리, 옹기 등에 장식되어 귀중한 자료가 된다. 분청사기와 토제화로, 도기항아리와 옹기 등 조선시대의 기물에 귀두가 장식된 것은 고려의 청동항아리와 상감청자항아리, 토기항아리 등에 부착된 귀두의 벽사적인 전통을 조선시대에도 계승한 것으로 풀이된다.

금오민속박물관에 소장된 도제화로(도170)는 대한제국시대에 제작된 근대의 자료이다. 화로는 몸체가 둥글고 큰 편인데, 밑에는 굽이 달렸고 구연은 몸체와 구획되어 직립했다. 몸체 상단의 두 곳에는 무서운 귀두가 부착되었다. 화로는 몸체 중간에 부채꼴모양의 작은 선을 새겼고, 구연 외측과 몸체 하단은 회문(回文)을 연속해 장식했다. 귀두(도170-1)는 별도로 제작해 화로에 부착했는데 고부조이다. 귀두는 입을 벌려 이빨과 혀를 드러냈고 귀기가 서렸다. 코는 콧구멍이 뚫렸고, 두 눈은 돌출해 눈썹이 뭉쳤다. 이마에는 보주가 놓였고 분기한 뿔이 돋았다. 도제화로는 물이나 보약 등을 데우는데 사용된 것으로 보이는데

도170. 도제화로 근대 (금오민속박물관)

도170-1. 귀두장식

도171. 도기항아리 근대 (국립중앙박물관)

도171-1. 귀두장식

벽사와 길상을 상징한 귀두와 회문이 장식되어 이채롭다.

근대에 제작된 도기항아리에 귀두와 귀[耳]가 장식되어 특이하다. 국립중앙박물관에 소장된 도기항아리(도171)는 동원기증품으로, 귀두와 고리모양의 귀가 어깨 두 곳에 부착되었다. 높이가 36.1㎝이고 몸통지름이 16.7㎝가량인 완전한 항아리로 어깨가 넓고 하단부가 작아진 길쭉한 모습이다. 구연은 짧게 직립했는데 바닥은 낮고 평평하다. 귀두장식(도171-1)은 별도로 제작해 어깨의 두 곳에 붙였는데 입과 코, 두 눈이 간략하게 묘사되었다. 입을 다문 귀면은 뭉툭한 코에 두 눈이 돌출했다. 이마에는 큰 보주가 놓였는데 뿔은 돋지 않았다. 귀는 C자형의 작은 고리로, 항아리 어깨의 두 귀두사이에 부착했다.

이외 조선 후기와 근대의 옹기에도 사귀를 막는 귀두가 장식되었다. 옹기는 약토(藥土)로 불리는 황갈색의 유약을 입힌 질그릇으로, 항아리인 독뿐만 아니라 단지나 소래기, 시루와 식초병 등 다양한 생활용기들을 일컫는다. 쌀독으로 불리는 항아리에 간략한 귀두장식이 부착되어 특이하다.[94] 항아리의 어깨 두 곳에 'V'자형으로 점토 띠를 붙이고, 귀신의 코와 두 눈, 뿔을 도드라지게 새겼다. 그런데 이와 같은 귀두장식은 벌레와 같은 이물

94) 옹기민속박물관, 2002, 『옹기문양』, 120~121pp.

질의 침투와 저장음식의 변질을 막기 위해 부착한 것으로 보인다.

3. 귀면기와

귀면이 장식된 조선시대의 기와는 수막새와 암막새, 사래기와와 망와, 보탑과 취두(鷲頭) 등 다양하다. 이 가운데 보탑과 취두는 목조건물의 종마루에 이어진 마루장식기와로 그 전면과 후면에 귀면을 각각 장식해 벽사를 강조했다. 그런데 귀면기와의 일종인 귀두나 귀목이 장식된 암막새와 망와 등은 다른 유형으로 분류해 그 특성을 살펴보았다.

1) 귀면문수막새

귀면이 장식된 조선의 수막새는 약간에 지나지 않는다. 조선시대에는 주로 암막새와 망와에 귀면과 귀목이 시문되어 벽사를 나타냈다. 유금와당박물관에 소장된 귀면문수막새(도172)는 막새가 아래로 늘어진 타원형으로 주연은 민무늬이다. 막새 뒷면에는 포목흔적이 있고 그 상단에는 수키와가 둔각으로 접합되었다.

도172. 귀면문수막새 조선 (유금와당박물관)

귀면은 입과 두 눈, 코와 뿔 등을 무섭게 묘사했는데 조선 후기의 작례를 나타냈다. 입에는 앞니가 드러났고 연꽃봉오리를 새겼는데, 턱에는 귀기가 뻗쳤다. 코는 굵고 뭉툭한데 양 볼이 유난히 돌출했다. 두 눈은 눈동자가 튀어나왔고 눈썹이 뭉쳐 파였다. 이마에는 분기한 뿔이 돋았고 특이한 장식이 놓였다

2) 귀면문암막새

귀면이 시문된 암막새는 망와와 함께 조선시대에 성행했다. 국립공주박물관에 소장된 귀면문암막새(도173)는 조선 전기의 귀면 자료로 중요하다. 암막새는 설형(舌形)으로 상단 일부가 파손되었는데, 뒷면에는 제작당시의 포목흔적이 그대로 남았다. 권선으로 구획된 주연부에는 작은 주문이 일정한 간격으로 배열되었고, 막새의 가장자리에는 능(稜)이 형성되어 조선 초에 제작된 것임을 알 수 있다. 귀면은 입을 벌려 송곳니와 윗니를 드러냈고 귀기가 덩굴처럼 뻗쳤다. 코는 크고 뭉툭하며 귀는 작게 묘사했다. 두 눈은 눈동자가 구슬처럼 돌출했고 눈썹은 날카롭게 뻗쳤다. 이마 중심에는 꽃장식이 놓였고 분기한 뿔이 돋았다.

양산 통도사의 성보박물관에 소장된 암막새(도174)는 완전한 형태로 무서운 귀면이 장식되었다. 막새가 설형(舌形)으로 늘어졌는데 주연은 생략되었고 하단 끝이 날카롭다. 입에는 송곳니와 윗니가 드러났고 턱밑으로 수염이 무성하며 귀기가 서렸다. 두 눈의 눈동자가 튀어나왔고 눈꺼풀이 두텁게 치켜졌다. 코는 콧대가 솟아 각을 이루었고 귀는 귓바퀴가 새겨진 반달모양이다. 이마 상단에 작은 구슬이 놓였고 뿔은

도173. 귀면문암막새 조선 (국립공주박물관)

도174. 귀면문암막새 조선 (통도사 성보박물관)

도175. 귀면문암막새 밀양향교 조선

분기했다. 암막새 뒷면에는 포목흔적이 있고 그 상단에는 암키와가 둔각으로 접합되었다.

밀양향교의 명륜당에는 귀면이 새겨진 문자암막새(도175)가 이어졌다. 밀양향교(경남 유형문화유산)는 임진왜란 때 소실되었다가 1602년(선조 35)에 중창되었다. 암막새에는 「숭정후재(崇禎後再)」와 「갑진중춘(甲辰仲春)」의 글자가 새겨져, 제작연대는 물론 기와의 수명을 살필 수 있는 중요한 자료가 되었다. 「숭정후 재갑진」은 1724년(영조 4)에 해당되어 2024년 현재 기와의 수명이 301년임을 알 수 있다. 귀면은 입을 벌려 송곳니와 앞니를 드러냈고, 두 눈은 눈동자가 돌출했다. 코는 콧구멍이 들렸고 이마에는 뿔이 분기했다. 이의 동범기와가 밀양의 금시당에 지붕에 현재 이어졌고, 밀양의 영남루에서도 출토해 당시의 수급관계를 파악할 수 있다.

포항 제남헌에 이어진 암막새(도176)는 지방관아에 와즙된 조선 후기의 귀면자료로 중요하다. 제남헌(경북 문화유산자료)은 옛 흥해군의 동헌으로 상량문에 쓰인 도광 15년(道光十五年)의 연호에서 1835년(헌종 1)에 건립되었음을 알 수 있다. 제남헌은 1925년에 흥해읍사무소로 옮겼다가 1976년 원래의 자리로 이전했는데 현재 영일민속박물관으로 사용하고 있다. 귀면은 입과 눈, 코를 간략하게 묘사했는데, 이빨은 마손되었고 두 눈의 눈동자가 귀목과 같이 도드라졌다. 코는 콧대가 굵고 긴 편이다. 귀와 뿔은 생략했는데 이마에는 털이 수북하다. 그런데 북서추녀의 마루에는 동범의 암막새가 망와로 전용되어 이어졌다.

도176. 귀면문암막새 제남헌 조선

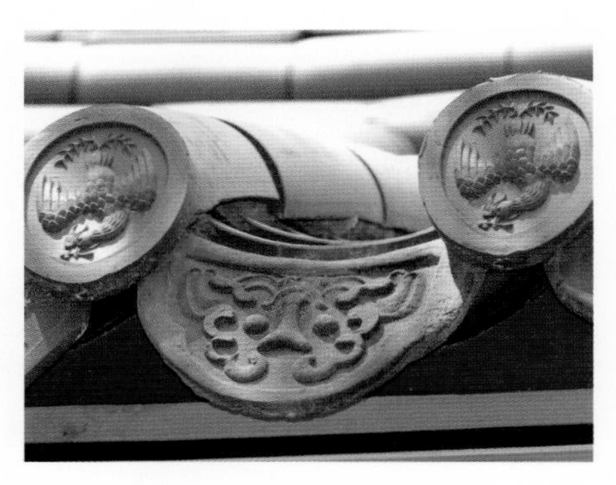

도177. 귀면문암막새 창덕궁 희우루 조선

서울 창덕궁 희우루에 이어진 암막새(도

177)는 귀면이 간략하게 장식되었다. 귀면은 입과 두 눈, 귀와 뿔 등 각 부위가 도식적으로 묘사되었다. 동형의 암막새가 서울 경복궁에서 출토했고, 구리 동구릉의 재실과 파주 보광사의 대웅전 등에도 이어져 19세기후반 경에 제작된 조선 후기의 기와로 간주된다. 그런데 이와 같은 암막새는 조선 후기에 망와로 전용되어 재실의 종마루나 귀마루 끝에 이어졌다.

3) 귀면문사래기와

조선의 사래기와는 약간에 지나지 않는다. 조선시대에는 단청이 성행하여 목조건물의 사래와 연목, 부연 등에 부착된 서까래기와가 거의 제작되지 않았고, 각 마루 끝에 이어진 마루끝기와도 망와와 마루수키와로 대부분 바뀌었다. 양산 통도사의 성보박물관에 소장된 사래기와(도178)는 조선 말기에 제작된 것으로 완전한 상태이다. 장방형으로, 위아래에 둥근 못 구멍이 뚫렸는데 주연은 생략되었다. 귀면은 각 부위를 모두 갖추고 고부조로 시문되었는데 무섭고 위협적이다. 입을 벌려 송곳니와 앞니, 혀를 드러냈고 입 주위에는 수염이 말렸다. 코는 콧등이 높고, 두 눈은 돌출했는데 눈썹이 뭉쳤다. 이마에는 소뿔형의 뿔이 돋았고 머리털이 솟았다.

도178. 귀면문사래기와 조선 (통도사 성보박물관)

밀양 영남루의 추녀마루에는 조선시대의 사래기와(도179)가 이어져 중요한 자료가 된다. 장방형으로 색조가 적색인데 네 귀에 못 구멍이 뚫렸다. 귀면은 인면과 유

도179. 귀면문사래기와 영남루 조선

사한데, 입과 두 눈, 코를 부조했으나 귀와 뿔은 생략했다. 입에는 이빨이 드러났고 수염이 무성하다. 두 눈은 눈동자가 튀어나왔고 눈썹이 뻗쳤다. 영남루의 침류각에 이어진 사래기와(도180)는 장방형인데 조선후기에 제작된 지방양식의 한 유형으로 간주된다. 인면에 가까운 귀면은 입과 두 눈, 코를 새겼으나 경색되었고, 귀가 생략했다. 입은 벌렸으니 이빨이 묘사되지 않았고 입 주변에는 수염이 무성하다. 두 눈은 눈동자가 돌출했는데 그 중심이 파였다. 코는 콧대가 굵고 긴 편이다. 영남루(국보)는 밀양도호부의 객사 누각으로 1844년(헌종 10)에 재건했다. 주심포형식의 팔작지붕 건물로 귀면이 장식된 두 사래기와는 재건당시인 1844년에 제작된 것으로 추정된다.

도180. 귀면문사래기와 영남루 조선

4) 귀면문망와

망와는 암막새와 같은 드림새가 위로 향한 모습으로, 망새나 바래기기와로 부르기도 한다. 조선시대에는 궁궐이외의 목조건축에는 대부분 마루장식기와의 하나인 망와가 제작되어 성행했는데 귀면이나 인면이 장식되어 사귀를 막는 벽사를 나타냈다. 망와는 그 형태에 따라 암막새형과 일반형, 와편형으로 구분된다. 암막새형 망와는 처마 끝에 사용한 암막새를 마루에 역(逆)으로 와즙한 것으로 무늬나 문자가 거꾸로 보이는데 조선 전기에 주로 사용되었다. 일반형망와는 암막새의 역의 모습으로 제작되어 조선중기 이후에 성행했다. 와편형 망와는 파손된 수키와와 암키와를 각 마루 끝에 이어 그 끝이 반전된 모습인데 주로 민가의 기와집에서 사용되었다.[95)]

칠곡 지경당(止敬堂, 경북 문화유산자료)의 대문채에 이어진 망와(도181)는 귀면이 새겨졌

---

95) 김성구, 2014, 「조선시대의 마루기와와 그 특성」, 『최근 기와출토유적과 조선시대의 마루기와』, 한국기와학회, pp.140~145.

도181. 귀면문망와 지경당 조선

고 「숭정후 재갑진중춘(崇禎後再甲辰仲春)」의 문자가 쓰여 중요한 자료가 된다.[96] 망와는 「숭정후 재갑진」의 연호와 간지를 통하여 1724년(경종 4)에 제작되었음을 알 수 있는데 기와 수명은 2024년 현재까지 301년이 된다. 지경당은 19세기 중반에 건립된 전통가옥으로 알려졌으나 대문채에 이어진 귀면문망와의 문자를 통하여 18세기 초에 초창된 것으로 보인다. 귀면은 입을 벌려 송곳니와 앞니를 드러냈고 턱에는 수염이 무성하다. 두 눈은 매섭고 코는 콧대가 길고 굵다. 미간에 돌기가 있고 이마의 뿔은 분기했다. 망와는 문양과 문자가 거꾸로 보이는 암막새형으로 주연은 민무늬이다.

창덕궁 수강재의 동북 협문에는 귀면이 새겨진 망와가 이어져 벽사를 나타냈다. 수강재(壽康齋)는 낙선재(樂善齋)와 함께 용과 봉황, 거미와 귀면 등이 장식된 여러 막새와 망와가 이어져 궁궐기와의 연구에 중요한 자료가 된다. 수강재는 보위에서 물러난 태종이 거처한 옛 수강궁 자리로 정조 때 건립했는데 1848년 헌종 때 중수했다. 귀면문망와(도182)는 드림새가 위로 향한 일반형으로, 입과 코, 두 눈과 귀를 갖추었으나 도식화되었다. 벌린 입에는 귀기가 분출했고 코는 굵고 길쭉하다. 두 눈은 튀어나왔고 귀는 굽었다. 이마에는 소뿔형의 뿔이 돋았는데 온 얼굴에 털이 뻗쳤다. 동형의 망와가 종묘 동문의 우측 내

도182. 귀면문망와 창덕궁 수강재 조선

96) 김성구, 2018,『한눈에 보는 제와(製瓦)』, 문화체육관광부, 한국공예·디자인문화진흥원, pp. 27~28.

림마루에 이어졌고 경복궁에서도 출토해 조선 후기에 상당히 성행한 것으로 보인다.

봉화 경체정(景棣亭)에는 각 마루에 귀면이 조각된 망와가 와즙되어 중요한 자료가 된다. 경체정(경북 문화유산자료)은 정면과 측면이 각 2칸씩인 정사각형의 정자로, 조선 철종 때 병조참판을 지낸 강태중이 1861년에 건립했다. 동남쪽 추녀마루에 이어진 망와(도183)는 귀면을 손으로 빚어 조각했는데 그 솜씨가 날카롭고 양감이 풍부하다. 입은 벌렸고 두 눈은 눈동자가 파였다. 코는 콧구멍이 뚫린 채 콧대가 굵고 길다. 이마에는 우측 뿔이 남았는데 소뿔형으로 튼실하다. 그런데 귀면의 테두리는 톱니처럼 날카롭다. 종마루에 이어진 망와도 손으로 빚어 제작했는데, 귀면의 각 부위가 무섭게 묘사되었다. 두 망와는 조선후기에 제작된 지방양식의 하나로, 투박하면서 힘찬 모습이다.

도183. 귀면문망와 경제정 조선

기와에 새겨진 조선시대의 귀면은 후기에 이르러 점차 그 의장이 인면으로 바뀌는 경향을 나타내 이채롭다. 의성 고운사 우화루(羽化樓)에는 인면에 가까운 귀면이 장식된 망와가 이어졌다. 고운사는 통일신라 초 681년(신문왕 원년)에 의상대사가 창건했는데, 신라 말엽 최치원이 입산하여 여지(如智)·여사(如事) 등 두 대사와 함께 우화루와 가운루를 건립했다. 우화루는 1899년에 가운루·천왕문·적묵당 등과 함께 중수되었는데 2004년에 해체 복원되었다. 우화루는 정면 6칸, 측면 2칸 규모의 2층 누각으로 지붕은 맞배지붕이다. 귀면문망와(도184)는 종마루에 이어졌는데, 두 눈을 감고 입을 다문 귀면의 모습이 인면에 가깝다. 입에는 앞니가 드러났고 턱에는 수염이 무성하다. 코는

도184. 귀면문망와 고운사 우화루 조선

도185. 귀면문망와 오봉종택 낙선당 조선

콧구멍이 뚫렸고 귀는 파손되었다. 두 눈은 거의 감겨졌고 눈썹이 위아래로 뻗쳤다. 이마에는 보주가 놓였는데 두 뿔이 파손되어 흔적만 남았다.

의성 오봉종택(경북 문화유산자료)의 낙선당(樂善堂)에도 인면에 가까운 귀면이 새겨진 망와(도185)가 종마루에 이어져 벽사를 나타냈다. 오봉종택은 살림집과 서당인 낙선당, 오봉사당으로 구성되었는데, 조선의 문신인 신지제(申之悌, 1562~1624)가 아주신씨 오봉공파의 입향조이다. 신지제 불천위의 위패가 봉안된 오봉사당은 가묘형(家廟形)의 익공계 건물로 원형이 보존되어 그 가치가 높다. 강학을 목적으로 지은 낙선당은 정면 4칸, 측면 1칸 반의 팔작지붕 건물로, 1691년(숙종 17년)에 세웠으나 소실되어 1752년(영조28)에 재건되었다. 망와의 귀면은 입을 벌려 무섭게 이빨을 드러냈고 두 눈은 정면을 주시했다. 입술 좌우와 이마에는 돌기가 솟았고 얼굴 전체에 작은 점이 파여 공포를 느끼게 한다.

5) 취두의 귀면장식

취두(鷲頭)는 목조건축의 종마루 끝에 이어진 장식기와로 취와(鷲瓦)라고도 한다. 고대와 중세에는 종마루 끝에 치미(鴟尾)와 치문(鴟吻)을 이었으나 고려 후기에 취두가 출현하여 이를 대체했고 조선시대에 성행하였다. 취두는 입을 벌려 종마루 끝을 물었고 꼬리는 말려 위로 치켜졌는데, 측면과 후면에는 용이나 귀면이 새겨지거나 부착되었다. 취두는 용두와 잡상 등의 마루장식기와와 함께 궁궐과 행궁 및 능원에 사용되어 왕실의 권위와 건물의 위용을 나타냈다.[97] 취두는 조선 초기부터 제작되어 여러 유형

97) 김성구, 2023, 「조선시대의 왕실 마루장식기와」, 『동아시아 중·근세 왕실 마루장식기와 국제학술대회』, 국립해양문화재연구소·태안해양유물전시관, pp.16~17.

으로 구분되었는데, 취두의 후면에 귀면이 부착된 것은 조선 후기에 출현했다. 『화성성역의궤(華城城役儀軌)』에는 취두의 도설(圖說)이 나오는데, 취두(도186)는 입을 벌렸고 후면에는 귀면이 부착되었다. 『화성성역의궤』는 화성성곽의 축조에 관한 경위와 제도·의식 등을 상세하게 기록한 의궤로 1801년(순조 1)에 김종수 등에 의해 발간되었다.

도186. 취두의 도설 『화성성역의궤』 조선 (국립중앙도서관)

귀면이 부착된 취두는 창덕궁 인정전과 경복궁 근정전, 덕수궁의 중화문 등의 종마루 끝에 이어졌다. 취두는 측면에 용을 조각하고 후면에 귀면을 부착해 왕권과 벽사를 각각 상징했다. 창덕궁 인정전(국보)의 종마루 동편에 이어진 취두(도187)는 하단의 받침과 중앙의 몸체, 상단의 꼬리 등 모두 3단으로 이루어졌는데, 받침은 마루에 장착되어 살필 수 없다. 몸체 측면에는 용을 장식했고 후면에는 귀면이 부착되어 왕권과 벽사를 나타냈다. 용은 몸통을 생략한 용두로 묘사했는데 입을 벌려 종마루 끝을 문 형태이다. 후면의 귀면(도187-1)은 원형으로 입과 눈, 코와 귀를 갖추었고 이마에

도187. 취두(동편) 창덕궁 인정전 조선

도187-1. 후면의 귀면장식

도188. 취두(서편) 경복궁 근정전 조선

도188-1. 후면 귀면장식

는 뿔이 돋았다. 두 눈의 눈동자가 유두처럼 솟아 작은 구멍이 뚫렸고 수염과 털이 곱슬머리처럼 말렸다.

경복궁 근정전(국보)의 종마루 끝에 이어진 취두(도188)는 창덕궁 인정전의 취두와 같이 받침과 몸체, 꼬리 등 3단으로 이루어졌는데 약간 다른 모습이다. 하단의 받침은 마루에 장착되었는데 그 측면 밑에는 물결이 넘실거렸다. 중앙의 몸체는 상단의 꼬리와 연결되는 큰 용을 장식해 종마루 끝을 물었다. 후면의 귀면(도188-1)은 기괴한 모습으로 입과 두 눈, 귀와 뿔 등 각 부위를 갖추었는데, 이마에 돋은 뿔이 안쪽으로 굽었다. 상단의 두 측면에는 용꼬리가 몸체의 용과 이어졌는데, 발가락의 개수가 5개이며 여의주가 묘사되었다. 그런데 경복궁 근정전의 취두는 경복궁이 중건된 1865년(고종 2)에

도189. 취두(동편) 덕수궁 중화문 조선

이어진 것으로 간주된다. 이외 경회루 종마루에도 근정전의 것과 유사한 취두가 이어졌는데 후면의 귀면장식이 탈락되었다.

덕수궁 중화문의 종마루에도 귀면이 새겨진 두 취두가 이어졌다. 종마루 동편에 이어진 취두(도189)는 받침과 몸체 등 2단으로 구성되었다. 받침은 측면의 양성이 일부 파손되어 용의 일부가 드러났다. 몸체는 용이 종마루를 물고 있는 형상이고 그 측면에는 용의 몸통이 조각되었다. 후면에 부착된 귀면(도189-1)은 퇴락되었다.

도189-1. 후면 귀면장식

국립박물관에는 취두 후면에서 이탈한 귀면장식이 낱개로 소장되어 있다. 귀면장식(도190)은 높이가 20.9㎝인데 테두리에는 굵은 주문이 배치되었다. 작은 입에는 송곳니와 앞니가 드러났고 코는 콧방울이 굵고 콧대가 분절되었다. 두 눈은 눈동자가 돌출했는데 눈썹이 치켜졌고, 두 귀는 조개귀와 비슷하며 양 볼이 돌기처럼 솟았다. 미간에는못 구멍이 뚫렸고 이마에는 소뿔형의 뿔이 돋았는데 조선 중기에 제작되었다. 그런데 이와 같은 귀면장식을 조선시대의 취두 후면에서 부착된 것이 아닌, 통일신라시대에 제작된 귀면문수막새로 분류해 검토가 필요하다.[98)]

도190. 취두의 귀면장식 조선 (국립중앙박물관)

98) 국립경주박물관, 2000, 『新羅瓦塼』, p.326 도1068. 통일신라시대에 제작된 귀면문수막새가 아니라 조선시대의 취 두의 뒷면에 부착된 귀면장식이다.

6) 보탑의 귀면

영광 불갑사 대웅전(보물)의 종마루에는 귀면이 새겨진 보탑이 이어졌다. 현재는 신제로 교체되어 옛 보탑은 불갑사 성보박물관에 전시되었다. 보탑은 귀면이 새겨진 받침위에 조그만 사각건물이 얹혔고 그 위에 보주가 놓였다. 앞뒤의 귀면(도191, 도191-1)은 입과 두 눈, 코와 귀를 양감 있게 새겼는데 약간씩 차이가 있다. 돌출한 두 눈의 눈동자에는 백자편이 감입되었고 사각건물의 네 귀와 보주에도 백자편이 박혀 있어서 이채롭다. 귀면은 이마가 도드라졌는데 뿔은 소뿔모양이다.

보탑의 사각건물 뒷면과 측면에는 「갑오 5월(甲午五月)」과 「척민(陟敏)」의 문자가 새겨져 중요한 자료가 된다. 「갑오오월」은 1764년(영조 40)이고, 「척민」은 제작자로 추정되어 보탑의 제작연대는 물론 장인의 이름을 밝힐 수 있다.[99] 불갑사 대웅전(보물)은 1765년(영조 41)에 중창되었는데, 보탑은 대웅전이 중창되기 1년 전에 미리 제작된 조선 후기의 기와임을 알 수 있다.

도191. 귀면문보탑장식 조선 (불갑사 성보박물관)

도191-1. 뒷면

99) 동국대학교 박물관, 2001, 『영광 무악산 불갑사 자표조사보고서』.

4. 귀면화반

화반(花盤)은 창방과 뜬 장혀 또는 주심도리와 받침장혀 사이에 위치한 건축부재로 주심포형식의 공포에 설치된다. 화반은 장혀의 처짐을 방지하고 밋밋한 사각공간을 장식하기 위한 것으로, 연꽃과 당초, 봉황과 귀면 등이 부조한 것과 채색된 것, 그리고 코끼리와 사슴 등이 조각된 수반(獸盤) 등 다양하다.

귀면화반은 사귀를 쫒고 유해한 기운까지 건물 안으로 들어오는 것을 방지하기 위해 설치했는데 조선시대에 상당히 성행했다. 귀면화반은 관청과 사찰은 물론 향교와 서원, 누각과 정자, 비각과 정려각 등에 사용되어 귀면기와와 함께 사귀를 막는 벽사의 주체가 되었다.

1) 관청의 귀면화반

조선의 관청은 일제강점기이후 대부분 훼철되거나 소실되어 현존하는 건물이 약간에 지나지 않는다. 그런데 지방의 동헌과 객사, 관청의 부속건물인 누각 등에는 귀면화반이 설치되어 중요한 자료가 된다. 관청의 귀면화반은 석간주를 칠한 것과 단청을 입힌 것 등 두 가지로 구분된다. 보은의 인산객사와 구미의 선산객사는 각종 부재에 단청을 하지 않고 석간주를 칠해 속칭 백골집[白骨-]으로 부르는데 기둥사이에 귀면화반이 설치되었다.

보은의 회인 인산객사(仁,山客舍)는 중앙에 대청을 두고 양 옆에 온돌방을, 그 밖으로 마루를 두었는데, 공포가 익공계로 연꽃화반과 귀면화반을 설치(도192)하였다. 인산객사(충북 유형문화유산)는 1451년에 건립

도192. 보은 인산객사 조선

도192-1. 귀면화반(우측)

도192-2. 귀면화반(좌측)

된 정면 8칸, 측면 2칸인 홑처마 맞배지붕 건물로, 일제강점기에 보통학교와 면사무소로 사용되어 내부 구조가 변경되었는데 1984년에 원형과 같이 해체·복원되었다. 8개의 화반에는 연꽃과 당초, 귀면 등이 새겨졌는데 귀면화반은 2개이다. 우측의 귀면화반(도192-1)은 귀면의 입과 눈, 코와 귀가 정제되었는데 이마에는 분기한 뿔이 돋았다. 입은 이빨을 드러냈고 귀기가 넝쿨처럼 초각되었는데 뒷면에도 같은 모양의 귀면이 부조되었다. 그리고 좌측의 귀면화반(도192-2)도 우측의 귀면화반과 유사하며 그 뒷면에도 동일한 귀면이 부조되었다.

구미 선산객사(경북 유형문화유산)는 공포가 이익공계로 기둥사이에 화반과 수반에 설치되었다. 18세기경에 건립되어 1914년 현 위치로 옮겨졌고, 선산면사무소로 사용되다가 근래에 내부가 통간(通間)으로 개조되었다. 보은 인산객사와 같이 단청을 칠하지 않은 백골집으로, 정면에는 귀면화반 3개와 민무늬화반 2개 등 5개의 화반을 두고 좌측면과 우측면에는 코끼리와 서수를 조각한 수반을 설치했다. 그런데 지붕의 종마루에는 사자 네 마리가 놓였고 각 마루에는 귀두가 이어져 조

도193. 선산객사 화반 조선

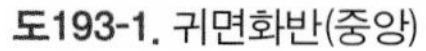

도193-1. 귀면화반(중앙)

도193-2. 귀면화반(우측)

선 후기의 관아의 위엄과 벽사를 잘 나타냈다.

귀면화반은 정면 기둥사이에 3개가 놓였다. 귀면은 완전한 형태로 입과 두 눈. 코와 귀, 뿔 등을 모두 갖췄고 정제되었다. 정면 중앙의 귀면화반(도193)은 앞면(도193-1)과 뒷면에 똑같은 귀면을 새겼는데, 입에는 귀기가 초각되었고 털이 수북하다. 두 눈은 돌출했고 눈썹이 날카롭게 뻗쳤다. 귀는 콧구멍이 났고 이마에는 뿔이 돋았다. 귀면은 높이가 35㎝이고 너비가 165㎝내외로 우리나라의 귀면장식 가운데 가장 큰 대형에 속한다. 그리고 정면 우측(도193-2)과 좌측의 화반에도 앞면과 뒷면에 유사한 귀면을 새겨 벽사를 나타냈다. 그런데 코끼리와 서수가 조각된 수반은 객사의 후면과 동서의 두 측면에 설치되었는데 종마루의 사자상과 함께 관청의 위엄과 길상을 나타냈다.

단청이 칠해진 조선시대의 귀면화반은 완도 청해관과 밀양 영남루, 합천 기양루와 고흥 존심당, 고흥 남휘루와 전주 풍남문, 홍산 객사와 안동 선성현 객사 등에서 다수 발견된다. 화반은 귀면 각 부위의 차이와 함께 입에 귀기가 초각된 것과 연꽃이나 물고기를 문 것 등 다양하다. 완도 청해관(전남 문화유산자료)은 가리포진 객사로도 불리는데 1723년(경종 3년)에 건립되어 1869년(고종 6)에 보수되었다. 주심포형식의 이익공계 건물로 정면 기둥사이에 연꽃화반과 귀면화반이 설치되었다. 우측의 귀면화반(도194)은 청색바탕에 푸른 반점이 찍혔는데 입에는 흰 이빨이 드러났고 적색의 귀기가 서렸다. 두 눈은 도드라졌고 뿔이 돋지 않았는데 털과 머리카락이 무성하다. 뒷면에도 유사한 귀면이 부조되었다. 좌측의 화반은 우측화반과 비슷하나 귀면의 바탕이 황색으

도194. 귀면화반(우측) 청해관 조선

로 차이가 있다.

밀양 영남루(국보)는 밀양도호부의 객사로, 기둥사이에 연꽃화반과 귀면화반이 다수 설치되었다. 영남루는 주심포형식의 팔작지붕 건물로, 1637년(인조 15)에 재건했고 1844년(헌종 10)에 다시 세웠다. 상층의 공포대 기둥사이에는 연꽃화반과 귀면화반이 놓였고, 누각의 남쪽과 북쪽에는 연꽃화반이, 동쪽과 서쪽에는 연꽃화반과 귀면화반이 설치되었다. 귀면화반은 동쪽과 서쪽에도 각각 2개씩 4개가 놓였는데 뒷면에도 귀면을 새겼다. 귀면화반은 길이와 높이가 각각 105㎝, 65㎝내외이고 두께가 12㎝정도로, 그 규모가 다른 건물의 귀면화반에 비해 큰 편이다. 서쪽의 남측 화반(도195)은 녹색바탕에 청색반점이 찍혔는데 안팎으로 귀면을 새겼다. 입에는 이빨이 드러났고 두 눈이 돌출했는데 안광이 사방으로 뻗쳤다. 이마에는 소뿔형의 뿔이 돋아 안쪽으로 굽었다. 뒷면에도 유사한 귀면(도195-1)이 새겨졌는데 채색의 차이가 있다. 영남루의 귀면화반은 도식적이나 규

도195. 귀면화반(서편) 영남루 조선

도195-1. 뒷면 귀면

모가 크고 화려한 편이다.

귀면의 입에 연꽃이 장식된 화반은 합천 기양루와 고흥 존심당에 설치되었다. 기양루(경남 유형문화유산)는 삼가현의 부속건물(도196)로 공포대의 기둥사이에 귀면화반이 놓였다. 기양루는 익공계의 팔작지붕의 건물로, 귀면화반이 정면에 3개, 후면에 1개가 설치되었는데 적색과 청색의 차이를 나타냈다. 정면 우측의 화반(도196-1)은 귀면의 입에 송곳니와 앞니가 드러났고 파란색 연꽃과 연봉오리를 물었다. 두 눈은 눈동자가 왕방울처럼 튀어 나왔고, 이마에는 분기한 뿔이 돋았다. 정면 중앙의 귀면화반은 현판이 설치되어 보이지 않으나, 뒷면에 당초가 그려졌고 좌측과 우측에는 수반이 장혀를 받쳤다.

도196. 합천 기양루 조선

도196-1. 귀면화반 기양루

고흥의 존심당(전남 유형문화유산)은 익공형식의 기둥사이에 귀면화반과 연꽃화반, 수반 등이 설치되었다. 존심당은 옛 흥양현의 동헌 건물로 고종 때 보수했는데, 1987년에 해체해 복원하였다. 귀면화반은 2개로 존심당의 정면과 안쪽 북

도197. 귀면화반(우측) 존심당 조선

도197-1. 뒷면 귀면

면의 기둥사이에 놓였다. 정면 우측의 귀면화반(도197)은 입에 송곳니가 드러났고 코는 위로 들린 들창코이다. 두 눈이 돌출했는데 눈 밑에 연꽃이 새겨져 불교적 염원을 담았다. 이마에는 분기한 뿔이 돋았고 정수리에는 머리털이 무성하다. 화반 뒷면(도197-1)에도 앞면의 귀면과 연꽃도 비슷하게 그려져 채색되었다. 그리고 내부의 북벽 기둥사이에도 귀면화반이 놓였는데, 코끼리와 봉항이 조각된 수반이 함께 설치되어 길상과 벽사를 나타냈다.

전주 풍남문(보물)에는 연꽃과 물고기를 입에 문 귀면화반이 설치되어 중요한 자료가 된다. 풍남문은 옛 전주성의 남문으로, 문루 2층의 남쪽과 북쪽에는 '풍남문'과 '호남제일성'의 글씨가 쓰인 편액과 현판이 달렸는데 주심포형식의 팔작지붕 건물이다. 1734년(영조 10)에 수축된 남문의 명견루가 1767년에 소실된 후, 당시의 관찰사인 홍낙인이 재건해 풍남문으로 부르게 되었다. 순종 때인 1907년(융희 1)에 도시계획에 의해 전주성의 성곽과 성문이 모두 철거되었는데 이 풍남문만 남았다. 그 후 풍남문이 훼손되어 1978년에 복원되었다. 풍남문과 후문에는 다양한 화반이 설치되었는데, 복원당시에는 옛 귀면화반을 다시 채색해 사용했다.[100] 풍남문과 호남제일성의 남쪽과 북쪽에는 연꽃화반 2개와 귀면화반 1개씩이 설치되었는데 귀면화반은 기둥사이의 중앙에 놓였다. 정면의 귀면화반(도198)은 입에 연봉오리와 물고기를 물

도198. 귀면화반 풍남문 조선

100) 문화재청, 2004, 『豐南門 실측조사보고서』.

었고 두 눈이 도드라졌다. 입술에는 촉수가 뻗쳤고 이마에는 뿔이 돋아 분기했다. 그리고 새롭게 도색한 귀면화반(도198-1)도 신제처럼 보이나 옛 화반을 재사용했다. 이외 진주 포정사가 복원되고 대구 관풍루가 이전되어 연꽃과 귀면이 새겨진 화반이 설치되어 벽사를 나타냈고, 최근에는 울산 동헌의 가학루가 복원되어 귀면화반 2개를 제작해 설치했다.

도198-1. 이기 귀면화반

2) 사찰의 귀면화반

사찰의 귀면화반은 귀면의 각 부위의 차이와 함께 입에 귀기가 서린 것과 연꽃이나 물고기를 문 것 등 다양하다. 그런데 화반은 주심포형식 공포의 외부에 설치하는 것이 일반적인데, 사찰의 화반은 주심포형식 공포의 외부뿐만 아니라 다포형식 공포의 내부에 설치한 부재도 화반으로 간주해 화려한 장식성을 살필 수 있다.

불전 외부의 귀면화반은 김제 망해사의 낙서전과 해남 대흥사의 의중당, 영주 부석사의 종루와 장수 신광사의 대웅전, 양산 통도사 안양암의 북극전과 해남 서동사의 대웅전, 고성 옥천사의 자방루와 아산 봉곡사의 대웅전, 부산 범어사의 관음전과 보은 법주사의 팔상전, 안성 청룡사의 관음전 등 다양하다. 그리고 공포가 다포형식인 불전 내부에도 넓은 의미의 화반이 설치되었다. 부안 개암사 대웅전과 여수 흥국사 대웅전, 남해 용문사 대웅전과 통도사 명부전. 청도 표충사의 대광전의 내부에 귀면화반이 설치되어 벽사를 나타냈다.

① 주심포형식 공포의 외부 귀면화반

김제 망해사의 낙서전은 공포가 이익공으로 기둥사이에 귀면화반이 설치되었다.

도199. 귀면화반 망해사 낙서전 조선

낙서전(전북 문화유산자료)은 1589년(선조 22)에 건립했고 1933년에 개수하였다. 화반(도199)은 나무판에 귀면을 조각해 채색했다. 황색바탕의 귀면은 각 부위가 고부조로 양감이 풍부하다. 입에는 이빨과 혀가 드러났고 코는 콧구멍이 뚫렸다. 두 눈은 튀어나왔고 귀기가 서렸는데, 이마에는 분기한 뿔이 돋았다. 화반은 초창 당시인 조선 중기에 제작된 것으로 보인다.

의성 고운사의 연수전에는 채색된 귀면화반이 설치되었다. 연수전(경북 문화유산자료)은 1774년(영조 20)에 왕실의 계보를 적은 어첩을 봉안하기 위해 건립했는데, 1887년(고종 24)에 중수했고 1902년(광무 6)에 재건했다. 임금의 장수를 기원한 연수전은 정면과 측면이 각각 4칸씩인 익공계의 팔작지붕 건물로, 마루를 깔고 작은 방을 만들었다. 화반은 정면에는 귀면화반이 4개, 양 측면에는 연꽃화반과 태극화반이 각각 2개씩 설치되었다. 바탕색이 적색인 우측의 귀면화반(도200)은 네 번째 화반과 같은데, 입을 벌려 송곳니를 드러냈고 귀기가 서렸다 두 눈은 도드라졌고 귀는 솟았다. 이마의 뿔과 모발은 접시소로에 그려졌는데 뿔은 분기했다. 그런데 우측 두 번째 귀면화반과 세 번째 귀면화반도 동일하며 바탕색이 청색으로 입과 눈, 코가 다르게 채색되었다.

도200. 귀면화반(우측) 고운사 연수전 조선

완주 송광사의 나한전은 후면 기둥 사이에 귀면화반 1개가 설치되어 이채롭다. 나한전(전북 유형문화유산)은 석가모니와 36나한 및 오백나한을 모셨는데, 1656년(효종 7)에 건립되어 근래에 수리되었다. 정면 3칸, 측면 3칸의 팔작지붕 건물로, 주심포형식의 정면에는 당초화반이 3개, 양 측면에는 당초가 그려진 원형화반 1개씩이 놓였다. 후면에 설치한 귀면화반(도201)은 너비가 100㎝내외로 비교적 큰 규모이다. 귀면은 흰색바탕인데 수염과 당초, 눈썹 등은 파랗고 코는 빨간색이다. 꽉 다문 입에 송곳니가 드러났고 당초가 서로 얽혀 얼굴 전체로 뻗었다.

도201. 귀면화반(후면) 완주 송광사 나한전 조선

턱에는 수염이 짙고 이마에는 분기한 흰 뿔이 돋았다. 당초가 얼굴 전체에 얽힌 모습은 보은 법주사의 팔상전에 설치한 귀면화반에서도 확인된다. 송광사의 귀면화반은 나한전이 건립된 조선 중기에 설치한 것으로, 김제 낙서전의 귀면화반과 더불어 조선 중기의 중요한 자료가 된다.

연꽃을 입에 장식한 귀면화반은 장수 신광사의 대웅전과 통영 안정사의 칠성각 및 도솔암, 아산 봉곡사의 대웅전과 해남 서동사의 대웅전, 양산 안양암의 북극전과 안동 영산암의 응진전 등 여러 사찰에서 발견된다. 이와 같은 화반은 벽사의 주체인 귀면과 불국토의 염원을 담은 연꽃이 복합된 것으로 조선시대 화반의 또 다른 특징에 속한다. 장수 신광사의 대웅전(전북 유형문화유산)은 주간에 3개의 귀면화반이 설치되었다. 대웅전(도202)은 정면 3칸, 측면 3칸의 맞배지붕 건물로 1849년(현종 15)에 개수되었는데, 지붕에는 돌로 된 너와를 이었고 마루에만 기와를 얹었다. 공포는 주심포형식으로 3개의 화반이 놓였는데 귀면의 바탕색이 적색과 황색, 청색 등 차이가 있다. 정면 중앙의 화반(도202-1)은 황색바탕의 귀면에 적색

도202. 신광사 대웅전 조선

도202-1. 귀면화반(중앙) 신광사 대웅전

반점이 찍혔다. 입을 벌려 이빨을 드러냈고 귀기가 서렸다. 적색과 청색으로 채색된 연꽃이 코밑에 그려져 이채롭다. 흰 눈에 눈동자는 검고 눈썹은 초록색이다. 귀와 뿔이 생략되었으나 얼굴과 이마에 털과 머리카락이 무성하다. 그런데 각 화반의 뒷면에는 빨간 당초가 그려져 길상을 나타냈다.

부산 범어사의 관음전에는 입에 초엽을 새기고 물고기를 문 귀면화반이 정면의 기둥사이에 놓였다. 관음전은 1613년(광해군 5)에 초창되어 조선 말기에 중수했는데, 공포가 익공계로 1개의 귀면화반과 4개의 연꽃화반을 설치했다. 현판 아래에 놓인 귀면화반(도203)은 입에 초엽과 큰 물고기를 물어 화재를 막는 벽사를 나타냈다. 코는 콧구멍이 드러났고 두 눈은 돌출했다. 이마에는 분기한 뿔이 돋았고 머리카락이 날카롭게 뻗쳤다. 이와 같은 귀면화반은 1905년(광무 9)에 중수한 독성각에도 설치되어 근대의 작례를 살필 수 있다. 그리고 안성 청룡사의 관음전과 고창 선운사의 도솔암 요사채, 장성 백양사의 청류암(전남 문화유산자료) 등에도 물고기를 입에 문 귀면화반이 설치되어 화재를 막는 벽사를 나타냈다.

도203. 귀면화반 범어사 관음전 조선

② 다포형식 공포의 내부 귀면화반

목조건물의 다포형식 공포에서는 외부에 화반이 설치되지 않는다. 그런데 다포형식 공포의 내부 상부, 즉 내 출목 중 가장 안쪽에 위치한 출목선상의 뜬 장혀와 그 상부에 위치한 뜬 장혀 등에 화반형태의 부재를 사용했는데, 넓은 의미에서 이 부재도

화반에 포함하고 있다.[101] 다포형식 공포의 내부 화반에 귀면이 장식된 예는 남해 용문사와 안성 칠장사, 부안 개암사와 여수 흥국사 등의 대웅전과 양산 통도사의 명부전 및 밀양 표충사의 대광전 등이다. 그런데 귀면화반은 내부 전벽과 후벽에 설치되어 차이를 나타냈다. 귀면화반이 내부 전벽에 설치된 곳은 남해 용문사와 안성 칠장사의 대웅전 등이고, 내부 후벽에 설치된 곳은 부안 개암사와 여주 흥국사의 대웅전, 양산 통도사의 명부전과 밀양 표충사 대광전 등이다.

도204. 내부 귀면화반 용문사 대웅전 조선

남해 용문사 대웅전에는 내부 전면의 공포사이에 귀면화반이 놓였다. 대웅전(보물)은 1666년(현종 7)에 건립되었고 1773년(영조 47)에 중수해 현재에 이르렀다. 정면 3칸, 측면 3칸 규모인 다포형식의 팔작지붕 건물로, 1개의 귀면화반(도204)이 내부 출목사이인 뜬 장혀사이에 설치되었다. 대웅전은 장엄하고 단청이 화려한데, 충량에 조각된 용은 화반에 장식된 귀면과 다른 모습이다. 화반의 귀면(도204-1)은 황색바탕에 적색반점이 찍혔고 정면관의 얼굴 위주로 무섭게 새겨져 위협

도204-1. 귀면 세부

101) ① 한국정신문화연구원, 1991, 「화반(花盤)」, 『한국민족문화대백과사전』.
② 김도경, 2011, 『지혜로 지은 집, 한국건축』, 현암사.

도205. 내부 귀면화반 칠장사 대웅전 조선

도205-1. 귀면 세부

적이다. 입을 벌려 이빨을 드러냈고 귀기가 치켜졌다. 두 눈의 눈동자가 검게 칠해졌고 눈썹이 뻗쳤다. 코는 굵고 귀는 소귀를 닮았는데, 이마에는 분기한 뿔이 돋았다.

안성 칠장사 대웅전에는 내부 전면의 뜬 장혀위에 둥근 귀면화반이 설치되어 이채롭다. 대웅전(보물)은 1790년(정조 14)에 중창되어 1828년(순조 28) 현재의 장소로 이전했는데 1857년(철종 8)에 중수되었다. 다포형식의 맞배지붕 건물로, 2개씩의 주간포 상부의 뜬 장혀위에 6개의 귀면화반(도205)이 놓였다. 중앙의 화반(도205-1)은 퇴색했으나 두 귀면의 바탕은 황색과 적색의 차이를 나타냈다. 입에는 송곳니와 윗니가 드러났고 턱에는 수염이 말렸다. 두 눈은 위아래를 주시해 사귀를 경계하는 모습인데, 이마에는 뿔이 돋아 분기했다.

부안 개암사 대웅전(보물)에는 내부 후벽의 공포 상부에 귀면화반이 놓였다. 대웅전

도206. 내부 귀면화반 개암사 대웅전 조선

도206-1. 귀면 세부

도207. 내부 귀면화반 흥국사 대웅전 조선

도207-1. 귀면 세부

은 다포형식으로 1636년(인조 14)에 재건했고 그 후 여러 차례 수리되었다. 귀면화반은 출목선상의 뜬 장혀위에 설치했는데, 좌측 화반(도206)은 귀면이 그려져 채색되었으나 우측 화반은 지워져 살필 수 없다. 황색바탕의 귀면(도206-1)은 송곳니와 앞니가 드러났고 검은 눈동자가 도드라졌다. 이마의 뿔은 분기했는데 얼굴 전체에 털이 무성하다.

여수 홍국사 대웅전에는 내부 후면의 공포 상부에 귀면화반이 설치되었다. 대웅전(보물)은 다포형식으로 1624년(인조 2)에 재건했다. 귀면화반은 불전을 중심으로 우측과 좌측에 각각 2개씩, 출목선상의 뜬 장혀위에 놓였다. 우측에는 귀면과 당초가 각각 그려진 2개의 화반(도207)이 설치되었는데, 그 간벽(間壁)에는 승상이 장식되었다. 귀면(도207-1)은 옅은 홍색바탕으로 이빨이 드러났고 귀기가 서렸다. 검은 눈에 눈썹은 홍색이고, 코는 콧대가 두툼하다. 하얗게 칠해진 뿔은 길게 뻗쳤는데 분기했다. 좌측의 화반 2개는 모두 당초가 그려졌고 그 간벽에 승상과 서조가 그려져 우측의 화반과 차이를 나타냈다.

3) 향교의 귀면화반

향교는 지방에서 유학을 교육하기 위해 설립된 관학교육기관으로, 공자를 비롯한 여러 성현의 위패를 봉안, 배향하고 지방민의 교육과 교화를 담당하였다. 향교는 대부분 전학후묘(前學後廟)의 배치로 강학공간과 제사공간을 분리하였다. 향교의 귀면화반은 누각형의 문루와 삼문, 대성전 등의 기둥사이에 주로 설치되어 사귀를 막는 벽사를 나타냈다. 향교의 화반은 귀면의 각 부위의 차이와 입에 귀기가 서렸거나 초엽

도208. 남원향교 진강루 조선

이나 연꽃 및 물고기를 장식한 것으로 구분된다.

문루에 귀면화반이 설치된 향교는 남원향교의 진강루와 경산 자인향교의 모성루, 통영향교의 풍화루 등이다. 남원향교의 진강루에는 귀면화반 2개가 설치되었다. 남원향교(전북 유형문화유산)는 1599년(선조 32)에 재건했고 그 뒤 여러 차례 재건과 수리를 거쳐 1892년(고종 29)에 중수하였다. 진강루(도208)는 1935년 일제강점기 때 남원도후부 동헌의 근민당 문루인 환월루를 이건해 진강루로 개칭한 것인데, 명륜당과 이어진 북쪽 통로를 통하여 출입할 수 있다. 정면 3칸, 측면 3칸인 주심포형식의 중층누각으로, 정면 중앙에 설치한 귀면화반은 편액으로 가려졌으나 내부 뒷면은 황색바탕의 귀면이 부조되었다. 후면 기둥사이의 화반(도208-1)에는 청색바탕의 귀면이 안팎으로 새겨졌는데 정면의 귀면화반과 유사하다. 귀면은 입을 벌려 앞니를 드러냈고 귀기가 가시처럼 뻗혔다. 뭉툭한 코는 분절되었고 두 눈은 도드라졌다. 귀는 길쭉하며 이마에는 뿔이 돋아 가지뿔형으로 분기했다.

도208-1. 귀면화반(후면)

향교의 삼문(三門)에도 귀면화반이 설치되었다. 거제향교는 내삼문에 귀면화반 3개가 설치되었는데, 일부가 도난당해 신제로 교체되었다. 거제향교(경남 유형문화유산)는 1855년(철종 6) 현 위치로 이건했는데 내삼문은 정면 3칸의 주심포형식으로 기둥사이에 귀면화반을 놓았다.

원래의 귀면화반(도209)은 1855년 이건 당시에 제작된 것으로, 신제는 이를 복제해 설치하였다. 귀면은 간략하게 그려졌는데 청색바탕에 파란 반점이 찍혔다. 입을 벌려 앞니가 드러났고 귀기가 서렸는데 코는 곡절되었다. 두 눈은 돌출했고 이마에는 뿔이 돋아 분기했다.

도209. 귀면화반 거제향교 내삼문 조선 (국가유산청)

향교의 명륜당에 귀면화반이 설치된 것은 논산 연산향교가 대표적이다. 연산향교(충남 기념물)는 1398년(태조 7)에 건립되어 여러 차례 중수를 거쳐 오늘에 이르렀다. 명륜당은 주심포형식의 겹처마 맞배지붕 건물로, 정면과 후면의 기둥사이에 3개씩의 귀면화반이 놓였다. 정면은 우측부터 적색(도210)과 황색, 청색으로 칠해진 귀면호반이 있고, 후면도 적색과 청색, 황색(도210-1)으로 칠해진 귀면화반이 설치되었다. 화반은 장방형인데, 귀면의 입에는 황색과 청색의 귀기가 뻗쳤고 두 눈은 눈동자가 검게 칠해져 도드라졌다. 이마의 뿔은 하얗게 분기했고 수염과 털은 초록색으로 채색되었다.

향교의 대성전에 귀면화반이 설치된 곳은 합천향교와 김제 만경향교, 의령향교와 보성향교 등이다. 합천향교(경남 유형문화유산)는 1843년(헌종 9) 대성전이 중수되었는데, 수해 때문에 1881년(고종 18) 현 위치로 이건했다. 그런데 합천향교는 교육 공간과 제례 공간이 앞뒤에 세워진 전학후묘의 일반적인 형태가 아닌, 명륜당과 대성전이 나란

도210. 귀면화반 연산향교 명륜당 조선(정면)

도210-1. 귀면화(후면)

도211. 귀면화반 합천향교 대성전(좌측) 조선

히 배치되었다. 대성전은 이익공계의 맞배지붕 건물로 2개의 화반이 설치되었다. 정면의 기둥사이에는 3개의 화반이 놓였는데 중수 당시에 제작된 것으로 추정된다. 우측과 좌측에는 청색 바탕의 귀면화반과 황색바탕의 귀면화반(도211)이 놓였는데 네모꼴이다. 귀면은 앞니를 드러냈고 코는 뭉툭하다. 두 눈은 아래를 주시했고 이마에는 분기한 뿔이 돋았다. 귀면화반의 뒷면에는 당초가 그려져 길상을 나타냈다.

김제 만경향교(전북 문화유산자료)의 대성전에도 귀면화반이 설치되었다. 대성전은 겹처마 맞배지붕 건물로 공포가 이익공계인데, 각 기둥사이에는 귀면화반과 연꽃화반이 각각 2개씩 설치되었다. 연꽃화반은 모두 동일하며 귀면화반은 청색과 황색 등 채색의 차이를 지녔다. 좌측의 귀면화반(도212)은 황색바탕에 적색반점이 찍혔는데 최근에 채색되었다. 입에는 귀기가 초각되었고 코는 콧구멍이 뚫려 들렸다. 두 눈은 눈동자가 검고 눈썹은 초록색으로 뭉쳤다. 이마에는 소뿔형의 긴 뿔이 돋았는데, 화반의 뒷면에는 당초가 그려졌다.

보성향교의 대성전에 설치된 귀면화반은 귀면이 물고기를 물어 이채롭다. 보성향교(전남 유형문화유산)는 정유재란 때 소실되어 1602년(선조 35)에 현 위치에 중건했고 1832년(순조 32)에 중수했다. 대성전은 공포가 이익공계로 1875년(고종 12)에 개수했는데, 창방과 장여사이에 2개의 당초화반과 1개의 귀면화반(도213)을 설치했다. 장방형의 화반은 황색바탕의 귀면에 적색반점이 찍혔다. 입을 벌려 흰색의 물

도212. 귀면화반 만경향교 대성전(좌측) 조선

고기를 물었는데 최근에 채색되었다. 두 눈은 도드라졌고 코는 콧구멍이 뚫려 들렸다. 귀는 소귀처럼 치켜졌고 이마에는 뿔이 돋아 분기했다. 귀면이 물고기를 입에 문 것은 강진향교 대성전에도 설치되었는데 화재를 방지하기 위한 또 다른 벽사기능을 나타낸 것이다.

도213. 귀면화반 보성향교 대성전 조선

4) 서원의 귀면화반

서원(書院)에는 강당과 사우(祠宇) 등에 귀면화반이 설치되었다. 서원은 조선 중기이후 사림(士林)에 의해 설립된 사설교육기관으로, 유학의 학문연구와 선현제향(先賢祭享) 이외에 향촌의 자치운영기구의 역할까지 겸하였다. 서원은 사림계가 득세하면서 큰 발전을 이루었으나 조선 후기에 붕당정치(朋黨政治)가 횡행하면서 사회적 폐단이 점증하였다. 흥선대원군은 왕권의 권위를 회복하고 서원의 폐단을 줄이기 위해, 1868년(고종 5) 서원철폐령을 내려 전국 47개 서원을 제외하고 대부분을 훼철시켰다.

서원의 사우에 귀면화반이 설치된 곳은 함양의 청계사원과 남원 풍계서원, 광주 무양서원 등이다. 함양 청계서원(경남 문화유산자료)은 1907년에 건립되었는데 사우인 청계사(淸溪祠)의 기둥사이에 귀면화반과 연꽃화반이 놓였다. 청계사는 무오사화 때 희생된 김일손(金馹孫, 1464~1498)을 배향하고 향사한 곳으로, 공포가 이익공계인 맞배지붕 건물이다. 화반은 정면이 편액으로 가려졌으나 뒷면(도214)은 귀면이 청색바탕으로 각 부위가 부조되었다. 입에는 귀기가 서렸고 코는 뭉툭하다. 두 눈은 돌출했고 귀가 솟았는데, 이마에는 뿔이 돋아 분기했다. 경내의 「탁영

도214. 귀면화반 청계서원 청계사 조선

도215. 귀면화반 무양서원 무양사 근대

김선생유허비」의 비각에도 귀면화반이 설치되었는데 대한제국기의 자료로 중요하다.

광주 무양서원(광주광역시 문화유산자료)은 탐진최씨 문중이 1927년에 건립하였다. 사우인 무양사(武陽祠)는 고려 인종 때 어의이면서 명신인 최사전(崔思全, 1067~1139)을 주벽으로 그 후손을 배향하였다. 귀면화반은 강당인 이택당(以澤堂)과 사우인 무양사에 설치되었다. 이택당에는 원형의 무문화반 3개와 방형의 귀면화반 2개가 놓였다. 무양사는 맞배지붕 건물로, 이익공의 주간에 3개의 귀면화반이 설치되었다. 우측 화반(도215)에는 적색바탕의 귀면이 부조되었는데, 입에는 송곳니가 드러났고 귀기가 서렸다. 두 눈은 돌출했고 귀가 솟았는데 이마의 뿔은 생략되었다. 이외에 대원군의 서원철폐령으로 훼철된 이후 근현대에 복원한, 남원의 풍계서원(전남 문화유산자료)과 곡성 덕양서원(전남 기념물), 고성 위계서원(경남 문화유산자료)과 남원 창주서원(전북 문화유산자료), 고창 도암서원(고창 향토문화유산) 등에도 귀면화반이 설치되어 사귀를 막는 벽사를 나타냈다.

5) 누정의 귀면화반

누정(樓亭)은 누각과 정자를 일컫는 말이나 그 평면구조와 규모에서 약간의 차이가 있다. 정자는 사람들이 자연경관을 감상하면서 놀거나 휴식을 취하기 위해 주변경관이 좋은 곳에 지은 간소한 건물이다. 정자는 주로 낙향한 사대부나 처사 등이 산 좋고 물 맑은 산간계곡과 강호주변에 세워 자연과 더불어 유학적 삶을 즐겼던 곳이라고 할 수 있다. 그러나 누각은 산이나 언덕, 물가 등에 규모가 큰 이층구조인 건물을 세워 특별한 잔치를 벌이거나 휴식을 취해 정자와 차이가 있다. 정자와 누각에 귀면화반이 설치된 곳은 영암 영보정과 장암정, 광주 호가정과 나주 벽류정, 담양의 창평 남극루와 거창 병암정 등이다.

도216. 귀면화반 영보정(우측) 조선

도216-1. 뒷면 귀면 세부

영암 영보정(永保亭)에는 3개의 귀면화반이 설치되었다. 영보정(전남 기념물)은 1630년대에 중건한 이후에 여러 차례 중수되었다. 1921년에는 영보정내에 영보학원을 설립해 청소년들에게 항일구국정신을 배양시킨 곳으로도 유명하다. 영보정은 이익공계의 겹처마 팔작지붕 건물로, 정면과 두 측면에 귀면화반을 1개씩 놓았다. 우측면의 화반(도216, 도216-1)은 앞면과 뒷면에 동일한 귀면을 부조했는데 전체를 빨갛게 칠하였다. 귀면은 송곳니와 앞니가 드러났고 두 눈이 도드라졌다. 코는 콧구멍이 들렸고 귀는 속이 파였다. 이마에는 뿔이 돋아 분기했다. 그런데 영보정에는 귀면화반이외에 연꽃화반과 당초화반, 무문화반 등이 설치되어 벽사이외에 길상을 나타냈다.

영암 장암정(場巖亭)에도 사변형의 귀면화반이 설치되었다. 장암정(전남 기념물)은 장암 대동계의 집합장소로 1668년(현종 9)에 세워졌고 그 후 여러 차례 중수했다. 장암정은 이익공계의 팔작지붕 건물로 귀면화반과 연꽃화반, 코끼리가 조각된 수반이 설치되었다. 귀면화반은 편액으로 가려졌으나, 뒷면(도217)에는 녹색 바탕에 귀면의 각 부위가 간략하게 채색되었다. 귀면은 입과 두 눈을 강조했는데, 얼굴에 털이 수북하며 이마의 뿔은 분기했다.

도217. 귀면화반(뒷면) 장암정 조선

담양의 창평 남극루(담양 향토문화유산)는

도218. 귀면화반 남극루 조선

도219. 거창 갈계리 병암정 조선

도219-1. 귀면화반(우측면)

장흥고씨 문중이 1830년대에 종중 노인들의 장수를 위하여 건립했고, 1919년에 지금의 장소로 이전하였다. 남극루(南極樓)의 남극은 남극성(南極星)에서 유래한 것으로 노인들의 편안한 여생과 장수를 의미한다. 남극루는 이익공계의 2층 누각으로 정면 중앙에 귀면화반을 설치했는데 다른 화반은 장식이 없는 원형의 민무늬화반이다. 귀면화반(도218)은 귀면의 입에 앞니를 새겼고 두 눈이 돌출했다, 코는 콧구멍이 뚫렸고 두 귀는 길고 크며 이마의 뿔은 분기했다. 그런데 노인들의 병마를 막기 위해 귀면을 새긴 화반에는 둥근 띠 모양의 나이테의 장식이 유난히 돋보여 이채롭다.

거창의 갈계리는 은진 임씨의 세거지로, 갈계숲에는 병암정(屛巖亭)과 가선정(駕仙亭), 도계정(道溪亭) 등 3개의 정자가 있다. 병암정(도219)은 정면 1칸, 측면 1칸 규모의 소박한 정자로 1909년에 중창되었다. 사방이 확 트인 2층 누각으로 네 귀에 활주를 세웠는데, 천정은 긴 판재로 결구되었고 단청이 화려하다. 귀면화반은 정면과 동쪽 측면의 기둥사이에 놓였는데 뒷면에도 같은 모양의 귀면을 새겼다. 동쪽 측면의 화반(도219-

1)은 풍우에 퇴색되었으나 청색바탕의 귀면이 간략하게 그려졌다. 입의 귀기는 당초로 초각되었고, 눈과 귀는 하얗게, 코는 붉게 칠해졌다. 이마의 뿔은 분기했으나 외측으로 굽었다. 귀면화반은 병암정의 중창당시인 1909년에 설치한 것으로 보이는데, 당초의 초각과 화반의 형태에서 조선 후기에 성행한 귀면화반을 계승하였다.

6) 정려의 귀면화반

정려(旌閭)는 나라에서 충신이나 효자, 열녀 등의 행적을 표창하기 위해, 그들이 살던 집 앞에 문(門)을 세우거나 마을입구에 건물을 세워 기념하는 간소한 유교건축물이다. 건물을 세우면 정려각, 또는 정각(旌閣)이 되고 문을 세우게 되면 정려문, 또는 정문(旌門)으로 부르는데 일반적으로 정려로 통칭한다. 정려는 충(忠)·효(孝)·열(烈)의 삼강(三綱)을 숭상하는 유교문화의 영향으로 우리나라를 비롯해 중국과 일본에서 성행하였다. 조선시대에는 성리학이 주요한 통치이념이 되어, 유교의 충효정신을 높이고 백성들이 본받게 해 이상적인 유교사회를 이룩하고자 했다. 따라서 지방의 수령과 향교의 유림 및 문중에서 정려를 신청하면, 예조에서 심사해 왕에게 올려 정려를 내렸다.

정려는 행적에 따라 나라와 임금에 대한 충절을 기리는 충신각과 임금에 대한 충절과 부모에 대한 효행을 기리기 위한 충효각, 부모에 대한 효행을 기리는 효자각과 부모에 대한 효행과 부인의 정열을 기리는 효열각, 남편에 대한 부인의 열행과 자식의 효행을 기리는 열효각과 남편에 대한 부인의 정열을 기리는 효부각, 그리고 남편에 대한 부인의 열행을 기리는 열녀각 등 여러 유형으로 구분된다. 그동안 필자가 조사한 40여개의 정려에서 귀면화반이 확인되었는데, 충신과 효자, 열녀와 관련된 대표적인 몇 정려를 간추려 그 실례와 특성을 간단히 살폈다. 정려는 조선 후기와 근대의 자료가 많이 남았는데 귀면화반을 통해 그 변천과 지역적인 특색을 살필 수 있다. 그런데 정려에 설치된 화반은 화반대공 또는 판대공으로 부르기도 한다.

음성의 김종립 충신각은 귀면화반 1개가 설치되어 벽사를 나타냈다. 김종립(金宗立)은 진천현 초관(종9품 무관)으로 1636년(인조 4) 병자호란 때 적과 싸우다가 순절했다. 정려는 1704년(숙종 30)에 내렸고 이듬해인 1705년에 충신각(도220)을 세웠다. 정면 1칸, 측

도220. 음성 김종립 충신각 조선

도220-1. 귀면화반

도221. 귀면화반(우측) 천안 안동장씨 3세정려 조선

면 1칸의 맞배지붕 건물로 내부에는 정려 현판이 걸렸는데, 네 면이 홍살이고 박공 밑에 풍판을 달았다. 정면의 기둥사이에는 지름이 23㎝내외인 조그만 귀면화반(도220-1)이 놓였는데 퇴색되었다. 청색바탕의 귀면은 입을 다문 채 귀기가 서렸고 눈은 위로 치켜졌다. 코는 콧구멍이 들렸고 귀는 작게 묘사되었다. 뿔은 생략되었는데 화반 뒷면에는 당초가 그려져 조선 중기의 작례를 나타냈다.

천안 안동장씨 3세 정려는 충신 장핵(張翮, 1535~1592), 효자 장사일, 열녀 완산이씨 등 3세를 기리는 것으로 1637년(인조 15)에 세웠다. 장핵은 임진왜란 때 의병을 모집해 왜군과 싸우다 순절했고, 아들 장사일은 아버지가 순국하자 전쟁터로 나아가 싸웠고 아버지를 시묘하였다. 열녀 완산이씨는 장핵의 손자며느리로 시부를 정성껏 봉양했는데 병자호란 때 위기를 맞아 자결했다. 정려는 정면 3칸, 측면 1칸의 이익공계의 맞배지붕 건물로, 박공 밑에 방풍널을 달았다. 4면은 홍살을 설치했고 창방위에 귀면화반을 놓았다. 정면 상단에는 「충효열 3세」라고 쓴 편액이 있고 내부에는 정려 현판 2개가 걸렸다. 귀면화반은 3개가 놓였는데 너비가 50㎝내외로 비교적 큰 규모이다. 우측 화반의 귀면(도221)은 황색바탕이고, 중앙의 화반은 편액으로 가려졌다. 좌측의 화반은 귀면이 청색바탕으로 차이가 있다. 귀면은 입에 연꽃을 물었고 두 눈은 튀어나왔다. 코는 굵은데 귀와 뿔은 새겨지지 않았다.

도222. 합천 평구리 효정각 조선

합천 평구리 효정각(경남 문화유산자료)은 조선 세종 때 하양현감을 역임한 정옥랑(鄭玉郞, 1395~1447)의 효행을 기리는 정려이다. 1871년 효정공(孝貞公)의 시호를 하사받고 1897년(광무 1)에 정려를 세웠는데 일각문을 두고 담장을 둘렀다. 효정각(도222)은 정면 1칸, 측면 1칸의 겹처마 맞배지붕 건물로, 후면은 벽체를 두고 3면에 홍살을 설치했다. 이익공계의 공포로 창방과 장혀사이에 귀면화반(도222-1)이 놓였다. 화반위에는 편액이 걸렸고 내부에는 '효자리(孝子里)' 라고 쓰인 비석과 정려 이건기가 있다. 귀면은 청색바탕에 입을 벌려 앞니를 드러냈고 두 눈의 눈동자는 검게 칠해져 위로 치켜졌다. 수염과 눈썹은 노랗고 분기한 뿔은 녹색으로 채색의 대비가 선명하다.

도222-1. 귀면화반

거창 이술원 충신문은 이술원(李述原) 장군의 충절을 기리기 위해 거창 표충사(경남 문화유산자료) 옆에 건립했다. 정면 2칸, 측면 1칸의 익공계의 팔작지붕 건물로 귀면화반 2개가 설치되었다. 우측의 화반(도223)은 황색바탕의 귀면이

도223. 귀면화반 이술원 충신문 조선

도224. 귀면화반(후면) 안계리삼강려 조선

양감 있게 새겨졌는데, 입에는 연꽃을 물었고 이마의 뿔은 분기했다. 이술원(1679~1728)은 조선 후기 무신으로, 1728년 이인좌가 난을 일으키자 거창 좌수로 참여해 순절하였다. 거창 포충사는 충강공 이술원을 제향하기 위해 1738년(영조 14)에 건립했는데, 1752년에 거창읍 대동리에서 현 위치로 옮겨 세웠다.

합천 안계리 삼강려는 승정원 좌승지로 추증된 김난손(金蘭孫)과 효자 김시경(金時卿), 김시경의 처 열녀 팔계정씨 등의 충절과 효행, 부인의 열행을 기리는 정려이다. 아버지는 임금을 위해, 아들은 아버지를 위해, 처는 지아비를 위해 죽었다는 삼강려로 1832년(순조 32)에 명정되어 건립하였다. 정면 2칸, 측면 1칸의 겹처마 맞배지붕 건물로, 공포는 이익공계이다. 정면과 후면의 기둥사이에는 청색과 황색바탕의 귀면화반이 2개씩 놓였는데 모두 네모꼴이다. 정면의 화반은 청색귀면과 황색귀면이 새겨졌는데 입에 연꽃을 물었다. 후면의 화반에는 청색귀면(도224)과 황색귀면이 새겨졌는데 양감이 뚜렷하다. 두 귀면은 차이가 있으나 입에 연꽃을 물었고 이마의 뿔은 분기했다.

고창 이지영 정려는 효자각으로 물고기를 문 귀면이 화반에 새겨졌다. 이지영(李祉榮)의 효행을 기리기 위하여 1884년(고종 21)에 정려가 내렸고, 1916년에 건립된 것으로 보인다. 정면 1칸, 측면 1칸의 익공계의 팔작지붕 건물로, 사방에 홍살이 설치되었는데 내부에는 정려 현판과 정려기가 걸려 있다. 화반은 네모꼴로 정면에는 적색귀면이, 후면에는 청색귀면(도225)이 새겨져 색채의 차이를 나타냈다. 귀면은 이빨을 드러낸 채 물고기를 물었고 코와 두 눈은 돌출했다. 이마의 뿔은 분기한 듯 2개씩 솟았는데, 화반 뒷면은 당초가 새겨졌다. 귀면이 물고기를 입에 문 것은 화마를 막기 위한 또 다른 벽사의장으로 중요한 자료가 된다.

도225. 귀면화반(후면) 이지영정려 조선

마산 산호동 효효각에는 문 위에 특이한 귀면장식이 놓였다. 효효각은 김해김씨 김선문(金善文)과 김중려(金重呂) 두 부자의 효행을 기리기 위해 1927년에 건립했는데, 조정에서 두 부자의 효행을 알고 1765년(영조 41)에 이미 후한 상을 내렸다고 한다. 효효각의 작술문은 기둥 위에 포작이 많고 화려한데, 거북위에 귀면을 올려 이채롭다. 앞면의 귀면(도226)은 청색이고 뒷면의 귀면(도226-1)은 황색으로 차이가 있다. 귀면은 송곳니가 뻗쳤고 귀기가 서렸는데 두 눈이 선명하다. 붉은 색의 큰 코는 곡절되었고 이마의 뿔은 분기했다. 효효각은 정면 3칸, 측면 3칸의 팔작지붕 건물로 다포형식인데, 내부에는 비석 2개가 있다. 작술문의 두 화반은 거북과 귀면이 조합되어, 장수와 벽사를 상징한 근대 자료로 중요하다.

도226. 귀면장식(앞면) 효효각 작술문 근대

이외에도 비각과 문중의 종택, 개인 저택의 사당에도 귀면화반이 설치되어 벽사를 나타냈다. 1795년에 건립한 아산 영괴대(충남문화유산자료)를 비롯해 1858년에 건립한 함양 구졸암

도226-1. 후면 귀면장식

신도비각, 1901년에 건립한 합천 구평윤씨 신도비각 등에 귀면화반이 설치되었다. 조선 중종 때 중추부지사를 지낸 김흡(金潝)이 세운 종가인 영천 경주김씨 지사공종택(경북 문화유산자료)의 사당에도 귀면화반 3개가 놓였는데, 19세기 초에 재건되었다. 칠곡 이윤우(李潤雨)의 사당에도 귀면이 새겨진 화반이 설치되어 벽사를 나타냈다. 이윤우(1569~1634)는 조선 중기의 유학자로 담양부사를 지냈는데, 사당 근처에는 그가 살았던 경수당이 있다.

5. 건축부재의 귀면장식

1) 보뺄목의 귀면

조선시대에는 목조건물의 보뺄목과 창방뺄목, 평방뺄목과 도리뺄목, 판대공과 대량, 충량과 궁창 등 각종 건축부재에 귀면이 장식되어 벽사를 나타냈다. 뺄목은 한옥의 짜임에서 부재머리가 다른 부재의 구멍이나 홈을 뚫고 내민 부분을 말하는데, 부재에 따라 보뺄목, 창방뺄목, 도리뺄목 등으로 구분된다. 보뺄목은 대량이 기둥을 뚫고 나온 끝머리로 보머리로도 부른다.[102] 보뺄목의 마구리에는 용과 봉황, 귀면과 비천, 연꽃과 태평화 등 다양한 문양이 표현되어 길상과 벽사를 나타냈다.

주심포형식의 불전가운데 귀면이 보뺄목에 새겨진 것은 강화 정수사의 대웅보전이 대표적이다. 대웅보전(보물)은 정면 3칸, 측면 3칸의 겹처마 맞배지붕 건물로, 정면

102) 김성구, 2016,「한국사원의 귀면장식과 김제 금산사출토「王」자명 귀면기와」,『불교사상과 문화』, 제8호, 중앙 승가대학교 불교학연구원, pp.206~208.

도227. 보빼목의 귀면 정수사 대웅보전 조선

도227-1. 우측 보빼목의 귀면

우측과 좌측의 보빼목(도227)에는 청색귀면과 황색귀면이 부조되었다. 두 귀면은 청색 바탕과 황색바탕에 청색반점과 적색반점이 각각 찍혔는데, 두 귀가 빼목 측면의 상단에 위치해 귀두(鬼頭)에 가깝다. 귀면(도227-1)은 송곳니와 앞니가 드러났고 귀기가 서렸다. 두 눈은 사시(斜視)에 가까운 눈초리로 아래를 주시해 사귀에 대한 경계를 잘 나타냈다. 이마에는 소뿔형의 뿔이 돋았다.

다포형식의 불전가운데 귀면이 보빼목에 새겨진 것은 강화 전등사의 대웅보전과 논산 쌍계사의 대웅전, 속초 신흥사의 극락보전과 통영 안정사의 대웅전, 고창 문수사의 대웅전과 상주 남장사의 보광전 등이다. 전등사의 대웅보전(보물)은 1621년(광해군 13)에 건립되었고 1855년(철종 6)에 중건되었다. 다포형식의 팔작지붕 건물로, 편액이 걸린 두 주상포위의 보빼목(도228)에는 귀면과 용이 표현되었

도228. 보빼목의 귀면(전면) 전등사 대웅보전 조선

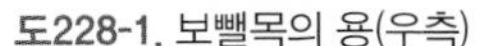

도228-1. 보빨목의 용(우측) **도228-2.** 보빨목의 귀면(좌측) **도228-3.** 보빨목의 귀면(후면)

다.[103] 우측 보뺄목(도228-1)에는 용이 새겨졌으나 좌측 보뺄목(도228-2)과 후면 보뺄목(도228-3)에는 귀면이 부조되어 차이를 보였다. 용은 얼굴이 길쭉한 장두형으로 입에는 여의주를 물었고 눈이 깊게 파였다. 귀면은 얼굴이 타원형으로 혀와 송곳니가 드러났고 두 눈이 돌출해 여의주를 입에 장식한 용과 다른 모습이다. 이외에 우측면과 좌측면의 주상포위에도 귀면이 부조되어 벽사를 나타냈다.

속초 신흥사의 극락보전과 논산 쌍계사 대웅전의 보뺄목에는 귀면이 부조되어 벽사를 나타냈다. 신흥사 극락보전(보물)은 다포형식인 겹처마 팔작지붕으로, 1648년(인조 25)에 창건했고 1750년(영조 26)과 1821년(순조 21)에 중수하였다. 좌우의 보뺄목(도229)에는 청색귀면과 황색귀면(도229-1)이 새겨졌는데 거의 유사하다. 귀면 입에 송곳니와

도229. 보빨목의 귀면 신흥사 극락보전 조선

도229-1. 보빨목의 귀면(우측)

---

103) 文化財管理局, 1986,「전등사 대웅보전」,『한국의 고건축』제8호, p.107. 보뺄목의 귀면을 용으로 간주했다.

앞니가 드러났고 이마에는 뿔은 돋아 분기했다. 그리고 쌍계사 대웅전의 보뺄목에도 청색귀면과 황색귀면이 묘사되었다. 대웅전(보물)은 다포형식의 팔작지붕 건물로 1738년(영조 14)에 재건되었다. 청색귀면(도230)은 귀면이 입을 벌려 송곳니와 앞니를 드러냈고 귀기가 서렸다. 두 눈은 눈동자가 검게 칠해져 치켜졌고 코는 적색으로 콧방울이 뚜렷하다. 귀는 위로 솟았고 이마의 뿔은 분기했다.

도230. 보뺄목의 귀면(우측) 쌍계사 대웅전 조선

고창 문수사 대웅전(보물)의 보뺄목에도 귀면이 장식되었다. 대웅전은 겹처마 맞배지붕 건물로, 1834년(순조 34)에 중창되었다. 보뺄목은 약간 각진 형태로 마구리가 평평한데 청색귀면과 황색귀면을 그렸다. 우측 보뺄목의 귀면(도231)은 청색바탕에 흑색 반점이 찍혔다. 입에는 귀기가 서렸고, 두 눈은 눈동자가 검게 칠해졌는데 두 귀가 치켜졌다. 이마에는 뿔이 돋아 분기했는데 머리털이 무성하다

통영 안정사의 대웅전(경남 유형문화유산)은 임진왜란 때 소실되어 1751년(영조 27)에 중건했다. 대웅전은 정면 3칸, 측면 3칸의 팔작지붕 건물로 공포는 다포형식이다. 우측과 좌측의 보뺄목에는 청색바탕(도232)과 황색바탕의 귀면이 묘사되었는데 입에 물고

도231. 보뺄목의 귀면 문수사 대웅전 조선

도232. 보뺄목의 귀면 안정사 대웅전 조선

기를 물어 특이하다. 귀면은 각 부위가 뚜렷하며 뺄목 측면에도 당초를 그렸다. 보뺄목의 귀면은 풍우에 퇴색되었으나 입에 물고기를 장식한 의장에서 화마를 막는 벽사 기능을 살필 수 있다.

2) 창방·평방뺄목의 귀면

창방(昌枋)은 목조건물의 기둥 위에 가로질러 장여나 화반, 공포 따위를 받치는 부재로, 다포형식에서는 창방위에 평방을 포개어 위의 하중을 함께 받게 한다. 창방과 평방은 네 귀에서 뺄목으로 결구되고 그 끝의 마구리에는 여러 문양이 장식되어 부식방지는 물론 길상과 벽사를 나타냈다. 그러나 뺄목의 문양은 대부분 지워졌거나 풍우에 퇴락되어 조선시대의 자료는 거의 남아 있지 않다.

도233. 창방뺄목의 귀면 흥국사 대웅전 조선

도233-1. 귀면 세부

여수 흥국사 및 파주 보광사의 대웅전 창방뺄목에는 퇴락되었으나 약간의 귀면자료가 남았다. 흥국사 대웅전(보물)은 1195년(고려 명종 25)에 보조국사 지눌이 세웠다고 전하는데, 임진왜란 때 소실되어 1624년(인조 2)에 재건되었다. 평방뺄목과 결구된 우측 귀의 두 창방뺄목(도233)에는 귀면이 채색되었다. 황색바탕의 귀면(도233-1)은 각 부위가 정제되었는데 수염과 머리털이 뻗쳐 무서운 형상이다. 이빨을 드러내 귀기가 뻗쳤고, 눈은 작으나 눈초리가 날카롭다. 이마에는 소뿔형의 뿔이 돋았다. 파주 보광사 대웅보전(경기 유형문화유산)은 임진왜란 때 소실된 것을 1622년(광해군14년)에 재건했고 1898년(고종 35)에 중수되었다. 대웅전의 북쪽 귀의 창방

도234. 창방뺄목의 보광사 대웅전 조선

도234-1. 귀면 세부

뺄목(도234)에는 귀면과 비단무늬가 각각 장식되었는데, 위에 놓인 평방에도 신장상과 비단무늬가 그려져 이채롭다. 귀면(도234-1)은 풍우에 퇴락되었으나 귀기가 서려 위협적이다. 이마의 뿔은 분기했고 얼굴전체에 털이 무성하다.

평방(平枋)은 목조건물의 기둥과 창방, 또는 인방 위에 얹혀, 공포나 화반 등을 받치기 위해 올려놓은 부재이다. 평방뺄목의 마구리에는 부식을 방지하고 장식하기 위해 대개 단청의 단독문양으로, 연화와 당초, 태평화와 귀면 등을 그려넣어 채색하였다. 그런데 용문사 대장전의 평방뺄목에는 별도로 제작한 목제귀면이 부착되어 특이하다. 대장전(보물)은 정면 3칸, 측면 2칸의 맞배지붕 건물로 1670년(현종11년)에 중수하였다. 우측에 결구된 두 평방뺄목(도235)에는 귀면이 별도로 부착되었거나 태평화(太平花)가 그려져 차이를 나타냈다. 태평화는 만개한 꽃무늬로 길상적인 의미를 지닌 일종의

도235. 평방뺄목 용문사 대장전 조선

도235-1. 평방뺄목의 귀면(동남쪽)

단청 그림이다. 청색바탕인 귀면(도235-1)은 이빨을 드러내 물고기를 물어 화마를 막는 벽사기능을 나타냈다. 두 눈은 도드라졌고 이마의 뿔은 분기했다. 좌측에 결구된 두 평방뺄목에도 귀면이 별도로 제작되어 부착되었고 태평화가 그려졌다. 그런데 황색 바탕인 귀면은 귀기가 초각되어 다른 모습이다. 두 목제귀면은 오랫동안 풍우에 노출되어 퇴락되었는데, 대장전이 중수된 조선 중기에 제작된 것으로 간주되어 중요한 자료가 된다.

3) 도리뺄목의 귀면

도리는 보와 직각방향으로 놓여 기둥과 기둥사이를 건너지르는 수평재로, 서까래를 받쳐 지붕의 하중을 직접 받게 된다. 도리뺄목의 끝 단면인 마구리에는 연꽃이나 태평화, 귀면이 단청문양으로 다양하게 장식되어 길상과 벽사를 나타냈다. 도리뺄목의 귀면은 조선 후기부터 성행하였는데 현재 남아있는 귀면장식은 근대이후에 대부분 새롭게 도채한 것이다. 순천 선암사 불조전과 강진 백련사 대웅전 등의 주심도리에는 조선 후기와 근대에 그려진 귀면이 그대로 남아있어 주요한 자료가 된다.

순천 선암사의 불조전(전남 유형문화유산)은 익공계의 팔작지붕 건물로 1761년(영조 37)에 중창했다. 동쪽 주심도리의 마구리(도236)에는 귀면이 채색되었는데 대부분 지워졌다. 남향인 도리뺄목의 귀면(도236-1)은 원형으로, 입과 두 눈, 코와 뿔이 잔존했는데 퇴색되었다. 서쪽 주심도리에도 귀면이 그려졌으나 대부분 지워졌다. 그런데 불조전의 귀면

도236. 도리뺄목의 귀면 선암사 불조전 조선

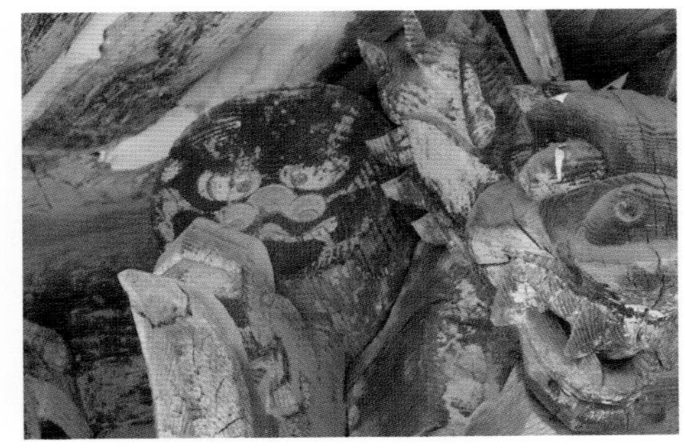

도236-1. 귀면 세부

장식은 근현대의 선례가 되어 조선 후기의 자료로 중요하다.

강진 백련사의 대웅전(전남 유형문화유산)은 겹처마 팔작지붕 건물로 1762년(영조 38)에 건립했다. 공포는 다포형식으로, 주심도리의 각 뺄목에는 귀면과 태평화가 채색되어 벽사와 길상을 나타냈다. 동쪽 주심도리의 마구리(도237)에는 황색귀면과 청색귀면이 장식되었는데 측면에는 연화머리초가 그려졌다. 그런데 대웅전 네 귀의 주심도리에는 청색과 황색, 적색의 귀면 등이 장식되었고, 태평화가 그려져 차이를 나타냈다. 귀면은 입에 귀기가 서렸고 두 눈은 사시에 가깝다. 이마의 뿔은 분기했고 얼굴에 털이 무성하다.

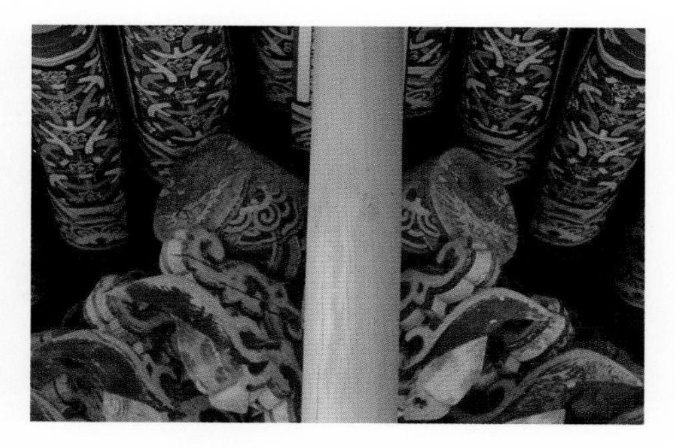
도237. 도리뺄목의 귀면 백련사 대웅전 조선

4) 공포사이의 귀면장식

부안 개암사의 대웅전(보물)은 정면의 공포 사이에 2개의 귀면장식이 설치되어 특이하다. 대웅전은 다포형식의 팔작지붕 건물로, 임진왜란 때 불탄 것을 1636년(인조 14)에 재건했고 1783년(정조 7)과 1913년에 중수되었다. 귀면장식은 장혀 밑에 부착했는데, 2011년경 단청공사가 실시되어 청색과 황색으로 새롭게 도채(도238)되었다. 그런데 이와 같은 귀면장식은 그 유례를 찾아볼 수 없는데, 기둥사이에 설치한 귀면화반과 같이 벽사를 나타냈다

두 귀면장식(도238-1)은

도238. 공포사이의 귀면 개암사 대웅전 조선

도238-1. 공포사이의 귀면 개암사 대웅전

도238-2. 귀면 세부(우측)

단청이 퇴색되었는데 네모난 목판에 귀면을 무섭게 새겼다. 우측 귀면(도238-2)은 입이 크고 위협적이며 귀기가 서렸다. 두 눈은 돌출했는데 눈초리가 날카롭고, 이마에는 소뿔형의 뿔이 튼실하게 돋았다. 그런데 개암사의 귀면장식은 조선 전기의 작례를 나타내 우리나라의 귀면연구에 중요한 자료가 된다.

5) 판대공의 귀면

판대공은 두꺼운 나무판재를 중첩해 제작한 대공의 하나로, 대량이나 보 등에 놓여 그 상부의 보나 도리를 받쳐주는 역할을 한다. 판대공은 사다리꼴로 대부분 당초가 그려졌는데 간혹 무서운 귀면이 그려져 벽사를 나타냈다. 김해 은하사의 대웅전(경남 유형문화유산)에는 서까래를 받치는 도리의 기둥사이에 3개의 판대공이 설치되었다. 판대공은 네모꼴로 3개의 얇은 판재를 이었는데 일종의 화반대공이다. 그런데 우측과 좌측의 판대공에는 귀면을, 중앙의 판대공에는 당초를 장식해 벽사와 길상을 나타냈다. 좌측 판대공의 귀면(도239)은 황색바탕으로 입을 벌려 도리를 물었고 입 주위에는 귀기가 서렸다. 두 눈은 도드라져 아래를 주시했고, 이

도239. 판대공의 귀면 은하사 대웅전 조선

도240. 판대공의 귀면 부석사 범종각 조선

도240-1. 뒷면 귀면

마에는 소뿔형의 뿔이 돋았다. 은하사 대웅전은 임진왜란 때 소실되어 1629년(인조 7)에 재건했다. 그리고 1649년(효종 1)과 1801년(순조 1)에 개수되었는데 2003년에 전면 해체하여 보수되었다.

영주 부석사 범종각(보물)에는 물고기를 문 귀면이 판대공에 장식되어 중요한 자료가 되고 있다. 종루는 「부석사 종각중수기」에 의해 1746년(영조 22)에 소실되어 이듬해인 1747년(영조 23)에 중수되었음을 알 수 있다. 3개의 판대공가운에 중앙의 판대공은 5개의 판재가 겹쳐 이어졌는데 귀면이 그려져 벽사를 나타냈다. 판대공 앞면의 귀면(도240)은 입에 물고기를 물어 화마에 대한 벽사를 강조했고, 뒷면의 귀면(도240-1)은 입을 벌려 송곳니와 앞니를 무섭게 드러내 차이를 보였다. 두 귀면은 흰색바탕에 검은 먹물로 각 부위를 그렸는데 두 눈이 도드라졌고 이마의 뿔은 2개씩 돋아 이채롭다. 그리고 종루의 정면과 양측면의 기둥사이에도 연꽃화반과 귀면화반이 놓여 벽사 기능을 나타냈다.

이외에 의성 고운사 가운루(경북 유형문화유산)에도 4개의 판대공에 귀면이 그려져 벽사를 나타냈는데 근래에 새롭게 채색되었다. 종보에 놓인 판대공(도241)은 당초가 무성한 귀면이 거꾸로 장식되어 이

도241.판대공의 귀면 고운사 가운루 조선

채롭다. 고운사 가운루는 1835년(헌종 1)에 소실되어 곧 바로 중창되었는데, 초익공계의 큰 누각으로 조선 중기양식을 보여준다.

6) 충량의 귀면장식

충량(衝樑)은 측면의 평주와 대량 사이에 놓인 보로, 맞배지붕을 제외한 우진각지붕과 팔작지붕의 건물에서 볼 수 있다. 대량위에 걸쳐진 충량의 마구리에는 대개 용이 새겨졌으나, 간혹 귀면이 장식되어 차이를 나타냈다. 영광 불갑사와 고성 옥천사의 대웅전, 군산 불주사의 대웅전의 충량에 귀면이 장식되어 사귀를 막는 벽사를 나타냈다.

도242. 충량의 귀면장식 불갑사 대웅전 조선

불갑사 대웅전의 두 충량에는 귀면을 조각한 판재를 마구리에 부착하여 벽사를 나타냈다. 대웅전(보물)은 정유재란 때 소실되어 1765년(영조 41)에 중창한 것으로 추정되었다. 충량은 굽어져 용의 몸통이 그려졌는데 그 마구리에는 귀면이 장식되어 이채롭다.[104] 동쪽 대량 위의 충량(도242)은 정면관의 두 귀면이 다르게 묘사되었다. 남측 충량의 귀면장식(도242-1)은 황색바탕에 붉은 반점이 찍혔는데, 입을 벌려 앞니를 드러냈고 귀기가 초엽처럼 묘사되었다. 두 눈은 왕방

도242-1. 남측 충량의 귀면장식

104) 문화재관리국 문화재연구소, 1992,「불갑사 대웅전 해설」,『한국의 고건축 제14호』, 106쪽, 도판 129p. 상.

울처럼 돌출했고 코 밑에는 촉수가 뻗쳤다. 이마에는 분기한 뿔이 돋았고 얼굴 전체에 털이 무성하다. 북측 충량의 귀면장식(도242-2)은 녹색바탕에 붉은 반점이 찍혔는데 입에는 이빨을 드러냈고 귀기가 서렸다. 두 눈은 도드라졌고 이마의 뿔은 분기했는데 얼굴과 턱에는 털과 수염이 무성하다.

도242-2. 북측 충량의 귀면장식

옥천사 대웅전(경남 유형문화유산)의 충량은 대량위에 우측과 좌측에 2개가 놓였다. 충량의 마구리에는 귀면이 그려져 채색되었는데 유사한 모습이다. 귀면(도243)은 입을 벌려 앞니를 드러냈고 윗입술에는 촉수가 뻗쳤다. 코는 뭉툭하며 두 눈은 눈동자가 검게 칠해져 도드라졌다. 이마에는 분기한 뿔이 돋았고 얼굴 전체에 털이 수북하다. 이외 충량의 귀면장식은 여수 흥국사의 대웅전(보물)과 군산 불주사의 영산전, 김천 청암사의 보광전(경북 문화유산자료) 등에서 찾아볼 수 있다.

도243. 충량의 귀면장식 옥천사 대웅전 조선

7) 대량의 귀면단청

사찰 내부의 대량에는 머리초문양으로 귀면이 장식되어 단청의 화려함이 돋보이고 있다. 대량의 단청문양은 머리초와 함께 중간부위의 장식에 주로 쓰이는데, 영덕 장육사 대웅전(경북 유형문화유산)과 통영 안정사 대웅전(전남 유형문화유산)의 대량에는 귀면이 단청되어 벽사를 나타냈다. 장육사의 대웅전(경북 유형문화유산)은 1900년(광무 4)에 수리되었는데 대들보인 대량에 귀면이 장식되었다. 귀면(도244)

도244. 대량의 귀면단청 장육사 대웅전 조선

도245. 대량의 귀면단청 안정사 대웅전 조선

도245-1. 귀면 세부

은 입을 벌려 이빨을 드러냈고 코는 콧구멍이 뚫린 채 들렸다. 두 눈은 눈동자가 검게 칠해졌고 귀는 옆으로 뉘였다. 이마에는 털이 수북하며 분기한 뿔이 돋았다

안정사 대웅전의 대량(도245)에는 청색귀면과 황색귀면(도245-1)이 머리초문양으로 양쪽에 그려졌는데 유사한 모습이다. 대량의 귀면단청은 연꽃과 여의두문, 비단무늬 등과 조합된 머리초문양으로, 입을 벌려 이빨을 드러냈고 코는 뭉툭하다. 두 눈은 돌출했고 이마의 뿔은 분기했는데 얼굴에는 털이 수북하다. 그런데 이와 같은 머리초문양의 귀면장식은 근래에 이르러 대량뿐만이 아니라 서까래와 도리, 주의(柱衣) 등에도 사용되어 벽사를 나타냈다.

8) 궁창의 귀면

궁창(穹蒼)은 창호 하부에 낮게 끼워 댄 널로 궁판으로 부르기도 하는데, 궁창초로 불리는 다양한 단청문양이 장식된다. 궁창에는 연꽃·보상화·당초·모란·태극·귀면 등 상징적인 문양이 장식되어 길상과 벽사를 나타냈다. 그런데 궁창의 단청은 창호가 외부에 노출되어 대부분 지워졌거나 훼손되었기 때문에 조선시대의 자료는 거의 남아있지 않

도246. 궁창의 귀면(어간) 대흥향교 대성전 조선

다. 그러나 예산 대흥향교의 대성전과 김제 금산사의 대장전, 의성 고운사의 연수전과 순천 선암사의 응진당 등에는 조선 후기와 근대에 해당하는 자료가 약간씩 남아 당시의 모습을 살필 수 있다.

도246-1. 궁창의 귀면(우협간)

예산 대흥향교의 궁창에는 귀면단청이 아직도 잔존해 귀중한 자료가 된다. 대흥향교(충남 기념물)는 1591년(선조 24)에 지금의 장소로 옮겼고 그 후 여러 차례 보수를 거쳤다. 대성전은 겹처마 맞배지붕 건물로, 정면 1칸 열이 툇간으로 개방되었고 후면 2칸 열은 내부공간으로 꾸며 선현의 위폐를 봉안했다. 대성전의 창호는 2개씩의 궁창을 지닌 쌍여닫이문으로, 6개의 궁창에 귀면이 채색되었다. 귀면은 어간(도246)과 좌우협간(도246-1)에 2구씩 모두 6구가 그려졌는데, 귀면의 바탕색이 청색과 황색, 백색과 홍색, 적색과 옅은 청색 등으로 차이가 있다. 귀면은 입을 벌려 혀와 앞니를 드러냈고 귀기가 서렸다. 두 눈의 눈동자는 좌우는 물론 위아래를 향해 경계의 눈초리가 날카롭고, 이마의 뿔은 분기해 위협적이다. 그런데 궁창의 귀면은 고풍스런 창호와 함께 조선 후기에 단청되어 여러 차례 도채된 것으로 보인다.

도247. 궁창의 귀면(어간) 금산사 대장전 조선

김제 금산사의 대장전(보물)은 원래 불경을 보관한 목조탑이었으나 1635년에 불상을 봉안한 불전으로 바뀌었다. 1922년에 현 위치로 옮겨졌는데 종마루에는 아직도 목조탑의

도247-1. 귀면 세부

도248. 궁창의 귀면과 태극 고운사 연수전 조선

상륜부가 얹혀 있다. 어간의 창호(도247)는 쌍여닫이문으로, 솟을 빗 꽃살문과 함께 두 궁창에 귀면이 장식되어 중요한 자료가 된다. 궁창에는 청색귀면과 황색귀면(도247-1)이 보채(補彩)되었는데, 빨갛고 파란 연꽃을 각각 입에 물었고 귀기가 서렸다. 두 눈은 돌출했고 이마에는 뿔이 돋아 분기했는데 조선 후기의 귀면 장식으로 중요한 자료가 된다. 귀면의 입에 연꽃을 장식한 것은 사귀를 막아 불법을 수호하기 위한 또 다른 벽사의장으로 주목된다.

의성 고운사 연수전은 조선 왕실의 계보를 적은 어첩을 봉안하기 위하여 1774년(영조 20)에 건립했는데, 1887년(고종 24)에 중수했고 1902년(광무 6)에 재건하였다. 연수전(경북 문화유산자료)은 정면과 측면이 4칸씩인 익공계의 팔작지붕 건물로, 기둥사이에는 귀면화반 4개가 놓였다. 연수전은 사방에 마루를 깔고 작은 방을 두었는데, 창호(도248)는 2분합의 쌍여닫이문이다. 그런데 4개의 궁판에는 길상과 벽사를 상징한 태극과 귀면이 그려졌는데 대부분 퇴색했다. 두 귀면은 입가에 초엽을 그렸고, 두 눈은 치켜졌다. 이마에는 연꽃이 빨갛게 피었는데. 태극문양의 외연에 그려진 연꽃과 함께 불교적인 염원이 함축되었다.

도249. 궁창의 귀면 선암사 응진당 조선

순천 선암사 응진당은

선암사의 뒤쪽 선원에 위치한다. 주심포형식의 이익공계의 맞배지붕 건물로 단아하다. 창호는 3개인데 좌우의 협간과 어간의 궁창에는 연꽃과 귀면이 그려져 차이가 있다. 어간의 창호는 쌍여닫이문으로 꽃과 새, 당초가 화려하게 장식되었다. 궁창의 두 귀면(도249)은 청색과 황색으로 바탕색이 다르나 유사한 형태로 근대에 채색된 것으로 보인다. 귀면은 입을 벌려 앞니를 드러냈고 귀기가 서렸다. 두 눈의 눈동자는 검게 칠해져 아래를 주시했고, 코는 콧방울이 뚜렷하다. 이마에는 소뿔형의 뿔이 돋았는데 온 얼굴에 수염과 털이 무성하다.

9) 홍살문의 귀면장식

홍살문은 붉게 칠한 나무문으로 홍전문(紅箭門) 또는 홍문(紅門)이라고 한다. 대개 궁궐과 관청, 향교와 능묘 등의 정면에 세우게 되며, 사찰의 금강문과 천왕문, 종각과 비각, 서원과 재실 및 민가의 솟을 대문에도 설치해 악귀를 쫒는 풍수적 기능을 한다. 홍살문은 두 기둥사이에 지붕이 없이 붉은 살을 나란히 세웠는데, 중간에는 음양을 뜻하는 태극이나 불교의 「만(卍)」자를 장식했고 그 위에 삼지창(三枝槍)을 달았다. 홍살문은 신성한 장소임을 표시한 것으로 살에 칠해진 붉은 색은 사귀를 쫒는 의미를 지녔다.

의성 고운사 연수전의 만세문(萬歲門)에는 3개의 귀면장식이 놓였다. 고운사 경내에 위치한 연수전은 조선왕실의 계보를 적은 어첩을 보관했는데, 1887년(고종 24)에 중수했고 1902년(광무 6)에 재건되었다. 만세문(도250)은 3칸의 솟을 대문으로 출입구가 세 곳인데, 각각의 출입문 위에 빗살을 만들어 안팎으로 귀면을 장식했다. 우측의 귀면장식(도

도250. 홍살의 귀면 고운사 연수전 만세문 조선

도250-1. 홍살의 귀면(우측)

도250-2. 뒷면 귀면

250-1)은 네모난 목판에 귀면을 그려 채색했는데 입에는 당초를 조각했고 이마의 뿔은 분기하였다. 뒷면(도250-2)에도 같은 귀면이 그려졌는데 입에는 앞니가 드러났고 두 눈이 치켜졌다.

도251. 홍살의 원형판 불국사 자하문 조선

경주 불국사 자하문은 조선 후기에 건립했는데, 삼문(三門)의 판문 위에 홍살이 세워졌고 귀면과 당초가 장식되었다. 자하문은 대웅전으로 들어가는 중문으로, 임진왜란 때 불탄 것을 1628년(인조 6)에 재건했고 1781년(정조 5)에 중건하였다. 다포형식의 팔작지붕 건물로, 3곳의 판문위에 홍살이 세워졌고 당초가 그려진 원형판과 귀면이 장식되었다. 좌우측의 판문위에는 해와 달을 의미하는 원형판(도251)이 놓였고 그 안팎으로 당초가 얽혔다. 귀면장식(도252)은 중앙 판문위의 홍살사이에 놓였는데, 청색바탕의 귀면은 입에 붉은색 연꽃과 푸른색 연꽃을 물었다.

도252. 홍살의 귀면 불국사 자하문 조선

도252-1. 뒷면 귀면

두 눈은 눈동자가 검게 칠해졌고 이마의 뿔은 분기해 안쪽으로 굽었다. 뒷면(도252-1)의 귀면은 황색바탕으로 앞면의 귀면과 채색이 다르나 각 부위는 동일하다. 입에는 연꽃과 당초가 그려졌고 얼굴에는 수염과 털이 무성하다.

도253. 홍살의 귀면 보성향교 내삼문 조선

보성향교(전남 유형문화유산)는 조선 초에 창건되었으나 1602년(선조 35)에 현 위치로 옮겼다. 내삼문의 세 판문에는 태극문양이 뚜렷한데, 어간의 판문위에는 홍살을 세우고 네모꼴의 귀면장식(도253)을 장착했다. 황색바탕의 귀면은 각 부위가 초록색으로 칠해졌다. 입에는 앞니가 드러났고 두 눈이 도드라졌다. 코는 크고 귀는 소귀를 닮았다. 이마에는 뿔이 분기했는데 뒷면에는 무늬가 없다. 이외에 김제 만경향교의 외삼문과 광주 무양서원의 내삼문에도 홍살을 세우고 귀면을 장식해 벽사를 나타냈다.

6. 불단의 귀면

우리나라 사찰의 불단(佛壇)은 대부분 조선 중기이후에 설치했는데, 귀면이 장식된 불단은 대략 20여 곳에 이른다. 귀면은 대개 불단의 하대와 중대에 투각되어 사귀를 막는 벽사를 나타냈다. 불단은 부처님이 사부대중을 위해 설법한 장소인 수미산을 조형화한 것으로 수미단으로 부른다.

불단은 부재의 구조에 따라 상대(上帶)와 중대(中臺), 하대(下臺)로 구분된다. 상대는 대좌위의 불상을 받치는 넓고 긴 널판인 천판(天板)으로 이루어졌는데 상대 괴임목에 얹어진다. 천판위에는 대좌가 놓여 불상을 봉안하며, 천판이 2중인 겹 천판은 상천판과 하천판으로 세분된다. 중대는 2개의 머름대를 가로놓아 상·중·하단의 3단으로 구분되고, 머름동자를 세워 여러 개의 머름칸으로 구획해 각종 문양을 장식했다. 머름대는 중앙에 쌍사(雙絲)를 대부분 양각했고 모서리는 면접기가 이루어졌는데, 머름동자는 그 형태에 따라 일자형·죽절형·염주형·연주형 등으로 구분된다. 하대는 족대와 하대목, 괴임목으로 구성된다. 하대 괴임목에는 복련이 양각되고, 하대목에는 다리 모양의 마대를 세워 여러 칸의 풍혈로 구획해 귀면이나 당초, 여의두문을 새기거나 문양을 생략하였다.

불단의 전면과 두 측면에는 연꽃과 모란. 국화와 보상화, 용과 봉황, 기린과 사자, 물고기와 새, 귀면과 비천 등 다양한 동식물의 문양이 장식되어 수미산과 같은 화려한 장엄과 길상 및 벽사를 나타냈다. 그런데 벽사의 주체인 귀면이 불교의 주요한 장엄의장으로 불단에 수용된 것은 사귀로부터 불법을 수호하기 위한 귀면의 또 다른 정체성으로 중요한 의의를 갖는다. 그리고 불단의 귀면가운데 연꽃이나 금강저를 입에 문 것과 귀면의 이마에 「왕(王)」자를 새긴 것은 귀면 본연의 벽사이외에 불교적 염원이 함축된 복합적인 기능이라고 할 수 있을 것이다.

1) 불단 하대의 귀면장식

불단의 하대에 귀면이 장식된 곳은 영천 백홍암의 극락보전을 비롯해 양산 통도사와 경산 환성사, 청도 운문사 및 대비사의 대웅전 등이다. 백홍암의 극락전 수미단(도254)에는 귀면을 비롯해 다양한 문양이 장식되었다. 백홍암은 신라 때 창건되었으나 조선시대 인종의 태실을 팔공산에 모시면서 수호사찰로 삼아 1546년(명종 1)에 개수되었는데, 극락전(보물)도 그 당시에 건립한 것으로 보인다. 극락전의 수미단(보물)은 높이와 너비가 각각 125㎝, 413㎝로 상대와 중대, 하대로 구성되었다. 상대는 겹 천판에 대좌를 놓아 아미타삼존을 봉안했다. 중대는 2개의 머름대를 가로놓아 상중하의 3단으

도254. 수미단 백홍암 극락보전 조선 (국가유산청)

로 구분하고, 각 단은 머름동자를 세워 5칸의 머름청판으로 구획되었다. 하단에는 꽃잎 속에 코끼리와 사자 및 사슴 등을, 중단에는 비룡과 동자(童子), 물고기와 개구리를, 상단에는 봉황과 공작, 학과 꿩 등을 장식했고, 그 외 인두조신(人頭鳥身)의 가릉빈가와 인두어신(人頭魚身)의 물고기, 자라껍질을 등에 인 괴인 등, 신비한 동식물로 채워 화려하고 장엄하게 꾸몄다.

도254-1. 수미단의 전면

도254-2. 수미단 우측면

백홍암 수미단의 하대는 하대목의 전면과 두 측면을 다리모양의 마대로 각각 5칸과 2칸씩의 풍혈로 구획해 낙양각을 초각했다. 전면의 마대사이는 우측부터 귀면·용·용·용·귀면을 자례로 배열해 귀면과 용의 차이를 나타냈고, 두 측면의 마대사이는 2개의 귀면을 투각했다. 전면 좌측(도254-1)은 귀면과 용이 장식되었는데 정면관인 귀면은 입에 모란꽃을 물었고 용은 우측을 향해 측면관으로 투각되어 다른 모습이다. 수미단의 두 측면은 하대에 낙양각을 초각했고 2개의 귀면을 각각 장식했다. 우측면 하대의 귀면(도254-2)은 입에 연뢰당초를 물었고 좌측면 하대의 귀면(도254-3)은 모란꽃을 물었다. 귀면은 앞니를 드러냈고 두 눈이 도드라졌다. 귀는 수평으로 놓였고 이마에는 뿔이 분기했다. 그런데 백홍암 극락전의 수미단은 귀면을 비롯해 용과 새 등의 다양한 동물을 꽃과 함께 장식했고 그 조각기법도 우수해 우리나라의 수미단

도254-3. 수미단 좌측면 귀면

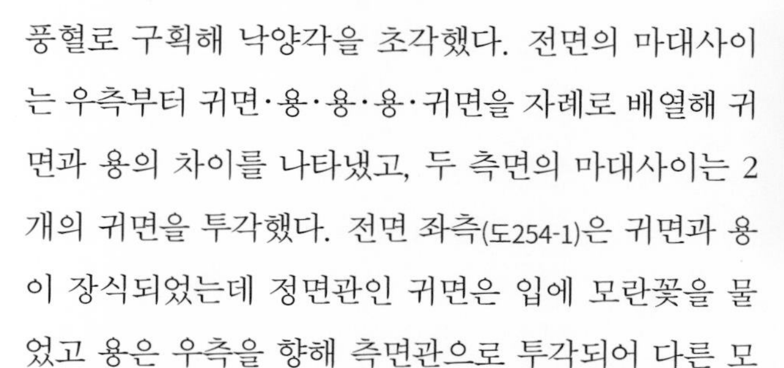

을 대표하고 있다.

양산 통도사의 대웅전 불단에도 귀면이 장식되었다. 대웅전(국보)은 임진왜란 때 소실되어 1644년(인조 22)에 중건되었는데, 동쪽과 서쪽에는 대웅전과 대방광전, 남쪽과 북쪽에는 금강계단과 적멸보궁 등의 현판이 각각 걸려 있다. 불단(도255)은 대웅전 내부의 북측에 후불벽 없이 동서방향으로 길게 설치했다. 대웅전 북벽에는 바깥쪽에 위치한 금강계단이 잘 보이도록 큰 창을 뚫었는데, 천판에는 북쪽 금강계단의 불사리탑을 예배하기 위해 불상을 봉안하지 않았다. 국가유산청과 (재)불교문화유산연구소에서 실시한 〈2021년 전국 사찰 불단 일제조사〉 사업을 통해 통도사의 중수와 불단의 조성에 대한 묵서 기록이 발견되어 중요시되었다. 당시 통도사의 불사는 진희스님의 주도로 1644년에 대웅전이 중건되었고 1645(인조 23)년에 불단을 설치한 사실을 확인할 수 있었다. 불단은 높이가 190.5㎝이고 너비와 폭이 각각 1,039.1㎝, 249.3㎝인 큰 규모인 장방형으로 상중하의 3단으로 이루어졌다.[105)]

도255. 불단 통도사 대웅전 조선 (국가유산청)

105) 문화재청·佛教文化財硏究所, 2022, 「梁山市 通度寺 大雄殿 佛壇」, 『한국의 사찰문화재, 2021 전국사찰 불단 일제조사 6』, pp.29~31, pp.37~42 불단 하대에 조각된 귀면을 용면으로 간주하여 차이를 나타냈다.

통도사 대웅전의 불단(도255-1)은 상중하의 중층 구조이나 중대가 다른 불단과 달리 1단으로 이루어져 특이하다. 상대는 겹 천판 위에 보탁을 올렸는데 불상이 봉안되지 않았다. 상천판과 하천판 사이의 머름칸은 9칸으로 구획되어 국화와 봉황을 새겼고, 보탁의 머름칸에는 연화와 모란, 사자와 기린, 용과 봉황 등이 조합되어 장식되었다. 중대는 1단 구조로 이루어져 다른 불단과 차이가 있다. 중대는 머름대가 없이 죽절형의 머름동자를 세워 10개의 머름칸으로 구획하고 각종 동물과 식물 문양을 새겼다. 좌측과 우측의 머름청판에는 기린·용과 인면어·백마, 기린·용과 인면어·기린 등을 배치했고, 중앙에는 게·연화와 게·거북이·학·개구리·물고기·연화가 조합되어 불단의 장엄과 화려함을 잘 나타냈다.

도255-1. 불단 세부

통도사 불단의 하대는 2단으로 구성되어 특이하다. 중대 밑의 하대받침에는 낙양각을 초각했고 하대받침 아래의 마대에는 탁자의 다리와 같은 모양인 8개의 다리를 세웠다. 마대아래에는 하대목을 두어 불단을 받쳤는데, 하대목에는 마대의 다리와 엇갈리게 8개의 칸으로 나뉘어 귀면을 새겨 벽사를 나타냈다. 불단의 두 측면은 전면과 달리 하대에 마대를 조각하고 민무늬의 목판재로 마감했다. 하대의 귀면(도255-2, 도255-3)은

도255-2. 불단의 귀면

도255-3. 불단의 귀면

각 부위를 갖추었는데 서로 다른 모습이다. 입에는 앞니를 드러낸 채 연봉오리를 물었고, 코는 콧구멍이 뚫렸다. 두 눈은 도드라졌고 눈썹이 뭉쳤다. 이마에는 소뿔형의 뿔이 돋았다. 통도사 불단의 귀면은 조선 후기에 성행하는 불단 귀면의 선례가 되어 귀중한 자료가 된다. 그런데 이와 같은 귀면을 용면으로 잘못 인식해 큰 착오를 범했는데, 용은 몸체를 생략하지 않는 측면관으로, 귀면은 몸체를 생략한 정면관의 얼굴 위주로 표현했고, 용은 입에 여의주를 물었으나 귀면은 당초나 연뢰당초, 모란 등을 물어 서로 다른 존재임을 알 수 있다.

도256. 불단 환성사 대웅전 조선

도256-1. 불단의 청룡

경산 환성사 대웅전의 불단(도256)에는 여러 귀면이 장식되어 중요한 자료가 된다. 대웅전(보물)은 다포형식의 팔작지붕 건물로 1635년(인조13년)에 중건했고 1897년(광무 1)에 재건하였다. 불단의 상대 상천판위에는 삼존불이 안치되었고 중대는 머름대가 없이 머름동자에 의해 전면이 12칸, 좌측과 우측의 두 측면은 4칸씩으로 구획되었다. 중대의 각 칸은 풍혈이 초각되어 꽃과 나무를 배경으로 물고기와 오리, 봉황과 가릉빈가, 코끼리와 원숭이, 기린과 사슴, 보주를 머리에 인 서수와 업경(業鏡)을 들고 있는 나찰 등이 한 폭의 그림과 같이 장식되었다.

불단의 하대에는 전면과 측면에 용과 봉황, 귀면 등을 배치해 용과 귀면의 차이를 잘 나타냈다. 하대는 12칸의 마대사이에 낙양각을 초각하고 우측부터 청룡·황룡·청룡·황

도256-2. 불단 우측면의 귀면

도256-3. 불단 좌측면의 귀면

룡·청룡·황색봉황을 2칸 안에 차례로 배열해 길상을 나타냈다. 전면 좌측의 청룡(도256-1)은 머리를 뒤로 돌리고 측면관으로 표현되었다. 하대의 우측면은 4칸의 마대사이에 남쪽부터 청색과 황색으로 채색된 귀면이 연속해 장식되었다. 귀기가 뻗친 귀면을 비롯해 입에 국화나 금강저, 연잎을 문 것 등 다양하다. 입에 국화(도256-2)와 금강저를 문 귀면은 매우 이례적인데, 이마의 뿔은 분기한 가지뿔과 달리 소뿔모양이다.

하대의 좌측면도 4칸의 마대사이에 낙양각을 초각하고 청색과 황색으로 채색된 2구의 귀형과 2개의 귀면이 번갈아 장식되어 특이하다. 남쪽부터 입에 문 매화의 화지를 팔을 뻗어 두 손으로 받친 귀형과 연뢰당초를 입에 문 귀면(도256-3), 줄기가 철사처럼 꼬인 화지(花枝)를 팔을 뻗어 손으로 잡고 입에 문 귀형과 귀면 등이 장식되어 이례적이다. 이마의 뿔은 소뿔모양으로 위로 솟거나 평평하다. 이와 같이 우측면에 조각된 귀면은 국화와 연잎, 금강저 등을 입에 물었고, 좌측면에 조각된 귀형과 귀면은 매화와 연뢰당초, 화지를 입에 물어 특이한데, 귀면과 귀형이 벽사적인 불교의 수호자로 또 다른 특성을 나타내 주목된다. 특히 금강저를 입에 문 귀면과 매화 및 화지를 입에 물고 두 팔을 뻗어 쥔 귀형은 또 다른 장식의장으로 우리나라의 귀면연구에 중요한 자료가 된다. 환성사 대웅전의 불단은 대웅전이 중건된 시기(1635년)인 조선 중기에 설치된 것으로 추정되었다.

도257. 불단 운문사 대웅전 조선

도257-1. 불단의 귀면

이외 청도 운문사와 대비사의 대웅전에도 귀면이 장식되었다. 운문사는 신라 때 창건되어 여러 차례 보수를 거쳤는데, 현재의 대웅보전(보물)은 다포형식의 팔작지붕 건물로 1718년(숙종 44)에 중건된 것으로 추정된다. 상대 천판위의 대좌에는 비로자나불이 봉안되어 현재는 비로전으로 개칭되었으나, 대웅보전의 현판이 비로전에 그대로 걸려있기 때문에 대웅보전으로 호칭되고 있다. 불단의 중대(도257)는 머름대를 가로질러 전면과 측면이 3단으로 나뉘었고 각 단은 머름동자를 세워 여러 칸의 머름칸으로 구획되어 연꽃과 모란, 국화 등이 화려하게 장식되었다. 하대는 7칸의 마대사이에 낙양각이 초각되어 우측부터 연꽃·귀면·연꽃·연꽃·연꽃·귀면 ·연꽃을 배열했고, 두 측면은 3칸의 마대사이에 연꽃이 각각 새겨졌다. 하대 우측의 귀면(도257-1)은 입에 앞니를 드러났고 당초모양으로 귀기가 뻗쳤다. 두 눈은 돌출했고 눈썹이 곤두섰다. 이마에는 뿔이 분기했는데 중심부에 꽃무늬가 새겨져 이채롭다.

청도 대비사(大悲寺)는 통일신라 때 창건되어 고려와 조선시대에 중건되었다. 대웅전(보물)은 다포형식의 맞배지붕 건물로 17세기경에 건립된 것으로 보인다. 대비사는 원래 인근의 박곡리에 위치했던 절을, 고려 때 현 장소로 옮겨 새로 중건되었다고 알려졌는데, 대웅전 후면의 옛 건물터에서 8세기 중엽에 제작된 통일신라의 기와가 출토함으로써 대비사는 현 장소에서 통일신라 때 창건된 것임이 새롭게 밝혀지게 되었다. 대비사의 불단(도258)은 상대와 중대, 하대로 구성되었다. 중대는 2개의 머름대를 가로놓아 상중하의 3단으로 구분하고, 머름동자를 세워 구획한 각 머름청판에는 모란꽃이 화려하게 장식되었다. 하대의 전면은 4칸의 마대사이에 낙양각을 초각해 귀면을 새겼고, 두 측면은 1.5칸으로 구획되어 귀면 1개씩을 새겼다. 전면의 귀면(도258-1)은 높이가 15cm이고 너비가 77cm인데 입에는 당초문이 초각되었고 두 눈은 도드라졌다. 이마의 뿔은 생략되었는데 미간에 「왕(王)」자가 쓰여 벽사의 으뜸임을 강조했다.

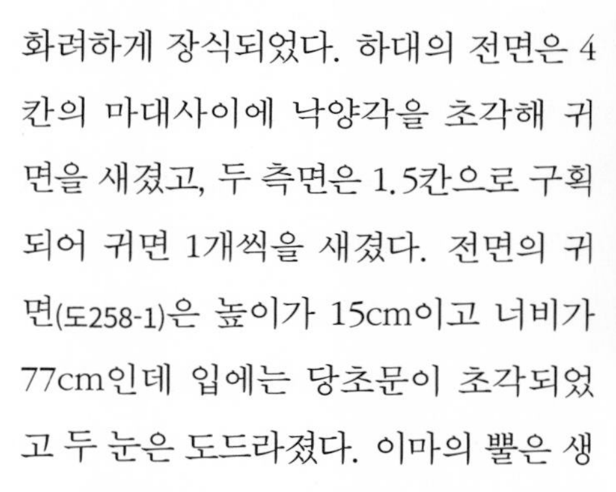

도258. 불단 대비사 대웅전 조선

도258-1. 불단의 「왕(王)」자명 귀면

2) 불단 중대의 귀면장식

불단의 중대에 귀면이 장식된 곳은 대구 파계사의 원통전을 비롯해 부산 범어사의 대웅전과 팔상전, 순천 동화사와 강화 전등사 및 순천 정혜사의 대웅전, 김제 금산사의 대장전 등이다. 불단의 중대에 귀면이 장식된 것은 하대에 귀면이 장식된 것보다 약간 늦은 시기인 조선 후기에 성행하였다. 대구 파계사는 원통전의 수미단 중대에 귀면이 투각되었다. 원통전(보물)은 임진왜란 때 소실되어 1605년(선조 38)에 중창되었고 1695년(숙종 21)에 재건되었는데. 1977년 관음보살상을 개금할 때 복장(腹藏)에서 발원문과 영조의 어의(御衣)가 발견되어 왕실의 원당임이 밝혀졌다. 수미단

도259. 불단 파계사 원통전 조선 (국가유산청)

도259-1. 불단의 귀면

도259-2. 불단의 용

(도259, 대구 유형문화유산)의 상대에는 겹 천판이 놓였고 건칠관음보살좌상이 주불로 안치되었다. 하대는 하대목에 다리 모양의 마대를 세워 5칸의 풍혈로 구획해 낙양각을 초각했다.

원통전 수미단의 중대는 2개의 머름대를 가로놓아 상중하의 3단으로 나누었는데, 각 단은 머름동자를 세워 전면은 5칸, 두 측면은 3칸으로 구획하여 수호와 공양을 상징하는 각종 문양을 장식했다. 중대의 전면 하단은 5칸으로 구획되어 물고기·용·귀면·용·물고기를 차례로 배열했는데, 두 마리의 용 사이에 귀면(도259-1)이 배치되어 용과 귀면의 상징적 차이는 물론 그 존재가 상이함을 알 수 있다. 긴 몸통을 지닌 용(도259-2)은 측면관으로 표현되어 장엄과 길상을 나타냈고, 귀면은 정면관의 얼굴위주의 장식되어 수미단을 수호하는 벽사의 의미를 지녔다. 귀면의 입에는 앞니가 드러났고 당초를 장식했다. 두 눈은 눈동자를 굴러 좌우를 경계했고 귀는 늘어졌다. 이마에는 뿔이 돋아 분기하였다. 수미단 중대의 각 머름칸에 연꽃과 모란, 물고기와 오리, 용과 봉황, 학과

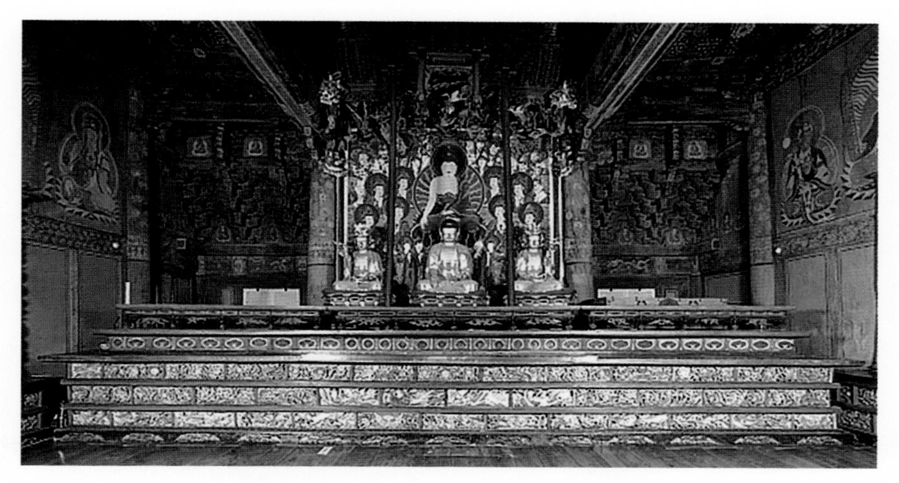

도260. 불단 범어사 대웅전 조선 (국가유산청)

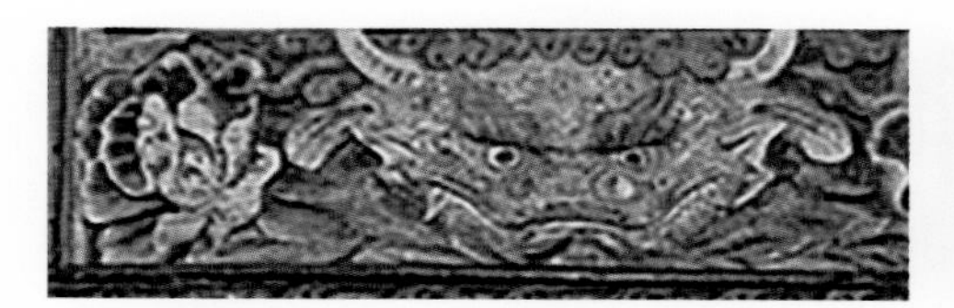

도260-1. 중대의 귀면

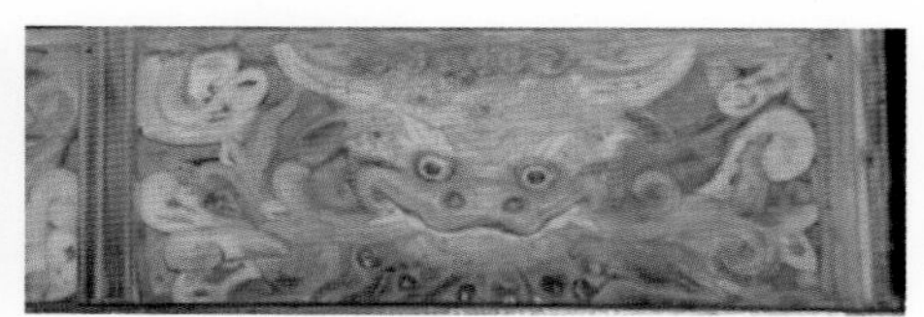

도260-2. 중대 우측의 귀면

거북이, 동자(童子) 등 길상과 장엄, 장수를 상징하는 다양한 문양들이 투각되어 화려한 모습이다. 수미단은 원통전이 중창(1605년)된 17세기 전반에 조성된 것으로 중대에 귀면이 새겨진 조선시대 불단의 선례가 되었다.

부산 범어사 대웅전(보물)은 불단 중대에 귀면이 장식되어 벽사를 나타냈다. 범어사는 신라 때 창건되었고 임진왜란 때 소실되었는데, 1613년(광해군 5)에 중창되었다. 대웅전은 1658년(효종 9)과 1712년(숙종 38), 1749년(영조 25) 등 여러 차례 중수되어 오늘에 이르렀다. 불단(도260)의 상대는 겹 천판 구조로 보탁을 별설했는데, 대좌위에 석가여래삼존상을 봉안했다. 중대는 2개의 머름대를 가로 놓아 상단과 중단, 하단으로 구분하고 각 단은 머름동자를 세워 여러 머름칸으로 구획했다. 그리고 불단을 받치는 하대는 마대와 족대, 하대 괴임목으로 이루어졌다.[106] 중대 전면의 머름청판에는 각종 동물과 식물의 문양, 비천상을 투각해 장엄하고 화려하다. 중대 하단의 머름청판에는 좌측부터 사자·봉황·용·사자·용·귀면·귀면·용·용·봉황·용·봉황·귀면 등을 배치했다. 귀면과 용은 각각 정면관과 측면관으로 다르게 표현되어 그 형태와 존재의 차이를 잘 나타냈다. 3개의 귀면은 황색귀면과 청색귀면으로 구분되는데 입에는 모란(도260-1)과 연뢰당초를 물었다. 중대 우측의 귀면(도260-2)은 황색바탕에 검은 반점이 찍혔는데 입에는 송곳니가 드러났고 연뢰당초를 물었다. 두 눈은 또렷하며 눈썹이 곤두섰다. 귀는 소귀를 닮았고 이마에는 소뿔형의 뿔이 돋았다. 하대는 하대 괴임목과 마대로 이루어졌는데, 하대 괴임목에는 복련을 새겼다. 하대는 다리 모양의 마대사이에 낙양각을 초각했고 여의당초문을 장식하였다.

범어사 팔상전(八相殿)의 불단에도 귀면이 장식되었다. 팔상전(부산 유형문화유산)은 독성전·나한전과 함께 전면 7칸, 측면 1칸의 익공계 맞배지붕 건물로, 세 불전이 하나로 연결되었다. 팔상전은 1706년(숙종 8)에 중수했는데 1906년(고종 43)에는 독성·나한전과 함께 다시 중수되었다. 팔상전의 불단(도261)은 평면 장방형으로 상대와 중대, 하대로 이루어졌다. 상대의 천판 위에 석가여래 삼존상을 봉안하였다. 중대는 전면에 2개의 머름대를 가로질러 3단으로 구분하고 각 단은 머름동자를 세워 여러 칸으로 구

도261. 불단 범어사 팔상전 조선 (국가유산청)

106) 문화재청·佛教文化財硏究所, 2022, 「金井區 梵魚寺 大雄殿 佛壇」, 『한국의 사찰문화재, 2021 전국 사찰 불단 일제조사 5』, pp.33~44.

획하여 연화당초와 귀면, 모란을 새겨 장엄하였다. 그리고 중대 하단은 좌측과 우측이 0.5칸씩인 5칸으로 구획되어 좌측부터 모란·연화당초·귀면·연화당초·모란을 장식하였다.[107] 귀면은 머름청판의 중심부에 장식했는데 입에 연뢰당초를 물었다. 귀면은 얼굴이 청색바탕으로, 이마에는 소뿔형의 뿔이 돋았다. 불단의 중대 두 측면에는 모란꽃을 그려 채색했다.

순천 동화사(桐華寺)의 대웅전 불단에는 8개의 귀면이 장식되었다. 대웅전(전남 유형문화유산)은 다포형식의 팔작지붕 건물로, 정유재란 때 폐허화되어 1601년(선조 34)과 1630년(인조 8)에 중창되었다. 불단의 상대는 천판을 두고 그 위에 보탁을 별설했는데, 목조석가삼세불좌상을 봉안하였다. 하대의 하대목에는 마대로 전면 5칸, 측면 2칸의 풍혈로 구획하고 낙양각을 초각했다. 불단의 중대(도262)는 머름대 2개를 가로질러 3단으로 나누었는데, 각 단은 연주형(聯珠形)의 머름동자를 세워 전면은 7칸과 8칸, 두 측면은 3칸과 4칸으로 구획해 귀면과 용, 서수와 모란 등 길상과 벽사를 의미하는 각종 문양을 장식했다.[108]

도262. 불단 동화사 대응전 조선

중대의 전면 하단은 7칸으로 구획되어 우측부터 귀면·용·귀면·사슴·귀면·사자·귀면을 차례로 배열되었는데, 귀면은 정면관이고 용은 측면관으로 표현되어 상위함을 잘 나타냈다. 양 측면 하단에는 우측이 사자·귀면·귀면, 좌측이 귀면·모란·귀면이 배

107) 문화재청·佛敎文化財硏究所, 2022,「金井區 梵魚寺 八相殿 佛壇」,『한국의 사찰문화재, 2021 전국사찰 불단 일제조사 5』, pp.188~192, pp.193~200.

108) 문화재청·佛敎文化財硏究所, 2022,「順天市 桐華寺 大雄殿 佛壇」,『한국의 사찰문화재, 2021 전국 사찰 불단 일제조사 4』, pp.90~94, pp.95~104.

도262-1. 중대 전면의 귀면

도262-2. 중대 전면의 귀면

도262-3. 중대 우측면의 귀면

치되었다. 불단에는 8개의 귀면이 장식되어 부처를 수호하기 위한 벽사를 나타냈는데, 귀면은 입에 모란봉오리와 모란꽃을 물었거나 귀기를 내뿜는 등 그 의장이 다양하다. 중대 전면의 귀면은 모란봉오리를 입에 물었는데 이마의 뿔은 분기하지 않은 소뿔형(도262-1)과 분기한 가지뿔형(도262-2)으로 차이가 있다. 중대 우측면의 두 귀면(도262-3)은 귀가 유난히 크고 촉수가 달렸다. 입에는 송곳니가 드러났고 턱에는 수염이 뻗쳤다. 작은 눈은 눈동자가 검게 칠해졌고 눈썹이 뭉쳤다. 이마에는 모두 소뿔형의 뿔이 돋았다.

강화 전등사 대웅전의 불단에는 22개의 귀면이 장식되어 이채롭다. 대웅전(보물)은 다포형식의 팔작집으로, 1621년(광해군 13)에 재건되었고 1855년(철종 6)에 중수되었다. 불단의 상대는 겹 천판으로 석가여래삼존불을 봉안하였다. 중대는 머름대를 가로놓아 3단으로 구분했는데, 각 단은 머름동자를 세워 전면은 12칸, 두 측면은 5칸씩으로

도263. 불단 전등사 대웅전 조선 (국가유산청)

구획하여 귀면과 서수, 모란과 연꽃 등 각종 문양을 투각했다.[109] 불단(도263)에는 22개의 많은 귀면이 장식되어 사귀를 막는 벽사를 나타냈다. 불단의 중대 하단은 머름동자로 구획해 12개의 귀면을 새겼고 중단에는 모란꽃을, 상단에는 모란꽃과 국화, 서수 등을 화려하게 장식하였다. 하단의 귀면은 이마에 「왕

도263-1. 중대 전면의 귀면

도263-2. 중대 우측면의 귀면

도263-3. 중대 좌측면의 귀면

109) 文化財管理局 文化財硏究所, 1986,「傳燈寺 大雄寶殿」,『韓國의 古建築』第8號.

(王)」자를 묵서하고 입에 모란꽃을 물거나 송곳니를 드러낸 것, 입에 당초가 새긴 것, 입에 연봉오리를 문 것, 이마에 「왕(王)」자를 묵서한 것(도263-1) 등 다양한데 이마의 뿔은 가지뿔과 같이 분기했다. 우측면 하단에는 입에 모란꽃을 문 것(도263-2)과 송곳니가 드러난 것, 이마에 「왕」자를 묵서한 것과 입에 당초가 새겨진 것 등 5개의 귀면을 장식했고. 좌측면 하단에도 5개의 귀면이 새겨졌는데, 이마에 「왕(王)」자를 묵서한 것과 당초를 새긴 것, 혀를 내민 것(도263-3),과 입에 모란꽃을 문 것 등 다양하다. 이와 같이 전등사 불단에는 귀면의 개수가 22개로 그 의장이 다양하여, 대웅전의 보뺄목에 새겨진 귀면장식과 함께 우리나라의 귀면연구에 매우 중요한 자료가 되었다.

도264. 불단 정혜사 대웅전 조선

이외에 순천 정혜사와 고성 운흥사, 창녕 관룡사 등의 대웅전과 김제 금산사의 대장전에도 귀면이 장식되었다. 정혜사의 대웅전(보물)은 1617년(광해군 9)에 중창했고 1854년(철종 5)에 중건했다. 불단(도264)의 중대에는 머름대 2개를 가로놓아 상중하의 3단으로 나누었고, 하대는 하대목에 마대를 세워 7칸의 풍혈로 구획하여 낙양각을 새겼고 하대 괴임목에 연꽃이 양각되었다. 중대 전면의 상단은 각 머름칸에 국화와 모란, 국화와 기린 등을 새겼고, 머름칸이 10칸인 중단 전면에는 연화와 용, 모란과 국화 등을 새겼다.[110] 중대 전면의 하단은 머름칸이 11칸으로, 좌우측의 끝 칸에 연화를 새겼고 9개의 귀면을 연이어 장식했다. 귀면은 중단 전면에 새겨진 용과 다른 모습으로, 귀기를 내뿜거나 이

110) 문화재청·佛敎文化財硏究所, 2022, 「順天市 定惠寺 大雄殿 佛壇」, 『한국의 사찰문화재, 2021 전국 사찰 불단 일제조사 4』, pp. 181~188.

마에 「왕(王)」자를 새긴 것(도264-1), 입에 국화를 문 것 다양하다. 불단은 조선후기에 수리되었는데 각 문양은 탈색되어 백색과 적색, 녹색 등이 일부 확인된다.

도264-1. 중대 전면의 귀면

고성 운흥사는 통일신라시대에 창건되었다고 전하며, 임진왜란 때 소실되었다. 대웅전(경남 유형문화유산)이 1651년(효종 2)과 1731년(영조 7)에 다시 세워지고 중창하였다. 대웅전 불단은 상대와 중대, 하대로 구성되었다. 불단의 중대는 머름대를 가로 놓아 2단으로 구분했는데, 상단과 하단은 연주형의 머리동자를 세워 전면과 측면이 여러 칸으로 구획되었다. 전면의 각 머름청판에는 수미산을 의장한 용과 서조, 귀면과 동자, 거북과 게, 연꽃과 모란 등 여러 도상과 문양이 가득하다. 불단의 귀면은 중대 상단의 좌측과 우측의 머름칸에 각 1개씩 장식되었다. 불단 좌측의 귀면(도265)은 하얀 얼굴에 적색반점이 찍혔는데, 입에는 연뢰를 물었고 귀기가 서렸는 촉수가 뻗쳤다. 두 눈은 돌출했고 눈썹이 짙다. 이마에는 분기한 뿔이 돋았고 머리카락이 말렸다. 불단 우측의 귀면(도265-1)은 입을 벌려 앞니와 혀를 드러냈고 턱에는 수염이 말렸는데 촉수가 뻗쳤다. 두 눈은 돌출했고 이마에는 분기한 가지뿔이 돋았다. 창녕 관룡사의 대웅전 불단에도 1개의 귀면이 장식되었는데, 입에는 촉수가 뻗쳤고 이마에는 소뿔형의 뿔이 돋았다.

김제 금산사의 대장전 불단에는 모란꽃을 입에 문 귀면이 장식되어 이채롭다. 대장전(보물)은 원래 불경을 보관한 목조탑인 장경각이었는데, 1635년에 불상을 모신 불전으로

도265. 불단 좌측의 귀면 운흥사 대웅전 불단 조선 (신병찬)

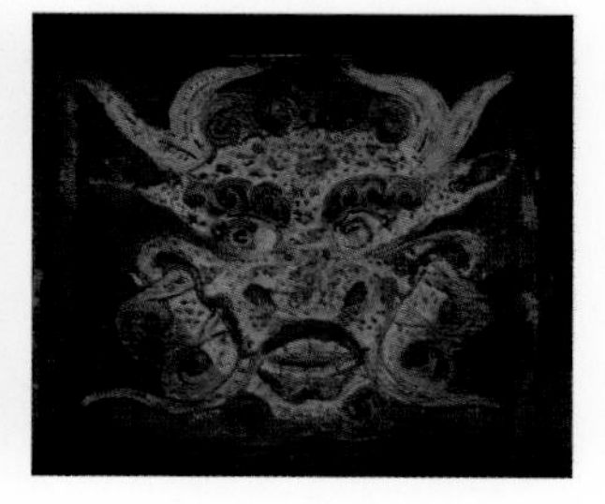
도265-1. 불단 우측의 귀면

도266. 불단 금산사 대장전 조선

바뀌었고 1922년에 현 위치로 옮겼다. 불단(도266)은 상대와 중대, 하대로 구분된다. 겹 천판의 상대는 10개의 머름청판에 문양이 없이 안상을 새겼고, 하대 전면은 마대를 세워 4칸의 풍혈로 구획해 낙양각을 초각했다. 중대 전면의 상단과 중단은 머름대를 가로 놓아 6칸과 5칸으로 구획하고 연화와 학, 국화와 비천, 모란 등을 새겨 불교의 장엄과 치장을 나타냈다. 불단의 중대 하단은 6개의 머름칸으로 구획되어 각 머름청판에 우측부터 서수·황룡·귀면·청룡·봉황·서수(사자) 등을 새겼다. 불단에는 1개의 귀면(도266-1)이 정면관의 얼굴위주로 새겨졌는데, 우측(도266-2)과 좌측에는 측면관의 황룡과 청룡이 각각 장식되어 서로 다른 존재임을 알 수 있다. 귀면은 적색바탕에 검은 반점이 찍혔는데, 홍색과 황색의 두 모란꽃을 물었고 두 눈은 사시에 가깝다. 귀는 소귀와 닮았는데 이마의 뿔은 소뿔모양으로 분기하지 않았다. 중대의 양 측면은 4칸의 머름칸으로 구획했는데 문양이 없이 안상을 새겼다.

도266-1. 중대 하단의 귀면

도266-2. 중대 하단의 황룡

3) 기타 불단의 귀면장식

우리나라의 불단은 조선 후기이후 구례 화엄사와 순천 선암사의 원통전, 김제 숭림사의 보광전과 영광 불갑사의 대웅전, 사천 다솔사 보안암의 공양대석과 같이 전통적인 불단양식에서 벗어났다. 귀면장식도 중대의 하단과 중단, 중대의 상단과 상대의 천판에 투각되거나 그려져 다양하게 변화하였다.

도267. 불단 화엄사 원통전 조선

구례 화엄사의 원통전은 불단에 물고기를 문 귀면과 당초가 장식되었다. 화엄사는 임진왜란 때 전소된 후 17세기 전반부터 대웅전을 비롯하여 여러 불전이 재건되기 시작했는데, 1699년부터 1702년까지 숙종 후궁인 숙빈 최씨가 대시주로 참여해 각황전을 중건했을 때 원통전도 함께 완성된 것으로 보인다. 원통전은 관세음보살을 봉안한 불전으로 관음전이라고도 하는데, 내부에 감실형 불단을 조성해 왕실과 관련한 원당 역할을 하였다. 불단(도267) 상대의 천판위에는 천개를 갖춘 감실을 두고 보살상을 봉안했는데. 감실 하단의 머름칸 전면에는 입에 연꽃을 새긴 귀면을, 측면에는 안상을 새겼다. 중대는 3단 구조이고 하대는 마대나 족대의 구분이 없이 통나무로 제작했다.[111] 불단의 전면 중대는 전면과 좌우의 두 측면이 3단으로 이루어졌는데, 머름대를 가로 놓았으나

도267-1. 중대 하단의 귀면

도267-2. 중대 상단의 귀면

111) 문화재청·佛教文化財研究所, 2022, 「求禮郡 華嚴寺 圓通殿 佛壇」, 『한국의 사찰문화재, 2021 전국 사찰 불단 일제조사 4』, pp.256~267.

마름칸을 구획하지 않았다. 전면의 하단에는 물고기와 연꽃을 입에 문 귀면을, 중단에는 연꽃과 연봉오리를, 상단에는 귀기를 내뿜는 귀면 3개를 각각 투각했다. 그리고 두 측면의 머름칸에는 운문형 안상을 3개씩 새겼다. 물고기와 연꽃을 입에 문 하단의 귀면(도267-1)은 화마 방지와 불교적인 염원이 복합된 특이한 의장으로, 두 눈을 부릅떴고 이마에는 뿔이 돋아 분기했다. 상단의 귀면(도267-2)은 귀기를 내뿜고 코는 콧구멍이 들렸다. 이마에는 소뿔형의 뿔이 돋아 하단의 가지뿔의 귀면과 다른 모습이다.

순천 선암사의 원통전(전남 유형문화유산)은 1660년(현종 1)에 초창하여 1698년(숙종 24)에 중창되었고 1824년(순조 24)에 중수했다. 원통전은 정면 3칸, 측면 3칸의 팔작지붕으로, 건물 평면이 'T'자형을 이루었다. 불단(도268)의 상대 천판위에는 관세음보살을 봉안하였다. 하대는 하대목의 전면과 두 측면에 마대를 세워 3칸, 2칸씩의 풍혈을 구획하여 낙양각을 초각했는데, 하대괴임목에는 복련을 양각했다. 불단의 중대는 2개의 마름대를 가로놓아 상중하의 3단으로 구분하고, 각 단에 머름동자를 세워 하단과 상단은 3칸, 중단은 4칸으로 구획하여 귀면과 연꽃, 오리와 학 및 모란 등을 그려 채색했다. 귀면은 중대 하단에 3개가 그려져 우측부터 얼굴바탕이 청색과 적색, 황색으로 채색되었다. 이마의 뿔도 소뿔모양과 분기한 가지뿔형으로 차이가 있다. 좌측의 귀면(도268-1)은 황색바탕에 적색반점이 가득하고 입에는 귀기가 서렸다. 코는 뭉툭하고 두 눈은 눈동자가 도드라졌다. 이마에는 뿔이 돋아 분기했다.

도268. 불단 선암사 원통전 조선

도268-1. 중대 하단의 귀면

영광 불갑사의 대웅전은 정유재란 때 소실되어 중건했는데, 현재의 건물은 1764년

도269. 불단 불갑사 대웅전 조선 (국가유산청)

도269-1. 상대의 머름칸

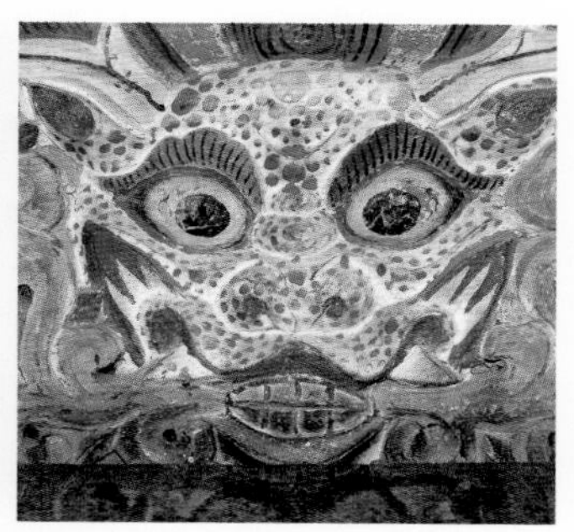

도269-2. 상대의 귀면

(영조 40)에 중수된 것으로 보인다. 대웅전(보물)은 서향(西向)한 건물로, 내부 불단이 건물의 정면을 향하지 않고 북쪽의 좌측면에 위치했다. 이와 같이 대웅전의 내부 좌측에 불단을 배치한 예는 부석사 무량수전에서 찾아볼 수 있다. 불단(도269) 상대의 천판 위에는 3개를 좌대를 놓아 석가모니불을 중심으로 좌측에는 아미타보살을, 우측에는 약사여래보살 등 삼존불을 봉안하였다. 그런데 주존불의 복장에서 조상기가 발견

되어 이 불상이 1653년에 조성되었음을 알 수 있었다.[112] 불단의 상대는 겹 천판으로 이루어졌는데, 상천판과 하천판 사이는 5칸의 머름칸(도269-1)이 구획되어 각 칸에 연화·귀면·연화·귀면·연화가 장식되었다. 귀면(도269-2)은 머름칸의 중앙에 채색됐는데, 백색바탕에 녹색반점이 찍혀있다. 입에는 귀기가 서렸고 코는 콧구멍이 들렸다. 귀는 소귀처럼 솟았고, 이마에는 분기한 뿔이 돋았다. 중대는 2개의 마름대를 가로질러 전면은 상단과 하단이 7칸, 중단이 6칸씩, 두 측면은 하단과 중단, 상단이 2칸과 3칸, 4칸씩으로 구획되어 풍혈로 초각된 청판을 끼웠는데 측면에는 연꽃이 장식되기도 하였다. 하대는 낙양각을 반복해 초각하였다.

익산 숭림사(崇林寺)의 보광전에는 2개의 귀면이 불단에 장식되었다. 숭림사는 1345년(고려 충목왕 1)에 창건되어 임진왜란 때 대부분 소실되었는데, 보광전은 1613년(조선 광해군 5)과 1819년(순조 19)에 중수되었다. 보광전(보물)은 다포형식의 맞배지붕 건물로, 목조석가여래좌상을 중심으로 좌우에 관음보살과 아미타불을 봉안하였다. 불단의 상대는 겹 천판으로 이루어졌고 하대는 낙양각이 초각되었다. 중대는 머름대를 가로놓아 상중하의 3단으로 구분하고, 각 단에 머름동자를 세워 상단과 하단은 8칸, 중단은 9칸으로 구획하여 머름청판의 안상 안에 연꽃과 모란꽃, 귀면 등을 장식했다. 귀면(도270)은 중대의 중단에 모란꽃과 함께 안상(眼象) 안에 그렸는데, 1819년 중수당시에 조성된 것으로 보인다. 귀면은 얼굴이 검고 코와 귀는 보라색이고 이빨과 눈자위, 뿔 등은 하얗게 채색했다. 귀면은 정면관의 얼굴위주로 앞을 주시했고 이마에는 소뿔형의 뿔이 길게 뻗쳤다.

도270. 불단의 귀면과 모란꽃 숭림사 보광전 조선

사천 다솔사 보안암의 공양대석에는 귀면이 새겨져 중요한 자료가 된다. 보안암

112) ① 文化財管理局 文化財硏究所, 1992, 앞의 책, 第14號.
② 文化財廳, 2004,『佛甲寺 大雄殿 修理 報告書』, pp. 277~280.

도271. 다솔사 보안암 조선

의 석굴(경남 유형문화유산)은 산기슭을 파내고 점판암 조각으로 쌓아올려 축조했는데, 고려 말경 승려들이 수행하기 위해 조성한 것으로 전한다. 보안암의 석굴(도271)은 규모가 작고 조성수법이 거친 편이나 경주 석굴암의 석굴을 계승하였다. 석굴 내부(도271-1)에는 고려시대의 석가모니불과 나한상을 봉안했는데, 부처 앞에 놓인 공양대석에는 귀면이 장식되어 특이하다. 면석과 상판으로 이루어진 공양대석은 상판 끝이 부처의 무릎과 맞닿아 불단의 역할을 겸했다. 공양대석의 상판은 얇은 판석모양인데 촛대와 향로, 여러 공양기구와 공양물이 놓였다. 공양대석의 면석(도271-2)에는 연봉오리를 입에 문 귀면을 새겼는데, 두 눈이 돌출했다. 코는 콧등이 솟았고 이마의 뿔은 분기했다. 면석 상단에는 목가구의 장식수법의 하

도271-1. 석굴 내부의 석가모니불

도271-2. 공양대석의 귀면

나인 낙양각이 초각되었다. 따라서 공양대석은 연봉오리를 입에 문 귀면과 낙양각의 가구수법 등을 감안해 조선 중기에 제작된 것으로 추정할 수 있는데, 조선 후기에 다른 용도의 석물을 공양대석으로 차용한 것으로 보인다.

7. 닫집의 귀면

고성 운흥사의 대웅전에는 귀면이 장식된 닫집이 설치되어 귀면연구에 중요한 자료가 된다. 닫집은 사원의 불단이나 궁궐의 어좌 위에 목조건물의 처마와 같은 작은 모형을 설치한 것으로 당가(唐家)라고 한다. 닫집은 고대 인도에서 왕이나 귀족들이 외출할 때 햇빛을 가리기 위해 사용한 일산(日傘)에서 유래하였다. 닫집은 대개 보개형(寶蓋形)과 운궁형(雲宮形), 보궁형(寶宮形)으로 구분된다. 보개형은 천장 일부에 네모난 감실처럼 파 들어가 설치한 것으로, 안동 봉정사 대웅전과 강진 무위사 극락보전의 닫집이 대표적이다. 운궁형은 지붕을 생략하고 공포 밑 부분을 만들어 설치하거나 공포까지 생략해 간소하게 설치했는데, 청도 운문사 비로전과 서산 개심사 대웅전에서 볼 수 있다. 보궁형은 공포위에 지붕을 얹은 형태로 천장과 독립되어 설치한다. 지붕 모양에 따라 일자형(一字形)·정자형(丁字形)·아자형(亞字形)·중아자형(重亞字形)으로 나뉘며, 지붕도 1층과 2층, 3층 등 다양하다. 보궁형은 전각의 처마와 같이 다포형식의 포작으로 짜 올린 화려한 닫집으로 조선후기에 성행했는데, 영주 부석사 무량수전과 논산 쌍계사 대웅전, 강화 전등사 대웅전이 대표적이다.

고성 운흥사는 통일신라 초에 창건되었다고 전하며 임진왜란 때 소실되어 1651년(효종 2)에 재건했다. 대웅전(경남 유형문화유산)은 다포형식의 맞배지붕 건물로 1731년(영조 7)에 재건되었다. 닫집은 불단에 모셔진 삼존불에 따라 석가의 적멸궁(寂滅宮)과 아미타의 칠보궁(七寶宮), 약사의 만월궁(滿月宮) 등 불국정토의 궁전을 각각 상징하는데 모두 보궁형으로 설치되어 화려하다. 귀면은 석가의 적멸궁과 약사의 만월궁의 닫집에 장식되어 벽사를 나타냈다.

석가의 적멸궁 닫집(도272)은 아(亞)자 모양으로 하중을 받치는 당주가 마루까지 내린

지지주형(支持柱型)인데, 당주와 허주(虛柱)사이 내부의 좌우측 낙양각에는 귀면 2개가 새겨졌다. 닫집 안은 용이 머리를 내밀었고, 아래로 짧게 내린 허주 끝에는 용두와 연꽃, 연봉오리가 새겨져 길상과 극락정토의 염원을 나타냈다. 두 귀면(도272-1)은 정면관의 얼굴위주로, 입을 벌려 이빨을 드러냈고 귀기가 서렸다. 두 눈은 도드라졌고 이마에는 분기한 뿔이 돋았다.

도272. 적멸궁 닫집 운흥사 대웅전 조선 (신병찬)

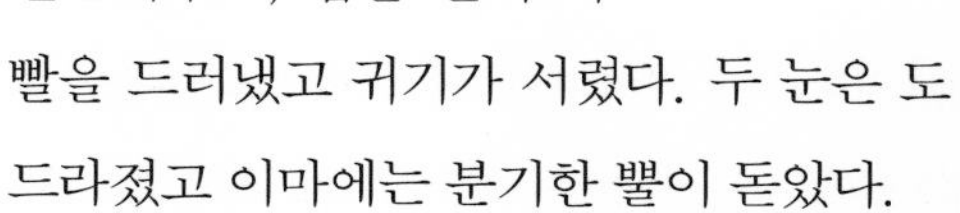

약사의 만월궁과 아미타의 칠보궁의 닫집은 천장에 매달린 현괘형(懸掛型)인데 만월궁 닫집에만 귀면이 장식되었다. 만월궁 닫집은 지붕 모양이 일자형으로 3칸으로 구분되었는데, 우측과 중앙의 허주사이의 낙양에는 귀면 2개(도273)가 조각되어 특이하다. 황색바탕의 귀면은 정면관의 얼굴 위주로, 입을 벌려 이빨을 드러냈고 귀기가 서렸다. 두 눈은 도드라져 검게 칠해졌고 이마에는 분기한 뿔이 돋았다. 4개의 허주 끝에는 용두와 연꽃을 각각 새겨 귀면과 대비되었다. 그러나 아미타 칠보궁의 닫집에는 허주사이의 낙양각에 모란과 게가 장식되어 서로 다른 차이를 보였다.

도272-1. 닫집 낙양각의 귀면

도273. 약사여래 닫집 귀면장식 운흥사 대웅전 조선 (신병찬)

8. 사천왕·금강역사의 귀면

우리나라의 사찰은 대개 일주문과 금강문, 천왕문과 불이문(不二門) 등 네 개, 또는 금강문을 제외한 삼문(三門)을 지나 경내로 들어서게 된다. 사천왕상을 봉안한 천왕문은 중앙 어간(御間)이 통로가 되었고 좌우 협간(夾間)은 사천왕상을 배치했다. 사천왕은 불법을 지키는 호법신으로 불국토의 동서남북을 수호하는데, 천왕문 입구에서 사찰로 들어가는 통로 우측에는 대개 동방 지국천왕과 북방 다문천왕을, 통로 좌측에는 남방 증장천왕과 서방 광목천왕을 각각 봉안하게 된다. 사천왕상은 갑옷을 입고 보검과 비파 등의 지물을 쥔 위협적인 모습인데, 임진왜란 이후 피폐한 사찰 중건에 따른 부처님의 가르침과 불국토를 수호하는 염원 등을 담아 17세기경부터 집중적으로 조성되었다.

조선의 사천왕상은 그 동안 통일신라의 사천왕상과 비교해 그 명칭과 배치, 지물 등이 달라 많은 논란이 있었다. 그러나 2013년 불교문화유산연구소에서 실시한 「김천 직지사 천왕문의 사천왕상 조사」에서 사천왕상의 배치뿐만이 아니라, 칼을 쥔 천왕은 동방 지국천왕, 비파를 타는 천왕은 북방 다문천왕, 용을 잡고 여의주를 들고 있는 천왕은 남방 증장천왕, 당(幢)을 들고 탑을 얹고 있는 천왕은 서방 광목천왕인 것으로 밝혀져 우리나라의 사천왕상 연구에 중요한 계기가 되었다.[113] 사천왕상은 머리에 화려한 보관을 썼고 몸에는 견갑(肩甲)·흉갑(胸甲)·상갑(裳甲) 등을 착의한 무인상으로 대부분 표현했다. 그런데 상갑과 어깨의 견갑에는 사귀를 막는 무서운 귀면이 장식되어 벽사를 나타냈다. 조선의 대표적인 사천왕상은 장흥 보림사의 사천왕상을 비롯하여 순천 송광사와 완주 송광사의 사천왕상, 홍천 수타사와 남해 용문사의 사천왕상, 양산 통도사와 영광 불갑사의 사천왕상 등 15여 곳에 이른다. 이 가운데 몇 례를 통해 상갑에 장식된 조선시대의 귀면장식을 간단히 살폈다.

---

113) 박근남, 2013, 『김천 직지사 천왕문 사천왕상 및 복장유물조사보고서』, (재)불교문화재연구소.

1) 장흥 보림사의 사천왕상 귀면

도274. 사천문(四天門) 장흥 보림사 조선

장흥 보림사의 천왕문(보물)은 사천문(도274)으로 불리는데, 정면 3칸, 측면 1칸의 맞배지붕 건물로 조선 중기에 건립되었다. 천왕문의 사천왕상(보물)은 목조(木造)로 조선 중기인 1539년(중종 34)에 조성되었고, 1668년(현종 9)과 1777년(정조 1)에 중수했다. 현존하는 사천왕상 가운데 가장 오래되었고, 조각이 세밀하고 균형감이 뚜렷해 조선 후기를 대표하는 사천왕상의 전형(典型)이 되었다.

도275. 지국천왕과 다문천왕 보림사 사천문 조선

도275-1. 지국천왕의 상갑 귀면

도275-2. 다문천왕의 상갑 귀면

사천문 통로의 우측(도275) 남편에는 동방 지국천왕이 오른 손에 칼을 들었고, 그 북편에는 북방 다문천왕이 비파를 타고 있다. 두 천왕의 복부의 상갑에는 귀면이 허리띠[腰帶]를 물었는데 다른 모습이다. 동방 지국천왕의 상갑 귀면(도275-1)은 황색 바탕에 입을 벌려 허리띠를 물었는데 귀기가 뻗쳤다. 코는 콧구멍이 뚫렸고 두 눈은 돌출했다. 귀는 소귀처럼 솟았고 이마에는 소뿔형의 뿔이 돋았다. 북방 다문천왕의 상갑 귀면(도275-2)은 청색바탕에 입을 벌려 허리띠를 물었고 앞니가 무섭게 드러났다. 두 눈은 튀어나왔고 눈썹이 곤두섰는데, 이마에는 분기한 뿔이 돋았다.

도276. 증장천왕과 광목천왕 보림사 사천문 조선

도276-1. 증장천왕의 상갑 귀면

도276-2. 광목천왕의 상갑 귀면

사천문의 통로의 좌측(도276)에는 남방 증장천왕이 양손에 용과 여의주대신에 칼과 창을 쥐었고, 그 북편에는 서방 광목천왕이 당을 들었다. 남방 증장천왕의 상갑 귀면(도276-1)은 청색바탕에 입을 벌려 허리띠를 물었는데, 이마 중심에 소뿔형의 외뿔이 돋아 귀면 연구에 중요한 자료가 된다. 귀면의 입에는 귀기가 서렸고 뭉툭한 코에는 포획한 요괴를 고리에 꿰어 매달았다. 서방 광목천왕의 상갑 귀면(도276-2)은 녹색바탕에 입을 벌려 허리띠를 물었는데 앞니가 무섭게 드러났다. 코는 들렸고, 두 눈은 왼쪽을 주시했다. 이마에는 소뿔형의 뿔이 돋았고 머리털이 말렸다.

도277. 지국천왕과 다문천왕 완주 송광사 천왕문 조선

도277-1. 지국천왕의 상갑 귀면

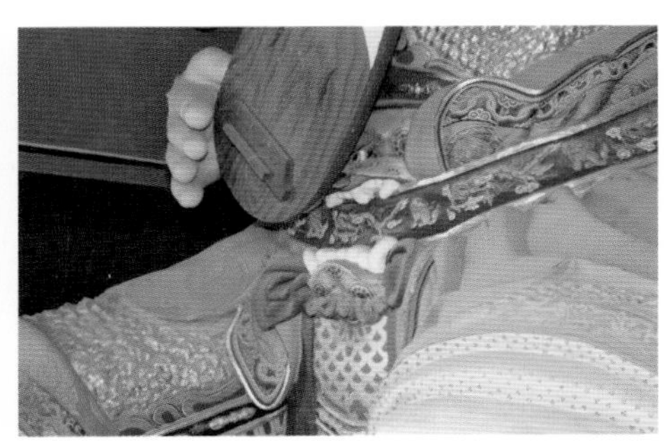

도277-2. 다문천왕의 상갑 귀면

2) 완주 송광사의 사천왕상 귀면

완주 송광사의 천왕문(보물)에 봉안한 사천왕상(보물)은 소조(塑造)로, 여인(呂仁)과 금산(金山) 등의 조각 승이 참여해 1649년(인조 27)에 조성하였다. 높이가 4.2m내외로 신체의 균형이 잘 잡히고 조형성이 뛰어난 수작에 해당된다. 사천왕상은 상태가 양호하고 힘차고 활달한데, 복부의 상갑 귀면은 이마에 뿔이 생략되었다. 천왕문의 통로 우측(도277)에는 오른 손에 칼을 쥔 동방 지국천왕과 손으로 비파를 켠 북방 다문천왕이 위치하였다. 지국천왕과 다문천왕의 상갑 귀면(도277-1, 도277-2)은 각각 허리띠를 물었

도278. 증장천왕과 광목천왕 완주 송광사 천왕문 조선

는데 그 색조가 녹색과 황색바탕으로 다른 모습이다. 귀면은 정면관의 얼굴위주로 두 눈이 돌출했는데 이마에는 증장천왕과 광목천왕과 같이 뿔이 생략되었다.

도278-1. 증정천왕의 상갑 귀면

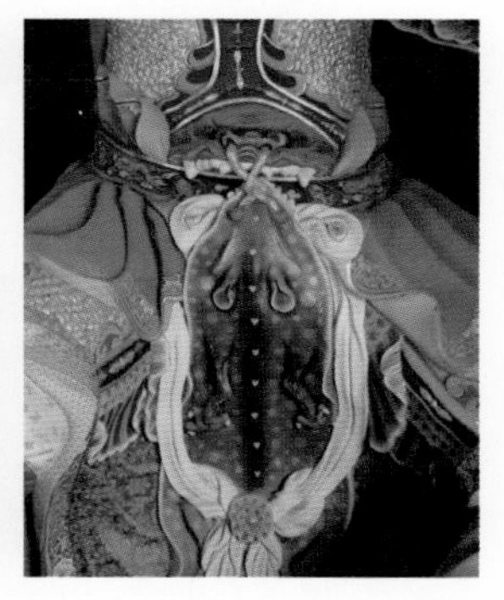

도278-2. 광목천왕의 상갑 귀면

천왕문의 통로 좌측(도278)에는 용과 여의주를 손에 쥔 남방 증장천왕과 당과 탑을 손에 잡은 서방 광목천왕이 위치하였다. 증장천왕과 광목천왕의 귀면(도278-1, 도278-2)은 각각 허리띠를 물었는데 얼굴색이 회색과 황색으로 차이가 있다. 귀면은 앞니가 드러났고 두 눈이 돌출했다. 이마에는 뿔이 생략되었는데, 광목천왕의 귀면은 코에 고리를 꿰어 포획한 요괴를 매달았다. 요괴는 길짐승모양으로 늘어졌는데 두부와 두 발이 드러났다. 그런데 귀면이 물고 있는 복부의 허리띠에는 용과 사자가 그려져 귀면과 다른 모습임을 알 수 있다.

3) 남해 용문사의 사천왕상 귀면

도279. 지국천왕과 다문천왕 용문사 천왕각 조선 (신병찬)

도279-1. 지국천왕의 상갑 귀면

도279-2. 다문천왕의 상갑 귀면

남해 용문사의 천왕각(天王閣, 경남 문화유산자료)에는 1702년(숙종 28)에 조성된 목조 사천왕상(경남 유형문화유산)이 봉안되었다. 사천왕상은 머리에는 화려한 보관을 썼고 몸에는 갑옷을 착용했는데, 발은 악귀 대신에 부정한 양반이나 탐관오리 등을 밟아 이채롭다. 천왕각의 통로 우측(도279)에는 칼을 오른손에 쥔 동방 지국천왕과 양손으로 비파를 탄 북방 다문천왕이 위치했다. 지국천왕과 다문천왕의 상갑 귀면(도279-1, 도279-2)은 각각 복부의 허리띠를 물었는데 얼굴색이 청색과 적색바탕으로 차이가 있다. 허리띠를 문 입에는 앞니가 드러났고 코는 뭉툭하

도280. 증장천왕과 광목천왕 용문사 천왕각 조선 (신병찬)

다. 두 눈은 튀어나왔고 이마에는 소뿔형의 뿔이 돋았다.

천왕각의 통로 좌측(도280)에는 용과 여의주를 손에 쥔 남방 증장천왕과 깃발이 있는 삼지창을 오른손에 잡은 서방 광목천왕이 봉안되었다. 증장천왕과 광목천왕의 상갑 귀면

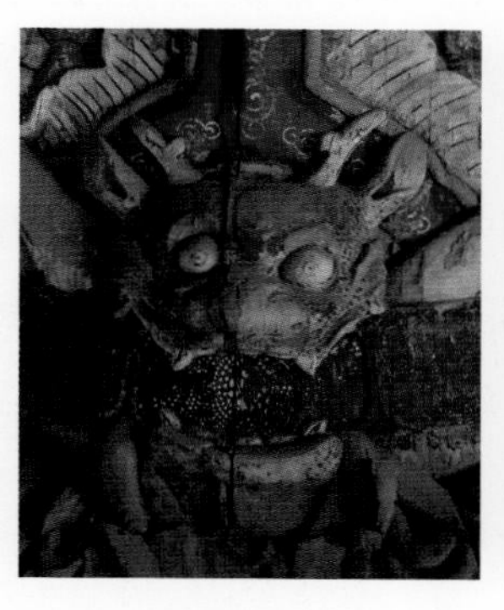

도280-1. 증장천왕의 상갑 귀면

도280-2. 광목천왕의 상갑 귀면

(도280-1, 도280-2)은 얼굴이 황색과 청색바탕으로 차이가 있다. 두 귀면 모두 허리띠를 입에 물었는데 앞니가 드러났다. 코는 뭉툭하며 두 눈은 왕방울처럼 튀어나왔다. 이마의 뿔은 분기한 가지뿔과 소뿔형의 외뿔로 다른 모습이다. 광목천왕의 뿔은 외뿔로 특이한데 허리의 요갑에는 큰 고리를 달아 포획한 요괴를 매달았다. 그리고 견갑에도 귀면이 장식되어 벽사를 나타냈다.

4) 양산 통도사의 사천왕상 귀면

도281. 지국천왕과 다문천왕 통도사 천왕문 조선 (신병찬)

도281-1. 지국천왕의 상갑 귀면

도281-2. 다문천왕의 상갑 귀면

양산 통도사의 천왕문(보물)에는 사찰을 보호하는 사천왕이 봉안되었다. 통도사의 사천왕상(경남 유형문화유산)은 목조로, 1718년(숙종 44)에 조각승인 진열(進悅)이 여러 화원들과 함께 조성하였다. 사천왕상은 높이가 450여㎝로 큰 편인데, 몸에 갑옷을 걸치고 머리에 화려한 보관을 쓴 분노의 모습으로 악귀를 밟고 있다. 천왕문의 통로 우측(도281)에는 손에 칼을 쥔 동방 지국천왕과 비파를 켠 북방 다문천왕이 위치한다. 지국천왕과 다문천왕의 상갑 귀면(도281-1, 도281-2)은 입은 벌려 복부의 허리띠를 물었는데, 귀면

도282. 증장천왕과 광목천왕 통도사 천왕문 조선 (신병찬)

의 색조가 청색과 녹색바탕으로 차이가 있고 이마에는 소뿔형의 뿔이 모두 돋았다.

천왕문의 통로 좌측(도282)에는 오른 손으로 용을 쥔 남방 증장천왕과 오른 손으로 당을 잡고 왼손에 탑을 얹은 서방의 광목천왕이 있다. 증장천왕과 광목천왕의 상갑 귀면(도282-1, 도282-2)은 입을 벌려 복부의 허리띠를 물었는데, 그 색조가 녹색과 청색바탕으로 다르다. 그런데 증장천왕과 광목천왕의 이마의 뿔은 각각 분기한 가지불형과 소뿔형으로 차이가 있고, 광목천왕의 귀면은 코에 고리를 꿰어 포획한 요괴를 매달았다.

도282-1. 증장천왕의 상갑 귀면

도282-2. 광목천왕의 상갑 귀면

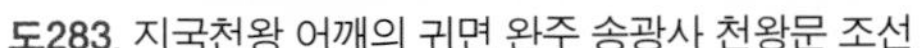

도283. 지국천왕 어깨의 귀면 완주 송광사 천왕문 조선

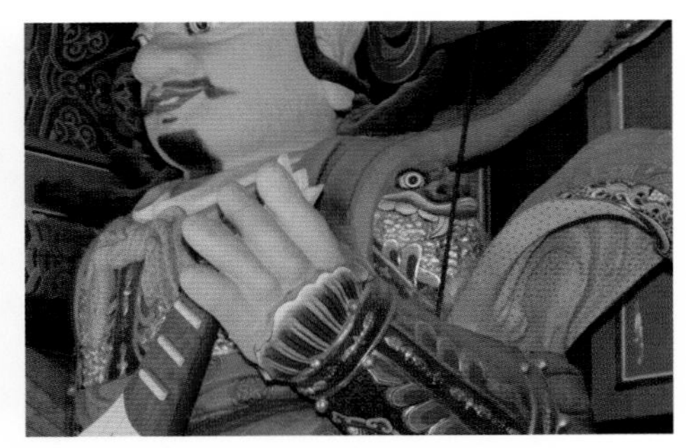

도283-1. 다문천왕 어깨의 귀면

이외에 조선시대의 사천왕상은 두 어깨의 견갑에도 귀면이 장식되어 벽사를 나타냈다. 완주 송광사의 동방 지국천왕과 북방 다문천왕의 어깨(도283, 도283-1)에는 몇 겹의 띠를 둘렀는데 귀면이 무섭게 부조했다. 귀면은 입을 벌려 윗니를 드러낸 채 갑옷을 물었는데, 코는 콧구멍이 뚫려 들렸고 두 눈은 튀어나왔다.

대구 동화사 성보박물관에는 달성 용연사에서 옮긴 4구의 석조사천왕상이 전시되었다. 그 가운데 1구의 사천왕상은 상갑에는 귀면이 부조되어 벽사를 나타냈다. 4구의 사천왕상은 원래 1673년에 조성된 용연사 금강계단의 네 모서리에 배치되어 부처님의 사리를 수호했던 것인데 근래에 동화사 성보박물관으로 옮겼다. 용연사에는 석가모니의 진신사리를 모신 과정을 적은 석가여래부도비(釋迦如來浮屠碑)가 세워져 있다. 임진왜란 때 통도사의 금강계단(국보)에 봉안한 진신사리가 피해를 입자, 이를 수습한 사명대사가 태백산의 보현사와 통도사에 나누어 안치하도록 계획했으나 계속된 전란과 사명대사의 입적으로 옮기지 못하고 치악산 각림사에 일시 봉안하게 되었다. 그 후 사명대사의 제자인 청진(淸振)이 사리를 통도사로 옮길 때 달성 용연사 승려들이 그 일부를 모셔와 1673년(현종 14)에 금강계단을 만들어 봉안하였다.

용연사의 금강계단(보물)은 돌난간이 둘러진 상층과 하층의 두 기단위에 종모양의 답신을 올린 모습인데, 하층기단의 네 모서리에 사천왕상 1구씩을 세워 사리를 수호하게 하였다. 돌로 조성한 사천왕상(도284)은 입상인데, 지물이 불명하여 그 존명을 알

도284. 석조천왕상 용연사 금강계단 조선
(동화사 성보박물관)

도284-1. 천왕상의 귀면 (국가유산청)

수 없다. 머리에는 화려한 보관을 썼고 오른손은 허리에 댄 채 왼손은 약간 들어 지물을 쥔 모습이나 무엇인지 확실하지 않다. 귀면(도284-1)은 앞을 주시한 정면관인데 사천왕상의 상갑에 부조되었다. 귀면은 입을 벌려 허리띠를 물었고 코에 고리를 달아 포획한 악귀를 꿰어 매달았다. 두 눈은 왕방울처럼 튀어나왔는데 이마의 뿔은 생략되었다.

6) 사천왕도의 귀면

사천왕은 사찰에서 불법을 지키는 호법신으로 동서남북의 네 방위를 지킨다. 목조나 소조로 제작된 사천왕상은 사찰 입구인 천왕문 안에 조각으로 봉안되고, 사천왕도는 벽화나 불화의 주요 소재로 그려져 불전 내부에 배치한다. 사천왕도는 지국천왕과 다문천왕, 증장천왕과 광목천왕을 단독으로 그려 천왕문 내부에 주로 배치했고, 아미타여래설법도와 영산회상도, 신중탱화와 괘불탱 등에 그려넣어 불전 내부에 배치했다. 사천왕도는 사천왕상과 같이 갑옷을 착용했는데, 상갑에 장식된 귀면이 허리띠를

도285. 사천왕도의 지국천왕 조선 (국립중앙박물관)

도285-1. 지국천왕의 귀면

물었고 두 어깨에도 귀면을 그려 벽사를 나타냈다.

국립중앙박물관에는 지국천왕과 증장천왕의 사천왕도가 소장되어 있다. 이와 같은 사천왕도는 사찰의 천왕문에 봉안되었던 것으로 보이나 광목천왕과 다문천왕의 두 도상은 사라지고 위의 두 천왕도만 남았다. 지국천왕의 상갑에는 귀면이 장식되어 벽사를 나타냈고 증장천왕의 상갑에는 포획된 악귀가 장식되어 차이를 나타냈다. 지국천왕도(도285)는 높이가 413㎝이고 너비가 223㎝로 상태가 양호하다. 갑옷을 착용했고 천의자락이 휘날리는데, 오른손은 칼을 쥐었고 왼손은 칼집을 들었다. 상갑에는 귀면(도285-1)이 정면관의 얼굴위주로 장식되었다. 귀면은 앞니를 드러냈는데 코가 들렸다. 두 눈은 눈동자가 검게 칠해졌고 이마에는 소뿔형의 뿔이 돋았는데 머리털이 수북하다.

경주 불국사의 대웅전(보물)에는 좌우 벽면의 토벽에 그려 채색된 사천왕벽화(보물)가 봉안되어 있다. 사천왕 벽화는 우측에는 지국천왕과 다문천왕을 중심으로 2위의 금강(金剛)과 용왕이, 좌측에는 증장천왕과 광목천왕을 중심으로 2위의 금강과 용녀가 그려졌다. 귀면은 지국천왕(도286)의 상갑에 장식되었다. 귀면은 앞니가 드러났고 코는 콧구멍이 뚫린 채 들렸다. 두 눈은 검게 칠해졌고 이마에는 소뿔형의 뿔이 돋았다. 좌측의 남방 증장천왕의 복부에는 포획한 악귀가 매달렸다. 사천왕도는 18세기중엽 경에 제작된 것으로 보이는데, 갑옷 일부와 칼날에는 금니를 칠했다.

도286. 사천왕도(우측) 불국사 대웅전 조선 (국가유산청)

장성의 백양사아미타여래설법도(보물)는 본존 아미타불이 여러 제자들에게 불교의 교리를 설법하는 모습을 그렸는데, 사천왕도의 상갑에 귀면이 장식되었다. 이 설법도(도287)는 아미타불을 중심으로 8대 보살과 6위의 제자, 사천왕, 2위의 팔부중을 배치했는데, 1775년(영조 51) 백양사 극락전의 아미타불상을 중수하면서 조성하였다. 수화승 색민(嗇敏)을 비롯하여 계헌 등 11명의 화승들이 참여해 그린 작품으로 조선 후기인 18세기 후반의 특징을 반영한 대표적인 불화이다. 하단 우측에는 지국천왕과 다문천왕이, 그 좌측에는 증장천왕과 광목천왕이 그려졌는데, 지국천왕과 광목천왕은 상갑에 귀면이 그려져 벽사를 나타냈다. 그러나 증장천왕은 상갑에 귀면이 장식되지 않았고 포획한 악귀를 달았고 다문천왕은 상갑이 가려져

도287. 백양사 아미타여래설법도 조선 (장성군)

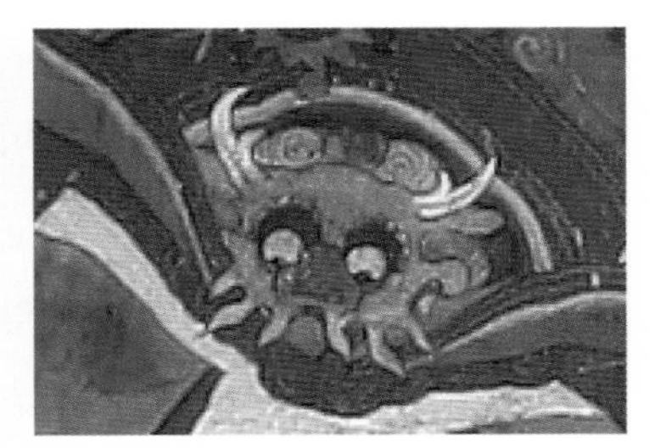

도287-1. 지국천왕(우측)의 귀면

파악되지 않았다. 지국천왕의 귀면(도287-1)은 입을 벌려 허리띠를 물었고 귀기가 뻗쳤다. 두 눈은 아래를 주시했고, 이마의 뿔은 분기했다. 좌측 다문천왕의 상갑 귀면은 간략하나 지국천왕의 상갑에 장식된 귀면과 유사하다. 황색바탕의 얼굴에 이마에는 뿔이 돋아 분기했다.

구례의 화엄사영산회괘불탱(국보)은 석가모니가 영축산에서 제자들과 여러 중생에게 법화경을 설법하는 모습을 그린 불화이다. 괘불탱은 절에서 큰 법회나 의식을 거행할 때, 사찰의 전각 외부에 걸리는 대형 불화로 괘불화 또는 괘불로 불린다. 높이가 11.95m이고 너비가 7.76m인 이 괘불탱(도288)은 석가모니불을 중심으로 문수보살·보현보살과 사천왕상, 십대제자와 2구의 분신불, 십장제불 등이 적절히 배치되었다. 1653년(효종 4)에 제작된 이 괘불은 필선이 섬세하고 치밀하며 각 상들이 부드럽고 원만하다. 홍색과 녹색을 주로 사용해 색상이 밝고 화려한 편이다. 그런데 사천왕 중 2구는 하단에, 나머지 2구는 상단에 배치해 사방을 수호했는데, 하단의 우측 지국천왕과 좌측 증장천왕은 상갑에 귀면이 장식되어 벽사를 나타냈다. 우측 지국천왕의 상갑 귀면(도288-1)은 입을 벌려 허리띠를 물었다. 두 눈은 우측을 주시했고 두 귀는 소귀처럼 묘사되었다. 이마에는 소뿔형의 뿔이 돋았는데 머리털이 수북하다. 좌측 증장천왕의 상갑 귀면(도288-2)은 지국천왕과 같이 얼굴에 홍색반점이 찍혔는데 입을 벌려 허리띠를 물었다. 코는 콧구멍이 뚫려 위로 들렸고 두 눈은 우측을 주시했다. 이마에는 소뿔형의 뿔이 돋았다.

공주 신원사 노사나불 괘불탱(국보)은 노사나불이 영취산에서 설법하는 장면인 영산회상을 그린 괘불이다. 이 괘불탱(도289)은 노사나불을 중심으로 좌우에 10대보살과

도288. 화엄사 영산회괘불탱 조선 (화엄사)

도288-1. 지국천왕(우측)의 귀면

도288-2. 증장천왕(좌측)의 귀면

도289. 공주 신원사 괘불 조선 (국립중앙박물관)

도289-1. 증장천왕(좌측)

도289-2. 증장천왕의 귀면

10대 제자, 사천왕 등을 그렸는데, 당시에는 노사나불과 석가모니불을 일체로 인식한 것으로 보인다. 높이 10m, 너비 6.5m 크기로, 응열(應悅), 학전(學全), 일측(一測) 석능(釋能) 등 다섯 화승이 1644년(현종 4)에 제작하였다. 사천왕도는 하단 우측에는 지국천왕과 다문천왕이, 좌측에는 증장천왕과 광목천왕이 배치되었다. 그런데 증장천왕(도289-1)은 오른손에 용을 잡았고 왼손으로 보주를 쥐었는데, 상갑과 어깨에 귀면이 장식되었다. 귀면(도289-2)은 입을 벌려 앞니와 혀를 드러냈다. 두 눈은 좌측을 주시했고 이마에는 소뿔형의 뿔이 돋았다. 우측 지국천왕의 상갑에는 귀면이 생략되었다. 이 괘불탱은 구도가 잘 짜였고 전체적으로 밝고 섬세하게 표현되어 조선 후기 불화의 특성을 잘 나타냈다.

7) 금강역사의 귀면

도290. 금강문 완주 송광사 조선

완주 송광사에는 일주문과 천왕문 사이에 금강문(도290)이 위치한다. 금강문(전북 유형문화유산)은 인왕문이라고 부르는데, 금강역사와 사자·코끼리를 타고 있는 동자상 2구씩을 배치했다. 금강문 입구의 통로 우측에는 나라연금강(那羅延金剛)을, 좌측에는 밀적금강(密迹金剛)을 각각 배치해 수문신장(守門神將)의 역할을 하였다. 나라연금강은 포획한 악귀를 가슴 띠에 꿰었고, 밀적금강은 복부에 귀면을 장식해 벽사를 나타냈다.

도291. 밀적금강 송광사 금강문 조선

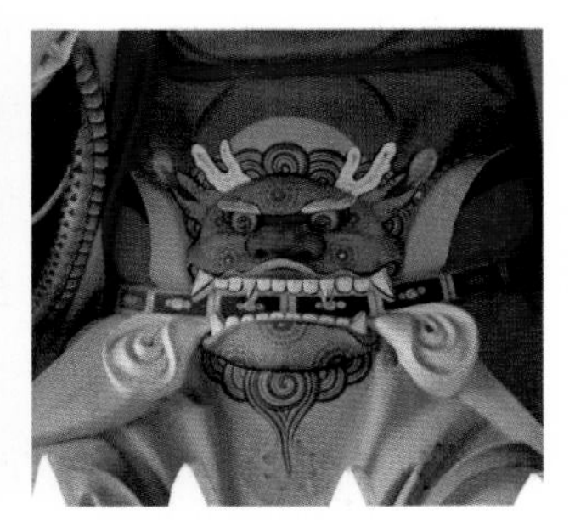

도291-1. 밀적금강의 귀면

밀적금강(도291)은 오른 손으로 용을 잡았고 왼손은 지혜의 무기이자 번뇌를 깨뜨린다는 금강저를 들었는데 상갑에는 귀면이 장식되었다. 그리고 밀적금강의 좌측에는 보현동자가 흰 코끼리에 올라탄 채 설법인을 취하였다. 귀면(도291-1)은 청색바탕에 푸른 반점이 찍혔는데 입을 벌려 허리띠를 물었다. 코는 위로 들렸고 두 눈은 도드라졌다. 귀는 높이 솟았고 이마에는 뿔이 돋아 분기했다. 그런데 밀적금강의 상갑 귀면은 천왕문에 배치한 사천왕상의 귀면과 달리 이마에 분기한 뿔이 돋아 차이를 나타냈다. 그런데 수문신장의 역할을 한 금강문은 방위신의 역할을 겸한 수문신장의 천왕문으로 대체되어 거의 조성되지 않았다.

9. 윤장대의 귀면

예천 용문사의 대장전에는 귀면이 그려진 윤장대(輪藏臺)가 설치되어 중요한 자료가 된다. 윤장대(국보)는 불교경전을 보관하는 회전식 경장(經藏)으로, 국내에서는 용문사 대장전에 유일하게 남아있다. 대장전(보물)은 1185년에 쓴 「중수용문사기(重修龍門寺記)」에 의하면 1173년(명종 3)에 조성했고 그 후 여러 차례 수리되었음을 알 수 있다. 윤장대는 2좌로, 대장전이 초창된 1173년에 설치했고 1625년(인조 3)에 중수하였다. 불단의 동편과 서편의 두 윤장대는 전각형의 기본 형태를 갖춘, 창호가 단아한 교살창이거나 화려한 꽃살창으로 다른 모습이다.[114]

도292. 윤장대(동편) 예천 용문사 대장전 조선

윤장대(도292)는 높이가 4.20m이고 둘레가 3.15m가량인 큰 규모로, 회전축을 바닥마루에 박아 천정까지 세워 고정했는데 옥개와 몸체, 하부로 구분된다. 옥개는 팔각형지붕으로 포작이 화려하다. 몸체도 팔각형으로 각 면에 창호를 달아 경전을 보관할 수 있도록 서가(書架)를 마련했고 난간을 둘렀다. 창호의 상단과 하단에는 머름청판을 끼워 연꽃과 모란, 승상 등의 여러 그림을 그렸거나 안상을 새겼다. 하부에는 윤장대를 돌릴 수 있도록 손잡이가 달렸고, 8각의 각 면이 좁아지면서 귀면이 청판의 상단에

도292-1. 머름청판

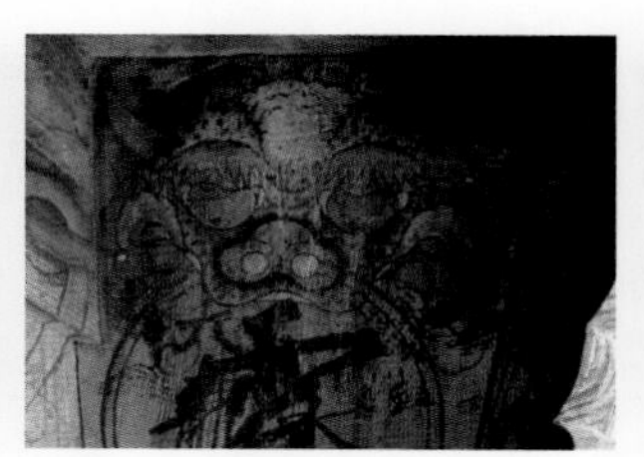

도292-2. 귀면 세부

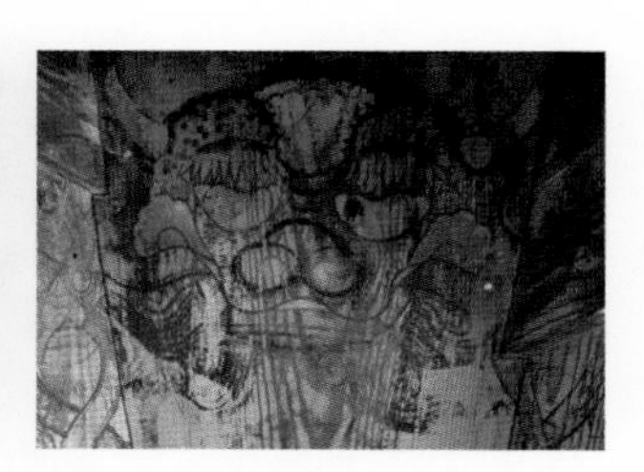

도292-3. 귀면 세부

114) 김성구, 2016, 앞의 글, pp.204~205.

먹으로 그려졌고 여러 곳이 묵서되었다. 그런데 손잡이를 잡고 윤장대를 계속 돌리면 많은 경전을 읽은 것과 같이, 모든 번뇌가 사라지고 공덕을 쌓을 수 있다는 불교의 전경신앙(轉經信仰)을 엿볼 수 있다.

귀면은 팽이처럼 급격히 좁혀진 하부의 머름청판에 먹으로 검게 그렸고 그 일부가 채색되었다. 동편 윤장대의 청판(도292-1)에는 8개의 귀면이 묘사되엇는데, 귀면(도292-2, 도292-3)은 약간씩 다르나 입에는 귀기가 서렸고 두 눈은 도드라져 사방을 경계하였다. 코는 콧구멍이 들렸고 이마의 뿔은 소뿔형으로 돋았다. 서편의 윤장대의 청판(도293)에는 하부 상단에 손잡이가 달렸고 8각형의 각 면에 1개씩 8개의 귀면이 묘사되었다. 귀면(도293-1, 도293-2)은 동편 윤장대의 귀면과 같이 간략하게 그려졌다. 입에는 귀

도293. 윤장대(서편) 예천 용문사 대장전

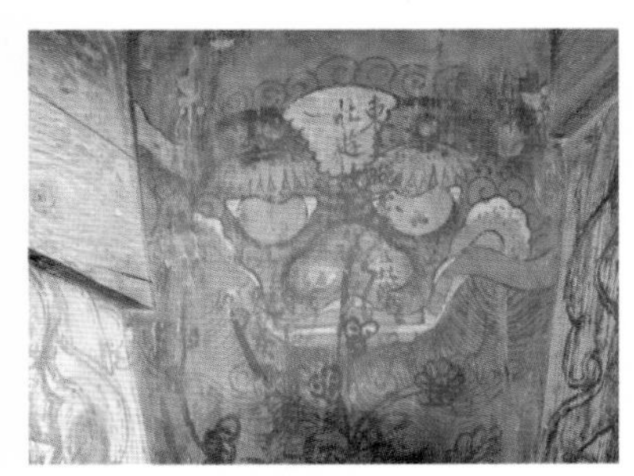

도293-1. 귀면 세부

도293-2. 귀면 세부

기가 서렸고 두 눈은 도드라져 사방을 주시했다. 코는 콧방울이 크며 이마의 뿔은 분기하지 않았다.

윤장대의 귀면은 모두 16개로, 검게 도색된 청판에 먹으로 그려져 적막한 공포를 더 자아냈다. 귀면은 서고에 보관한 경전을 사귀로 부터 보호하기 위한 벽사기능을 나타냈지만, 화반이나 궁창, 불단에 장식된 귀면과 달리 형식변화가 거의 없고 화려하게 채색되지 않았다. 따라서 용문사 윤장대의 귀면은 귀기가 연기처럼 묘사되었고 이마의 뿔이 분기하지 않은 소뿔모양으로 의장되어, 그 시기가 조선 전기까지 소급될 수 있을 것으로 추정된다.

10. 돌다리의 귀면과 귀두

돌다리[石橋]는 돌로 만든 다리이다. 서울의 창덕궁 금천교와 창경궁 옥천교 및 경희궁 금천교, 여수 홍국사의 홍교와 강경 미내다리에는 귀면과 귀두가 무섭게 새겨져 벽사를 나타냈다. 궁궐 안의 하천은 명당수로 금천(禁川)이라고 했고 그 어구(御溝)에 놓인 다리는 금천교(禁川橋)로 불렀다. 그러나 창경궁의 옥천교(玉川橋)와 경복궁의 영제교(永濟橋), 창덕궁의 금천교(錦川橋) 등은 서상적인 의미를 지닌 다른 명칭으로 불렀다. 석교에 귀면을 조각한 것은 궁궐의 정전으로 들어오려는 사귀를 통로에서부터 차단하려는 벽사에서 비롯된 것으로, 창덕궁 금천교와 창경궁 옥천교의 귀면은 조선 전기의 귀면자료로 매우 중요하다.

창덕궁 금천교는 창덕궁이 창건된 6년 후인 1411년(태종 11)에 설치했다. 금천교(보물)는 돈화문 앞을 흐르는 명당수인 금천의 어구에 놓은 돌다리로 돈화문과 인정전의 대문인 진선문(進善門) 사이에 위치했다. 하천가에 축대를 부벽(扶壁)처럼 쌓아올렸고, 두 홍예(虹蜺)가 이어진 교각을 세워 멍엣돌을 얹었다. 다리 상면은 3칸으로 구분하여 장대석을 깔았고 가장자리에는 돌난간을 세웠는데 양 끝 난간위에는 서수가 놓였다. 남북의 두 홍예사이는 귀면이 부조한 역삼각형의 면석을 끼웠고, 홍예의 기반석 위에는 해태와 거북이가 배치되었다.

도294. 창덕궁 금천교(남쪽) 조선

도294-1. 귀면(남쪽)

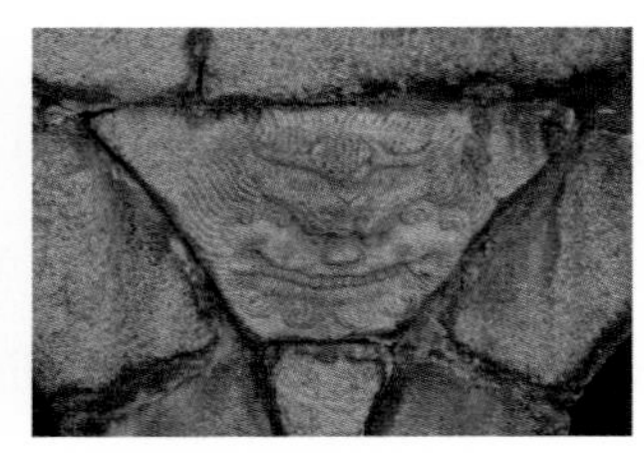

도294-2. 귀면(북쪽)

금천교의 귀면(도294)은 역삼각형의 판석에 새겨져 이마가 넓고 턱이 좁다. 남쪽의 귀면(도294-1)은 입에 송곳니와 앞니가 드러났고 턱에는 수염이 말렸다, 두 눈은 매섭고 눈썹이 위로 치켜졌으며, 코는 작게 묘사되었으나 귀가 생략되었다. 이마에는 분기한 뿔이 돋았고 얼굴에 털이 무성하다. 북쪽의 귀면(도294-2)도 남쪽의 귀면과 거의 유사하다. 귀면은 앞니를 드러났고 눈과 코는 작게 묘사했다. 귀는 생략되었고 이마의 뿔은 분기했는데, 얼굴에 털이 무성하다. 따라서 금천교의 귀면장식은 조선 전기의 주요자료로, 입에 귀기나 초엽, 연꽃 등이 장식되지 않았고 얼굴전체에 수염과 털이 무성한 점이 주요한 특색이라고 할 수 있다.

창경궁의 옥천교(玉川橋)는 홍화문 앞을 흐르는 금천인 옥류천에 놓인 돌다리로, 1483년(성종 14)에 설치했다. 옥천교(보물)는 정문인 홍화문과 정전인 명정전 대문인 명정문의 사이에 있다. 명당수가 흐르는 옥천의 물가에 축대를 쌓았고 바닥은 돌로 포장해 두 홍예가 이어진 교각을 가설했다. 두 홍예 사이에는 귀면(도295)이 부조된 역삼

도295. 창경궁 옥천교(남쪽) 조선

각형 판석을 끼웠다. 다리 상면은 3칸으로 구분해 장대석을 깔았고 가장자리에는 돌난간을 세웠는데, 양끝 난간위에는 서수가 놓엿다.

도295-1. 귀면(남쪽)

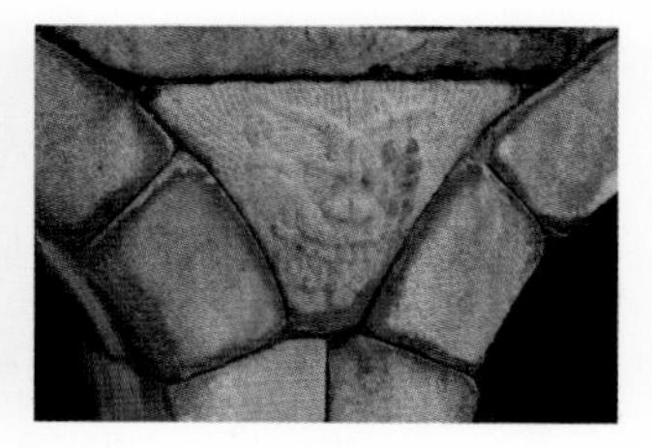
도295-2. 귀면(북쪽)

옥천교의 귀면(도295-1)은 입에 송곳니와 앞니를 드러냈고 턱에는 수염이 말렸다. 두 눈은 돌출했고 콧방울이 두텁다. 귀는 작게 새겼고 이마의 뿔은 분기했는데 얼굴 전체에 털이 수북하다. 북쪽의 귀면(도295-2)도 남쪽 귀면과 거의 유사한데 턱밑 수염이 말렸다. 그런데 옥천교의 귀면은 귀가 묘사되었으나 창덕궁 금천교의 귀면을 이어받은 조전 전기의 자료로 벽사를 나타냈다. 이외 서울 경희궁의 금천교에도 귀면이 장식된 돌다리가 놓여 벽사를 나타냈다.

여수 홍국사의 홍교(虹橋, 보물)는 사찰 앞에 놓인 무지개모양의 돌다리로, 홍국사의 주지인 계특대사(戒特大師)가 1639년(인조 17)에 세웠다. 홍교(도296)는 계곡의 암반을 기반으로 잘 다듬은 돌을 짜 올림으로서 1칸의 반원형의 홍예를 조성했다. 양 측벽은 잡

도296. 흥국사 홍교(안쪽) 조선

석으로 층층이 쌓았고, 상면은 흙을 쌓아 노면(路面)을 만들었는데, 굽이치는 계류와 하천의 바위가 어울린 자연친화적인 다리라고 할 수 있다. 홍교는 높이가 5.5m이고 길이와 너비는 각각 40.0m, 3.45m인 크고 긴 다리이다.

흥국사의 홍교는 홍예 한 복판의 머릿돌이 다리 밑으로 돌출해 용두를 새겼고, 양쪽 홍예의 난간에는 마룻돌[宗石]이 튀어나와 그 마구리에 귀두를 새겼다. 그런데 홍예의 머릿돌(도296-1)에 새긴 용두는 물을 지배하는 수신(水神)으로 수위를 조절해 다리의 안전을 지켰고, 마룻돌에 새겨진 귀두(도296-2, 도296-3)는 사귀로부터 사찰을 보호하는 벽사기능을 나타냈다. 머릿돌 측면까지 조각된 용두는 얼굴이 길쭉하며 이마의 뿔

도296-1. 머릿돌의 용두

도296-2. 마룻돌의 귀면(내측)

도296-3. 마룻돌의 귀면(외측)

은 분기했다. 두 귀두는 입이 턱에 맞닿았고 두 눈과 코가 유난히 도드라졌다. 이마의 뿔은 소뿔 모양으로 분기하지 않았는데 조선 중기의 귀두 자료로 중요하다.

도297. 강경 미내다리 조선

강경 미내다리(충남 유형문화유산)는 미내천(渼奈川)의 하천에 놓인, 3칸의 아치형 돌다리로, 높이가 4.5m이고, 길이와 너비가 각각 30m, 2.8m가량이다. 미내다리(도297)는 금강과 합류하는 강경천을 동서로 잇는 다리로, 그 동안 방치된 것을 제방 밖의 강경천 고수부지로 옮겨 2003년에 복원했다. 국립부여박물관으로 옮긴 '은진미내교비(恩津渼奈橋碑)'에는 미내다리가 1731년(영조 7)에 건립되었음을 새겼는데, 『여지승람(輿地勝覽)』에는 미내다리가 있었는데 조수가 물러가면 바위가 보인다고 해서 '조암교'라고 했다고 기록되었다. 돌다리는 긴 장대석으로 받침을 쌓아올렸고 그 위에 홍예석을 올렸다. 가운데 홍예(도297-1)의 머릿돌에는 용두를 조각해 밑으로 돌출시켰고, 양쪽 난간에는 마룻돌이 튀어나왔는데 한쪽에만 귀두를 새겼다. 그런데 세 번째의 우측 홍예의 머릿돌에는 용두가 없이 마룻돌에 귀두를 새롭게 새겼는데, 첫 번째 좌측 홍예의 머릿돌과 마룻돌에 용두

도297-1. 중앙 홍예의 귀두와 용두

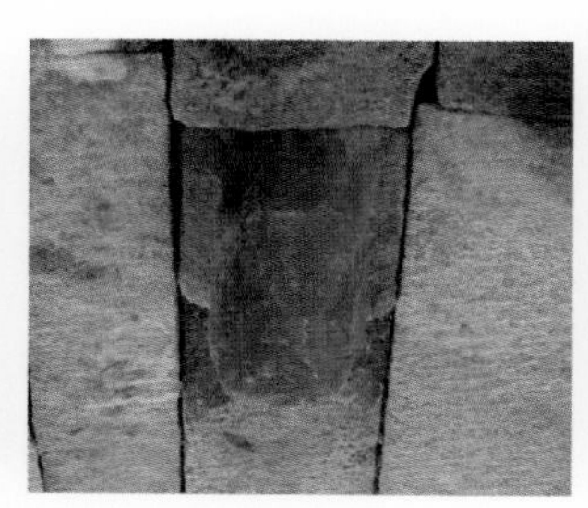

도297-2. 머릿돌의 용두

도297-3. 마룻돌의 귀두

와 귀두가 각각 생략된 점을 감안한다면 세 번째 우측 홍예의 마룻돌에 귀두를 잘못 조각해 복원한 것으로 보인다.

미내다리 홍예의 머릿돌에는 용두(도297-2)가 조각되어 밑으로 돌출했는데 마손되었다. 용은 수신으로 강물의 흐름을 조절해 다리의 안전을 기원했는데 인근의 논산 원목다리[院項橋]는 머릿돌이 없이 마룻돌에 용두를 장식해 차이를 나타냈다. 미내다리의 마룻돌에는 역사다리꼴의 마구리에 귀두(도297-3)를 새겼다. 귀두는 정면관의 얼굴 위주로 높이가 54㎝이고 상단의 폭이 47㎝가량이다. 귀두는 뭉툭한 코에 두 눈이 도드라졌는데 이마에는 소뿔형의 뿔이 돋았다. 마구리 양쪽은 각진 모습으로 귀와 이빨을 조각했는데 턱밑에는 작은 구멍이 뚫렸다. 이와 같이 돌다리에 새겨진 귀면과 귀두는 사귀의 침입을 막아 다리를 건너는 사람들의 안전을 위한 벽사 의미를 지녔다.

11. 돌계단의 귀면

돌계단[石階]의 소맷돌은 돌계단의 난간으로 층계 양쪽의 마구리에 세우는 돌이다. 소맷돌은 대개 삼각형이나 무지개모양으로 석계 양측에 세우는데, 전면에는 용을 장식했고 측면에는 연화·구름·태극·귀면 등을 새겨 길상과 벽사를 나타냈다. 소맷돌에 귀면이 장식된 것은 남원 용성관과 속초 신흥사 극락보전의 석계 등이다.

남원 용성관의 돌계단 소맷돌에는 귀면이 새겨져 사귀에 대한 벽사를 나타냈다. 남원 용성관(龍城館, 도298)은 통일신라직후인 691년(신문왕 11)에 초창했다고 전하며 조선시대에는 관원들의 숙소인 객사로 사용했다. 한 때는 조선 태조의 전패(殿牌)를 모시어 백성을 돕는다는 의미의 휼민관(恤民館)으로 불렀는데, 1597년 남원전투에서 조명연합군이 패하자 태조의 전패가 일본군에게 능욕당할 것

도298. 남원 용성관 조선 (국립중앙박물관)

을 염려해 용성관의 본관을 불태웠다. 그 후 광해군 때 재건했으나 곧 바로 소실되었고, 1690년(숙종 16)에 중건되어 한국전쟁 때 소실되었다. 용성관은 광한루, 관왕묘와 함께 남원의 3대 건물에 속할 정도로 매우 장대했다.[115] 용성관지에는 현재 용성초등학교가 위치했는데 석계와 건축부재인 약간의 석조물만이 남았다.

도299. 석계 남원 용성관지 조선

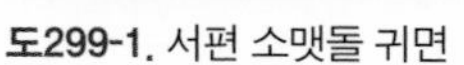

도299-1. 서편 소맷돌 귀면

도299-2. 동편 소맷돌 귀면

용성관지에는 현재 70여m가량의 건물기단과 돌계단 1기가 남았는데, 돌계단은 용성초등학교의 본관 계단으로 사용하고 있다. 돌계단(도299)은 2개의 단과 양쪽의 두 소맷돌이 잔존했는데, 소맷돌의 각 측면에는 귀면이 새겨져 벽사를 나타냈다. 서편 소맷돌(도299-1)은 반원형의 판석으로, 외측에 테두리를 두르고 무서운 귀면을 부조했다. 귀면은 작은 입에 코와 눈이 도드라졌고 눈썹이 두텁다. 뿔은 분기했는데 얼굴 전체에 털이 수북하며 좌측에는 귀기가 서렸다. 동편의 소맷돌(도299-2)도 서편 소맷돌과 같은 반원형의 판석인데 무서운 귀면이 새겨졌다. 귀면은 입과 두 눈, 코와 귀, 뿔 등을 모두 갖추었으나 털이 수북해 잘 관찰되지 않는다. 소맷돌은 높이와 너비가 각각 80.0㎝, 90.0㎝이고 두께가 28.0㎝가량이다. 그런데 용성관 돌계단의 귀면은 얼굴전체가 털로 덥혀 각 부위

115) ① 李燾·李秉爀, 1923,『龍城誌(1-7책)』.
② 韓國學中央研究院 藏書閣 編, 2005,『藏書閣圖書韓國本解題』2-3, 地理類.

도300. 석계 신흥사 극락보전 조선

를 살필 수 없으나 조선 중기의 주요한 자료에 해당된다.

속초 신흥사의 극락보전(보물)에는 돌계단 소맷돌에 귀면이 장식되어 벽사를 나타냈다. 정면의 돌계단(도300)은 5개의 단이 있는 삼도형식으로, 돌난간인 소맷돌에는 용두와 귀면 등 여러 무늬가 장식되어 이채롭다. 신흥사는 1644년(인조 22)에 현 위치로 옮겨 재건했고, 주불전인 극락보전은 1749년(영조 25)부터 몇 차례에 걸쳐 수리되었는데 돌계단은 1761년(영조 37)에 완성되었다.

동편과 서편의 소맷돌(도300-1, 도300-2)은 반원형 판석으로 같은 모습인데, 전면에는 용두를 조각했고, 소맷돌의 양 측면에는 상하부의 테두리에 안상(眼象)을 장식하고 내부에 귀면과 삼태극, 구름을 새겼다. 안상은 테두리가 머름동자로 구획되어 각 칸에 장식되었는데 목가구의 수법이 관찰된다. 귀면은 외측에 둥근 테두리를 두고 새겼는

도300-1. 동편 소맷돌 귀면 (국가유산청)

도300-2. 서편 소맷돌 귀면

데 상당히 정제되었다. 입에는 송곳니와 앞니가 드러났고 귀기가 서렸다. 두 눈은 도드라졌고 코와 귀는 구멍이 뚫렸는데 이마의 뿔은 분기했다. 소맷돌의 귀면은 돌계단이 완성된 1761년에 새겨져 정확한 제작시기를 파악할 수 있다.

12. 비석의 귀면

귀면이 장식된 조선시대의 비석은 매우 다양하다. 선정비와 신도비, 계생비와 사적비 등으로 구분해 그 변천과 특징을 간단히 살폈는데, 승려의 행적을 기록한 탑비는 별도로 기술했다. 귀면을 비석에 새긴 것은 비석의 훼손을 방지해 안전하게 보존하기 위한 것과 비석의 설립자와 그 내용의 무한한 번창을 기원하기 위한 것으로 풀이된다.

선정비는 불망비(不忘碑), 애민비(愛民碑), 청덕비(淸德碑), 청백비(淸白碑), 송덕비(頌德碑) 등으로 불렸는데 전국적으로 많이 입비되었다. 신도비와 계생비는 약간에 불과한데, 계생비는 향사에 제물로 쓸 가축을 매놓은 비석으로 특이하다. 사적비는 성곽과 교량, 사찰과 향교, 서원과 전각 등의 건립과 중수 및 개축에 관한 사실과 취지를 기록한 비석으로 그 범위가 광범위하다.

1) 선정비의 귀면

선정비(善政碑)는 선정을 베푼 지방의 수령이나 관리가 임기를 마치고 떠날 때 그 덕을 기리고 후세에 전하기 위해 고을 사람들이 세워주는 비석이다. 선정비는 대부분 고을의 동구 밖에 세워졌는데 조선 후기의 자료가 많이 남아있다. 선정비는 비석을 받치는 비좌와 비문을 새기는 비신, 비신을 덮는 개석 즉 이수로 구분되는데, 귀면은 대부분 이수에 조각되어 벽사를 나타냈다. 이수에 귀면이 새겨진 선정비는 다음과 같이 몇 자료가 조사되었다.

울산 동헌 안에 위치한 부사 송극인청덕비[府史宋公克訒淸德碑]는 이수에 귀면이 부조되었다. 송극인(1573~1635)은 조선 중기의 문신으로, 1623년에 울산도호부사로 부임해서 약 1년 동안 재임했다. 비석(도301)은 높이가 166㎝인데, 송극인이 이임한 1624년

도301. 부사 송극인청덕비 울산동헌 조선

도301-1. 이수 귀면(후면)

(인조 2)에 세워졌고 1659년(효종 10)에 고쳐 세웠다. 비 전면에는 비명이외에 「천계4년 갑자(天啓四年甲子)…」의 입비 시기(1624)와 "백성을 침학하지 않아 그 부모가 되었다."는 선정의 글귀가 쓰였다. 이수 전면과 후면의 상단에는 두 이룡(螭龍)이 여의주를 문 채 측면관으로 조각되었으나, 후면 하단에는 귀면이 정면관의 얼굴위주로 새겨져 용과 귀면의 차이를 잘 나타냈다. 귀면(도301-1)은 송곳니와 앞니를 드러냈고 두 눈은 왕방울처럼 도드라졌다. 이마에는 소뿔형의 뿔이 돋았다는데 얼굴 전체에 털이 무성하다.

군산의 옥구향교 입구에는 23기의 비석이 나열되어 있다. 옥구현의 수령과 도순찰사를 역임했던 관리들의 비석인데, 2기의 선정비에 귀면이 부조되었다. 좌측에서 네 번째의 비(도302)는 도순찰사 구봉서청덕선정비(都巡察使具鳳瑞淸德善政碑)로 높이가 175㎝가량이고 이수의 폭은 68㎝이다. 이수

도302. 도순찰사 구봉서선정비 옥구향교 조선

전면에는 하단에 복련를 장식했고 귀면을 간략하게 새겼는데 비신에 1640년(인조 18)에 입비한 「경진(庚辰)의 간지가 있다. 구봉서(1596~1644)는 조선 후기의 문신으로 성품이 강직해 인조의 총애를 받았는데, 전라도관찰사와 호조참의, 평안도관찰사 등을 역임했다. 귀면은 송곳니가 드러났고 귀기가 서렸다. 코는 뭉툭하고 두 눈은 치켜졌다. 이마에는 소뿔형의 뿔이 돋았고 이마를 포함한 얼굴 전체에 털이 구름처럼 말렸다.

도303. 현감 조태채선정비 옥구향교 조선

옥구향교 좌측에서 첫 번째의 비(도303)는 옥구현감을 지낸 조태채선정비(趙泰采善政碑)로 높이가 185㎝가량이고 이수의 폭은 66㎝이다. 이수에는 하단에 복련대를 두고 귀면을 새겼는데 비신 뒷면에는 1641년(인조 19)에 입비한 신사(辛巳)의 간지가 쓰였다. 조태채(1660~1722)는 조선 후기의 문신으로 평안감사와 한성부판윤, 좌의정 등을 역임했다. 저서로 이우당집(二憂堂集)이 전하며, 과천의 사충서원과 진도의 봉암사에 제향되었다. 귀면(도303-1)은 전술한 구봉서선정비의 이수에 새겨진 귀면과 유사하다. 입에는 귀기가 서렸고. 두 눈이 도드라졌다. 이마에는 소뿔형의 뿔이 돋았고 얼굴 전체에 털이 말렸다.

도303-1. 이수 귀면(전면)

낙양향교의 입구에는 현감 최용지선정비(縣監崔容之善政碑)가 있는데 이수의 전면과 후면, 비좌에 귀면이 새겨져 이채롭다. 최용지(1639~1694)는 조선 후기의 무신으로 낙안현감으로 재직할 때 선정을 베풀었다. 비신 전면과 우측면에는 「강희 29년」과 「계유춘개수(癸酉春改竪)」 등의 글씨가 쓰여, 선정비(도304)가 1690년(숙종 16)에 건립되었고

도304. 현감 최용지선정비 낙안향교 조선

비신은 1993년에 교체되었음을 알 수 있다. 이수의 전면 상단에는 이룡이 새겨졌고 중앙에는 귀면이 조각되어 용과 귀면의 차이를 나타냈다. 귀면은 송곳니와 앞니가 드러났고 두 눈이 돌출되었다. 이수 후면(도304-1)에도 귀면이 새겨졌는데 입에는 당초가 초각되었고 귀기가 서렸다. 그리고 비좌의 네 모서리(도304-2)에도 간략한 귀면이 조각되어 지방양식의 특색을 나타냈다. 비좌의 귀면은 앞니를 드러냈고 두 눈이 도드라졌다. 이마의 뿔은 소뿔모양이다.

함평공원에는 입구에 20기의 비석이 나열되어 있다. 비석은 현감과 관찰사의 선정비로 대부분 조선 후기에 건립되었다. 선정비가운데 귀면이 새겨진 비석은 현감 권성영세불망비(縣監權偺永世不忘碑)와 현감 권이진만세불수비(縣監權以鎭萬世不諼碑), 현감 이언경인휼선정지사비(縣監李彦經仁恤善政志思碑) 등 3기이다. 현감 권성

도304-1. 이수 귀면(후면)

도304-2. 비좌의 귀면

도305. 현감 권성영세불망비 함평공원 조선

도305-1. 이수의 귀면

영세불망비(도305)는 높이가 270㎝인데 비신 전면에 비명과 선정의 글귀를 새겼고, 후면에는 1701년(숙종 27)에 입비한 「강희 40년」의 연호가 새겨졌다. 귀면(도305-1)은 이수의 전면과 두 모서리에 새겨져 특이하다. 전면의 귀면은 앞니를 드러낸 채 당초가 초각되었고 턱에 수염이 무성하다. 두 눈은 돌출했고 뿔은 분기했다. 모서리의 두 귀면은 입에 앞니가 드러났고 귀기가 서렸다. 두 눈은 부릅떴고 눈썹이 치켜졌는데 뿔이 분기했다. 함평공원의 비석은 귀면이 이수의 전면과 두 모서리까지 새겨져 지역적인 특색을 잘 나타냈다.

함평공원이 현감 이언경인휼선정지시비(도306)는 높이가 180㎝로, 비신 전면에 비명을 새겼고 후면에는 1702년(숙종 28)에 입비한 「강희 41년」의

도306. 현감 이언경선정비 함평공원 조선

도306-1. 이수의 귀면

도306-2. 이수 귀면(후면)

도307. 현감 권이진만세불수비 함평공원 조선

도307-1. 이수의 귀면

연호를 새겼다. 귀면은 이수의 전면과 두 모서리, 후면에 새겨져 특이하다. 전면의 귀면은 입에 초엽을 새겼고 두 눈이 도드라졌다. 두 모서리의 귀면(도306-1)도 입에 앞니를 드러낸 채 초엽을 새겨 유사한 모습이다. 후면의 귀면(도306-2)은 입을 벌려 앞니를 드러냈고 코는 들렸다. 두 눈은 눈동자가 돌출했고 귀는 소귀처럼 치켜졌다. 이마에는 소뿔형의 뿔이 돋았는데 얼굴 전체에 운기(雲氣)가 서렸다. 현감 권이진만세불수비(도307)는 높이가 235㎝인데 전면에 비명을 새기고 후면에 1702년(숙종 28)에 입비한 「강희 41년」의 연호가 새겨졌다. 권이진(1668~1734)은 조선 후기의 문신으로 1695년에 함평현령과 전라도도사를 역임하였다. 귀면은 이수 전면의 두 모서리에 새겨졌는데, 전면과 후면에는 꽃과 구름이 장식되었다. 모서리의 두 귀면(도307-1)은 입에 송곳니와 앞니가 드러났고 뿔은 소뿔모양으로 분기하지 않았다.

한편 지방의 향교와 서원에는 유학 교육에 힘쓴 공로를 기리기 위해 홍학비를 세웠다. 광양향교 앞에 세운 홍학비(도308)는 현감 우정규홍학비(縣監禹禎圭興學碑)로 이수에 귀면이 새겨졌다. 광양향교의 남쪽에는 선비 자제를 가르친 홍학재가 있었는데 18세기 후반 당시의 현감인 우정규가 제창하였다고 한다. 우정규(1718~?)는 조선 후기의 문신으로 정조 때 예조좌랑, 장령, 광양현감 등을 역임했다. 비석은 높이가 205㎝인데,

도308. 현감 우정규흥학비 광양향교 조선

도308-1. 이수의 귀면(전면)

이수의 전면에는 귀면을 새겼고 후면에는 홍학(興學)의 공로를 적었다. 귀면(도308-1)은 입을 다물고 두 눈이 도드라졌다. 코는 두껍고 길며 얼굴에 털이 무성하다. 이마에는 분기한 뿔이 돋았고 보주가 새겨졌는데 퇴화된 모습이다.

2) 신도비·묘비의 귀면

신도비(神道碑)는 죽은 사람의 평생행적을 기록해 무덤 앞에 세운 석비이다. 대개 왕이나 종2품 이상의 관직을 역임한 사람들의 무덤 앞 동남쪽에 세워 죽은 사람의 사적을 기리는데, 그 이하의 사람들은 신도비 대신에 묘비를 세워 차이를 나타냈다. 그런데 조선시대 왕릉의 신도비는 문종(文宗)이 금지하여 그 이후에는 왕릉에 신도비가 설치되지 않았으나, 공신이나 석유(碩儒)에게는 왕명으로 신도비를 세우도록 하였다. 신도비는 귀부와 이수를 갖춘 것과 귀부를 생략하고 이수만 갖춘 것 등 차이가 있다.

거창 정온신도비는 이수의 두 측면에 귀면을 새겨 벽사를 나타냈는데, 묘소 앞에 세운 용천정사(龍泉精舍)의 경내에 있다. 정온(鄭蘊, 1569~1641)은 절개와 충절이 높은 조선 중기의 문신으로 호는 동계(桐溪)이다. 신도비(도309)는 귀부와 비신, 이수를 갖춘 신도비의 정형(定型)을 나타냈는데, 비신에는 정온의 행적과 1577년(선조 10)에 입비한 사

도309. 거창 정온신도비 조선

도309-1. 이수의 귀면(좌측면)

실을 새겼고, 이수의 전면과 후면에는 이룡을, 두 측면에는 귀면이 장식하였다. 좌측면이 귀면(도309-1)은 규모가 크고 당당한데, 입을 벌려 송곳니와 앞니를 드러냈고 턱에는 수염이 무성하다. 두 눈은 크게 도드라졌고 코는 뭉툭하며 크다. 이마의 뿔은 분기했는데 얼굴 전체에 털이 수북하다. 신도비의 높이는 300㎝인데, 이수에 새겨진 귀면은 높이와 너비가 각각 70㎝, 64㎝로 큰 규모이다.

김포 권상신도비(경기 문화유산자료)는 비좌에 2개의 귀면을 새겼다. 권상(權常, 1508~1589)은 조선 중기의 문신으로 동지중추부사를 역임하였고 사후에 의정부 영의정에 추증되었다. 비문은 백사 이항복이 지었고 비명은 명필 노직이 썼는데, 1606년(선조 39)에 입비했다. 이수는 하단에 앙련을 장식하고 이룡을 장식했다. 비좌는 전면과 후면을 각각 2구획으로 나누어 동일한 귀면과 꽃무늬를 장식했고 상부에 복련을 새겼다. 귀면(도310)은 입에 앞니가 드러났고 귀기를 초엽과 같이 묘사했다.

도310. 비좌의 귀면 김포 권상신도비 조선

두 눈은 돌출하였고 코는 콧구멍이 뚫렸는데 이마의 뿔은 분기했다.

서울 관악 이경직신도비(서울 유형문화유산)는 비좌에 2개의 귀면을 새겨 벽사를 나타냈다. 이경직(李景稷, 1577~1640)은 조선 중기의 문신으로 도승지와 호조판서를 역임했다. 비문은 김류(金瑬)가 지었는데, 비문 말미에는 1668년(현종 9)에 입비했다는 「숭정기원후 41년 무오…」명의 연호가 있다. 비좌(도311)는 전면과 후면을 각각 2구획으로 구분하고 귀면과 초엽을 장식하였는데 상부에는 복련이 새겨졌다. 두 귀면은 유사한데, 입에 귀기를 초엽과 같이 묘사했고 턱에는 수염이 무성하다. 두 눈은 도드라졌고 코는 굵고 귀는 위로 솟았다. 이마에는 분기한 뿔이 길게 뻗쳤다. 귀면의 크기는 높이와 너비가 43㎝, 62㎝가량으로 비교적 큰 규모이다.

도311. 비좌의 귀면 관악 이경직신도비 조선

대전 동구의 이사동 묘역에는 비좌에 3개의 귀면을 새긴 송이창의 묘비가 있다. 이사동 마을은 15세기 이후 형성된 은진송씨의 집성촌으로, 뒷산에는 13개의 묘역으로 나뉘어 1070여기의 무덤이 있다. 송이창(宋爾昌, 1561~1627)은 영천군수를 역임한 조선 중기의 문신으로, 조선 후기의 문신이자 성리학자인 동춘당 송준길(宋浚吉, 1606~1672)의 아버지이다. 송이창의 묘비는 2기의 문인석과 함께 1628년(인조 6)에 세워졌는데, 무덤의 동남쪽에 있다. 비문은 사마시 동년인 청음 김상헌(淸陰 金尙憲)이 짓고 신독재 김집(愼獨齋 金集)이 대자를 썼다.

송이창의 묘비(도312)는 받침돌인 비좌와 몸체인 비신, 지붕의 옥개석으로 이루어졌는데 높이가 250㎝가량이다. 비좌는 장방형으로 상면에는 복련(覆蓮)을 장식했고 전면과 측면에는 모란과 현무(玄武), 귀면 등을 새겼는데, 가로와 세로의 길이가 138㎝, 114㎝이고 높이가 60㎝가량이다. 비좌의 전면은 상하로 구분되어 상단에는 3구간에 모란을, 하단에는 낙양각안에 현무를 각각 조각하여 부귀영화와 장수 등 길상을 나

도312. 송이창 묘비 조선

타냈다. 비좌의 후면(도312-1)은 너비가 127㎝이고 높이가 37㎝인 귀면을 새겨 나쁜 기운을 쫒는 벽사를 나타냈다. 귀면은 앞을 주시하는 정면관으로, 귀기를 내뿜고 코는 콧구멍이 뚫렸다. 이마에는 뿔이 돋았고 얼굴에는 털이 수북하다. 비좌의 두 측면(도312-2)은 상하로 구분되어 상단에는 귀면을, 하단에는 약리문(若鯉文)을 동일하게 장식했다. 귀면은 정제되었는데 입이 가려졌으나 송곳니가 날카롭고 귀기가 서렸다. 두 눈은 왕방울처럼 튀어나왔고 눈썹은 톱니처럼 솟았다. 이마에는 분기한 가지뿔이 뻗쳤다. 하단의 낙양각안에는 잉어를 묘사한 약리문이 장식되었는데 그 길이와 너비가 각각 62㎝, 19㎝가량이다. 잉어는 입가에 수염이 달렸고 비늘이 선명한데, 자손의 번창과 과거 급제를 상징하는 길상적인 의미를 지녔다. 그런데 송이창의 부친인 송응서 묘역의 비좌에도 현무와 약리가 장식되어 음덕의 길상을 살필 수 있다.

도312-1. 비좌의 후면

도312-2. 비좌의 서측면

3) 계생비의 귀면

장성 필암서원(筆巖書院)에는 춘추 향사(享祀) 때 쓰기위해 희생(犧牲)을 묶어 놓고 검사하는 계생비(繫牲碑)가 있다. 계생비는 향사에 제물로 쓸 가축을 매어 놓은 비로, 제관들은 가축이 새끼를 잉태했는지, 또는 질병에 걸리거나 노쇠하지 않았는지의 여부를 검사해 제물로 선정하게 된다. 다른 서원은 계생비 대신에 생단(牲壇)에서 희생을 검사하여 제물을 선정한다. 필암서원(사적)은 조선 중기의 문신이자 성리학자인 하서 김인후(金麟厚, 1510~1560)의 학덕을 추모하기 위해 건립했다. 비좌에는 귀면이 장식되어 희생에 대한 벽사를 나타내 주목된다. 우동사(祐東祠) 앞에 위치한 계생비(도313)는 전면에 「필암서원계생비」라고 쓰였고 후면에는 「묘정비(廟庭碑)」로 쓰여 두 비가 하나로 합성되었음을 알 수 있다. 후면의 묘정비에는 서원의 건립 취지와 연혁 등이 기록되었

도313. 계생비 필암서원 조선

도313-1. 비좌

도313-2. 비좌의 귀면(전면)

도313-3. 비좌의귀면 (좌측 모서리)

는데, 비문은 조선 말기의 문인인 연재 송병선(宋秉璿, 1836~1905)이 찬하고 글씨는 석촌 윤용구(尹用求)가 썼다. 그런데 계생비의 동쪽측면에 「경오4월 일 추각(庚午四月 日 追刻)」의 문자가 새겨져, 묘정비는 기존의 계생비 후면에 1870년(고종 7)에 추각되어 두 비가 합성되었다.

계생비는 지대석과 비좌. 비신과 옥개석으로 구성되었다. 비좌(도313-1)는 장방형으로 전면에 꽃과 귀면, 꽃을 차례로 새겼고 양측의 두 모서리에도 귀면을 장식해 사악한 기운을 막는 벽사를 나타냈다. 전면의 귀면(도313-2)은 정면관의 얼굴 위주로 입을 벌려 송곳니를 드러냈는데 윗입술에는 사악한 기운을 감지하는 촉수(觸鬚)가 달려 이채롭다. 두 눈은 도드라졌고 코는 콧구멍이 뚫렸다. 귀는 소귀처럼 속이 파였고 이마에 뿔은 분기하지 않았다. 동쪽과 서쪽의 모서리에도 동일한 귀면이 새겨져 이채롭다. 서쪽 모서리의 귀면(도313-3)은 각을 이루면서 돌출했는데, 혀를 내민 입에는 앞니가 드러났고 귀기가 서렸다. 두 눈은 치켜졌고 이마에는 뿔이 돋았다. 비좌의 상부와 측면 및 후면에도 꽃무늬가 장식되었는데, 비의 높이는 255㎝이고 비좌는 가로와 세로가 168㎝이고 120㎝가량이다.

비좌의 양측 모서리에 귀면을 새긴 것은 전술한 바와 같이 함평공원에 위치한 「현감 권성영세불망비(1701년)」와 「현감 이언경선정비(1702년)」, 「현감 권이진만세불수비(1702년)」 등의 이수에도 나타난 이 지방 특유의 장식의장으로 주목된다. 비록 귀면이 비좌와 이수에 각각 다르게 새겨졌으나 그 의장이 비슷하고 장성과 함평은 가까운 인근지역으로 비의 제작에 서로 관련이 많았을 것으로 짐작된다. 따라서 필암서원의 생계비는 함평공원에 위치한 선정비의 건립시기와 비슷한, 1700년을 전후한 시기에 건립된 것으로 추정되며 생계비 후면의 묘정비는 1870년(고종 7)에 추각해 합성된 것으로 보인다.

4) 사적비의 귀면

사적비(事蹟碑)는 어떤 일에 관련한 사실이나 취지 등을 기록한 비석으로 그 범위가 광범위하다. 사찰과 향교, 서원과 전각을 비롯해 성곽과 교량 등의 건립과 중수 및 개축에 관한 사실이나 취지 등을 기록하였다. 귀면은 사찰과 관련된 사적비에 몇 례가 새겨져 벽사를 나타냈다. 불교의 사적비는 사찰의 개창과 중건 및 개수에 대한 기록을 새긴 것으로 기적비로 부르기도 한다. 사적비는 비좌와 비신, 개석 즉 이수로 구성되는데, 간혹 비좌와 이수에 귀면이 장식되어 벽사를 나타냈다.

고흥 능가사사적비(전남 유형문화유산)는 절의 내력을 적어 놓은 비석으로 이수에 귀면과 사자가 새겨졌다. 능가사(楞伽寺)는 임진왜란 때 소실되어 인조 때 재건되었는데, 사적비는 비신말미에 쓰인 「숭정기원후 경오월일 입(崇禎紀元後 庚午月日 立)」의 문자에 의해 조선 중기인 1630년(인조 8)에 건립되었음을 알 수 있다. 사적비(도314)는 귀부와 비신, 이수로 구성되었는데, 이수의 전면과 후면에는 여덟 마리의 이룡이 조각되었고, 좌우의 두 측면에는 귀면과 사자가 각각 하나씩 새겨져 특이하다. 좌측면에 새겨진 귀면(도314-1)은 정면관인 얼굴 중심으로 묘사되었는데 입을 벌려 물고기를 물었고 귀기가 서렸다. 물고기는 눈과 비늘, 꼬리지느러미 등이 묘사되었다. 귀면은 입 이외에 눈과 귀, 뿔을 모두 갖추었는데 이마의 뿔은 분기했다. 그런데 이수의 귀면은 물고기를 입에 문 귀면의 선례로서 그 조성시기(1630년)가 확인되어 중요한 자료가 된다.

도314. 능가사 사적비 조선

도314-1. 이수의 귀면(좌측면)

고성의 간성 건봉사사적비(杆城乾鳳寺事蹟碑)는 귀부와 비신, 이수로 이루어졌는데 귀면은 이수의 양 측면에 새겨졌다. 건봉사는 고려 때 나옹이 중건했고 조선 세조 때는

도315. 간성 건봉사사적비 조선

도315-1. 이수의 귀면(우측면)

왕실의 원당이 된 큰 사찰이다. 사적비(도315)는 사찰 입구의 부도전에 운파대사탑비와 나란히 배치되었는데, 1730년에 세워진 운파대사탑비와 유사한 모습으로 제작되어 1906년에 세워졌다. 이수 전면은 이룡이 새겨졌고 양 측면에는 유사한 귀면이 장식되어 벽사를 나타냈다. 비의 높이는 505㎝이고 이수의 높이와 너비는 80㎝, 50㎝가량이다. 서쪽 측면의 귀면(도315-1)은 입에 송곳니가 드러났고 귀기가 서렸는데 턱에는 수염이 무성하다. 두 눈은 도드라졌고 이마에는 가지뿔이 돋았는데 머리털이 말렸다.

해남 대흥사의 표충비각(도316)은 1860년에 건립되었는데, 내부에는 서산대사 표충사기적비(西山大師表忠祠紀蹟碑)와 건사사적비(建祠事蹟碑)가 나란히 세워졌다. 표충사는 임진왜란 때 승병을 일으켜 왜병 격퇴에 앞장섰던 서산대사 휴정(休靜, 1520~16040)의 공적을 기리기 위해 사액사당으로 1669년(헌종 10)에 대흥사의 경내에 건립하였다. 표충사 기적비는 휴정의 이력과 공적을 적은 비로 비좌의 정면(도316-1)에 2개의 귀면이 새겨져 벽사를 나타냈다. 기적비는 높이가 364㎝인데, 측면에는「숭정 기원후 삼신해월립(崇禎紀元後三辛亥月立)이 새겨져 조선 후기인 1791년(정조 15)에 세워졌음을 알 수 있다. 두 귀면은 입을 벌려 혀와 앞니를 드러냈고 두 눈이 돌출했는데, 이마에는 뿔이

도316. 표충비각 대흥사 조선

도316-1. 비좌의 귀면 서산대사 표충사기적비

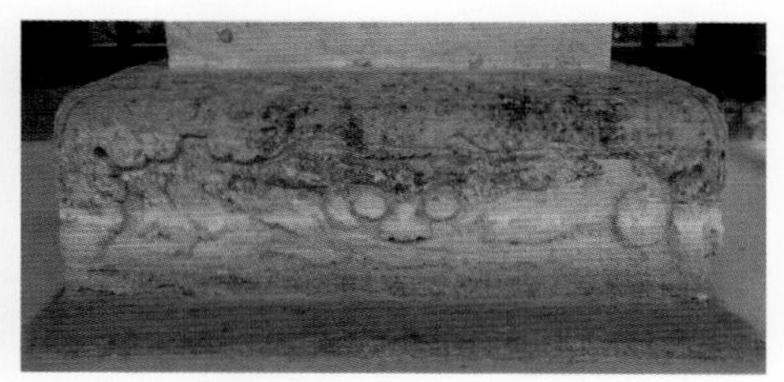
도316-2. 비좌의 귀면 건사사적비

분기했다. 비좌의 상면에는 복련을 새겼고 양 측면은 초화를 장식했다.

표충비각 우측의 건사사적비는 비좌(도316-2)에 1개의 귀면을 새겼는데, 비신에 「성상 십육년 임자오월일(聖上十六年壬子五月日)」의 문자가 새겨져 1792년(정조 16)에 조성되었음을 알 수 있다. 비좌의 전면은 목가구의 수법인 낙양각을 장식하고, 귀면을 중심으로 우측과 좌측에 거북이와 서수를 조각해 이채롭다. 귀면은 입에 초엽을 물었고 코는 뭉툭하다. 두 눈은 돌출했고 뿔과 귀는 관찰되지 않는다. 비좌의 두 측면과 후면은 낙양각을 조각했고, 우측면에는 두꺼비와 서수를, 좌측면에는 구름을 각각 새겼다. 그리고 후면에는 용을 조각해 귀면과 차이를 나타냈다.

한편 고흥향교의 중건의 내역을 새긴 성묘중건비(聖廟重建碑)는 이수의 두 측면에 귀

도317. 성묘중건지비 고흥향교 조선

도317-1. 이수의 귀면(우측면)

면이 장식되어 특이하다. 중건비(도317)는 고흥향교 동쪽에 위치했는데, 비신 말미에 1782년(정조 6)에 입비한 「숭정기원후 삼임인(崇禎紀元後三壬寅)」의 연호가 새겨졌다. 비신 전면에는 전서(篆書)로 쓰인 비명과 중건의 내역을 적었다. 이수는 6각형으로 전면에는 꽃과 기하학 무늬를 장식했고 후면에는 이룡을 새겼다. 이수의 두 측면(도317-1)에는 귀면을 새겼는데 두 눈이 돌출했고 이마의 뿔은 분기했다. 비좌는 전면과, 양 측면이 두 구획으로 나뉘어 목조가구수법의 하나인 낙양각을 조각했고 상면에는 복련을 새겼다. 비의 높이는 250㎝이고, 이수의 높이와 너비는 58㎝, 107㎝가량이다.

13. 탑비의 귀면

탑비(塔碑)는 승려의 출생에서 사망에 이르기까지 일생의 행적을 기록한 비로, 승려의 유골을 안치한 부도와 함께 조성된다. 탑비는 통일신라 후기부터 고승에 대한 숭앙심에서 제작되기 시작했는데 고려와 조선시대에도 상당히 성행하였다. 귀면이 장식된 조선시대의 탑비는 부도와 함께 벽사기능을 나타냈는데, 10여개의 조선 중기와 후기의 탑비가 조사되었다.

귀면이 장식된 조선 중기의 탑비는 구례 화엄사의 벽암 국일도대선사비(碧巖國一都大禪師碑, 도318)가 유일하다. 화엄사를 중창한 벽암대선사의 행적을 기리기 위해 세워진 것으로 귀부와 비신, 이수 등 전통적인 탑비의 형식을 갖추었다. 벽암(1575~1660)은 임진왜란이 일어나자 유정의 승군에 참여했고, 병자호란 때는 승군을 일으켰다. 인조 때 남한산성을 축조해 보은천교원조 국일도대선사(報恩闡教圓照國一都大禪師)라는 시호를 받았는데, 화엄사와 쌍계사, 완주 송광사 등을 중창했고 해인사와 법주사를 중수해 조선불교의 위상을 높였다. 탑비의 이수는 하단에 당초와 귀면을 새겼는데 꼭대기에는 보주가 놓였다. 귀면(도318-1)은 이수 전면과 후면에 새겼는데 정제되었다. 입에는 귀기가 서렸고 두 눈은 도드라졌다. 코는 콧구멍이 들렸고 이마에는 소뿔형의 뿔이 돋았다. 비신 이면에는「강희2년 계묘」의 문자가 쓰여 1663년(현종 4)에 입비했음을 알 수 있다.

도318. 벽암 국일도대선사비 화엄사 조선

도318-1. 이수 전면 귀면

귀면이 장식된 조선 후기의 탑비는 다양하다. 조선 후기의 탑비는 비좌에 귀면을 새겼거나 이수의 한 측면과 두 측면에 귀면을 장식했는데, 통도사의 석가여래 영골사리 부도비를 비롯해 건봉사의 운파대사비와 대홍사 월청대사·설암대사탑비 및 일명대사

도319. 비좌의 귀면 통도사 영골사리부도비 조선

도319-1. 귀면 세부

비, 미황사의 금하대선사행적비와 신흥사의 용암당대선사비, 신흥사의 벽파당대선사비와 명주사의 인곡당비 등이 있다.

양산 통도사의 세존비각에는 석가여래영골사리부도비(경남 유형문화유산)가 세워져 있다. 이 부도비(도319)는 세존비(世尊碑), 또는 세존사리탑으로 불리는데, 1706년 계파대사(桂坡大師)가 통도사 금강계단을 중수했을 때 불사리의 행적을 기록한 비이다. 비문은 사리를 중국에서 자장율사가 모셔온 일과 임진왜란 때 왜구가 탈취해 간 사리를 사명대사가 찾아 금강산에 있는 서산대사에 보낸 일, 그 후 통도사 금강계단과 태백산 갈반사에 사리를 나누어 봉안했다는 내용을 해서체로 적었다. 비는 이수 없이 비좌와 비신으로 구성되었다. 비좌는 윗면에 앙련을 새겼고, 앞면이 3구획되어 외측과 중앙에는 연화와 귀면을 각각 장식해 부도비의 장엄과 벽사를 나타냈다.

세존비의 귀면(도319-1)은 이마에 「왕(王)」자가 새겨져 벽사기능이 강조했다. 귀면은 입을 오므려 앞니를 드러낸 채 연꽃을 물었고 턱에는 수염이 자랐다. 두 눈은 도드라졌고 눈썹은 뭉쳐 말렸다. 코는 콧대가 길며 귀는 작은데 구멍이 뚫렸다. 이마에는 「왕」자를 새겼고 분기한 뿔이 돋았다. 비신 후면에는 「숭정갑신후 63년 병술…(崇禎甲申後六十三年丙戌…)」의 글씨가 쓰여 1706년(숙종 32)에 입비했음을 알 수 있다.

고성 건봉사 운파대사탑비(雲坡大師塔碑)는 간성 건봉사사적비와 함께 부도전에 있

도320. 운파대사탑비 건봉사 부도전 조선

도320-1. 우측면 귀면

다. 탑비(도320)는 귀부와 비신, 이수를 갖췄는데, 이수 전면에는 두 마리의 이룡을 장식했고 양 측면에는 귀면을 새겼다. 귀면(도320-1)은 앞니가 드러났고 귀기가 서렸다. 두 눈은 돌출했고 이마에는 뿔이 분기했는데 머리털이 수북하다. 비문 말미에는「숭정갑신후 87년 경술…(崇禎甲申後八十七年庚戌…)」의 문자가 쓰여 1730년(영조 6)에 입비했음을 알 수 있다. 비는 높이가 430㎝인데 이수의 측면 높이와 너비는 각각 70㎝, 58㎝가량이다.

해남 대흥사 병비(幷碑)는 부도전에 있는데, 비신 전면에 월청대사(月淸大師)와 후면에 설암선사(雪巖禪師)의 탑비명이 병서되어 특이하다. 비(도321)는 비좌와 비신, 이수를 갖췄는데 비좌는 장방형으로 후대에 교체된 것으로 보인다. 이수는 전면과 후면에는 이룡과 연꽃을 새겼고 두 측면에는 귀면을 새겼다. 귀면(도321-1)은 송곳니와 앞니가 드러났고 귀기가 서

도321. 병비(幷碑) 대흥사 부도전 조선

도321-1. 이수의 귀면(우측면)

도322. 비좌의 귀면 대흥사 부도전 조선

렸다. 두 눈은 치켜졌고 이마의 뿔은 분기했다. 병비의 말미에는 「상즉위지 15년 을미월일 건(上卽位之十五年己未月日 建)」의 문자가 쓰여 1739년(영조 15)에 입비했음을 알 수 있다. 그리고 대흥사 부도전에는 이름을 알 수 없는 일명 탑비가 놓였는데, 비좌 전면을 두 구획으로 구분하고 귀면을 새겨 이채롭다. 두 귀면(도322)은 다문 입에 귀기가 서렸고 이마에는 뿔이 분기했다.

해남 미황사의 남부도전에는 귀면이 장식된 탑비 2기가 배치되었다. 금하대선사행적비(錦河大禪師行蹟碑, 도323)는 비좌인 팔각대석과 비신, 사모합각형의 옥개석을 갖춰

도323. 금하대선사행적비 미황사 부도전 조선

도323-1. 중대석의 귀면

도323-2. 중대석의 문어

도324. 벽하대사사리탑 미황사 부도전 조선

도324-1. 하대석 귀면

도324-2. 옥개석 귀면

다. 팔각대석은 하대석과 중대석, 상대석으로 구분되는데, 팔각 중대석의 4면에는 귀면과 기와집, 문어와 게를 새겼으나 나머지 4면은 문양이 생략되었다. 그런데 팔각대석의 하대석과 상대석에는 복련과 앙련을 새겼다. 귀면(도323-1)은 앞니를 드러내고 귀기가 서렸는데 두 눈은 돌출했다. 코는 콧방울이 뚜렷하고 이마에는 소뿔형의 뿔이 돋았다. 혹자는 이와 같은 귀면을 문어로 간주하나, 같은 중대석에 문어(도323-2)가 별도로 장식되어 차이가 있다. 비문 말미에는 「숭정후삼갑신계하 입(崇禎後三甲申季夏 立)」의 문자가 쓰여 1764년(영조 40)에 입비했음을 알 수 있다.

해남 미황사의 벽하대사사리탑(碧霞大師舍利塔, 도324)은 비좌와 옥개석에 귀면을 각각 새겼다. 비좌인 하대석의 전면에는 귀면을 장식하여 벽사를 나타냈는데 모서리에도 용두를 장식하였다. 하대석의 귀면(도324-1)은 입에 앞니를 드러냈고 두 눈이 동그랗게 돌출하였다. 얼굴에 털이 무성하며 이마에 뿔이 분기하였다. 그런데 옥개석 용

도325. 용암당대선사비 신흥사 부도전 조선

도325-1. 우측면 귀면

마루의 전면과 후면에도 귀면이 새겨져 특이하다. 옥개석의 귀면(도324-2)은 정제되었는데, 입에 귀기가 서렸고 두 눈과 코가 돌출하였다. 귀가 길게 뻗쳤고 이마에 뿔이 분기하였다. 비신 우측면에는 「숭정후 3갑신계하 입(崇禎後三甲申季夏 立)」의 문자가 새겨져 1764년(영조 40)에 입비했음을 알 수 있다. 비의 높이는 250㎝내외이다.

속초 신흥사의 용암당대선사비(龍巖堂大禪師碑, 도325)는 신흥사의 부도전에 있다. 귀부와 비신, 이수를 갖춘 비로, 한성판윤 윤훈지(尹薰知)와 오위도총관 강세황(姜世晃)이 해서체로 병서했다. 용암당대선사비는 이수의 전면과 후면에 이룡을 배치했고 양 측면에 귀면을 새겼는데, 앞의 고성 건봉사 운파대사탑비의 영향을 받아 제작된 것으로 보인다. 귀면(도325-1)은 둥근 얼굴에 입과 눈, 코와 귀를 간략히 묘사했다. 입에는 귀기가 서렸고, 턱에는 수염이 무성하다. 눈은 타원형으로 도드라졌고 이마에는 뿔이 분기했다. 비문 말미에는 「숭정기원후삼을유5월일 입(崇禎紀元後三乙酉五月日 立)」의 문자가 쓰여 1765년(영조 41)에 비가 세워졌음을 알 수 있다. 비의 높이는 395㎝내외이다.

속초 신흥사 벽파당대선사비(碧波堂大禪師碑)와 양양 명주사 인곡당선사비(麟谷堂禪師碑)는 19세기 초에 세워져 조선 말기의 양식을 잘 나타냈다. 신흥사 부도전에 있는 벽파당대선사비(도326)는 비좌와 비신, 이수를 갖

도326. 벽파당대선사비 신흥사 부도전 조선

도326-1. 이수 전면 귀면

췄는데 이수가 5능형으로 이채롭다. 이수 전면에는 귀면을, 후면에는 측시형의 연꽃을 새겼다. 귀면(도326-1)은 얼굴에 털이 무성하며 두 눈이 도드라졌으나 웃는 모습이다. 이마는 주름졌고 뿔이 생략되었다. 비문 말미에는 「숭정기원후 4무자5월일 입(崇禎紀元後四戊子五月日 立)」의 문자가 쓰여 1828년(순조 28)에 세웠음을 알 수 있다. 비의 높이는 225㎝이고, 귀면의 높이와 너비는 각각 57㎝, 52㎝가량이다. 명주사의 부도군(浮屠群)에에 놓인 인곡당선사비는 이수 전면에는 이룡이, 두 측면에는 귀면이 새겨져 차이를 나타냈다. 비신 말미에는 「숭정기원후 4임진5월일(崇禎紀元後 四壬辰五月日)」의 문자가 쓰여 1832년(순조 32)에 입비했음을 알 수 있다.

14. 부도의 귀면

부도(浮屠)는 승려의 사리나 유골을 안치한 묘탑으로 승탑이나 사리탑이라고 한다. 선종(禪宗)이 중국 당에서 우리나라에 들어온 9세기부터 구산선문을 중심으로 조사들의 사리와 유골을 담은 묘탑이 숭배대상이 되어 세워지게 된다. 통일신라 말과 고려 초

도327. 소요대사부도 백양사 성보박물관 조선 (국가유산청)

에는 기단과 탑신, 옥개석이 팔각형으로 이루어진 팔각원당형부도가 성행했고, 고려 말과 조선 초에는 부도가 약화되어 탑신부만 남은 석종형부도가 유행했다. 귀면이 장식된 부도는 대부분 석종형부도로 장성 백양사와 해남 미황사, 여수 홍국사 등의 부도전에 놓였다. 귀면이 장식된 조선 중기의 부도는 백양사의 소요대사부도가 알려져 있고 조선 후기의 부도의 예는 미황사와 홍국사의 부도전에 있다.

백양사 소요대사부도(보물)는 귀면이 장식된 부도로 중요한 자료가 된다. 조선 중기의 고승인 소요대사 태능(太能, 1562~1649)의 묘탑(도327)으로, 기단과 탑신, 상륜부를 갖춘 석종형부도이다. 탑신은 범종과 같이 상대와 하대를 두르고 네 군데에 유곽(乳廓)을 배치했다. 탑신 중앙에는 위패모양의 액자를 마련해 '소요당(逍遙堂)'의 당호를 새겼고 네 마리의 용을 장식했다. 하대(도327-1)에는 뱀과 용, 거북과 귀면, 원숭이와 개구리, 게와 물고기 등을 창해파문과 함께 새겨 다양한 상징적 의미를 지녔다. 귀면(도327-2)은 네모꼴로, 입을 벌려 송곳니와 혀를

도327-1. 탑신의 용과 귀면

도327-2. 귀면 세부

도328. 석종형부도 백양사 부도전 조선

도328-1. 탑신 하대의 귀면

드러냈고 이마에는 뿔이 돋았다. 그런데 귀면은 정면관의 얼굴위주로, 탑신 중앙에 새겨진 측면관의 용과 차이를 나타냈다. 소요대사부도는 백양사 부도전에 있었으나 현재는 백양사 성보박물관으로 옮겨 보관중이다.

백양사 부도전에는 소요대사부도의 영향을 받은 석종형부도(도328)가 있다. 탑신에 새겨진 용을 비롯해 세부적인 차이는 있으나, 상대와 하대를 두르고 유곽을 배치한 점은 유사하다. 하대에는 거북과 귀면, 게와 개구리 등이 장식되었고 상륜부에는 용두를 새겼다. 하대에 새겨진 귀면(도328-1)은 털이 무성한데 두 눈과 코가 뚜렷하며 이마에 뿔이 돋았다.

해남 미황사(美黃寺)의 부도전에는 귀면이 새겨진 탑비와 부도가 배치되어 중요한 자료가 된다. 미황사는 정유재란 때 소실되어 1598년에 중건되었는데, 부도는 남부도전에 27기, 서부도전에 6기가 배치되었다. 귀면이 장식된 부도는 탑비를 제외하면 남부도전에는 3기, 서부도전에는 1기가 놓였다. 미황사의 설봉당부도(雪峯堂浮屠, 도329)는 기단과 탑신석, 사모합각형의 옥개석을 갖췄는데, 탑신석에는 귀면이 새겨져 벽사를 나타냈다. 기단부는 하대석과 중대석, 상대석으로 구분되는데, 하대석과 상대석에

도329. 설봉당부도 미황사 부도전 조선

도329-1. 탑신석의 귀면

는 복련과 앙련을 새겼고 중대석에는 오리와 거북, 게와 물고기, 연꽃 등을 장식했다. 네모난 탑신석은 한 면에 귀면을 새겼고 나머지 삼면에는 문비를 장식했다. 귀면(도329-1)은 입에 귀기가 서렸고 두 눈이 도드라졌다. 이마의 뿔은 분기했는데 귀면은 그 규모가 50×32㎝가량이다. 그런데 설봉당부도 옆에는 설봉당대사탑비가 세워졌는데, 비신에 「숭정후 재기미입(崇禎後再己未 立)」의 문자가 쓰여 1739년(영조 15)에 세워진 것임을 알 수 있다.

미황사의 영월당부도(靈月堂浮屠, 도330)는 기단과 탑신석, 사모합각형의 옥개석으로 구분되는데, 기단의 상대석에 귀면을 새겼다. 기단은 지대석위에 하대석과 중대석, 상대석을 올렸고, 탑신

도330. 영월당부도 미황사 부도전 조선

도330-1. 상대석의 귀면

부는 탑신석과 옥개석으로 구성되었다. 상대석은 팔각형으로 각 면에 귀면과 게, 연꽃과 초화를 새겼는데, 귀면(도330-1)은 각 부위를 소략하게 묘사하여 벽사를 나타냈다. 입에는 송곳니가 드러났고 얼굴에 털이 뻗쳐 분노한 형상이나 뿔은 생략되었다. 네모난 탑신석에는 영월당 이외에 영주탑(靈珠塔)의 다른 명칭이 새겨졌다. 옥개석은 마루 끝에 용두가 장식되었는데 상대석의 귀면장식과 다른 모습이다. 부도는 높이가 180㎝인데 귀면은 그 규모가 39×18㎝로 작은 편이다.

미황사 벽하당부도(碧霞堂浮屠, 도331)는 기단부의 중대석과 상대석에 귀면이 장식되었다. 기단부는 사각형의 하대석과 중대석, 팔각형의 상대석으로 구성되었고, 탑신부는 둥근 탑신석과 옥개석으로 구분된다. 사각형의 중대석은 모서리를 다듬어 귀면과 물고기, 거북 두 마리를 조각했다. 귀면(도331-1)은 큰 코에 두 눈이 도드라졌고 뿔은 분기한 듯 길게 뻗쳤다. 그리고 팔각형의 상대석에도 귀면을 비롯하여 서조와 물고기. 게와 연꽃 및 초화 등이 장식되었다. 귀면(도331-2)은 얼굴전체에 털이 무성하고 입에는 귀기가 서렸다. 두 눈은 왕방울처럼 돌출했고 이마의 뿔은 분기했다. 탑신석

도331. 벽하당부도 미황사 부도전 조선

도331-1. 중대석의 귀면

도331-2. 상대석의 귀면

에는 '벽하당'의 당호가 쓰였는데 팔각 옥개석은 기왓등과 기왓골이 묘사되었고 마루 끝에 용두가 놓였다. 그런데 벽하당부도는 옆에 위치한 벽하대사사리탑에 쓰인 「숭정후삼갑신(崇禎後三甲申)」의 시기와 같은 1764년(영조 40)에 세워진 것으로 보인다.

도332. 고압당부도 미황사 부도전 조선

도332-1. 중대석의 귀면

미황사 서부도전의 고압당부도(孤鴨堂浮屠, 도332)는 기단부 상대석에 귀면이 장식되었다. 기단은 사각형의 지대석위에 팔각형의 하대석과 중대석, 상대석을 얹었고, 탑신은 탑신석과 옥개석으로 이루어졌다. 하대석은 각 면에 격자와 선각의 기하학무늬를 새겼고 상면에 복련을 장식했다. 중대석에는 각 면에 제자들과 시주자의 이름이 쓰였으나 마손되었다. 상대석은 팔각의 각 면에 귀면과 거북, 물고기와 게, 노루와 연꽃 및 초화를 새겼다. 귀면(도332-1)은 입에 귀기가 서렸고 두 눈과 코가 뚜렷하다. 이마에는 작은 뿔이 돋았다. 탑신석에는 '고압당'의 당호가 쓰였고 팔각형의 옥개석에는 마루 끝에 용두가 장식되었다. 부도 높이는 180㎝인데 귀면은 그 규모가 36×18㎝가량이다. 그런데 고압당부도의 좌측에는 1737년(영조 13)에 세워진 검파당부도가 놓였는데, 서로 유사한 양식을 나타냈다. 따라서 미황사의 탑비와 부도는 조선 후기인 18~19세기경에 조성된 것으로 간주되는데, 귀면이 소략하게 장식되어 웃음을 자아내게 한다. 그리고 거북과 물고기, 문어와 게, 오리 등의 수중동물과 연꽃과 초화가 귀면과 함께 장식되어 해안을 끼고 있는 미황사의 지리적 특성을 잘 반영했던 것으로 이해된다.

한편 여수 홍국사의 부도군에는 12기의 부도가 놓였다. 홍국사를 창건한 보조국사를 비롯해 법수대사와 계특대사, 조선시대의 도총섭(都摠攝)인 응운과 웅암 등의 부도들이다. 이 가운데 응운당(應雲堂)과 우룡당(雨龍堂) 등 두 부도는 19세기 중엽에 조성된 것으로 옥개석의 마루 끝에 귀면이 장식되어 벽사를 나타냈다. 응운당부도(도333)는 하대석과 상대석에 복련과 앙련이 장식되었고 탑신석에는 '응운당'의 당호가 쓰였다. 옥개석은 팔각형으로 각 마루 끝에 귀면을 묘사하여 이채롭다. 귀면(도333-1)은 송곳니가 드러났고 두 눈이 도드라졌다. 코는 크고 두툼하며 이마의 뿔은 분기했다. 부도는 높이가 180㎝내외인데 귀면은 그 규모가 11×17㎝로 작은 편이다.

도333. 응운당부도 흥국사 부도전 조선

도333-1. 마루끝의 귀면

홍국사의 우룡당부도(도334)도 석종형으로 옥개석의 마루 끝에 귀면을 장식했다. 하대석은 유실되었으나 상대석에는 앙련을 새겼고 탑신석에는 '우룡당'의 당호가 쓰였

도334. 우룡당부도 흥국사 부도전 조선

도334-1. 마루끝의 귀면

다. 옥개석은 팔각형으로 각 마루 끝에 귀면을 익살스럽게 새겼다. 귀면(도334-1)은 입과 코, 눈이 간략하게 묘사되었다. 앞니가 드러났고 두 눈이 돌출했는데. 이마의 뿔은 생략되었다. 부도는 높이가 230㎝가량인데, 탑신 후면에는「갑자5월입(甲子五月立)」문자가 쓰여 1864년(고종 1)에 세워진 것임을 알 수 있다.

15. 무기의 귀면

귀면이 장식된 조선시대의 무기는 철퇴와 철곤, 전통과 방패 등이다. 철퇴와 철곤은 개인이 휴대할 수 있는 일종의 타격무기이고, 방패는 상대의 공격을 제어할 수 있는 방어무기이다. 방패는 원방패와 장방패, 등패 등으로 구분되어 비교적 다양한데, 귀면과 관련한 문헌기록이 확인되어 중요한 자료가 된다.

이외 수원 화성의 팔달문과 장안문, 동북 각루와 포루에는 수면이 그려진 총포 판문이 설치되어 벽사를 나타냈다. 그런데 판문이 무기에 해당되지 않지만 총포와 관련된 주요 시설로 설치되어 함께 살펴보았다. 그러나 조선 왕릉을 수호한 무석인이 권칼은 귀면이 장식된 무기류이지만, 다양한 변화와 특성을 나타내 별도 항목인 무석인의 귀면장식에서 다루었다.

1) 철퇴

철퇴(鐵槌)는 나무자루 끝에 쇠뭉치가 달린 몽둥이로 철추(鐵椎)라고 한다. 구조가 단순한 병장기로 사용하기가 편하고 파괴력도 우수하다. 조선 초 이방원이 선죽교에서 정몽주를 죽일 때나 세조가 단종을 옹호했던 김종서를 죽일 때 사용했던 암살무기의 하나이다.

국립고궁박물관에 소장된 은입사철퇴(도335)는 한 쌍으로 철로 만든 긴 자루와 쇠뭉치로 이루어졌는데 길이가 74cm가량이다. 자루는 세 쪽으로 구획되어 뇌문과 꽃문양이 입사(入絲)되었고, 지름이 9.5cm가량인 쇠뭉치는 앞면과 뒷면에 연판과 뇌문, 귀면 등을 입사해 정교하고 화려하다.[116)]

귀면(도335-1, 도335-2)은 앞면과 뒷면이 다르게 입사되었는데, 입에는 송곳니가 드러났고 귀기가 서렸다. 두 눈은 또렷하고 코와 귀는 길쭉한데, 뒷면 귀면의 이마에는 소뿔모양의 뿔이 돋았다. 귀면은 철퇴의 주된 문양으로 사

도335. 은입사철퇴 조선 (국립고궁박물관)

도335-1. 쇠뭉치 앞면의 귀면

도335-2. 쇠뭉치 뒷면의 귀면

116) 국립중앙박물관, 1997, 『入絲工藝』, p.118, 도56.

악한 귀신을 막는 벽사를 나타냈다. 입사는 쇠로 만들어진 표면을 쪼아 선이나 면으로 홈을 파내고, 금은제의 가는 실이나 얇은 판을 박아 넣는 것으로 흔히 상감(象嵌)이란 용어로도 불린다. 은입사철퇴는 실전용이라기보다 왕실의 권위와 위엄을 보여준, 궁궐 호위무사들의 의장용으로 조선 후기에 제작되었다.

2) 철곤

철곤(鐵棍)은 철로 만든 무기로 쇠도리깨라고 한다. 조선시대의 포졸들이 순라를 돌 때 휴대해 사용하였다. 철곤은 기병이 사용한 도리깨 모양의 편곤(鞭棍)과 유사하지만, 자루의 길이가 50㎝내외로 짧아 휴대하여 범인을 타격할 수 있게 제작되었다.

도336. 철곤 조선 (육군박물관)

육군박물관이 소장한 철곤(도336)은 쇠로 만든 모편(母鞭)인 자루와 자편(子鞭)인 철봉으로 이루어졌는데 자루 끝에는 2면의 귀면이 부조되었다. 두 귀면은 무섭게 새겼는데 동형이다. 입을 벌려 송곳니와 앞니를 드러냈고 코가 납작하다. 두 눈은 부릅떴으나 이마의 뿔은 관찰되지 않는다. 귀면이 조식된 자루 끝 측면에는 큰 구멍이 뚫렸는데, 이 구멍에 끈을 달아 팔목에 묶거나 손에 쥐었던 것으로 보인다.[117]

3) 전통

전통(箭筒)은 화살을 담아서 어깨에 매거나 들고 다니는 일종의 화살집이다. 전통은 대·나무·종이 등 여러 재료를 사용해 제작했는데 간혹 뚜껑에는 귀면이 장식되어 벽

117) ① 민승기, 2019,『조선의 무기와 갑옷』, 가람기획, pp.210~211.
② 육군사관학교 육군박물관, 2011,『육군박물관 도록』, p.41, 도40.

사를 나타냈다. 조선시대의 무인과 문인, 한량들은 정신을 집중하고 도량을 기르기 위해 평소에도 활쏘기를 즐겼다. 이 때 화살을 담아 옮기는 도구를 전통이라고 불렀는데, 병사들이 전투할 때 휴대한 시복(矢箙)이나 동개(筒箇)와 다르다. 조선 초기의 병사들은 시복에 화살을 담아 휴대했고, 조선 후기에는 활을 넣은 궁대(弓袋)와 화살을 담은 시복을 서로 연결한 동개를 사용했다. 따라서 동개는 검은 가죽으로 만든 전투용, 또는 수렵용으로 제작되어, 활쏘기의 연습용인 전통과 그 형태와 의장이 서로 차이가 있다.

국립중앙박물관이 소장한 전통(도337)은 큰 대나무의 속을 뚫어 만든 화살통으로, 길이가 10.5㎝이고 지름이 7.5㎝이다. 대나무의 세 마디와 같이 몸체가 세 등분되어 운학과 운룡, 송호(宋虎)의 문양을 각각 새겼고 그 바탕이 선각되어 옻칠을 하였다. 몸체에는 고리 2개가 달려 끈을 매달 수 있게 하였고, 양 끝단에는 여의두 모양의 금속판을 덧댔는데 한 쪽은 뚜껑을 개폐할 수 있는 거북이 모양의 자물쇠가 달렸다. 뚜껑(도337-1, 도337-2)에는 정면관의 귀면이 둥글게 부조했다. 귀면은 입을 벌려 송곳니와 앞니를 드러냈고 턱에는 수염이 무성하다.

도337. 전통 조선 (국립중앙박물관)

도337-1. 뚜껑의 귀면

도337-2. 뚜껑의 귀면

도338. 전통 조필달장군 일괄유물 조선 (국가유산청)

도338-1. 뚜껑의 귀면

두 눈은 눈동자가 도드라졌고, 이마가 주름졌는데 뿔이 분기했다. 얼굴 전체에 털이 수북하며 붉게 주칠을 하였다.

조선시대 조필달장군의 일괄유물(전북 유형문화유산) 가운데 귀면이 새겨진 전통(도338)이 포함되어 중요한 자료가 된다. 조필달(趙必達, 1600~1664)은 무과에 급제한 후, 순안현령을 비롯해 양주목사와 전라병마절도사, 삼도수군통제사 겸 경상우사수군절도사를 역임했다. 병자호란 때는 남한산성에서 인조를 호위했고 효종 때에는 북벌에 참여하였다. 일괄유물은 장군의 갑옷과 군척, 지휘봉과 호남육군사령기, 전통과 사신대, 교지와 논시(論示) 등이다. 전통은 17세기중엽에 사용한 유품으로 대나무로 제작되었다. 몸체는 대나무의 세 마디와 같이 세 등분되어 꽃무늬 등을 새겼고 그 바탕이 선각되어 옻칠을 하였다. 그리고 고리가 달려 끈을 매달 수 있고 양 끝단에는 금속판을 덧댔는데, 한 쪽은 뚜껑이 닫혀 이를 개폐할 수 있는 거북이 모양의 자물쇠가 달렸다. 귀면(도338-1)은 입에 송곳니와 앞니가 드러났고 두 눈은 돌출했다. 주름이 많은 이마에는 뿔이 돋았는데, 얼굴에는 말린 머리털이 무성하다.

4) 방패

방패(防牌)는 적과의 싸움에서 창이나 칼, 화살 등을 막아내는 방어용 무기이다. 조선 초기에는 팽배(彭排)라고 불렀는데, 손에 쥐고 휴대하는 원방패와 땅 위에 세워 대열을 이루면서 적을 방어하는 장방패의 두 종류로 나뉜다. 방패의 앞면에는 대개 액운을 막고 적에게 두려움을 주는 귀면이 무섭게 장식되었다.

조선시대는 태종 때부터 원방패와 장방패를 만들었고, 임진왜란 이후에 등나무 줄기로 제작한 등패(藤牌)를 만들어 사용했는데, 19세기 이후부터는 화기(火器)의 사용으로 그 사용이 축소되고 제한되었다. 조선왕조의 『세종실록』「오례의」와 1474년(성종 5)에 편찬한 『국조오례의(國朝五禮儀)』에는 조선 전기의 장방패와 원방패의 도식이 비슷하게 실렸고, 1813년에 발행된 『융원필비(戎垣必備)』에도 장패(長牌)가 실렸다. 그리고 1790년(정조 14)에 편찬한 『무예도보통지(武藝圖譜通志)』에는 등패의 도설이 실려 조선의 무기와 귀면연구에 중요한 자료가 된다.

국립고궁박물관에는 「왕(王)자」가 새겨진 방패(도339)가 소장되었다. 조선 후기의 장방패로 하단은 평평하고 상단은 'V'자형인데 그 규모가 39×83㎝가량이다. 휴대용 방패로 목판에 쇠가죽을 입히고 귀면을 그려 채색했는데, 후면에는 끈을 매달아 손을 넣어 잡을 수 있도록 2개의 고리가 달려 있다. 귀면은 청색과 적색, 흑색과 흰색 등 여러 색으로 채색했고, 이마에는 「왕」자가 새겨져 벽사의 으뜸임을 나타냈다. 귀면은 입을 벌려 혀와 앞니를 드러냈고, 두 눈은 도드라졌다. 코는 콧방울이 두텁고 이마에는 뿔이 분기했다.[118]

도339. 장방패 조선 (국립고궁박물관)

등패(藤牌)는 등나무 줄기로 만든 둥근 모양의 방패로 임진왜란이후에 명나라에서 새로 도입한 방어무기이다. 1790년(정조 14)에

118) 김성구 2016, 앞의 글, pp.227~229.

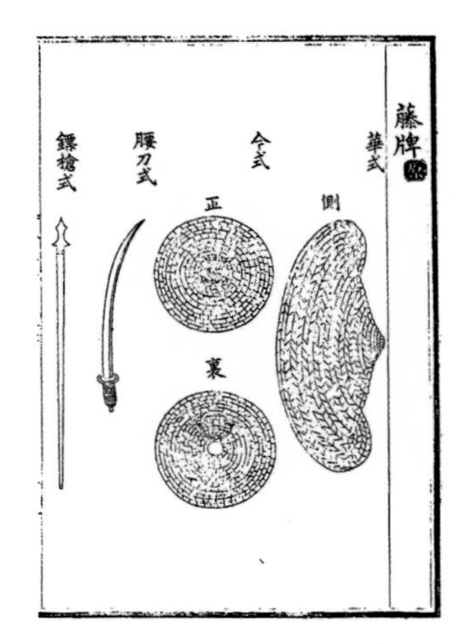

도340. 등패 조선『무예도보통지』(국립중앙도서관)

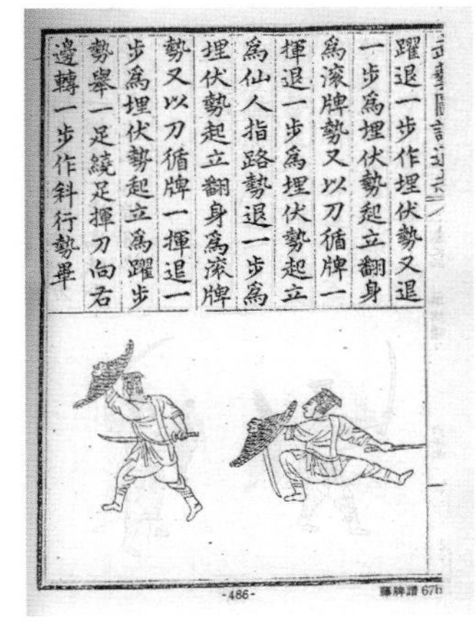
躍退一步作埋伏勢又退
一步爲埋伏勢起立翻身
爲滚牌勢又以刀循牌一
揮退一步爲埋伏勢起立
爲仙人指路勢退一步爲
埋伏勢起立翻身爲滚牌
勢又以刀循牌一揮退一
步爲埋伏勢起立爲躍步
勢擧一足繞足揮刀向右
邊轉一步作斜行勢畢

-486- 藤牌譜 67b

도340-1. 등패의 도식

편찬한 군사·무예서인 『무예도보통지』 권3에는 등패가 그려져 해설되었다. 등패(도340)는 등나무 줄기를 감아서 둥근 틀을 만들고 그 사이를 등나무 줄기나 대나무 껍질, 혹은 삼끈으로 촘촘히 감았다. 바깥쪽은 중심을 볼록하게 하여 나무로 만든 귀두(鬼頭)를 붙여 채색했고 안쪽은 오므려 손잡이를 달았다.

등패는 나무 방패에 비해 가볍고 습기에 강해서 보병이 사용하기에 편리했다. 조선의 등패수는 등패와 요도(腰刀)를 휴대해 적과 싸웠는데 그 일련의 도식(도340-1)이 『무예도보통지』에 실려 있다. 등패의 외측 중심에는 귀두가 부착되어 적에게 두려움을 주었고 액운을 막는 벽사를 나타냈다

5) 판문의 수면장식

수원 화성의 장안문과 팔달문은 성 밖 외벽에 판문(板門)을 만들어 총이나 화살을 쏠 수 있도록 구멍을 뚫은 전안폐판(箭眼蔽板)이 설치되었다. 『화성성역의궤』에 실린 장안문 외도(도341)에는 판문 밖에 수면이 그려져 벽사를 나타냈다. 장안문은 북쪽에 있는 수원화성의 정문으로 1794

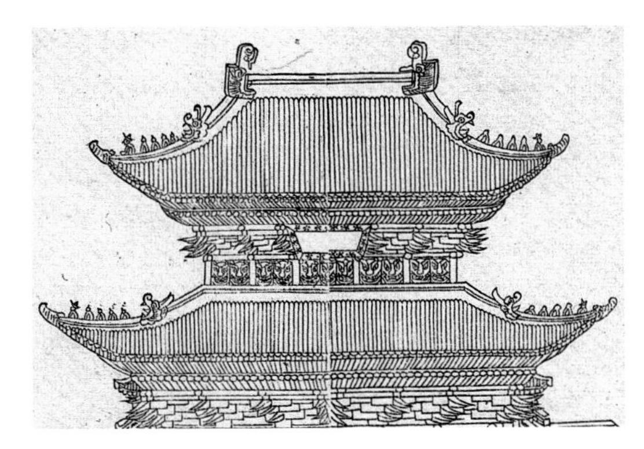

도341. 장안문 외도(外圖)『화성성역의궤』 조선 (경기문화재단)

도342. 장안문의 전안 수원화성 조선

도342-1. 판문의 수면

년(정조 18)에 완성하였는데, 그 상층(도342)에는 판문을 달았고 삼면에 수면(獸面)을 그린 다음 구멍을 뚫었다. 전안은 무기류는 아니지만 병사들이 몸을 숨기고 활이나 총을 쏠 수 있게 만든 구멍인데, 외측에 무서운 수면을 그렸다.[119] 수면(도342-1)은 황색 바탕에 입에는 혀와 앞니가 드러났고, 두 눈은 아래를 주시했다. 전안은 긴 코를 관통해 뚫어졌고 이마에는 뿔이 분기했다.

화성의 동북각루와 포루(舖樓)에도 성 밖 외벽에 판재로 판벽을 만들어 수면을 그리고, 총을 쏠 수 있는 총안(銃眼)을 뚫어 놓은 전붕판문(戰棚板門)이 설치되었다. 화성의 북포루(도343)는 장안문과 화서문의 중간에 위치했는데, 성곽 밖으로 튀어나오게 만든 목조건물로 군사들이 망을 보면서 대기했던 곳이다. 수면은 판문을 두 구획으로 나누어 4개씩 그려져 채색되었는데, 입에는 혀와 앞니가 드러났고, 두 눈은 파랗게 칠해졌다. 총안은 긴 코를 관통했는데 이마에는 뿔이 돋

도343. 화성의 북포루 조선

119) 경기문화재단, 2007, 앞의 책, p.21.

아 분기했다. 그런데 수면은 무서운 귀면과 같이 의장되어 벽사를 나타냈다.

16. 무석인의 귀면장식

조선시대의 능원(陵園)은 능(陵)·원(園)·묘(墓)로 구분된다. 능은 왕과 왕비의 무덤이고 원은 왕의 생모와 왕세자 및 빈의 무덤이며, 묘는 대군과 공주 등의 무덤을 일컫는다. 조선의 묘제는『국조오례의』에 의해 규정되어 신분에 따라 그 규모나 석물의 종류도 차이가 있다. 조선 왕릉은 일정한 능침제도에 의해 정형화되었는데, 대체로 태조 이성계의 능인 건원릉의 예에 따라 그 구조나 규모가 특수한 경우를 제외하고는 대부분 유사하다.

무석인(武石人)은 갑주를 착용하고 두 손으로 칼을 쥐었는데 무인석(武人石)·무관석(武官石) 등으로 불린다. 조선 왕릉의 무석인은 능침 앞 하계의 동편과 서편에 각각 하나씩 모두 2기를 세웠는데, 고려 말 공민왕과 왕비 노국공주의 능침인 현릉·정릉의 석물배치의 영향을 받았다. 현·정릉의 무석인은 전술한 바와 같이 2쌍씩 4기로, 안쪽의 젊은 무석인은 칼을 뽑지 않고 두 손을 맞잡았고, 바깥의 나이가 많은 무석인은 칼을 뽑아 두 손으로 칼을 잡은 형태로 서로 다른 모습이다. 그런데 나이가 많은 무석인의 상갑의 상단인 허리띠 버클부분에는 귀면이 장식되어 벽사를 나타냈다. 따라서 조선 왕릉의 두 무석인은 현·정릉의 나이가 많은 무석인의 장식 의장을 계승해 조성되었음을 알 수 있다.[120]

무석인은『세종실록』「오례의」와『국조오례의』의「흉례 치장」조(條)에 도해되었다.『세종실록』「오례의」에는 "하계의 좌우에는 무석인 각각 1개를 세우고, [갑주를 입고 검을 차고 있는 형상을 새긴다. 키는 9척, 너비는 3척, 두께는 2척 5촌이다. 대석은 문석인과 같다]. 또 석마 각각 1기를 세우고, [무석인의 남쪽 조금 뒤에 있다.] 모두 동쪽과 서쪽에서 서로 마주보게 하였다."

120) 국립문화재연구소, 2009, 앞의 책, pp.67~73.

와 같이 기록되었다.[121] 그런데 이와 같은 『세종실록』 「오례의」의 「치장」조는 1474년에 반포한 『국조오례의』의 「치장」조에 그대로 반영되어 그 내용이 거의 동일하다.

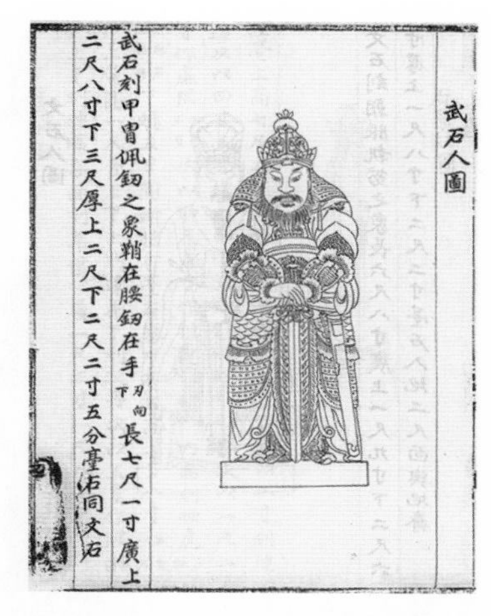

도344. 무석인도 『정조건릉산릉도감의궤』 조선 (서울대학교 규장각)

무석인은 1821년(순조 21)에 편찬한 『정조건릉산릉도감의궤(正祖健陵山陵都監儀軌)』에 실렸다. 무석인도(도344)는 갑옷을 입고 투구를 쓴 당당한 모습이다. 머리에는 복발형 투구를 썼고 목에는 목가리개[頸甲]을 하였다. 허리에는 칼집을 차고 칼끝을 아래로 내려 두 손으로 칼을 쥔 모습이다. 무석인은 갑옷을 입은 상갑의 상단과 양 어깨의 견갑(肩甲)에 귀면이 장식되어 벽사를 나타냈다. 『정조건릉산릉도감의궤』의 도설에는 "무석은 갑주에 검을 찬 형상으로 새긴다. 칼집은 허리에 있고 검은 손에 있다. 칼날은 아래로 향한다. 길이는 7척 1촌이고 너비는 위로 2척 8촌이고 아래로 3척이며, 두께는 위로 2척이고 아래로 2척 2촌 5푼이다. 대석은 문석과 동일하다."고 쓰였다.[122] 그리고 무석인은 1758년(영조 34)에 간행한 『국조상례보편(國朝喪禮補編)』에도 도설되었는데, 그 형상이나 규모는 전술한 무석인과 거의 동일하다.

1) 조선 전기의 무석인

조선 전기의 무석인은 태조 건원릉과 문종 현릉에 설치된 것을 중심으로 간단히 살폈다.[123] 건원릉(健元陵)은 태조 이성계(재위 1392~1398)의 단릉(單陵)으로, 구리시 동구

121) 『世宗實錄』 「五禮儀」, 凶禮 治葬條. "下階左右武石人各一. [刻著甲冑佩劍之象, 長九尺, 廣三尺, 厚二尺五寸, 臺石, 與文石人同.] 又立石馬各一, [左武石人之南差後.] 俱東西相對."

122) 『正祖健陵山陵都監儀軌』, 武石人圖條. "武石, 刻甲冑. 佩劍之象. 鞘在腰, 劍在手. 刃, 向下. 長七尺一寸, 廣, 上二尺八寸, 下三尺, 厚, 上二尺, 下二尺二寸五分, 臺石, 同文石."

123) ① 국립문화재연구소, 2009, 앞의 책, pp.7~71.
② 국립문화재연구소, 2011, 『조선왕릉[Ⅱ]』, pp.97~98.

도345. 무석인 태조 건원릉 조선

릉(사적)에 있다. 건원릉은 조선 왕릉제도의 모범이 되었는데, 고려의 공민왕과 노국공주의 능인 헌·정릉의 능침제도를 계승해, 하계(下階)에는 나이가 많은 무석인 2기가 봉분을 중심으로 마주보며 배치되었다. 두 무석인은 높이가 222㎝~224㎝로 1408년에 제작되었는데, 상갑의 상단에 귀면이 장식되어 벽사를 나타냈다. 무석인(도345)은 전포(戰袍) 위에 갑옷을 입고 복발형 투구를 쓴 무장의 형태이다. 무석인은 가슴에는 상박갑(上膊甲), 등에는 배갑(背甲), 허리에는 늑갑(肋甲), 허벅지의 양쪽에는 퇴갑(腿甲), 양 팔뚝에는 굉갑(肱甲), 두 정강이에는 경갑(脛甲)을 둘렀으나 어깨는 피견되지 않는 포(袍)의 형태이다. 귀면은 상갑의 상단에 새겨졌는데 정면관의 얼굴위주로 표현되었다. 귀면(도345-1)은 입을 벌려 송곳니와 앞니가 드러났고 코는 납작하다. 두 눈은 파였고 얼굴 전체에 머리카락과 털이 수북하다. 무석인은 칼집을 왼쪽 허리에 찬 채, 오른손으로 칼 손잡이를 잡았고 그 위에 왼손을 얹었는데 칼끝이 아래를 향했다.

도345-1. 귀면 세부

현릉(顯陵)은 조선의 5대 문종(재위 1450~1452)과 현덕왕후 권씨의 능으로 구리시 동구릉(사적)에 있다. 한 묘역 안에 왕과 왕후의 능이 함께 조성된 동원이강형(同原異岡形)으로, 서쪽이 문종의 능이고 동쪽이 현덕왕후의 능이다. 왕릉과 왕후릉의 무석인은 각각 2구씩인데 하계에 위치하고 있다. 무석인(도346)은 머리에 원주형 투구를 썼고, 상박갑과 견갑, 배갑과 비갑(臂甲), 상갑(裳甲) 등으로 무장했다. 검을 세로로 세워 양손에 쥐었고 칼집은 왼쪽 허리에 찼다. 귀면은 복부에 걸친 상갑의 상단과 두 어깨, 검의 코등이에 각각 새겨 벽사를 나타냈다. 상갑의 상단에 새겨진 귀면은 입과 코, 두 눈과 눈썹, 코와 뿔이 간략하게 묘사되었다. 어깨의 견갑에도 귀면이 새겨졌는데 팔까지 뻗쳤다. 견갑의 귀면은 두 눈을 부릅떴고 얼굴에는 수염과 머리털이 수북하다. 그런데 검의 코등이에는 귀면이 새겨져 주목된다. 코등이는 자루를 잡은 손을 보호해주는 역할을 하는데 그 앞쪽에 귀면을 장식해 벽사를 나타냈다. 귀면은 앞니를 드러냈고 코는 뭉툭하다. 두 눈은 튀어나왔고 이마에는 뿔이 돋았다.

도346. 무석인 문종 현릉 조선 (국가유산청)

2) 조선 중기의 무석인

조선 중기의 무석인은 인종 효릉과 선조 목릉에 설치된 것을 주요자료로 살폈다. 효릉(孝陵)은 조선의 12대 인종(재위 1544~1545)과 인성왕후 박씨의 능으로 고양시 서삼릉(西三陵, 사적)에 있다. 같은 언덕에 왕과 왕비의 봉분이 나란히 조성된 동원쌍릉(同原雙陵)으로 서쪽이 인종의 능이고, 동쪽이 왕후의 능이다. 서삼릉에는 효릉이외에 중종의 계비이고 인종의 모친인 장경왕후 윤씨의 희릉(禧陵)과 철종과 철인왕후의 예릉(睿

陵), 의소세손의 의령원(懿寧園)과 문효세자의 효창원(孝昌園) 등이 있다. 효릉의 무석인(도347)은 머리에 투구를 썼고 신갑과 상갑을 걸쳐 무장했다. 검은 세로로 세워 세웠고 칼집은 왼쪽 허리에 찼다. 귀면은 두 어깨의 견갑과 검의 코등이 앞쪽에 새겨졌는데, 복부의 검두(劍頭)에는 여의두(如意頭)가 장식되었다. 코등이의 귀면(도347-1)과 어깨의 귀면(도347-2)은 모두 이빨이 드러났고 두 눈은 돌출했는데 이마에는 뿔이 돋았다.

도347. 무석인 인종 효릉 조선

목릉(穆陵)은 조선의 14대 선조(재위 1567~1608)와 의인왕후 박씨, 계비 인목왕후 김씨의 능으로 구리시 동구릉(사적)에 있다. 같은 주산에서 내려온 세 개의 다른 언덕에 능침을 각각 조성한 동원이강릉으로, 좌측이 선조의 능이고 중앙이 의인왕후의 능, 우측이 인목왕후의 능이다. 선조왕릉의 석인은 임진왜란과 정유재란을 겪은 이후 조성되었기 때문에 조각 솜씨가 다소 떨어지고 약화되었다. 무석인은 얼굴이 크고 귀가 넓게 퍼졌고, 상·하체의 균

도347-1. 검의 귀면장식

도347-2. 견갑의 귀면

도348. 무석인 선조 목릉 조선

도348-1. 상갑과 검의 귀면 장식

도348-2. 귀면장식 세부

도348-3. 견갑의 귀면

형이 맞지 않아 전체적으로 둔중한 모습이다. 동측의 무석인(도348)은 머리에 투구를 썼고 갑옷을 착장해 무장하였는데, 귀면은 복부에 해당하는 상갑의 상단과 검의 코등이, 어깨의 견갑 등에 새겨져 벽사를 나타냈다. 상갑 상단의 귀면(도348-1)은 입이 검의 손잡이에 가려졌으나 높이와 너비가 각각 22㎝, 33㎝내외이다. 코는 콧구멍이 뚫렸고, 두 눈은 돌출했다. 귀는 소귀처럼 뻗쳤는데 이마에는 뿔이 돋아 분기했다. 그리고 코등이의 귀면(도348-2)과 두 어깨의 견갑 귀면(도348-3)은 상갑 상단의 귀면과 거의 유사하다. 그런데 이와 같은 귀면장식은 전술한 문종의 능인 현릉을 비롯해 조선 후기의 여러 왕릉에서도 성행하였다.

3) 조선 후기의 무석인

조선 후기의 무석인은 숙종 명릉과 고종황제 홍릉에 설치된 것을 주요자료로 살폈

도349. 무석인 숙종 명릉 조선

도349-1. 상갑과 검의 귀면장식

다.[124] 명릉(明陵, 사적)은 조선의 19대 숙종(재위 1674~1720)과 계비 인현왕후 민씨 및 인원왕후 김씨의 능으로 서오릉에 있다. 서쪽의 숙종과 동쪽의 인현왕후의 능은 동원쌍릉형이고, 동쪽의 인원왕후의 능은 오른쪽 언덕에 단릉으로 조성했다. 왕릉의 무석인(도349)은 투구를 쓰고 갑옷을 입었는데 어깨에는 피견을 둘렀다. 허리에는 포두(袍肚)를 둘렀고 그 위에 허리띠를 맺었는데 허리띠 왼쪽에는 검집을 매달았다. 무석인은 입을 꽉 다문 건장한 모습이나 몸체 균형이 어색하고 갑주의 표현이 약화되어 과도기적인 양상이다. 귀면(도349-1)은 상갑의 상단과 검의 코등이에 간략하게 새겨졌다. 상갑 상단의 귀면은 외측이 단을 이루어 작은 편인데 두 눈동자가 돌출했다. 코등이의 귀면은 약화되었으나 입으로 검을 물었다 이마에는 뿔이 돋았고 머리카락이 말렸으나 마손되었다.

홍릉(洪陵, 사적)은 조선의 26대 고종(재위 1863~1907)과 명성왕후 민씨의 능으로 남양

124) ① 국립문화재연구소, 2014, 『조선왕릉[VI]』, pp.68~70.
② 국립문화재연구소, 2015, 『조선왕릉[IX]』, pp282~284.

도350. 무석인 고종 홍릉 조선 (신병찬)

도350-1. 검의 귀면장식

주시 금곡동에 있다. 1919년 고종의 능을 만들면서 1895년에 시해당한 명성황후의 능도 양주 숙릉에서 모셔와 합장하였다. 1897년 대한제국의 선포로 고종이 황제로 등극함에 따라 능의 상설(象設)도 명나라 태조의 효릉을 본 떠 조성하였다. 정자각(丁字閣) 대신에 일자(一字)모양의 침전을 세워 신위를 봉안했고, 침전의 참도 좌우에는 안쪽에서부터 문인석·무인석·기린·코끼리·해태·사자·낙타·말 등의 순서로 여러 석물들이 세워졌다. 그런데 능침에는 석양과 석호가 없고 혼유석 양옆에 망주석 1쌍을 세워 매우 단출한 모습이다. 문인석은 머리에 금관을 쓰고 조복을 입었고, 무인석(도350)은 갑주를 갖추고 귀면이 장식된 검을 세워 양손으로 쥐었다. 무석인은 키가 3.05m(동측)로 장대하며 치장이 화려하다. 귀면은 피견된 두 어께와, 손잡이 자루가 유난히 긴 검의 병두(柄頭)와 코등이에 새겨졌는데 도식적이다. 귀면(도350-1)은 입을 벌려 어깨와 검 자루를 물었는데, 송곳니와 윗니가 드러났고 귀기가 서렸다. 코는 납작하며 두 눈은 돌출했고 눈썹이 말렸다. 이마에는 뿔이 돋았는데 작은 구슬과 머리털이 장식되었다.

한편 제천의 청풍문화유산단지에는 귀면이 새겨진 문석인(文石人)이 야외에 전시되

도351. 문석인 제천 청풍단지 조선

도351-1. 배면의 귀면

어 중요한 자료가 된다. 문석인(도351)은 지석묘 등 다른 석물과 함께 수몰되기 이전에 청풍호의 주변 일대에서 수집되었다. 6점의 문석인 가운데 2점은 한 묘역에서 수집되었는데, 배면에는 귀면과 서조(瑞鳥)가 각각 장식되어 벽사와 길상을 나타냈다. 문석인은 양관조복형(梁冠朝服形)으로, 두 손을 맞잡아 홀(笏)을 쥐고 있는데 높이가 180㎝가량이다. 양관은 3량관으로 측면에 화문이 장식되었으나 관무에는 아무것도 새겨지지 않았다. 중의와 긴 소매의 주름이 경직되었는데, 배면에는 혁대가 돌려졌고 그 위쪽은 무서운 귀면이, 아래쪽은 후수(後綬)와 두 줄의 패옥을 포(袍)에 나타냈다. 귀면(도351-1)은 높이가 23.0㎝로, 입을 벌려 앞니와 혀를 드러냈고 코는 콧구멍이 뚫렸으나 납작하다. 두 눈은 돌출했고 이마에는 분기한 뿔이 돋았다.

17. 상여·불연의 귀면

1) 상여의 귀면

상여(喪輿)는 주검이나 관에 넣은 주검을 묘지까지 실어 나르는 일종의 가마이다. 상여는 19세기 중엽에 간행된 이재(李縡)의 『사례편람(四禮便覽)』에 나오는데, 대여(大輿)는 왕가에서 사용하는 큰 가마이며 상여는 작은 가마인 소여(小輿)로 주로 일반 백성들이 사용했다. 상여의 몸체에는 용과 다양한 꼭두를, 네 모서리에는 봉황을 화려하게 장식하였다. 그런데 상여의 덮개인 보개(寶蓋)의 마구리에는 귀면·용·방상시·인면·화훼 등이 새겨져 등천왕생(登天往生)의 염원을 담고 잡귀를 막아 혼령을 기리고 수호하는 벽사를 나타냈다.

상여 덮개인 보개의 전면과 후면에는 여러 문양이 새겨진 마구리판이 설치되는데, 이와 같은 부재를 용수판(龍首板)으로 잘못 불러 검토가 필요하다. 마구리는 상자와 같은 길쭉한 물건과 목재 등의 양쪽 끝머리의 면(面), 또는 그 끝에 대거나 덮어씌우는 것을 말한다. 상여의 보개는 대개 앞뒤의 두 끝 면을 동일한 형태의 나무판으로 막음하게 되는데, 이 부재의 명칭을 용수판보다 마구리판으로 부르는 것이 더 적합하다. 상여 보개의 마구리판은 삼각형과 반원형, 다각형 등으로 구분되어 여러 문양을 새겼는데, 용과 무관한 귀면이나 방상시, 인면과 화훼 등이 장식된 것을 일괄하여 용수판으로 부르는 것은 옳지 않다. 따라서 필자는 귀면과 용, 인면과 화훼 등이 장식된 보개 전후의 막음장식을 용수판으로 일괄(一括)해 부르지 않고, 마구리판으로 바꾸어 각 문양에 따라 용문마구리판과 귀면문마구리판, 인면문마구리판과 화훼문마구리판 등으로 부르게 되었다.

국립민속박물관에 소장된 마구리판에는 초엽을 입에 문 귀면이 채색되어 벽사를 나타냈다. 마구리판(도352)은 테두리가 없이 하단 좌우에는 결구 홈이 파였는데 높이가 37㎝이고 좌우의 너비가 64.5㎝이다. 귀면은 갈색바탕에 검은 주름투성이인데 코는 홍색이고 두 눈의 눈동자가 검게 칠해졌다. 귀면은 혀와 앞니가 드러났고 초엽 이외에 귀기가 서렸다. 코는 콧대가 주름졌고, 두 눈은 우측을 향해 주시했다. 이마에는 뿔이 돋아 분기했다. 서울 꼭두박물관에는 귀면이 고부조로 새겨진 마구리판이 소장되었다. 마구리판은 반원형으로 테두리가 없이 상단과 하단에 결구 홈

도352. 상여 귀면문마구리판 조선 (국립민속박물관)

도353. 상여 귀면문마구리판 조선 (꼭두박물관)

이 파였다. 귀면(도353)은 정면관인데 입을 다문 채 송곳니를 드러냈고, 납작한 코는 콧대가 곡절되었다. 두 눈은 튀어나왔고 이마에는 소뿔형의 뿔이 돋았다.

서울의 목인박물관에는 제작시기가 묵서된 한 쌍의 마구리판이 소장되어 귀중한 자료가 된다. 반원형으로 앞면과 뒷면에는 귀면과 호랑이가 각각 새겨졌는데, 테두리에는 네모난 결구 홈이 파였다. 앞마구리의 귀면(도354)은 입을 벌려 앞니가 드러난 채 큰 물고기를 물었다. 두 눈은 돌출했고 이마에는 뿔이 돋아 분기했다. 뒷마구리(도354-1)에는 호랑이 한 마리를 새겨 주검의 수호와 위엄을 나타냈다. 호랑이는 머리를 들어 무섭게 응시했는데, 입에는 서기가 서렸고 두 눈이 튀어나왔다. 그런데 마구리의 배면에는 「강희 52년(康熙五十二年)」의 묵서가 쓰여 1713년(숙종 39)에 제작되었음을 알 수 있다.[125]

포항 영일민속박물관에는 고려 말 충신인 포은 정몽주 선생의 위패를 오천서원으

도354. 상여 귀면문마구리판 조선 (목인박물관)

도354-1. 후면 마구리판의 호랑이

125) 목인박물관, 2014, 『용수판 579』, p.14, 도560, 도561.

로 모셔올 때 사용했다고 전하는 상여(도355)가 보관되어 있다. 상여는 버드나무로 제작되었는데 상여 앞에는 혼백과 신주를 모시는 작은 영여(靈輿)가 놓였다. 오천서원은 영일 정씨의 시조와 포은 정몽주선생의 학문과 덕행을 추모하기 위해 1588년(선조 21)에 창건했으나, 임진왜란 때 소실되어 1612년(광해군 4)에 중건했다. 그런데 1870년 흥선대원군의 서원 철폐령으로 훼철되었다가 그 이후 다시 세워졌다. 영일민속박물관은 1835년(헌종 1)에 건립한 옛 흥해군의 동헌인 제남헌에 전시실을 마련하고 1983년에 개관했다.

상여는 네모서리에 봉두(鳳頭)를, 보개 정상에는 일자용(一字龍)을 장식했는데, 보개의 앞마구리와 뒷마구리에는 물고기를 문 귀면이 장식되어 화재방지와 함께 벽사를 나타냈다. 앞면 마구리판의 귀면은 물고기를 물었으나 머리와 꼬리가 드러났고, 뒷면 마구리판의 귀면(도355-1)은 물고기를 머리부터 절반가량 목으로 삼켜 서로 다른 모습이다. 마구리판은 높이가 35㎝이고 좌우 너비가 59.0㎝가량인데 가장자리에는 보개에 장착될 수 있도록 결구 홈이 파였다. 상여는 귀면이 일부 투조되었고 물고기를 입속에 삼킨 모습을 통해 1870년 오천서원이 훼철되기 이전인 조선 후기에 제작된 것으로 추정된다.

도355. 상여 조선 (영일민속박물관)

도355-1. 후면 마구리판의 귀면

2) 불연의 귀면

불연(佛輦)은 절에서 시련의식(侍輦儀式)이나 불사리나 불상의 이운의례 등에 사용하는 불교의식구이다. 시련의식은 신앙의 대상과 재(齋)를 받을 영혼을 가마로 모시는 의식인데, 절에서는 불·보살이나 죽은 사람의 넋인 영가(靈駕) 등을 법회 장소까지 행렬을 지어 옮길 때 사용하는 가마를 불연이라고 한다. 불연은 난간을 두른 집 모양으로, 받침대와 몸체, 지붕 등으로 이루어졌다. 받침대는 불연의 몸체를 올려놓은 것으로, 둘레에 난간을 돌리고 앞뒤에는 긴 손잡이를 끼웠다. 몸체에는 네 기둥을 세워 창이 있는 벽체를 만들었다. 지붕은 벽체 위에 둥글게 만들어 얹고 그 상부에는 연봉을 달았다.

도356. 불연 조선 (화엄사 성보박물관)

도356-1. 귀면 세부

구례 화엄사의 성보박물관에는 조선 후기의 불연이 소장되어 있다. 불연(도356)은 벽체가 파손된 채 받침대와 지붕이 남았다. 받침대는 중대에 머름청판을 마련하고 귀면을 장식해 벽사를 나타냈다. 받침대의 기저부에는 네 다리가 달렸고 두 개의 손잡이를 끼웠다. 하대에는 복련이 돌려졌고 상대에는 안상이 투각된 난간을 설치해 연잎을 표현했다. 1칸인 몸체는 벽체 일부와 네 기둥이 남았고, 그 위에 둥근 지붕을 올렸는데 상부에는 연봉을 장식하였다. 화엄사의 불연은 전체가 붉게 칠해졌는데, 받침대의 중대 측면에는 귀면이 투각되어 벽사를 나타냈다. 귀면(도356-1)은 황색 바탕에 각 부위가 여러 색으로 채색되었고 검은 반점이 찍혔다. 입에는 귀기가 초엽처럼 뻗쳤고, 코는 콧구멍이 뚫렸다. 두 눈은 도드라져 검게 칠해졌고 이마에는 뿔이 돋았다.

도357. 불연 받침대 천은사 조선 (신병찬)

구례 천은사에는 받침대가 남아있는 불연(도357)이 소장되어 있다. 불연은 몸체와 지붕이 없어져 전모를 살필 수 없으나 받침대 중대에는 머름청판을 설치하고 귀면과 모란을 장식했다. 받침대 기저부에는 네 개의 다리가 달렸고 긴 손잡이가 끼워졌는데, 하부에는 낙양각이 초각되었다. 받침대 하대에는 복련을 새겼고, 안상이 투각된 상대는 난간을 둘러 그 위에 연잎을 표현했다. 받침대는 손잡이와 함께 붉게 칠해졌는데 군데군데 금박 장식이 부착되어 장엄을 나타냈다.

도357-1. 머름청판의 귀면

천은사 불연의 받침대 중대는 죽절형 머름동자로 두 칸으로 구분해 각 머름청판(도357-1)에는 2개씩의 모란꽃과 귀면을 새겼다. 모란꽃은 만개하여 마치 국화꽃처럼 표현되었으나, 모란꽃이 문양으로서 패턴화의 과정을 거치면서 변화하였다. 줄기와 잎사귀는 붉고 꽃은 황금색인데, 꽃잎들이 이중으로 겹쳐 매우 화려하다. 귀면은 털이 수북한데 정면관의 얼굴위주로 새겨졌다. 귀면은 앞니가 드러났고 귀기를 서렸다. 두 눈은 도드라졌고 이마에는 분기한 뿔이 돋았다. 천은사의 불연은 받침대의 머름청판에 새겨진 귀면과 모란꽃의 장식적 특성에 따라 조선 말기인 19세기경에 제작된 것으로 보인다.

18. 방울의 귀면

1) 말방울의 귀면

말[馬]은 고대부터 인간생활과 밀접하게 관련되었다. 말은 교통과 통신, 전쟁의 수단으로 이용되었고, 때로는 말을 탄 사람들의 높은 신분을 상징했다. 사람들은 예부터 말을 부리고 타고, 장엄하게 꾸미기 위해 다양한 말갖춤[馬具]을 만들어 말에 장식했다. 말방울[馬鈴]은 여러 말갖춤 가운데 주요한 장식용구의 하나로 마탁(馬鐸)이라고 한다. 말방울은 말의 고들개나 밀치끈에 매달아 말이 움직이면 소리를 내게 함으로써 말을 탄 사람의 위세를 한층 더 돋보이게 하였다.

도358. 말방울 조선 (렛츠런파크 말박물관)

한국마사회의 말박물관에 소장된 말방울(도358)은 완전한 형태로, 몸체의 앞뒷면에 「왕(王)」자가 쓰인 귀면을 새겨 벽사를 나타냈다. 말방울은 금동제로 높이가 10.3㎝이고 지름이 9.0㎝인 구형(球形)인데, 몸체와 고리모양의 꼭지[鈕], 내부에 소리를 내게 하는 영심(鈴芯) 등으로 구분된다. 몸체 하단은 폭이 좁은 「일(一)」자형 투공이 뚫렸고, 상단에는 구멍이 난 꼭지가 달려 장식품으로 매달릴 수 있게 만들었다. 귀면은 입을 벌려 앞니를 드러냈고 귀

도359. 말방울 조선 (육군박물관)

도359-1. 귀면 세부

기가 서렸다. 콧구멍이 뚫린 코는 크고 콧대가 주름졌으며, 두 눈은 눈동자가 돌출했다. 양미간에는 「왕」자를 새겨 벽사의 으뜸임을 나타냈는데, 이마에는 소뿔형의 뿔이 돋았다.

육군박물관에 소장된 말방울(도359)은 가죽 띠에 말방울 14개가 달렸고 금동고리 4개가 끼어있다.[126] 혁대와 같은 가죽 띠는 말목에 감은 것으로, 띠는 일정한 간격으로 구멍을 내 방울을 달았다. 방울은 표주박 2개를 맞대어 합한 모양인데, 하단에는 폭이 좁은 「일」자형의 투공이 나 있고 상단에는 구멍이 뚫린 꼭지가 가죽 띠와 연결되었다. 귀면(도359-1)은 도식화되어 몸체 횡축선 아래의 앞뒷면에 새겨졌는데 대부분 이마에 「왕」자가 쓰였다. 가죽 띠에 금동고리가 끼워진 것은 드문 예로, 14개 방울을 단 가죽 띠와 함께 말을 탄 사람의 위엄을 나타냈다.

2) 무당방울의 귀면

무당방울[巫鈴]은 무당이 굿을 하거나 점을 칠 때 사용하는 무구이다. 무당은 굿을 할 때 왼손에는 무당방울을, 오른손에는 무당부채[巫扇]를 들고, 방울을 흔들면서 부채를 '쥐었다 폈다' 하는 것을 반복하여 춤을 추게 된다. 무당이 춤을 추면서 방울을 흔드는 것은 잡귀를 쫓고 신령을 부르는 매우 엄중하고 신성한 행위라고 할 수 있다. 그리고 무당이 점을 칠 때는 상(床)위에 놓인 쌀더미 속에 무당방울을 넣고 꺼내어, 그 방울에 묻은 쌀알의 개수를 세어 길흉을 가리게 된다.

무당방울은 군웅방울과 칠성방울, 대신방울과 아흔아홉상쇠방울 등으로 구분되는데 기본형은 2~3개의 방울을 한데 묶어 왼손에 쥐고 흔드는 것이다. 무당방울은 몸체 내부에 영심(鈴芯)이 있는 것과 없는 것의 두 유형이 있다. 규모가 큰 군웅방울은 몸체 내부에 영심이 들어있고, 여러 방울을 한 묶음으로 결합한 칠성방울이나 대신방울 등은 영심이 들어있기는 하나 대부분 생략되어 차이가 있다. 그런데 영심이 들어있지 않는 무당방울은 손으로 잡아 흔들 때, 한 묶음의 방울들이 서로 부딪치면서 독특한

---

126) 육군사관학교 육군박물관, 2011, 앞의 책, p.100, 도118.

도360. 무당방울 조선 (경희대학교 중앙박물관)

화음(和音)을 내기 때문에 무당은 그 방울 소리에 따라 신을 불러 교신을 하게 된다.

경희대학교 중앙박물관에는 2개의 방울을 한 고리로 묶은, 기본형인 무당방울과 군웅방울이 소장되어 중요한 자료가 된다. 기본형인 무당방울(도360)은 대소의 차이가 있으나 표주박 2개를 맞대어 합한 모습으로 유사하다. 작은 방울은 몸체에 문양을 장식하지 않았으나, 큰 방울은 몸체의 횡축선 아래에는 귀면을, 그 위에는 구름무늬를 앞뒷면에 각각 새겼다. 몸체 하단에는 일자형의 투공이 뚫렸고, 상단에는 구멍이 난 방형의 꼭지가 달렸는데 전술한 말방울과 유사하다. 귀면은 입을 벌려 앞니를 드러냈고, 납작한 콧대의 양미간에는「왕」자를 새겨 벽사를 나타냈다.

군웅방울은 2~3개의 방울을 함께 묶어 군웅대에 매달고 무당이 굿을 행하게 된다. 군웅방울은 칠성방울이나 대신방울보다 그 규모가 크고 앞뒷면에 귀면이 장식되어 벽사를 나타냈다. 군웅방울(도361)은 말방울과 같이 둥근 구형인데, 몸체의 횡축선 아래에 무서운 귀면을 새겼고, 그 위에는 선문을 새겼다. 방울은 검게 흑칠을 하였는데, 몸체의 하단은「일」자형의 투공이 뚫렸고 상단에는 구멍이 난 꼭지가 달렸다. 귀면은 입을 벌려 앞니가 드러났고 코가 주름졌는데, 양미간에「왕」자를 새겨 벽사의 으뜸임을 나타냈다. 두 눈은 눈동자가 왕방울처럼 돌출하였다.

도361. 군웅방울 조선 (경희대학교 중앙박물관)

19. 장승의 귀면

장승은 나무나 돌의 상부에 귀면이나 인면을 새겨 마을이나 절 입구에 세운 것으로, 마을의 수호신, 또는 사찰이나 지역사이의 경계 및 이정표의 구실을 한다. 재료에 따라 목장승·석장승·복합장승 등으로 구분되는데 우리나라의 중부 이북에는 목장승이, 남부 및 그 도서지역에서는 돌장승이 주로 세워진다. 그런데 장승은 남부지방에서는 벅수나 법수로, 제주도에서는 돌하루방으로 다르게 불려 지역적인 차이가 있음을 알 수 있다.

장승은 상부에 새겨진 얼굴모양에 따라 귀면형장승과 인면형장승으로 분류하는데, 하부 몸체에는 주로 천하대장군(天下大將軍)·지하여장군(地下女將軍) 등의 신장명이나 이정을 새겨 한 쌍을 배치하게 된다. 귀면형장승은 얼굴의 눈꼬리가 위로 치솟았고, 코는 주먹코이며 송곳니가 입술 밖으로 드러났는데 그 연원이 통일신라시대에 제작된 귀면기와와 관련된 것으로 간주했다.[127] 그런데 귀면형장승은 수호신으로서 무서운 모습을 부각시키기 위해 얼굴 모습을 다소 과장하고 왜곡된 모습으로 표현한 것으로 전한다.

도362. 통영 문화동 벅수 조선

통영 문화동 벅수(도362, 국가민속문화유산)는 화강암으로 만든 돌장승으로, 높이가 198㎝이고 둘레가 160㎝이다. 마을의 재앙을 막고 평안을 기원하기 위해 마을 사람들이 벅수계를 만들어 세병관(洗兵館) 입구에 세운 비보장승인데, 앞면에는 토지대장군(土地大將軍)의 글자가 쓰였고, 뒷면에는 「광무10년 병오 8월일 동

127) 이종철, 2009, 「민속미술에서 본 장승」, 『한국 민속신앙의 탐구』, 민속원, p.49, p.61.

락동립(光武十年丙午八月日同樂洞立)」의 글씨가 음각되어 1906년에 세워졌음을 알 수 있다. 장승은 대체로 남녀 한 쌍이 짝을 이루는데 이 벅수는 홑이고, 얼굴과 각 부위가 적색과 흑색으로 채색되어 특이하다. 문화동 벅수는 무서운 귀면형장승으로, 길쭉한 얼굴에 입을 벌려 앞니와 송곳니가 드러났고 턱에는 수염이 세 갈래로 뻗쳤다. 코는 뭉툭하고 두 눈의 눈동자가 도드라졌다. 귀는 옆으로 늘어졌고 이마가 주름졌는데, 머리에는 모난 모자를 썼다.

20. 열쇠패의 귀면

열쇠패는 열쇠를 꿸 수 있는 패(牌)로 요즘의 열쇠고리와 같은 역할을 한다. 일명 개금패(開金牌), 별전패(別錢牌)라고 하는데, 개금은 금고 즉 곳간을 연다는 의미로 열쇠를 뜻한다. 별전은 화폐를 주조할 때 만드는 기념화폐로 길상문구나 서수를 새겨 장식품이나 혼수품으로 사용되었다. 열쇠패는 조선 후기의 상류사회에서 중요한 혼수예물로 사용되었는데, 길상과 벽사 등의 다양한 문양과 길상문구가 새겨져 가정의 화목과 부부화합은 물론 오복이 깃 들기를 기원하는 우의(寓意)가 담겼다. 열쇠패는 상단에 귀면이 새겨져 벽사를 나타냈는데, 그 형태가 원형과 각형, 방형과 부정형 등 다양하다.

도363. 열쇠패 조선 (국립민속박물관)

국립민속박물관에 소장된 열쇠패(도363)는 각 고리에 장수·부귀·출세 등을 상징하는 별전과 홍색과 황색의 비단 끈으로 엮어 묶은 5개의 별전, 화려하게 만든 두 매듭이 달렸다. 별전의 아랫부분에는 비단에 3개씩의 오얏꽃[李花]을 수놓은

5줄의 띠가 달려 화려하고 장식적이다. 자두나무 꽃인 오얏꽃은 조선 왕실을 상징하는 무늬로 당시 상류층에서 사용한 열쇠패임을 짐작하게 한다. 열쇠패의 상면에는 귀면을 장식했고 중앙에는 오복의 첫 자인 '수(壽)'자를 새겼다. 그리고 '수'자의 좌우에는 두 어린아이[雙童]이 부조되었는데. 그 외측에는 7마리의 서수가 새겨져 길상을 나타냈다. 귀면은 정면관인데 입을 벌려 앞니를 드러냈고 코는 뭉툭하다. 두 눈은 튀어나왔고 눈썹이 뭉쳤다.

도364. 주머니형열쇠패 조선 (국립중앙박물관)

국립중앙박물관에 소장된 열쇠패(도364)는 오릉형(五稜形)으로, 열쇠는 달려있지 않고 20여개의 고리구멍이 뚫렸다. 윗부분에는 정면관의 귀면이, 중앙에는 '수(壽)'자가 새겨졌는데 그 좌우에는 두명의 어린아이[雙童]이 부조되었다. 중앙 아래에는 두 마리의 새가 비상하고, 외측에는 7마리의 서수가 역동적으로 비약해 벽사와 길상을 나타냈다. 귀면은 입을 벌려 송곳니와 앞니를 드러냈고 턱에는 수염이 두 갈래로 뭉쳐 뻗쳤다. 코는 납작하며 두 눈은 도드라졌고 눈썹은 길쭉하다. 이마는 삼각형상인데 좌우측에 산형(山形)이 뿔처럼 솟아 특이하다.

다섯 마리의 박쥐가 새겨진 열쇠패(도365)는 길이가 10.5㎝로, 상단에는 걸고리가 달렸고 열쇠패에는 20여개의 구멍이 뚫렸다. 오릉형의 상부에는 귀면을 새겼는데 앞니를 드러냈고 턱에는 수염이 뭉쳐 뻗쳤다. 이마에는 보주와 비슷한 원형장식이 새겨져 이채롭다. 중앙은 팔각으로 구획해 그 안에 오얏꽃과 '적금비보일예유업(積金非寶

도365. 이화형열쇠패 조선 (국립중앙박물관)

도366. 주무니형열쇠패 조선 (국립중앙박물관)

壹藝遺業)'의 글귀를 새겼다. 그런데 이 글귀는 '금이나 옥과 같은 보배를 후손에게 물려주는 것이 바람직한 것이 아니라, 주역(周易)·시전(詩傳)·예기(禮記)·춘추(春秋)·상서(尙書) 중 적어도 한 가지는 터득해서 유업으로 삼아야 한다'는 일종의 훈시라고 할 수 있다. 열쇠패의 외측에는 5마리의 박쥐가 새겨졌는데 오복(五福)을 상징한다. 오복은 유교에서 말하는 수(壽), 부(富), 강녕(康寧), 유호덕(攸好德), 고종명(考終命)을 이르는 말인데, 열쇠패에서는 유호덕과 고종명 대신에 귀(貴)와 다남자(多男子)를 이르는 자손중다(子孫衆多)를 나타냈다.

국립중앙박물관에 소장된 열쇠패(도366)는 조선 후기에 제작된 별전으로 그 형태가 주머니모양이다. 길이와 너비가 각각 8.3㎝, 10.0㎝인 동제(銅製)로 앞면과 뒷면에 주칠을 하였는데, 열쇠를 매달 수 있는 고리구멍이 뚫려있고 6개의 작은 고리가 달렸다. 앞면 윗부분에는 무서운 귀면이 새겨졌고 중앙에는 추상적으로 도안한 수자문(壽字文)이 표현되었으며, 그 좌우측에는 2명의 어린아이[雙童]을 묘사했다. 외측에는 오복의 상징인 다섯 마리의 박쥐가 새겨져 길상을 나타냈다. 뒷면 윗부분에도 귀면을 새겼고, 중앙과 외측에는 '수복강녕부귀다남자(壽福康寧富貴多男子)'라는 오복의 글귀와 서수동물이 새겨져 벽사와 길상을 나타냈다. 귀면은 정면관의 얼굴 위주로, 입을 벌려 앞니를 드러냈고 두 눈은 도드라졌다.

21. 기타 귀면장식

기타 귀면장식은 귀면문대좌, 목제귀면장식 등이 있다. 부산 범어사의 성보박물관과 동국대학교 박물관에는 귀면이 장식된 특이한 대좌가 있다. 범어사 성보박물관의

도367. 귀면문대좌 조선 (범어사 성보박물관)

대좌(도367)는 폭이 좁고 길쭉한 상태로, 난간을 두른 상대와 문양이 새겨진 중대, 하대로 구성되었다.[128] 상대의 난간에는 용머리가 장식되었고 중대의 머름청판에는 귀면과 화문을 투각해 채색했다. 중대 좌우의 머름청판에는 이빨을 드러낸 채 두 눈이 돌출한 귀면이 무섭게 장식되어 사귀를 막는 벽사를 나타냈다.

동국대학교 박물관이 소장한 대좌(도368)는 소형인데, 난간을 두른 상대와 귀면을 새긴 중대, 낙양각이 초각된 하대로 이루어졌다. 상대의 난간 네모서리에는 연잎이 조각되었고 중대는 연주형의 네 기둥을 세우고 머름동자와 머름청판을 마련해 귀면을 새겼다. 귀면(도368-1)은 각 부위가 여러 색으로 채색되어 화려하다. 입을 벌려 앞니가 드러났고 귀기가 서렸다. 눈동자가 검게 칠해졌으나 이마의 뿔

도368. 귀면문대좌 조선 (동국대학교박물관)

도368-1. 귀면 세부

128) 문화재청·佛教文化財硏究所, 2022,「金井區 梵魚寺 大雄殿 佛壇」, 앞의 책.

도369. 목제귀면 조선 (국립중앙박물관)

은 생략되었다. 그러데 이 대좌는 폭이 좁은 소형으로 불상을 봉안하기보다는 특정한 장엄구를 배치해 불단에 설치한 것으로 추정된다.

목제귀면장식(도369)은 국립중앙박물관에 3점이 소장되었는데 모두 유사한 형태이다. 높이와 너비가 31.4㎝이고 35.3㎝가량으로 귀면 하단부에 사각 홈이 파였다. 귀면은 입을 벌려 송곳니와 이빨이 무섭게 드러났고 귀기가 서렸다. 코는 콧구멍이 뚫렸고 두 눈은 돌출했다. 이마는 주름졌고 뿔이 돋았다. 그런데 이 귀면장식은 조선 말기에 제작된 것으로 추정되는데 그 사용처를 파악할 수 없다.

22. 기와의 귀목

조선시대의 암막새와 망와에는 두 눈을 강조한 귀목(鬼目)이 장식되어 '생략과 간략화'라는 당시의 풍조를 잘 반영했다. 귀목은 귀신의 입과 코, 귀와 뿔 등을 생략하고, 두 눈을 돌출시킨 특이한 유형으로, 조선시대에 상당히 성행했다. 그런데 강화 곤릉과 임실 용암리사지에서 출토한 고려시대 암·수막새의 문양(도370, 도371)은 이전에 일휘(日暉)·귀

도370. 보주문암·수막새 곤릉 고려
(국립문화유산연구원)

도371. 보주문암·수막새 용암리사지 고려
(국립익산박물관)

목·사목(蛇目)·휘안(暉眼) 등 기와 연구자들 사이에 서로 다른 명칭으로 불렀다. 일휘문은 단일의 태양을 나타낸 길상무늬이고, 귀목문과 사목문, 휘안문 등은 두 눈을 나타낸 벽사무늬로 시문개수의 차이를 지녔다. 그런데 하나의 태양을 나타낸 일휘는 암·수막새에 각각 1개씩, 두 눈을 나타낸 귀목과 사목, 휘안 등은 2개씩이 시문되어야 올바른데, 수막새에는 1개가, 암막새에는 2개 또는 3개가 장식되어 부적합했다.

필자는 이제까지 일휘나 귀목·사목·휘안 등으로 불렀던 이와 같은 문양을 암·수막새에 배치된 각 문양의 개수와 무관한, 길상적인 의미인 보주문(寶珠文)으로 변경했다.[129] 따라서 고려시대의 수막새에 새겨진 보주는 1개인 단보주(單寶珠)이고, 암막새에 새겨진 2~3개의 보주는 쌍보주 또는 삼보주, 즉 다보주(多寶珠)로 귀목과 다른 시문단위의 개수 차이가 있다. 그런데 조선의 암막새와 망와에 새겨진 귀목은 고려의 암·수막새에 새겨진 이전의 일휘와 귀목, 사목과 휘안 등과 무관한, 귀면장식의 특이한 한 유형으로 사귀를 막는 벽사를 나타냈다.

1) 귀목문암막새

귀면의 두 눈, 즉 귀목을 시문한 암막새는 조선 전기부터 제작되었다. 경주향교의 대성전에는 귀목의 제작시기를 밝힐 수 있는 귀목문암막새(도372)가 지붕에 이어져 중요한 자료가 된다. 경주향교(경북 유형문화유산)는 창건연대가 미상이나 1492년(성종 23) 경주부윤 최응현(崔應賢)이 중수했고, 임진왜란 때 대성전이 소실되어 1600(선조 33) 경주부윤 이시발(李時發)이 중건했다. 암막새는 드림새를

도372. 귀목문암막새 경주향교 조선

129) ① 김성구, 2019,「고려이후 한국기와의 변천과 특성」,『한국의 기와』, 경희대학교 중앙박물관, pp.225~227.
② 김성구, 2023, 앞의 글, pp.40~42.

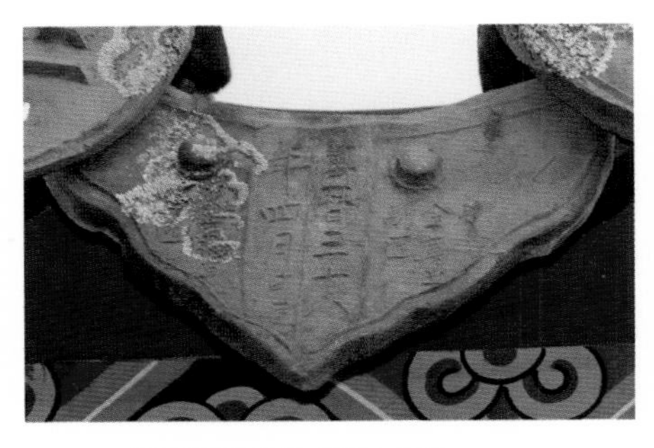

도373. 귀목문암막새 삼가향교 조선

구획해 좌우측에는 권선을 두른 귀목과 연꽃을 각각 시문했고, 내측에는 「만력12년 5월일조(萬曆十二年五月日造)」의 연호를 새겼다. 「만력 12년」은 1584년(선조 17)으로, 암막새에 귀목이 장식된 시기가 조선 전기인 임진왜란 이전으로 파악되어 중요시되었다. 귀목문암막새는 1600년 대성전이 중건됐을 때 이전의 기와를 재사용한 것으로 추정되는데, 그 수명은 2024년 현재 441년이 된다.

합천 삼가향교의 대성전에는 1610년(광해군 2)에 제작된 귀목문암막새가 이어졌다. 삼가향교(경남 유형문화유산)는 세종 때 건립되어 임진왜란 중에 소실되었는데 1612년(광해군 4)에 중건되었다. 암막새(도373)에는 권선을 두른 귀목이 돌기처럼 배치되었고, 「만력38년 4월일조(萬曆三十八年四月日造)」의 제작시기와 함께 와장과 부장의 이름이 쓰여 귀중한 자료가 된다. 「만력 38년」은 1610년(광해군 2)으로, 대성전에 이어진 귀목문암막새가 1612년 중건당시보다 2년 앞서 제작된 것임을 알 수 있었는데, 기와 수명은 2024년 현재 415년이 된다. 그리고 기와를 제작한 와장과 부장의 이름을 함께 새겨 기와제작에 따른 막중한 책임을 지게 했는데, 와장을 보좌한 부장(副匠)의 명칭도 기와에 처음 새겨졌다.

2) 귀목문망와

망와는 드림새가 위로 향한 마루기와의 하나로, 조선시대에는 귀목이 새겨진 망와가 암막새와 함께 다양하게 제작되어 사용되었다. 간혹 귀목에 백자편을 감입하여 경계의 주체인 눈을 강조하였음은 물론 조선후기의 생략과 간략화의 풍조를 반영하였다. 산청 덕천서원(경남 유형문화유산)의 내삼문에 이어진 망와(도374)는 암막새

도374. 귀목문망와 덕천서원 조선

로 제작되어 망와로 전용되었는데, 귀목과 초화를 시문했고 「만력24년 병신 3월일조(萬曆二十四年丙申三月日造)」의 문자가 쓰였다. 「만력 24년」은 1596년(선조 29)로 망와의 제작시기가 밝혀졌다. 덕천서원은 남명 조식(曺植, 1501~1572)의 학덕을 기리기 위해 1576년(선조 9)에 창건했는데, 임진왜란 때 소실되어 1602년(선조 35)에 재건되었고 1870년(고종 7)에 중건하였다. 1596년에 제작된 이 망와는 여러 차례 서원이 수리되고 중건되었으나 폐기되지 않고 계속 지붕에 이어져 사용되었는데 그 수명은 2024년 현재 429년이다.

도375. 귀목문망와 완주 송광사 대웅전 조선

완주 송광사의 대웅전(보물) 종마루에 이어진 망와(도375)는 암막새형으로 제작하여 망와로 전용되었다. 도드라진 2개의 귀목을 배치하고 「숭정6년(崇禎六年)…」의 문자를 새겼다. 숭정 6년은 1633년(인조 11)에 해당되어 기와의 수명은 2024년 현재까지 392년이나 된다. 인조는 병자호란이후 완주 송광사를 복원하여 호국원찰로 삼았는데, 1857년(철종 8) 대웅전이 재건된 이후에도 복원당시의 망와를 재사용하는 장인의 지혜를 보여주었다. 귀목은 원권을 두른 채 돌출했는데 복원당시 번와에 따른 책임자와 시주자의 이름 등이 쓰였다. 대웅전에는 인조 임금과 왕비, 소현세자 등의 안녕을 비는 목조삼전패(木造三殿牌)가 놓였는데 17세기에 제작되었다.

안동 풍산김씨 영감댁에 이어진 망와(도376)는 일반형으로, 드림새를 구획하여 귀목을 음각해 특이하다. 망와와 같은 암막새가 사랑채 추녀마루에 거꾸로 이어졌는데 귀목이 둥글게 파였다. 그

도376. 귀목문망와 풍산김씨영감댁 조선

런데 이와 같이 귀목이 음각된 것은 생략과 간략화현상을 반영한 조선 말기의 지방양식으로 주목된다. 영감댁(경북 민속자료)은 영조 때 건립하였고 1826년(순조 26)에 증축했는데, 망와는 조선 말기인 19세기 초에 제작된 것으로 보인다.

도377. 귀목문망와 퇴계종택 조선

안동 퇴계종택에는 두 눈이 뚫어진 망와가 이어져 이채롭다. 퇴계 이황(李滉, 1501~1570)의 종택(경북 기념물)은 1907년 왜병의 방화로 소실된 후, 13대 사손인 하정공 이충호(李忠鎬)가 1926년에 건립하였다. 정면 6칸, 측면 5칸의 'ㅁ'자형 집으로, 대문과 정자, 사당의 세 영역으로 구분된다. 귀목문망와(도377)는 사랑채 우측 종마루에 이어졌는데 입과 두 눈은 길게 파였거나 관통되었다. 이마에는 털이 빗금처럼 묘사되었고 외뿔모양의 돌대가 솟았다.

도378. 방상시문망와 성주 교리댁 조선

성주 대산동 교리댁(경북 민속문화유산)에는 방상시(方相氏)가 새겨진 망와(도378)가 이어져 귀중한 자료가 된다. 대산동 교리댁은 1760년(영조 36)에 사간원 사간(司諫)을 역임한 이석구(李碩九)가 건립했는데, 사랑채는 사당 및 서재와 함께 1870년에 개수했다. 방상시는『주례(周禮)』에 의하면 "곰의 가죽을 두르고 황금의 네 눈을 가진 가면을 쓰고, 검은 저고리에 붉은 치마를 입고, 손에는 창과 방패를 들어 백예(百隸)를 거느리고, 나(儺)를 행하여 역귀를 몰아냈다."고 한다. 방상시는 악귀를 쫓고자 하는 뜻으로, 우리나라에서는 임금의 행차나 궁중의 나례의식, 중국 사신을 영접할 때 사용했고, 장례 때에는 상여 앞에 세웠다.

방상시문망와는 사랑채 추녀마루에 이어졌는데, 「건륭10년 3월일(乾隆十年 三月日)」의 연호가 새겨졌다. 「건륭 10년」은 1745년(영조 21)에 해당되어 기와의 수명은 2024년 현재 280년이 된다. 망와는 테두리가 톱니처럼 뾰족한데, 방상시는 원권을 두른 네 개의 눈이 묘사되어 2개의 눈을 가진 귀목과 같이 벽사를 나타냈으나 그 모습은 차이가 있다. 그런데 1748년(영조 24)에 제작된 「건륭 무진년(乾隆戊辰年)」명 문자망와가 교리댁의 대문채와 사랑채, 안채와 첨경제 등에 이어져 그 초창 시기는 1760년보다 더 소급되고 있음을 알 수 있다.

23. 고석의 고리귀면

조선 능원의 봉분 앞에는 장방형의 석상(石床)이 놓인다. 석상은 밑의 족석(足石)이 받쳤는데 조선 후기에는 석상과 족석을 각각 혼유석과 고석으로 달리 불렀다. 혼유석(魂遊石)은 '묻힌 이의 영혼이 밖으로 나와 유락(遊樂)한다'는 의미로, 석상을 혼유석으로 부르게 된 것은 일반 무덤에서 제수를 올리는 상석과 달리, 혼유석은 그대로 두고 정자각(丁字閣)에서 제수를 차려 모든 제의(祭儀)가 이루어졌기 때문이다. 고석(鼓石)은 봉분 앞에 놓인 장방형의 석상, 즉 혼유석을 받치는 북 모양의 돌로, 나어두(羅魚頭)를 새겨 벽사를 나타냈다. 조선 능원의 석상[혼유석]과 족석[고석]은 고려 공민왕과 노국공주의 능인 현·정릉의 상설제도를 계승해, 조선 초기에는 태조 건원릉과 같이 석상 밑에 5개의 족석이 놓였으나 세종의 영릉부터는 석상 밑에 4개의 족석이 대부분 놓이게 되었다.

석상[혼유석]과 족석[고석]은 『세종실록』 「오례의」와 『국조오례의』, 『국조상례보편(國朝喪禮補編)』과 여러 『산릉도감의궤』에 기록되어 그 규모와 내용 등을 살필 수 있다. 『세종실록』 「오례의」의 「흉례 치장(治葬)」조에는 "또 석실의 남쪽 한 복판에 석상 1개를 두고, [길이는 9척 9촌, 너비는 6척 4촌, 두께는 1척 5촌이다. 족석이 4개인데 형상은 북과 같으며, 사면에 나어두를 새긴다. 사방의 모퉁이에 각각 1개씩 두는데, 높이는 1척5촌이고 원경(圓徑)은 2척 2촌 5분이다]. 아래에 지

대석이 있다."고 기록되었다.[130]

『국조상례보편』은 궁중 예제에 대해 1758년(영조 34)에 왕명을 받아 홍계희 등이 간행하였다. 석상의 도설에는 "상 속명은 혼유석이다. 길이는 8척 5촌 6푼이고 너비는 5척 8촌이며, 두께는 1척 6촌 7푼이다. 먼저 대석, 즉 박석 2개를 설치하는데, 각각이 길이는 5척 8촌이고 너비는 4척 2촌 8푼이며, 두께는 1척 2푼이다. 다음으로 족석은 일명 고석이다. 네 모퉁이에 설치하는데, 높이는 2척 3촌이다. 상하의 원지름은 1척 1촌이고, 배 부분의 원지름은 2척이다. 그 모양은 마치 북과 같으며, 4면에 나어의 머리를 새긴다. 상을 그 위에 설치하였다."고 기록되어 석상[혼유석], 족석[고석] 등의 규모와 내용을 살필 수 있다.[131]

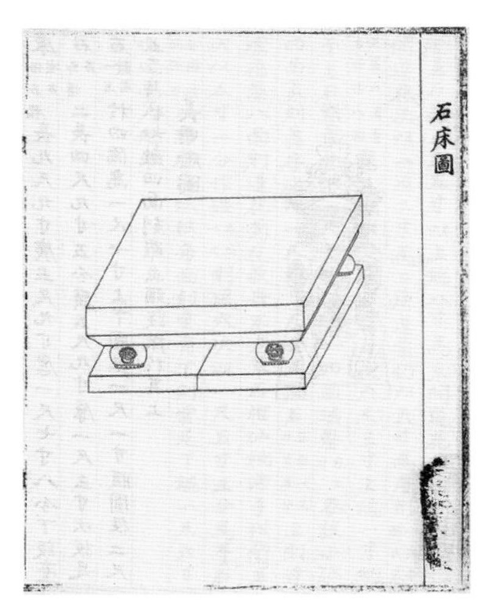

도379. 석상도 조선 『정조건릉산릉도감의궤』 (서울대학교 규장각)

혼유석과 고석은 『정조건릉산릉도감궤.』에 실린 석상도(도379)와 같이, 장방형의 혼유석을 네 개의 고석이 받쳤다. 고석은 북과 같이 둥근 모양으로 2매의 박석 위에 놓였는데 몸체 네 곳에는 나어두가 새겨졌다. 산릉도감은 국상을 당하여 국왕과 왕비의 능침을 조성하고 이를 관장하기 위해 임시로 설치한 관서인데, 그 임무를 마치면 그 내용을 의궤에 기록해 보관하였다. 『정조건릉산릉도감의궤』는 조선 제22대 정조(재위 1777~1800)의 능인 건릉의 조성과정을 기록한 책으로, 1800년(순조 즉위년)에 간행되었다.[132]

---

130) 『世宗實錄』「五禮儀」, 凶禮 治葬. "又於石室之南正中. 置石床一,[長九尺九寸, 廣六尺四寸, 厚一尺五寸, 足石四狀如鼓, 四面刻羅魚頭四隅各一, 高一尺五寸, 圓徑二尺二寸五分, 下有地臺石"

131) 『國朝喪禮補編』, 石床. "牀俗名魂遊石. 長八尺五寸六分, 廣五尺八寸, 厚尺六寸七分. 先設臺石卽博石. 二, 各長五 尺八寸, 廣四尺二寸八分, 厚尺二寸二分. 次設足石一名鼓石. 於四隅, 高尺三寸. 上下圓徑尺一寸, 腹圓徑二尺. 其狀 如鼓, 四面刻羅魚頭. 設牀於其上"

132) 규장각한국학연구원, 『정조건릉산릉도감의궤(正祖健陵山陵都監儀軌)』.

1) 조선 전기의 고석

조선 왕릉의 족석[고석]은 조선 전기와 중기, 후기로 구분해 그 변천과 나어두를 간단히 살펴보았다. 조선 전기의 석상과 족석은 대체로 규모가 크고 정교했으나, 조선 중·후기의 고석은 정제되었으나 비교적 규모가 작아지고 도식화되는 경향을 띠었다. 조선 전기의 족석은 태조 건원릉과 세종 영릉, 세조의 광릉과 공혜왕후의 순릉에 설치한 것을 주요 자료로 선정하였다.

구리의 동구릉(사적)에 있는 건원릉(도380)은 전술한 바와 같이 조선의 태조 이성계의 단릉으로, 석상과 족석은 고려 공민왕의 능인 현릉의 형식을 따랐다. 족석은 석상 밑의 네 모서리와 중앙에 각각 4매와 1매씩을 놓아 모두 5매를 설치했다. 족석은 위아래에 띠를 둘러 연주문을 새겼고 몸체 4면에는 나어두를 새겼는데, 높이가 0.5m내외이고 그 지름이 0.6m가량이다.[133] 나어두는 그 유래를 알 수 없으나 형태와 역할이 귀면과 유사해 넓은 의미에서 고리귀면에 포함하였다. 나어두(도380-1)는 귀면과 같은 정면관의 얼굴위주로, 입을 벌려 앞니를 드러냈고 고리를 물었다. 코는 들렸고 두 눈은 돌출했는데, 이마에는 뿔이 돋아 분기했고 머리털이 뻗쳤다.

남양주에 있는 광릉(光陵, 사적)은 조선의 7대 세조(재위 1755~1468)와 정희왕후 윤씨의 능으로, 왕과 왕비·

도380. 태조 건원릉 조선 (국립문화유산연구원)

도380-1. 족석의 나어두

133) 국립문화재연구소, 2009, 앞의 책, pp.92~93.

도381. 세조 광릉 조선 (신병찬)

도381-1. 족석의 나어두
(국립문화유산연구원)

의 능을 다른 언덕위에 따로 만든 동원이강릉(同原異岡陵)이다. 왕릉과 왕후릉은 각각 다른 석상 밑에 4개씩의 족석이 놓였다. 왕릉(도381)의 족석은 높낮이가 다른데 높이가 대략 60㎝가량이다.[134] 나어두(도381-1)는 고석의 네 면에 새겨졌는데 길쭉한 편이다. 입은 벌려 고리를 물었는데 꽃잎이 장식되었다. 코는 콧구멍이 뚫렸고 두 눈은 눈동자가 돌출하였다. 귀는 소귀처럼 솟았고 이마에는 분기한 뿔이 뻗쳤다.

2) 조선 중기의 고석

도382. 혼유석과 고석 선조 목릉 조선

도382-1. 고석의 나어두

134) 국립문화재연구소, 2011, 앞의 책, p.326, p.358.

중기의 고석은 선조 목릉과 인조 장릉에 설치한 것을 주요자료로 선정했다. 구리의 동구릉(사적)에 있는 목릉(穆陵)은 조선의 14대 선조(재위 1567~1608)와 정비 의인왕후 박씨, 계비 인목왕후 김씨의 능으로, 같은 주산에서 내려온 서로 다른 언덕에 조성된 동원이강형이다. 선조 왕릉의 혼유석은 4개의 족석이 받쳤는데 고석의 사면에는 나어두가 조각되었다. 고석(도382)은 둥근 구형으로 위아래에 연주문을 새겼는데 높이가 63㎝이다. 나어두(도382-1)는 정면관인 얼굴위주로 정제되었는데, 높이와 너비가 각각 30㎝, 27㎝가량이다. 입에 고리를 물었고 송곳니와 앞니가 드러났는데 귀기가 서렸다. 두 눈은 돌출했고 이마에는 분기한 뿔이 돋았다.

파주 장릉(長陵, 사적)은 조선 16대 인조(재위 1623~1649)와 원비 인열왕후 한씨의 능으로, 1731년(영조 7)에 파주시 운천리에서 현재의 자리로 옮겨 합장(도383)하였다. 능침의 석물은 옛 능의 석물을 옮겨 다시 사용했는데, 면석과 장명등은 새로 제작하여 십이지신상이나 구름 대신에 모란문과 연화문을 새겼다. 고석(도383-1)은 위아래에 연주를 돌렸고 4면에 나어두를 새겼는데 상태가 양호하다. 나어두는 얼굴위주의 정면관인데 입에 작은 고리를 물었고 송곳니와 윗니가 드러났다. 코는 뭉툭하며 두 눈은 돌출했는데 눈썹이 뭉쳤다. 이마에는 뿔이 분기했고 머리털이 말렸다.

도383. 인조 장릉 조선 (신병찬)

도383-1. 고석의 나어두

3) 조선 후기의 고석

후기의 고석은 영조 원릉과 순종 유릉에 설치한 것을 주요자료로 선정했다. 구리의

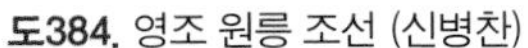

도384. 영조 원릉 조선 (신병찬)

도384-1. 고석의 나어두

동구릉(사적)에 있는 원릉(元陵)은 조선의 21대 영조(재위 1724~1776)와 계비 정순왕후 김씨의 능인 쌍릉(도384)이다. 혼유석은 영조 능과 정순왕후 능 앞에 각각 자리했는데, 고석은 각 4개씩 혼유석 밑을 받쳤다. 고석은 높이가 49㎝가량으로 위아래에 연주를 돌렸는데, 네 면에 털이 무성한 나어두를 양각했다. 나어두(도384-1)는 입에 고리를 물었고 송곳니와 윗니를 드러냈다. 코는 콧구멍이 뚫렸고 두 눈은 튀어나왔다, 이마에는 분기한 뿔이 돋았고 머리털이 둥글게 말렸다.

남양주의 유릉(裕陵, 사적)은 조선의 마지막 왕인 27대 순종(1874~1926)과 정비 순명효황후 민씨·계비 순정효황후 윤씨의 합장릉(도385)이다. 순종은 광무 1년(1897) 대한제국이 수립되면서 황태자가 되어 1907년 고종이 물러나자 황제가 되었는데, 1910년 한일병합으로 이왕으로 강등되었고 1926년에 사망했

도385. 순중 유릉 조선 (신병찬)

도385-1. 고석의 나어두
(국립문화유산연구원)

다. 유릉은 대한제국의 초대 고종황제의 홍릉과 같이 중국 명 태조의 효릉을 본 따서 조성했다.

혼유석은 봉분 앞에 1기가 놓였고 4개의 고석이 받쳤다. 고석은 상하에 연주를 새기고 4면에 나어두를 양각했는데 중심이 볼록하다.[135] 나어두(도385-1)는 입에는 작은 고리를 물었고 송곳니와 앞니가 드러났다. 코는 뭉툭하고 두 눈은 눈동자가 튀어나왔는데 눈썹이 가시처럼 뻗쳤다. 이마는 주름졌고 머리카락이 둥글게 말렸다. 나어두는 웃는 모습을 나타냈으나 규모도 작고 두 귀와 뿔이 생략되어 소략하다.

24. 청동그릇의 고리귀면

고리귀면이 부착된 청동그릇(도386)이 서울 서대문구에서 수집되어 중요한 자료가 된다. 동체(胴體)는 완전한 모습이나 하단의 굽이 파손된 큰 그릇으로, 높이가 38.0㎝이고 입 지름은 77.0㎝가량이다. 동체는 풍만하며 문양 없이 줄이 나있다. 구연의 전은 넓게 벌어졌는데 굽은 낮은 편이다. 동체에는 귀면이 장식된 'U'자형 고리와 원형 고리(도386-1)가 서로 맞대어 2개가 부착되었다. 'U'자형 고리는 그 끝이 벌어져 두 귀면의 측면에 끼워졌고, 원형 고리는 한 귀면에 끼워져 서로 다른 모습이다. 그런데 'U'자형 고리는 청동그릇의 손잡이로 사용된 것으로 보이나, 원형 고리는 장식적인 특성이 강하다.

도386. 청동그릇 조선 (국립중앙박물관)

도386-1. 손잡이의 귀면장식

청동그릇에는 'U'자형 고리 끼워진 4개의 귀

135) 국립문화재연구소, 2015, 앞의 책, p.400, p.426.

면과 원형 고리에 끼워진 2개의 귀면 등 모두 6개의 귀면이 부착되어 벽사를 나타냈다. 귀면은 모두 동일하게 주조되었는데, 측면에 큰 구멍이 뚫려 고리를 끼울 수 있고, 상단과 하단의 가장자리에는 못을 박아 동체에 부착할 수 있게 제작했다. 귀면은 입을 벌려 앞니가 드러났고 코는 뭉툭하며 길쭉하다. 양 볼이 솟아올랐고 두 눈은 눈동자가 돌출했다. 이마는 중심이 솟았으나 뿔은 돋지 않았다. 청동그릇은 귀중한 음식물을 담아 사용한 특수한 예기로, 조선 후기에 제작된 것으로 추정된다.

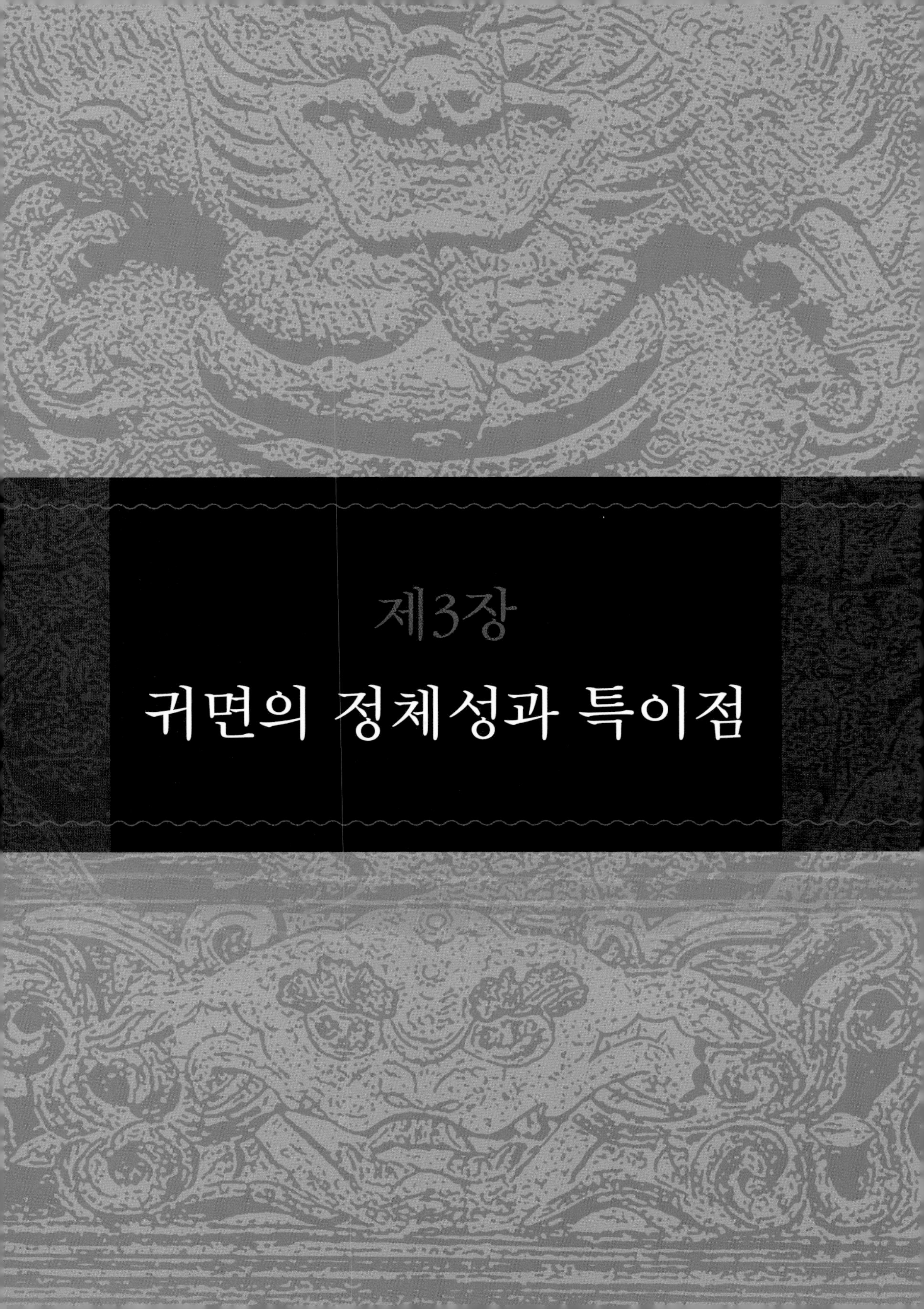

제3장 귀면의 정체성과 특이점

제1절. 귀면의 정체성

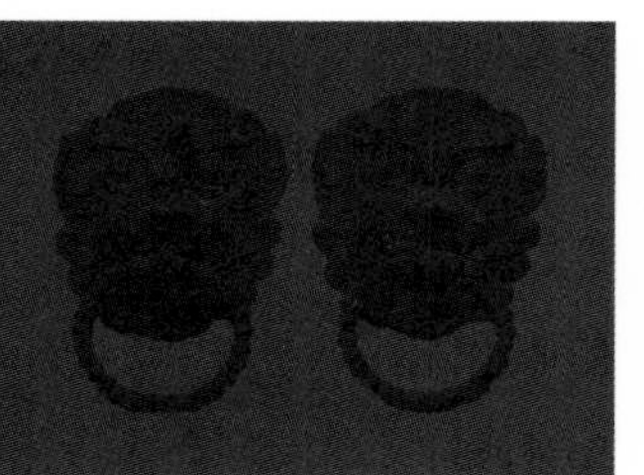

어떤 존재의 정체성은 그 자체가 본질적으로 가지고 있는 주요한 특성을 말하며 그 특성을 가진 존재를 일컫게 된다. 귀면은 초자연적인 귀신의 얼굴로 악귀와 재앙을 막는 특이한 벽사미술을 낳아 인간의 삶과 죽음을 수호했다. 귀신은 그 독특한 표현방식에 의해 귀형·귀두·귀면·유익귀면·귀목·고리귀면 등 6가지 유형으로 구분되어, 삼국시대부터 조선시대까지 고분벽화를 비롯해 다양한 건축부재와 기물 등에 장식되어 그 특성을 나타냈다.

귀면은 귀형과 귀두를 포함해 대부분 정면관인 얼굴위주로 묘사된다. 그리고 눈과 입을 무섭게 표현해 사귀를 경계하고 위협했고, 이마에는 위협적인 뿔이 돋았다. 그런데 이승에 살고 있는 인간은 저승과 이승을 마음대로 넘나드는 사악한 귀신을 직접 상대해 막아낼 수 없기 때문에, 초자연적인 귀신의 힘을 이용해 사귀를 막고자 하는 이귀제귀의 지혜를 발휘한 환상적인 귀면장식을 형상화하게 되었다.

1. 얼굴 위주의 정면관

우리나라의 귀면장식은 삼국시대부터 제작되기 시작하여 전시기에 걸쳐 성행했는데, 대부분 몸체를 생략한 정면관(正面觀)의 얼굴 위주로 묘사되었다.[136] 정면관은 앞

136) 김성구, 2023, 앞의 글, pp.44~45.

에서 바라보거나 앞을 바라본 정시(正視)의 구도로, 앞을 향하는 정면향(正面向)과 비슷하다. 정면관은 옆에서 바라보거나 옆을 향해 바라본 측시(側視)의 구도인 측면관 또는 측면향(側面向)과 함께 우리나라의 각종 조각과 도상에 적용되었다. 정면관은 주로 부처의 본존과 초상화 등 얼굴 위주의 묘사에 보이며, 측면관은 몸체가 길쭉한 동물이나 용, 물고기 등에 나타나 서로 다른 차이를 지녔다.

도387. 귀면문사래기와 황룡사지 통일신라 (국립경주박물관)

귀면은 대부분 몸체를 생략하고 입과 코, 두 눈과 눈썹, 두 귀와 뿔 등을 고루 갖춘 무서운 모습으로 묘사된다. 얼굴은 약간 길쭉한 원형상이고 턱에는 수염이 달렸고 얼굴 전체에 머리털이 무성하다. 입을 벌려 송곳니와 앞니를 드러냈고 귀기를 내뿜어 무서운 공포를 자아내게 한다. 간혹 윗입술이나 눈 밑에는 재앙을 감지할 수 있는 두 줄의 촉수(觸鬚)가 달렸고 이마 중앙에는 구슬모양의 보주(寶珠)가 장식되기도 한다.

귀면은 고분벽화를 비롯하여 건축부재인 기와와 화반, 사원의 불단과 창호, 장신구와 기물 등에 정면관으로 장식되어 사귀를 막는 벽사를 나타냈다. 경주 황룡사지에서 출토한 사래기와(도387)는 얼굴위주의 귀면이 정면관으로 무섭게 묘사되었다. 원두방형으로 8세기후엽에 제작된 전형양식으로 주연에는 구름과 작은 주문을 장식했다. 귀면은 입을 벌려 앞니와 혀를 드러냈고 귀기가 입속에서 분출해 당초처럼 뻗쳤다. 턱과 입술 주변에는 수염이 무성하다. 코는 콧구멍이 드러났고 두 귀는 나선형이다. 두 눈의 눈동자는 왕방울처럼 도드라졌는데 눈썹은 이중으로 말렸다. 이마에는 뿔이 돋아 분기했고 모발이 산형(山形)을 이루었다. 강진향교의 화반(도388)에는 정면관

도388. 귀면화반 강진향교 조선

인 귀면이 무섭게 장식되었는데 뒷면에는 당초가 그려졌다. 입에는 이빨을 드러내 물고기를 물었고 두 눈은 튀어나왔다. 이마에는 분기한 뿔이 돋아 무서운 모습이다.

귀면의 원류로 추정되는 도철(饕餮)은 중국 상·주의 동기(銅器)에 표현되어 중요한 자료가 된다. 도철은 괴수의 얼굴로 정면관인데, 중국의 『여씨춘추(呂氏春秋)』와 『춘추좌전(春秋左傳)』, 『사기(史記)』 등에 나온다. 『여씨춘추』의 「선식람」에는 "주나라의 솥에는 도철을 새겨 넣었는데, 머리는 있으나 몸통은 없고, 사람을 잡아먹는데 삼키지 못해 그 몸에 해가 미친다."고 기록되었다.[137] 도철은 탐욕스럽고 먹는 것을 많이 밝혔다고 한다. 『춘추좌전』의 「문공」편과 『사기』의 「오제본기」에는 도올(檮杌)·궁기(窮氣)·혼돈(混沌) 등과 함께 사흉(四凶)으로 기록되었는데, 송대(宋代)의 골동품 애호가들이 도철이라고 이름을 붙였다.

상·주의 동기에 표현된 도철은 몸통이 없이 괴수의 안면을 무섭게 표현한 것으로, 두 눈을 중심으로 코와 귀, 뿔이 달려 벽사를 나타낸 것으로 보인다. 중국에서 기와에 도철문이 장식된 것은 전국시대로 비교적 이른 시기에 해당된다. 전국시대 연(燕)의 하도(下都)인 하북성 이현(易縣)에서는 도철문이 장식된 반막새(도389)가 출토해 중요한 자료가 된다. 막새의 지름이 15.9㎝ 가량으로 도철이 정면관인 얼굴위주로 표현되었는데 두 눈의 눈동자가 무섭게 돌출했고 이마에는 뿔이 돋았다.

도389. 도철문반막새 중국 연(燕) (국립중앙박물관)

도철은 그 표현과 형상이 귀면과 상당히 유사하다. 귀면도 몸통이 생략된 얼굴 위주의 정면관으로 대부분 묘사되었고 두 눈이 돌출해 앞을 경계한 무서운 모습이다. 따라서 동아시아의 귀면은 얼굴

137) ①『呂氏春秋』, 先識覽. "周鼎著饕餮, 有首無身, 食人未咽, 害及其身."
② 平凡社, 1979, 『世界考古學事典』 上, pp.770~771.

위주로 무섭게 의장되어 벽사를 나타냈는데 상·주의 동기에 새겨진 도철과 서로 상관되어 귀면의 원류로 추정되었다.[138] 그러나 도철이 정면관의 유사성과 벽사의 상징성 등을 감안해 귀면의 원류로 추정하였으나 귀면의 개념과 정체성, 사용처 등을 통해 귀면과 도철은 서로 다른 별개의 존재로 간주된다.

2. 두 눈으로 사귀를 경계하다

귀면은 기본적으로 두 눈과 입을 무섭게 표현해 사귀를 경계하고 위협한다. 그리고 이마에는 뿔이 돋거나 수염과 머리털이 곤두선 분노의 모습으로 묘사한다. 귀면은 두 눈의 돌출과 귀기, 눈동자의 시선과 사기장식과 같은 다양한 변화를 나타냈다. 특히 귀면의 입과 코, 두 귀와 뿔 등을 생략하고 두 눈만을 새긴 귀목은 벽사의 주요 요소인 사귀에 대한 경계를 극대화한 것으로 우리나라 귀면 유형의 특이한 의장이다.

도390. 귀면문수막새 고구려 (국립중앙박물관)

평양에서 수집된 고구려 수막새(도390)는 적색기와로 무서운 귀면이 장식되었다. 귀면은 입을 벌려 송곳니와 앞니를 드러냈고 두 눈은 눈동자가 돌출했고 눈썹이 불꽃처럼 솟았다. 두 눈을 강조해 사귀를 경계한 귀면자료는 백제와 신라의 기와, 조선의 암막새와 보뺄목, 궁창 등에서 다양하게 확인된다. 백제의 부연기와(도391)는 방형으로, 중심에 못 구멍이 뚫렸다. 귀면은 입

도391. 귀면문부연기와 가탑리사지 백제 (국립부여박물관)

138) 村田治郎, 1968,「中國建築に用ぃられた鬼面紋概說」,『鬼面紋瓦の研究』, 井內古文化研究所.

도392. 보뺄목 귀면 정수사 대웅보전 조선

을 벌려 송곳니와 앞니를 드러냈고 귀기가 뻗쳤다. 코는 콧구멍이 들렸고 미간에는 보주가 장식되었는데, 눈동자에는 귀기가 불꽃처럼 이글거렸다.

목조건물의 보뺄목 귀면은 대부분 고부조로 입체적이다. 강화 정수사의 대웅보전에는 황색과 청색바탕의 두 귀면이 보뺄목에 새겨져 사귀를 막는 벽사를 나타냈다. 보뺄목 귀면(도392)은 황색바탕의 얼굴에 홍색반점이 찍혔는데, 두 눈은 눈동자가 검게 칠해졌고 아래를 향한 눈초리가 날카롭다. 입에는 송곳니와 앞니가 드러났고 이마에는 소뿔형의 뿔이 돋아 무서운 형상이다.

귀면이 두 눈을 강조한 것은 조선시대에 성행한 귀목이 대표적이다. 귀목은 귀면의 입과 코, 귀와 뿔 등의 모든 부위를 생략하고 두 눈만을 돌출시킨 것으로 매우 특이한 의장이다. 귀목은 조선시대의 암막새와 망와에 새겨져 성행했는데 그 의장은 당시의 생략과 간결함을 나타냈다. 논산 돈암서원(사적)의 응도당에는 창건 당시의 기와가 이어져 중요한 자료가 된다. 응도당은 조선 중기의 문신인 김장생(金長生)이 유생을 가르친 강당으로 서원과 함께 1633년(인조 11)에 건립했다. 그런데 1880년(고종 17)에 서원이 홍수피해를 당해 응도당을 제외한 다른 건물을 현재 위치로 옮겼고 응도당은 그 이후 1971년에 이건했다. 응도당(보물)은 창건기와를 비롯해 옛 기와를 그대로 옮겨 지붕에 이었는데, 암막새(도393)에는 귀목이 돌출되었고 「숭정 6년(崇禎六年)」의 문자가 새겨졌다. 「숭정 6년」은 1633년(인

도393. 귀목문암막새 돈암서원 응도당 조선

조 11)에 해당되어 기와 수명이 2024년 현재 392년이 된다.

논산 노성향교(魯城鄕校)의 명륜당 종마루에 이어진 귀목문망와(도394)는 두 눈에 무서운 귀기가 서렸다. 귀목은 테두리를 두르고 눈동자가 반구형으로 돌출했는데, 방사선처럼 내뿜는 귀기가운데 한 줄기는 넝쿨처럼 길게 뻗쳤다. 노성향교(충남 기념물)는 원래 노성면 송당리의 월명곡에 위치했으나 명륜당의 현판에 1631년(인조 9)에 현감이 문묘를 중수했다는 기록이 전하여 17세기 초에 지금의 자리인 명재고택의 이웃으로 옮겨지은 것으로 보인다.

도394. 귀목문망와 노성향교 명륜당 조선

도395. 귀목문망와 선암사 산신각 조선

순천 선암사의 산신각에 이어진 귀목문망와(도395)는 「가경 2년(嘉慶二年)」의 연호에서 1797년(정조 21)에 제작되었음을 알 수 있는데, 그 수명은 2024년 현재 228년이 된다. 그런데 귀목의 중심에 백자편을 박아 그 반사를 통한 경계를 한층 더 강화했다. 이외에 귀목은 변화가 다양하다. 안동의 풍산김씨 영감댁에 이어진 망와는 전술한 바와 같이 귀목이 음각되었고, 안동 퇴계종택에서는 두 눈이 관통한 망와가 제작되어 사귀를 경계했다.

3. 입을 벌려 사귀를 제압하다

귀면은 두 눈을 부릅뜨고, 입을 벌려 송곳니와 앞니, 혀를 무섭게 드러내 사귀를 경계하고 제압하는 것이 얼굴위주의 정면관과 함께 가장 중요한 정체성에 해당된다. 그

도396. 귀면문사래기와 경주 통일신라 (윤열수)

도397. 귀면화반 남원향교 진강루(후면) 조선

런데 귀면은 점차 입에서 귀기(鬼氣)를 내뿜거나 당초와 초엽, 연꽃과 연봉오리, 모란꽃과 물고기 등을 물어 사귀를 막는 본연의 벽사이외에 또 다른 의미가 복합되었다.

귀면이 입을 벌려 송곳니와 앞니를 드러낸 것은 사귀를 제압하려는 가장 기본적인 의장이다. 경주에서 수집된 귀면문사래기와(도396)는 정면관인 귀면이 무섭게 시문되었다. 귀면은 입을 벌려 송곳니와 앞니를 드러냈고 턱에는 수염이 뻗쳤다. 코는 들렸고 두 눈은 눈동자가 돌출했는데 귀는 나선형이다. 이마에는 못 구멍이 뚫렸고 뿔이 분기해 안으로 굽었다. 주연에는 구름이 장식되었는데 동형의 기와가 경주 월성에서 출토하였다.

귀면의 입에 귀기가 서린 것은 사귀로 하여금 공포심을 느끼게 하는 무시무시한 의장이다. 귀면이 내뿜는 귀기는 전술한 바와 같이 고구려의 마루끝기와와 백제의 부연기와에서 확인되었는데, 귀기가 귀면의 입과 두 눈에서 무섭게 뻗쳤고 불꽃처럼 이글거렸다. 남원향교 진강루의 화반(도397)은 귀면이 입을 벌려 하얀 이빨을 드러냈고 귀기가 톱니처럼 뻗쳤다. 두 눈은 도드라졌고 이마에는 뿔이 돋아 분기했다.

귀면의 입에 당초나 초엽이 새겨진 것은 귀기의 또 다른 표현으로 귀면장식의 중요한 의장에 해당된다. 경주 월지에서 출토한 녹유마루끝기와(도399)는 파손되었으나 정제된 귀면이 시문되었다. 입을 벌려 송곳니와 앞니, 보주모양의 혀를 드러냈고 주연부와 양 측면에 시문된 당초와 같은 넝쿨모양의 당초가 뻗쳤다. 예천 용문사 대장전

도398. 녹유귀면문마루끝기와 월지 통일신라
(국립경주박물관)

도399. 평방뺄목 귀면 용문사 대장전 조선

의 평방뺄목에 부착된 귀면장식(도398)은 입에 귀기대신에 간략한 초엽을 새겨 특이하다. 귀면은 황색바탕에 홍색반점이 찍혔는데 눈동자가 돌출했고 이마에는 뿔이 분기했다. 그런데 이와 같은 당초와 초엽은 귀면의 입에서 내뿜는 귀기에서 변화한 것으로 당시의 장식적 특성을 엿볼 수 있다.

경주 황룡사지에서 출토한 귀면문사래기와(도400)는 원두방형으로 통일신라 후기에 제작되었다. 귀면은 입을 벌려 앞니를 드러낸 채, 혀 대신 화형보주를 새겨 특이하다. 화형보주는 4엽의 꽃모양으로 입의 변화를 나타냈는데 매우 장식적이다. 안동 퇴계종택의 안채 용마루에 이어진 망와(도401)는 귀면의 눈동자와 입속의 이빨 사이에 백

도400. 귀면문사래기와 황룡사지 통일신라
(국립경주박물관)

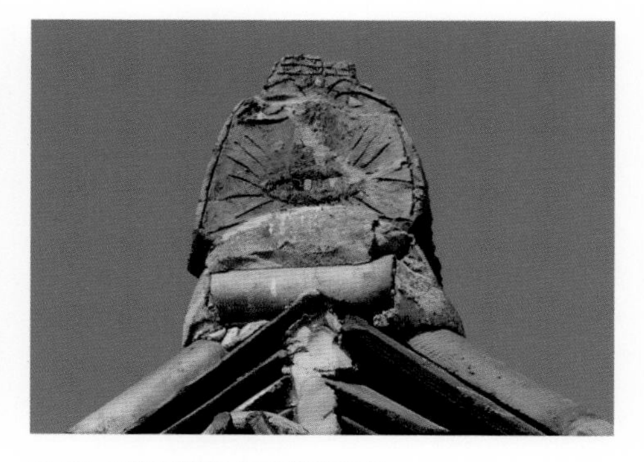

도401. 귀면문망와 퇴계종택 조선

자편을 박아 특이하다. 조선 말기에 제작되었는데 사귀를 경계하고 위협하기 위해 햇빛에 반사하는 백자편을 두 눈과 이빨사이에 감입한 것으로 보인다. 이외에 후술한 바와 같이 귀면이 입에 연꽃과 금강저, 모란꽃이나 물고기 등을 물어, 본연의 벽사기능은 물론 길상과 불교적인 염원을 나타냈고 화마를 막아 화재를 방지하기도 했다.

4. 귀면의 뿔

귀면은 원래 매서운 맹수의 얼굴로 묘사되어 뿔이 돋지 않았다. 그러나 무서움을 돋보이기 위해 점차 뿔이 이마에 돋기 시작해 사귀에 대한 중요한 방어수단이 되었다. 귀면은 뿔이 없는 무각귀면과 뿔이 돋은 유각귀면으로 구분할 수 있다. 유각귀면은 뿔이 하나인 외뿔귀면과 뿔이 2개인 쌍뿔귀면으로 나뉘며, 그 생김새와 가지에 따라 소뿔형과 영양 가지뿔형으로 세분된다. 그런데 외뿔귀면은 사천왕이 착장한 갑옷의 상갑에 일부 나타나며, 쌍뿔귀면은 통일신라시대에 정형화를 이루어 조선시대까지 성행했다.

뿔이 돋지 않은 무각귀면은 고구려의 고분벽화에 처음 그려졌다. 안악3호분 널방의 돌기둥 기둥머리에는 이빨을 무섭게 드러낸 무시무시한 귀면(도402)이 뚜렷한데 이마에는 뿔이 돋지 않았다. 안악3호분은 앞방 서벽에 쓰인 「영화(永和) 13년」의 묵서에 의해 357년에 축조되었음을 알 수 있다. 이외 무각귀면은 유각귀면보다 그 작례가 많

도402. 무각귀면 안악3호분 고구려 (국립문화유산연구원)

도403. 소뿔형귀면 안악3호분 고구려 (국립문화유산연구원)

지 않으나 삼국시대의 기와와 장신구 등에 보이며 통일신라의 귀면문고리와 조선의 사천왕상 귀면에 일부 나타났다.

뿔이 돋은 유각귀면은 사귀에 대한 중요한 방어수단으로 이마 양쪽에 뿔이 돋았다. 소뿔형의 쌍뿔(도403)은 고구려 벽화고분인 안악3호분 기둥머리의 귀면에 처음 묘사되었다. 귀면은 입을 벌려 혀를 내밀었고 송곳니가 뻗쳤다. 두 눈이 감겼고 이마에는 뿔이 돋았다. 부안 개암사의 대웅전에는 2개의 귀면장식이 공포사이에 설치되어 중요한 자료가 된다. 귀면(도404)은 입과 코, 눈과 귀 등 각 부위를 갖추었고 이마에는 소뿔형의 뿔이 무섭게 돋았다.

가지뿔형의 쌍뿔귀면은 전시기에 걸쳐 성행했다. 가지뿔은 원뿔에 한 가지가 분기한 것으로, 2~3개의 가지가 분기한 다기(多岐)의 사슴뿔과 다르며, 아메리카에서 서식한 영양(羚羊, Pronghorn)의 머리에 뻗쳤고 중국에서는 이 영양을 차각령(叉角羚)으로 불러 중요시했다. 경주 월지에서 출토한 마루끝기와(도405)는 암녹색을 띤 녹유기와로 이마에 가지가 분기한 쌍뿔이 뻗쳤다. 입에는 귀

도404. 소뿔형귀면 개암사 대웅전 조선

도405. 가지뿔형귀면 월지 통일신라 (국립중앙박물관)

도406. 가지뿔형귀면 신흥사 극락보전 조선

기가 서렸고 이마의 쌍뿔 사이에는 보주가 장식되었다. 속초 신흥사의 극락보전(보물)에 설치된 보뺄목에는 조선 후기의 청색귀면(도406)이 부조되었다. 입에는 송곳니가 뻗쳤고 두 눈은 검게 칠해져 돌출했다. 이마에는 분기한 가지뿔이 튼실하게 돋았다.

5. 이귀제귀의 벽사

이승에 살고 있는 사람은 저승과 이승을 넘나드는 귀신을 직접 상대할 수가 없다. 귀신은 초자연적인 존재로 사람에게 이로운 선귀(善鬼)와 몹쓸 짓을 하는 악귀, 즉 사귀(邪鬼)로 구별된다. 사람들은 사귀가 각종 재앙과 질병, 화재 등을 일으켜 인간의 삶을 괴롭히고 피폐하게 한다고 생각해, 이를 쫓기 위한 여러 가지 방책이 강구되었다.

사람들은 사악한 귀신을 물리치기 위해 초자연적인 힘을 지닌 귀신의 얼굴, 즉 얼굴 위주의 귀면장식을 형상화하는 이귀제귀(以鬼制鬼)의 지혜를 발휘했다. 「이귀제귀」는 곧 「이귀공귀(以鬼攻鬼)」로, '어떤 적을 이용하여 다른 적을 제어한다.'는 「이이제이(以夷制夷)」 또는 「이이공이(以夷攻夷)」나, '악을 물리치는데 다른 악을 이용한다.'는 「이독제독(以毒制毒)」 또는 「이독공독(以毒攻毒)」 등의 한자성어와 같이, '사귀를 물리치는데 다른 귀신을 이용한다.'는 특별한 의미를 지녔다. 따라서 사귀를 쫓는 다른 귀신은 귀면을 지칭한 것으로 벽사기능을 수행한다.

조선의 문헌설화집인 『해동잡록』에 벽사와 관련한 귀와(鬼瓦)가 다음과 같이 기록되어 중요한 자료가 된다.[139] 『해동잡록』의 「정창손」조에는 '창손이 정승노릇을 30년 하였고 거의 90세까지 살았는데, 하루는 집에 귀신의 요사(妖邪)가 갑자기 일어나서 대낮에 돌을 던지기를 그치지 않아 조정이 모두 아주 괴상히 여겼는데, 공이 귀와(鬼瓦)를 태워 죽여서 누르니 그 요사함이 그치고 공도 건강하여 병이 없다.'고 기록되었다. 그런데 『해동잡록』에 기록된 「소살귀와(燒殺鬼瓦)」의 글귀에서 「귀와」의 기와 명

---

139) ① 權鼈, 『海東雜錄』, 1670, 1798(일부판각).
② 김성구, 2015, 앞의 글, 『釜山기와』, pp.237~238.

칭과 함께 이를 태워서 귀신의 요사함을 막아냈다는 벽사가 확인되어 중요시되었다. 따라서 귀와는 중국에서 '오랑캐를 이용하여 다른 오랑캐를 물리친다.'는 전략인 「이이제이」와 같이, '무서운 귀신을 이용해 요사한 귀신을 쫓는다.'는 벽사의미를 지녔다고 할 수 있다.

사람들은 이귀제귀의 지혜를 발휘하여 귀면이 사귀를 쫓아낼 수 있다고 믿었다. 귀면은 사귀를 막는 인간의 수호신 역할을 담당해 생전과 사후세계의 벽사의장으로 성행했고 불교사원의 주요한 장식으로 폭 넓게 활용되었다. 우리나라의 귀면은 고분벽화를 비롯하여 기와와 전돌, 보뺄목과 화반, 궁창과 석계 등 여러 종류의 건축부재, 석탑과 사리장치, 불단과 비석 및 부도, 능원의 무석인과 고석, 칼과 요패, 방울과 상여의 마구리판에 장식되어 사귀를 막는 벽사를 나타냈다.

제2절. 특이한 귀면장식

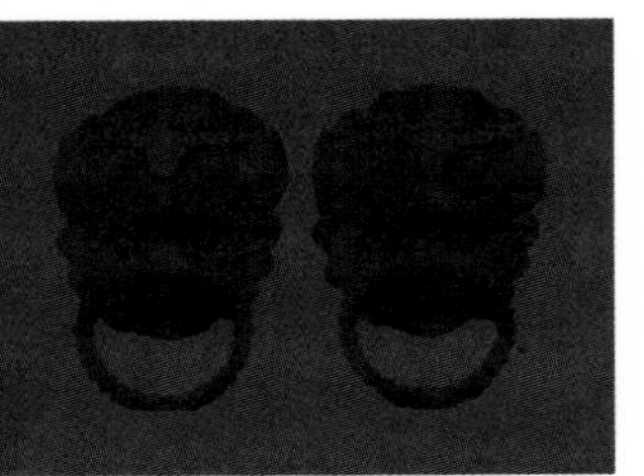

우리나라의 귀면은 사용처도 다양하고 그 의장도 독특하다. 특이한 귀면장식으로 「왕(王)」자명 귀면과 연꽃·금강저를 입에 문 귀면, 물고기를 입에 문 귀면과 외뿔귀면에 대해 간단히 살폈다. 귀면의 이마에 「왕(王)」자를 새겼거나 입에 연꽃과 금강저, 물고기 등을 물어 벽사이외에 또 다른 복합적인 의미를 나타냈다. 「왕」자명 귀면은 귀면이 벽사의 으뜸인 최고의 지위를 나타낸 것이고, 연꽃과 모란, 금강저 등을 입에 문 귀면은 벽사이외에 불교적 염원과 길상을 함축한 것으로 풀이된다.

귀면이 입에 물고기를 문 것은 목조건물의 화재방지는 물론 사귀를 막는 벽사기능을 나타냈다. 그리고 귀면은 이마에 쌍뿔이 돋아 무서움을 나타냈다. 쌍뿔은 소뿔형과 영양의 가지뿔형으로 구분되어 성행했는데 간혹 이마에 쌍뿔이 아닌 외뿔이 돋아 위협적인 모습을 강조했다. 외뿔귀면은 최근 필자에 의해 집성되어 우리나라 귀면연구에 중요한 자료가 되었다.

1. 「왕(王)」자명 귀면

귀면의 이마에는 「왕(王)」자가 새겨지거나 묵서되어 독특한 의미를 나타냈다. 「왕」자가 새겨진 우리나라의 귀면은 수막새와 사래기와, 불단과 비석의 비좌, 방패 등에

도407. 「왕」자명귀면기와 월지 통일신라 (국립경주박물관)

도408. 「왕」자명귀면기와 금산사 고려

서 확인되었다.[140] 「왕」자는 일반적으로 최고통치자인 군주나 임금을 뜻한다. 갑골문에서는 「왕」자가 도끼 모양을 형상화한 상형문자로써 도끼를 쥔, 즉 권력을 가진 우두머리로 해석된다. 그리고 「왕」자는 '크다'와 '뛰어나다'의 의미와 어떤 분야나 범위 안에서 최고의 지위를 나타내기도 한다. 따라서 귀면의 이마에 새겨진 「왕」자는 귀면이 벽사의 으뜸인 최고의 지위를 나타낸 것으로 풀이되었다.

신라의 궁성인 경주 월지에서는 「왕」자가 새겨진 통일신라의 귀면기와(도407)가 출토해 중요한 자료가 된다. 목조건물의 사래에 부착된 원두방형의 기와로 미간에는 못구멍이 뚫렸다. 귀면은 정면관의 얼굴위주로 입을 벌려 이빨을 드러냈고 두 눈이 돌출했다. 코는 뭉툭하고 귀는 작게 묘사되었다. 이마에는 뿔이 돋았고 「왕」자를 새겼는데 머리털이 무성하다. 동형의 기와가 경주 월성에서도 출토해 벽사를 나타냈다. 김제 금산사에서도 고려시대에 제작된 「왕」자명 귀면문수막새(도408)가 출토했다. 귀면은 송곳니를 드러냈고 수염이 무성하다. 두 눈은 치켜졌고 이마에는 소뿔형의 뿔이 돋았는데 「왕(王)」자가 새겨졌다. 그런데 「왕」자가 새겨진 이와 같은 귀면기와는 귀면

140) 김성구, 2016, 앞의 글, pp.224~230.

도409.「왕」자명귀면 대비사 대웅전 불단 조선

본연의 역할이 한층 더 강화된, 벽사의 으뜸임을 나타낸 것으로 보인다.

「왕」자가 묵서된 귀면은 청도 대비사와 강화 전등사, 순천 정혜사 등 대웅전의 불단에 장식되었다. 대비사 대웅전의 불단은 상대와 중대, 하대로 구성되었는데, 하대 전면에는 4개, 두 측면에는 1개씩 모두 6개의 귀면이 장식되었다. 귀면(도409)은 당초를 입에 새겼는데 이마에는「왕」자가 묵서되어 벽사를 강조했다. 전등사 대웅전의 불단에는 22개의 귀면이 장식되었다. 귀면은 중대 하단의 전면에 12개와 두 측면에 5개씩인데,「왕」자가 이마에 묵서된 귀면은 4개이다.「왕」자명귀면(도410)은 입에 송곳니와 앞니가 드러났고 두 눈이 도드라졌다. 귀는 소귀처럼 솟았고 이마에 뿔이 돋았는데 얼굴 전체에 털이 무성하다. 그리고 정혜사 대웅전의 불단에도「왕」자가 묵서된 2개의 귀면이 장식되어 벽사를 나타냈다.

양산 통도사의 영골사리부도비(경남 유형문화유산)는 비좌(도411)에「왕」자가 새겨져 중요한 자료가 된다. 부도비는 세존비(世尊碑), 또는 세존사리탑으로 불리는데, 1706년(숙종 32)에 계파대사가 통도사 금강계단을 중수하고 불사리의 행적을 기록한 중요한 비석이다. 비좌는 구획되어 좌측과 우측에는 연화를 장식했고 중앙에는「왕」자를 양각한 귀면을 새겨 벽사와 장엄을 나타냈다. 귀면은 연꽃을 물었고 두 눈이 돌출했는데,

도410.「왕」자명귀면 전등사 대웅전 불단 조선

도411.「왕」자명귀면 통도사 세존비 비좌 조선

이마에는 뿔이 분기했다.

조선 후기의 방패(도412)에도 「왕」자가 새겨졌다. 휴대용 방패로 나무판에 쇠가죽을 입혀 귀면을 그린 다음 채색했다. 뒷면에는 끈을 달아 손으로 잡을 수 있도록 2개의 고리가 달렸다. 귀면은 혀와 앞니를 드러냈고 두 눈이 도드라졌다. 이마에는 분기한 뿔이 돋았는데 「왕」자가 새겨져 벽사기능을 강조했다.

도412. 「왕」자명방패 조선 (국립고궁박물관)

한편 중국 당(唐)에서도 귀면에 「왕」자가 새겨진 다구(茶具)와 수막새가 발견되었다. 금은다구(도413)는 당의 법문사(法門寺) 지궁(地宮)에서 출토했는데 금은사결조총자(金銀絲結條籠子)로 불린다.[141] 이 다구는 당의 희종이 873년에 법문사에 보낸 공양품의 하나로, 「왕」자가 새겨진 네 개의 귀면형다리(도413-1)가 부착되었다. 다구 다리의 귀면장식은 털투성이로 입에는 앞니가 드러났고 코는 뭉툭하다. 두 눈은 튀어나왔고 이마에는 가지뿔이 돋았는데 「왕」자가 음각되었다.

도413. 「왕」자명 금은다구 중국 당 (법문사박물관)

도413-1. 귀면형다리

내몽고의 토성자 고성에서 출토한 당

141) 法門寺博物館·中國陝西旅遊出版社, 1994, 『法門寺』, pp.110~111.

도414. 「왕」자명귀면기와 중국 당 (문물출판사)

의 수막새(도414)에도 「왕」자명귀면이 시문되었다.[142] 귀면은 송곳니와 앞니가 드러났고 코가 들렸다. 두 눈은 돌출했고 이마에는 「왕」자가 새겨졌다. 이외 「왕」자명귀면기와는 중국 금(金)에서도 약간씩 발견되었다. 그런데 중국에서는 귀면을 수면으로 달리 부르고 있으나 그 의장은 귀면과 큰 차이가 없으며 사귀를 막는 벽사를 의미한다. 따라서 중국 당의 다구와 수막새에 새겨진 「왕『자명귀면은 통일신라와 고려, 조선시대에 제작된 다양한 「왕」자명귀면장식과 관련해 벽사의 최고 지위를 나타냈음을 알 수 있다.

2. 연꽃·금강저를 입에 문 귀면

귀면은 입을 벌려 귀기를 내뿜고 두 눈이 도드라진 정면관의 얼굴위주로 의장되어, 사귀를 위협하고 경계하는 것이 가장 기본적인 도상이다. 그런데 목조건축의 화반과 뺄목, 사원건축의 불단과 창호의 궁창 등에 새겨진 귀면은 연꽃과 연봉오리, 모란과 국화, 금강저 등이 장식되면서 벽사이외에 불교적 염원과 길상 등 복합적인 의미를 함축했다. 연꽃은 불교를 상징한 꽃으로, 연봉오리 및 연잎과 함께 극락왕생의 염원과 화생을 의미한다. 그리고 제석천의 지물인 금강저는 불교의식의 주요한 용구로, 마음의 번뇌를 없애거나 악마를 항복시켜 사악한 것을 몰아낸다는 벽사의미를 지녔다. 그리고 부귀를 뜻하는 모란꽃과 국화, 매화 등도 길상을 나타냈다. 이와 같이 귀면의 입에 연꽃과 연봉오리, 연잎과 모란꽃, 금강저를 장식한 것은 사악한 기운을 막고 사귀를 쫒는 벽사 본연의 역할뿐만이 아니라 불법수호의 염원과 길상을 함축한 또

142) 陳永志 主編, 『內蒙古出土瓦當』, 2003, 文物出版社, 圖版 45, p.191, 도122.

도415. 연봉오리를 문 귀면 조선 (유금와당박물관)

도416. 연꽃을 문 귀면 조선 (한양대학교박물관)

다른 상징적 의미를 지녔다고 할 수 있다.

연꽃과 연봉오리를 입에 문 귀면장식은 기와와 화반, 불단 등에서 다수 확인된다. 연봉오리를 입에 문 귀면문수막새(도415)는 드림새가 횡타원형으로 조선 후기에 제작되었다. 귀면은 입으로 간략한 연봉오리를 물었고 귀기가 서렸다. 두 눈은 돌출했고 이마에는 뿔이 돋아 분기했다. 한양대학교박물관에 소장된 암막새(도416)는 귀면이 네 송이의 연꽃을 입에 문 매우 드믄 자료이다. 연꽃은 8엽씩인데 본연의 벽사이외에 불교적 염원이 복합되었다. 주연은 돌대로 바뀌었고 뒷면에 거친 포목흔적이 있는 조선 후기의 기와이다. 입에 귀기가 서렸고 수염이 말렸다. 두 눈은 왕방울처럼 튀어나왔고 이마에는 소뿔형의 뿔이 뻗쳤다.

합천 기양루(경남 유형문화유산)는 삼가현의 성안에 있던 관청 건물로, 익공계의 기둥 사이에 귀면화반(도417)이 설치되었다. 화반의 귀면은 입에 두 송이의 연꽃과 연봉오리가 장식되어 화려하다. 귀면은 송곳니와 앞니를 드러냈고 두 눈이 검게 칠해졌다. 귀는 소귀처럼 솟았고 이마에는 분기한 뿔이 돋았다. 합천 안계리 삼강려에는 전면과 후면에 각각 2개씩의 귀면화반이 설치되었다. 삼강려는 승정원 좌승지로 추

도417. 연꽃을 문 귀면 기양루 조선

도418. 연꽃을 문 귀면 안계리 삼강려 조선

도419. 연꽃을 문 귀면 봉곡사 대웅전 조선

도420. 연꽃을 문 귀면 봉정사 영산암 조선

증된 김난손(金蘭孫)과 효자 김시경, 며느리 팔계정씨 등의 충절과 효행, 열행을 기린 정려로, 1832년(순조 32)에 명정되어 건립되었다. 정려각 후면의 화반(도418)에는 귀면이 입에 연꽃을 물었고 이마에는 가지뿔이 돋았다.

아산 봉곡사의 대웅전 기둥사이에는 3개의 귀면화반이 설치되었다. 대웅전(충남 문화유산자료)은 주심포형식의 맞배지붕 건물로, 인조 24년에 중창해 1891년(고종 7)에 수리했다. 화반(도419)의 귀면은 연꽃을 물었는데 코는 들렸고 두 눈은 정면을 주시했다. 이마에는 쇠뿔형의 뿔이 돋았고 머리털이 무성하다. 그런데 화반을 받치는 창방에는 청룡이 그려져 화반의 귀면과 차이를 나타냈다. 안동 봉정사의 영산암의 응진전은 나한을 모신 작은 암자로, 내부화반에 귀면이 그려져 이채롭다. 응진전은 겹처마 맞배지붕 건물로, 19세기말에 건립되어 2000년에 수리되었다. 응진전의 후면은 민무늬화반 3개가 놓였고 그 내부 뒷면에는 귀면이 그려져 채색되었다. 내부의 우측 화반(도420)은 청색귀면으로 입에는 연꽃을 물었고 두 눈은 검게 칠해졌다. 이마의 뿔은 흰색으로 소뿔모양인데 분기하지 않았다.

좌측 화반도 같은 귀면이 그려졌는데 채색의 차이가 있다. 이외 통영 도솔암 대웅전(경남 문화유산자료)에도 익공계의 주간에 귀면화반 3개가 놓였다. 귀면은 황색 및 청색바탕으로 입에 연꽃을 물었는데 이마에는 뿔이 생략되었다.

도421. 연꽃을 문 귀면 통도사 명부전 조선

양산 통도사의 명부전(경남 유형문화유산)에는 내부 후벽에 화려하게 채색된 귀면화반이 설치되었다. 명부전은 1760년(영조 36)에 재건했고 1888년(고종 25)에 중건되었다. 명부전은 지옥을 관장하는 지장보살상을 중심으로 시왕도를 모셨는데, 귀면화반은 내부 후벽에 2개가 설치되었다. 좌측 화반(도421)은 적색바탕의 귀면이 입에 붉게 핀 연꽃을 물었고 두 눈은 돌출했다. 이마에는 소뿔모양의 뿔이 돋았고 화염보주가 장식되어 이채롭다. 우측 귀면화반도 채색의 차이를 제외하고는 좌측 화반과 거의 유사하다. 그런데 일각에서는 이와 같은 귀면을 용으로 간주했는데, 용이 연꽃이나 모란, 금강저 등을 입에 문 사례는 거의 찾아볼 수 없기 때문에 잘못된 것이다.

영천 백홍암의 극락보전 수미단과 청도 환성사의 대웅전 불단에는 연꽃봉오리와 모란꽃을 입에 문 귀면이 하대에 새겨졌다. 백홍암 수미단(보물)의 두 측면에는 연봉오리와 모란꽃을 각각 입에 문 귀면(도422, 도423)이 배치되어 특이하다. 귀면은 각 부위를

도422. 연봉오리를 문 귀면 백홍암 극락보전 수미단 조선

도423. 모란꽃을 문 귀면 백홍암 극락보전 수미단 조선

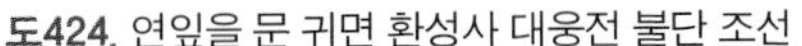

도424. 연잎을 문 귀면 환성사 대웅전 불단 조선

도425. 금강저를 문 귀면 환성사 대웅전 불단 조선

모두 갖췄고 이마에는 뿔이 분기했다. 경산 환성사의 대웅전 불단에는 여러 형태의 귀면이 장식되어 중요한 자료가 된다. 불단 하대의 전면에는 청룡과 황룡을 배치했고 좌측면은 귀형과 귀면을 장식했다. 우측면에는 귀면이 귀기를 내뿜거나 입에 연잎과 금강저, 국화와 매화를 물어 특이하다. 연잎을 입에 문 귀면(도424)은 낙양각안에 장식되었는데 연잎은 줄기 끝에 1엽이 달렸다. 귀면은 두 눈이 또렷하며 귀가 긴 편인데, 이마에는 뿔이 분기했다. 입에 금강저를 문 귀면(도425)은 낙양각안에 장식했는데 그 의장이 특이하다. 귀면은 입으로 금강저의 중간부위인 손잡이를 물었는데, 창과 같은 저(杵)가 양 끝에 3개씩인 3고저[三鈷杵]이다. 두 눈은 또렷하며 이마에는 쇠뿔형의 뿔이 돋았다.

한편 조선 관아의 화반에도 불교를 상징하는 연꽃을 입에 문 귀면이 장식되어 특이하다. 합천 기양루와 전주 풍남문, 고흥의 존심당 등은 유교이념을 중시하는 지방 관아의 누문과 동헌으로, 불교와 관련된 연꽃이 장식된 귀면화반이 설치되었다. 부처의 가르침을 수호하는 연꽃은 사찰에서 극락왕생과 화생을 의미하지만, 유교이념을 중시하는 관아에서는 청정한 관리와 군자의 도리를 나타내 그 의미에 차이가 있다. 따라서 연꽃을 입에 문 귀면화반이 관아에 설치된 것은 사귀를 쫓는 벽사와 관리의 올바른 도리를 상징한다고 할 수 있다. 그런데 '연(蓮)'은 '연(連)'과 해음되어 권부의 지속성과 풍요 및 다산을 상징하기도 한다. 해음(諧音)은 중국어에서 글자나 단어의 발음이 서로 같거나 비슷한 경우를 말하는데, 이와 같은 점을 이용해 다른 뜻을 연상하는 것을 해음현상이라고 한다. 박쥐는 중국어로 편복(蝙蝠)이라고 하는데, 이 때 박쥐를 뜻하는 '복(蝠)'이 복을 뜻하는 '복(福)'의 발음과 같아 해음현상이 나타났고, '연꽃·연밥'을 뜻하는 '연(蓮)'은 '잇다'를 뜻하는 '연(連)'과 해음되어, 권부의 영속과 연밥의 씨와 관련된 풍요 및 다산을 연상하게 한다.

3. 물고기를 입에 문 귀면

물고기를 입에 문 귀면화반은 조선시대에 성행했는데, 목조건물의 화재와 사귀를 막는 주요한 벽사기능을 나타냈다. 목조건물은 화재에 취약하기 때문에 이를 방지하기 위해 여러 가지 방지책이 마련되었다. 우선 목조건물의 대들보와 충량에 물을 다스리는 용을 장엄하게 조각했고, 지붕에는 용두와 어룡형치문, 용문막새 등을 이어 화재를 방지했다. 그리고 물속에 사는 물고기를 화반에 새겼고, 화마를 막는 귀면을 화반이나 기와에 장식했다. 또 암·수키와의 표면에는 창해파문(滄海波文)을 새겨 길상과 화재 방지를 나타냈고, 막새와 마루기와에는 「해(海)」자와 「수(水)」자를 양각하거나 귀면을 장식하여 화마를 막았다. 무한한 바닷물을 나타낸 「해」자는 암막새와 망와에도 쓰였는데, 「수」자와 함께 목재건물의 화재를 막는 간절한 소망이 담겼다고 할 수 있다.

부여 석성향교의 대성전에는 3개의 어문화반(도426)이 설치되었다. 화반은 앞면과 뒷면에 동일하게 두 마리의 물고기와 당초를 장식해 화재를 막는 벽사를 나타냈다. 석성향교(충남 기념물)는 임진왜란 때 소실된 것을 1623년(인조 1)에 재건해 그 후 여러 차례 개수를 거쳤다. 어문화반은 강릉 칠사당(七事堂, 강원 유형문화재)의 정면과 측면의 기둥사이에 7개가 설치되어 벽사를 나타냈는데 1867년(고종 4)에 재건

도426. 어문화반 석성향교 대성전 조선

도427. 어문화반 칠사당 조선

되었다. 화반은 이중으로 이루어졌는데, 아래는 물고기 형상이고 위는 꽃모양이다. 화반의 앞면은 문양이 생략되었으나 뒷면(도427)에는 비늘과 지느러미 등 물고기의 세부 문양과 꽃무늬 등이 새겨져 차이를 나타냈다.

물과 관련된 물고기를 입에 문 귀면은 연꽃이나 금강저를 입에 문 귀면의 불법 수호와 달리 사귀와 화마를 동시에 막기 위한 독특한 의장이다. 귀면이 물고기를 입에 문 것은 화마를 막는 벽사 기능이 더욱 배가된 것을 의미한다. 어문화반의 물고기가 갖는 화재 예방의 역할과 귀면화반의 귀면이 본래 지닌 화마 쫓기의 기능이 복합되어 물고기를 입에 문 새로운 형식의 귀면이 출현하게 되었다. 물고기를 문 귀면화반은 영주 부석사의 종루 판대공과 통영 안정사의 대웅전 보뺄목, 예천 용문사의 대장전 평방뺄목과 고성 옥천사의 자방루 화반, 강진향교 대성전과 광산 창녕조씨 삼강정려의 화반, 상여의 마구리판에 장식되어 배가된 벽사기능을 보여주었다.

도428. 물고기를 문 귀면 부석사 종루 판대공 조선

부석사 범종각(보물)의 판대공(도428)에는 흰색바탕에 검은 먹물로 귀면을 그렸다. 판대공 앞면에는 물고기를 문 귀면을 그렸으나 그 뒷면에는 귀면만 그려 다르다. 판대공은 나무판재를 중첩해 만든 것으로, 대량이나 종보 위에 놓여 보나 도리를 받치는 역할을 한다. 안정사 대웅전

도429. 물고기를 문 귀면 안정사 대웅전 보뺄목 조선

도430. 물고기를 문 귀면 용문사 대장전 평방뺄목 조선

의 보뺄목에 부조된 귀면(도429)은 입에 물고기를 물었고 두 눈이 돌출했다. 주름진 이마에는 뿔이 분기했는데, 뺄목 측면에는 당초가 그려져 화려하다. 용문사 대장전의 평방뺄목에 부착된 귀면장식(도430)은 조선 전기의 작례를 나타냈는데 매우 드믄 자료이다. 청색바탕의 귀면은 입을 벌려 물고기를 물었고 초엽이 초각되었다. 두 눈은 돌출했고 이마에는 분기한 뿔이 돋았다.

고성 옥천사의 자방루(滋芳樓, 보물)는 정면 7칸, 측면 3칸의 이익공계의 팔작지붕 건물로, 옥천사의 모든 전각이 임진왜란 때 전소된 뒤 1664년(현종 5)에 법당의 정문으로 처음 건립되었고 1764년(영조 40)에 중창되어 정루(正樓) 또는 채방루(採芳樓)로 불렀다. 자방루는 조선후기 사찰 누각의 수작으로 평가받고 있는데, 장혀와 창방사이에 6개의 귀면화반과 14개의 연꽃화반을 설치해 중요한 자료가 된다. 귀면화반은 양 측면에

도431. 물고기를 문 귀면 옥천사 자방루 귀면화반 조선

도431-1. 뒷면

2개씩, 후면에는 2개가 놓였는데 그 뒷면에도 각각 동일한 귀면이 부조되어 사귀와 화마를 막는 벽사를 나타냈다. 우측면의 화반(도431)은 황색바탕의 귀면에 홍색반점이 찍혔는데, 입에는 물고기를 물었고 당초를 새겼다. 코는 콧구멍이 뚫린 채 들렸고, 두 눈은 도드라졌다. 이마에는 분기한 뿔이 돋았다. 뒷면(도431-1)에도 동일한 귀면이 부조되었다. 자방루의 귀면화반은 귀면의 각 부위가 정제되어 화려하게 도색되었고, 귀면의 입에 귀기를 나타낸 당초와 물고기를 함께 장식한 것이 주요한 특징이다.

강진향교(전남 유형문화유산)의 대성전에는 3개의 화반이 설치되었다. 우측의 귀면화반(도432)은 청색바탕의 귀면이 입에 물고기를 물었고 초엽이 새겨졌다. 코는 크고 뭉툭하며 두 눈은 튀어나왔고, 이마에는 뿔이 분기했다. 좌측 화반에도 황색바탕의 귀면이 물고기를 물었는데, 우측 화반과 같이 뒷면에는 당초문이 그려졌다. 광산 창녕조씨 삼강정려(광주시 문화유산자료)는 임진왜란 당시 의병으로 활동한 조언수(曺彦壽)를 비롯한 창녕조씨 일가 4대의 충·효·열의 행적을 기린 정려이다. 정면 3칸, 측면 1칸의 맞배지붕 건물로 1923년에 중수했다. 귀면화반은 모두 3개로, 좌측과 우측의 화반은 원형이고, 중앙의 화반은 네모꼴이다. 중앙의 화반(도433)은 근대에 제작된 것으로 귀면이 입에 물고기를 물었는데, 입과 코, 눈을 간략하게 묘사했다.

상여의 마구리판에는 물고기를 문 귀면이 장식되어 장송의 벽사를 나타냈다. 포항 영일민속박물관에 소장된 상여는 포은 정몽주선생의 위패를 모셔올 때 사용한 것으로, 혼백과 신주를 모시는 작은 영여가 딸렸다. 상여의 보개에는 앞면과 뒷면에 마구

도432. 물고기를 문 귀면 강진향교 대성전화반 조선

도433. 물고기를 문 화반 광산 창녕조씨 삼강정려화반 조선

리판이 설치되어 용과 귀면, 인면과 화훼 등이 장식된다. 앞면 마구리판(도434)에는 물고기를 문 귀면이 새겨져 사귀와 화마를 막는 벽사를 나타냈다. 물고기는 눈을 뜬 채 머리와 꼬리지느러미가 드러났고 몸통에는 비늘이 묘사되었다. 귀면은 일부 투조되었는데 송곳니와 이빨이 드러났다. 두 눈은 도드라졌고 이마에는 뿔이 분

도434. 물고기를 문 귀면 상여의 마구리판 조선 (영일민속박물관)

기했다. 이외에 물고기를 문 귀면은 전주 풍남문과 보상향교의 대성전, 범어사의 관음전과 독성전, 안성 청룡사 관음전과 장성 청류암 관음전, 고창 선운사의 도솔암과 나주 벽류정, 고창 이지영정려 등의 여러 화반과 고흥 능가사의 사적비 이수에 장식되어 화마를 쫓고 화재를 방지하는 벽사를 나타냈다.

한편 사찰의 용은 천룡팔부중(天龍八部衆)의 하나로 용왕·용신이 되어 불법을 수호한다. 간혹 물고기를 입에 물고 있는 용은 수신(水神)으로써, 불전 어간의 기둥머리와 귀 공포, 충량에 조각되어 장엄과 화재 방지를 나타낸다. 어간 기둥머리에 물고기를 물고 있는 용이 조각된 곳은 화성 용주사와 남원 선국사의 대웅보전, 공주 마곡사의 대광보전 등이다. 용주사 대웅보전(보물)의 두 기둥머리(도435)에는 무서운 용이 조각되

도435. 기둥머리의 용 용주사 대웅보전 조선

도435-1. 물고기를 문 용

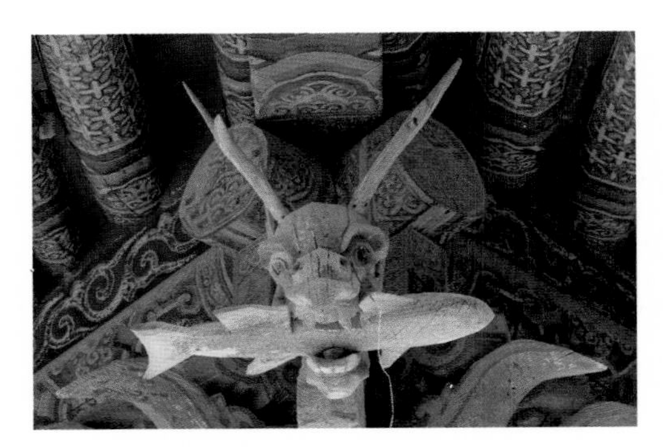

도436. 귀공포의 용 불국사 대웅전 조선

었다. 용주사는 사도세자의 묘소인 현륭원을 수호하고 명복을 빌어주기 위해 1790년(정조 14)에 세운 원찰이다. 기둥머리 좌측의 용은 입에 붉은 여의주를 물었고, 우측의 용은 물고기를 물어 차이를 나타냈다. 물고기를 문 우측 용(도435-1)은 청룡으로, 윗입술이 들렸고 두 눈이 도드라졌다. 귀는 소뿔처럼 솟았고 이마의 뿔은 분기했다. 얼굴에는 비늘이 묘사되었고 측면에는 털이 뻗쳤다.

법당의 귀 공포에도 용이 조각되어 장엄과 화재방지를 나타낸다. 불국사 대웅전의 귀 공포에는 용이 조각되었는데, 정면 좌측의 귀 공포에는 용이 여의주를 물었고, 정면 우측의 귀 공포에는 용이 물고기를 물어 다른 모습이다. 우측 귀공포의 용(도436)은 정면을 주시한 채 입에 큰 물고기를 물었다. 입에는 앞니와 송곳니, 혀가 드러났고 코는 콧구멍이 뚫린 채 위로 들렸다. 두 눈은 도드라졌고 이마에는 분기한 뿔이 돋았다. 물고기는 큰 편인데 지느러미와 꼬리, 비늘 등이 묘사되었다. 물고기는 입을 다물고 두 눈을 떴는데 사찰 내부의 충량에도 용이 조각되었다.

물고기를 물고 있는 용이 충량에 조각된 곳은 나주 불회사와 부안 내소사 등의 대웅전이다. 불회사 대웅전(보물)의 충량(도437)에는 물고기를 물고 있는 용과 혀를 내밀

도437. 충량의 용 불회사 대웅전 조선

도437-1. 물고기를 문 용

고 있는 용이 각각 조각되었다. 우측 충량(도437-1)에는 물고기를 물고 있는 입에 송곳니와 앞니가 드러났다. 윗입술이 뾰족하게 들렸고 코는 콧구멍이 뚫렸다. 두 눈은 검게 칠해져 돌출했고 이마에는 뿔이 분기했다. 물고기는 입을 다문 채 두 눈을 떴고 지느러미와 비늘이 묘사되었다. 내소사 대웅보전의 충량에도 물고기를 물고 있는 용이 조각되어 화재방지를 나타냈다. 내소사 대웅보전(보물)은 1633년(인조 11)에 중건했는데 석가모니를 중심으로 문수보살과 보현보살을 모셨다.

용이 물고기를 입에 문 것은 귀면이 물고기를 입에 문 것과 마찬가지로, 물을 다스리는 수신으로서 화재방지를 한층 더 강조한 특이한 의장으로 생각된다. 그런데 일각에서는 용이 물고 있는 '물고기'를 지칭하는 한자의 '어(魚)'가 '같다'는 의미인 '여(如)'로 해음(諧音)되어, '어(魚)'가 '여의(如意)'의 '여(如)'와 관련하여 '여의주'를 상징한다고 간주했는데 검토가 필요하다. 중국에서 '어(魚)'의 발음은 '우어(wuu)'이고, '여(如)'의 발음은 '루(ru)'이기 때문에 해음이 이루어지지 않는다. 따라서 용이 물고 있는 물고기는 여의주를 상징한 것이 아니라, 물을 다스리는 수신의 용이 물고기를 입에 물어 화재방지를 한층 더 강조한 것으로 이해해야 할 것이다.

4. 외뿔귀면

귀면은 원래 맹수의 얼굴로 의장되어 뿔이 없었으나 점차 이마에 뿔이 돋아 무서움을 강조했다. 귀면은 뿔이 없는 무각귀면과 뿔이 돋은 유각귀면으로 구분되는데, 유각귀면은 뿔이 하나인 외뿔귀면[一角鬼]와 2개의 뿔이 돋은 쌍뿔귀면[雙角鬼]로 다시 나뉜다. 뿔이 하나인 외뿔귀면은 이마 중심에 굵은 뿔이 직립해 강렬한 인상을 준다. 외뿔귀면은 통일신라의 사리외함과 조선의 사천왕상 상갑, 상여의 마구리판 등에 장식되어 우리나라의 귀면연구에 중요한 자료가 된다.

사리장엄구의 사리외함은 1996년 경주 감은사지의 동탑(국보)을 해체 수리했을 때 발견되었다. 사리외함의 네 벽면에는 사천왕상 1구와 2개씩의 고리귀면을 부착해 사

도438. 지국천왕과 고리귀면 감은사지 동탑사리외함 통일신라

도438-1. 외뿔귀면

리를 보호했다.[143] 동벽의 지국천왕(도438)은 왼손에 금강저를 들고 갑주로 무장했는데 좌우에는 고리귀면이 별도로 부착되어 사리를 보호했다. 두 고리귀면은 고리의 굵기에 차이가 있을 뿐 거의 동일하다. 고리귀면(도438-1)은 입에 염주형의 고리를 물었고 이마 중심에는 막대모양의 굵은 외뿔이 직립했다. 감은사지 동탑에서 발견된 사리외함은 동벽이외에 서벽과 남벽, 북벽에도 동일한 틀에서 찍어낸 외뿔의 고리귀면을 부착해 외뿔귀면의 선례가 되었다. 사리외함의 서벽 광목천왕은 상갑의 상단에 외뿔귀면(도439)은 물론 좌우에 동일한 고리귀면을 부착했다. 감은사는 682년(신문왕 2)에 완공되었는데, 동서의 삼층석탑에서 발견된 사리장치를 통하여 통일신라직후의 뛰어난 공예기술을 살필 수 있다.

도439. 광목천왕의 외뿔귀면 감은사지 동탑사리외함 조선

143) 國立博物館, 1960, 앞의 책, pp.67-69.

도440. 증장천왕 보림사 사천문 조선

사찰 입구의 천왕문에는 사천왕상이 배치되어 불법을 수호한다. 외뿔귀면이 새겨진 사천왕상은 장흥 보림사와 김천 직지사, 남해 용문사와 영광 불갑사 등에서 확인되어 중요한 자료가 된다. 장흥 보림사 천왕각의 사천왕상(보물)가운데 동방 지국천왕과 북방 다문천왕, 서방 광목천왕 등은 상갑의 상단에 새겨진 귀면의 이마에 쌍뿔이 돋았고, 남방 증장천왕(도440)은 외뿔이 돋아 특이하다. 증장천왕은 두 손에 용과 여의주 대신에 칼과 창을 들었는데 상갑의 외뿔귀면(도440-1)은 입을 벌려 허리띠를 물었고 이마 중심에는 소뿔형의 뿔이 돋아 위협적이다. 코에는 고리를 달아 포획한 요괴를 꿰어 매달았다. 보림사의 사천왕상은 1539년(중종 34)에 처음 조성했고 1668년(현종 9)과 1777년(정조 1)에 중수했는데, 현존하는 사천왕상 가운데 가장 오래된 조선 중기의 자료로 중요하다.

도440-1. 증장천왕의 외뿔귀면

김천 직지사의 천왕문(보물)에는 소조(塑造)의 사천왕상(보물)이 봉안되어 중요한 자료가 된다. 2013년 불교문화유산연구

도441. 증장천왕과 광목천왕 직지사 천왕각 조선 (국가유산청)

도441-1. 증장천왕의 외뿔귀면

도441-2. 광목천왕의 외뿔귀면

소에서 실시한 정밀학술조사에서 이의 발원문이 발견되어, 1665년(현종 6)에 완주 송광사를 중심으로 활동했던 조각승인 단응 등의 유파가 직지사의 사천왕상을 조성한 것으로 밝혀졌다. 사천왕상은 섬세하게 조각되어 채색되었는데, 천왕각의 통로 우측에는 동방 지국천왕과 북방 다문천왕이, 통로 좌측에는 남방 증장천왕과 서방 광목천왕이 위치했다. 그런데 지국천왕과 다문천왕은 허리를 물고 있는 상갑의 귀면에 쌍뿔이 돋았으나 증장천왕과 광목천왕(도441)은 외뿔이 돋아 차이를 나타냈다. 남방 증장천왕은 용과 여의주를 들었는데 황색의 귀면(도441-1)은 입을 벌려 허리띠를 물었다. 두 눈은 도드라졌고 귀는 소귀를 닮았다. 이마의 중심에는 하얀색의 짧은 외뿔이 돋았다. 서방 광목천왕은 당(幢)과 보탑을 들었는데, 청색의 귀면(도441-2)은 입을 벌려 하얀 이빨을 드러낸 채 허리띠를 물었다. 코는 콧구멍이 뚫렸고 두 눈은 돌출했다. 이마 중심에는 하얀 외뿔이 굵게 돋아 위협적이다.

도442. 광목천왕 용문사 천왕문 조선 (신병찬)

남해 용문사의 천왕각(경남 유형문화유산)에는 통로 좌우에 목조로 제작된 사천왕상이 배치되었는데 동방 지국천왕과 북방 다문천왕, 남방 증장천왕 등은 상갑에 새겨진 귀면의 이마에 분기한 쌍뿔이 돋았으나 서방 광목천왕은 소뿔형의 외뿔이 돋아 다른 모습이다. 서방 광목천왕(도442)은 오른 손에 당을 쥐었다. 상갑의 귀면(도442-1)은 허리띠를 물었고 이마에는 외뿔이 돋아 하얗게 칠해졌다. 포획한 요괴는 허리띠 밑에 꿰어 별도로 매달았다. 용문사는 임진왜란이후 나라를 지키는 호국도량인 수국사로 지정되었는데 사천왕상은 1702년(숙종 28)에 조성되었다.

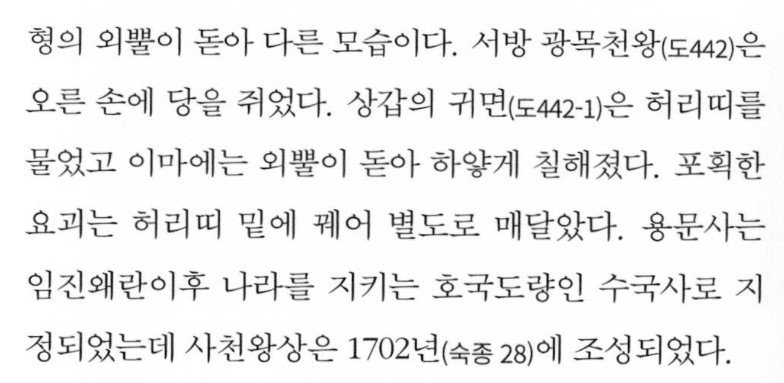

도442-1. 광목천왕의 외뿔귀면

영광 불갑사의 천왕문(보물)은 정면 3칸, 측면 2칸의 맞배지붕 건물로 조선 후기에 건립되었다. 사천왕상은 높이가 4.3m내외로 목조로 제작되었는데 조각솜씨가 약화되었다. 그런데 이 사천왕상은 1876년(고종 13) 설두대사(雪竇大師, 1824~1889)가 불갑사를 중수하면서, 이미 폐사한 인근의 연기사(烟起寺)에서 옮겨왔다고 전했다.[144] 천왕문의 통로 우측에는 동방 지국천왕과 북방 다문천왕이, 그 좌측에는 남방 증장천왕과

144) 東國大學校博物館·靈光郡, 2001,『靈光 母岳山 佛甲寺』, p.24, p.60.

도443. 지국천왕과 다문천왕 불갑사 천왕문 조선

서방 광목천왕이 각각 봉안되었다. 그리고 천왕문의 사천왕상은 어깨의 견갑에도 귀면을 새겨 벽사를 나타냈다

천왕문의 통로 우측(도443)에는 지국천왕과 다문천왕이 갑옷을 착장하고 오른손과 왼손에 각각 칼과 비파를 들었다. 상갑의 상단에는 입을 벌려 허리띠를 물고 있는 귀면이 새겨졌는데 이마에는 소뿔형의 외뿔이 돋았다. 지국천왕의 외뿔귀면(도443-1)은 청색바탕에 회색반점이 찍혔는데 입을 크게 벌려 허리를 띠를 물었다. 입에는 앞니와 송곳니가 드러났고 두 눈이 무섭게 돌출했다. 두 귀는 소귀처럼 위로 솟았고 이마 중

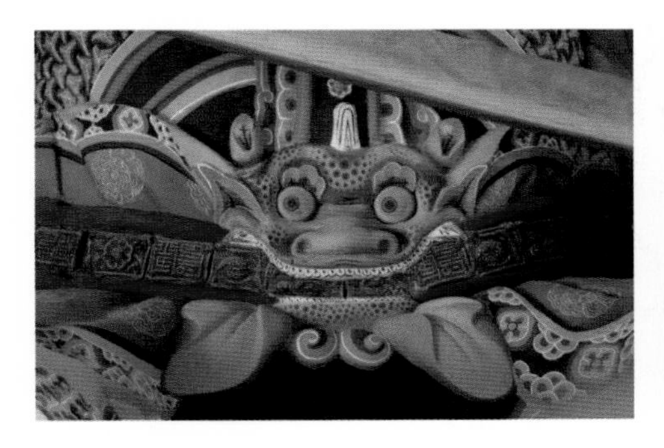

도443-1. 지국천왕의 외뿔귀면

도443-2. 다문천왕의 외뿔귀면

도444. 증장천왕과 광목천왕 불갑사 천왕문 조선

심에는 흰색의 외뿔이 직립했다. 다문천왕의 외뿔귀면(도443-2)은 황색바탕에 회색반점이 찍혔는데 입을 벌려 허리띠를 물었다. 입에는 무서운 이빨이 드러났고 코는 콧구멍이 뚫린 채 위로 들렸다. 두 눈은 눈동자가 위로 치켜졌고 이마 정상에는 약간 굽은 흰색의 외뿔이 새겨졌다.

천왕문의 통로 좌측(도444)에는 증장천왕과 광목천왕이 갑옷을 착장하고 용과 여의주, 당과 보탑을 각각 손에 들거나 받쳤다. 증장천왕과 광목천왕의 외뿔귀면(도444-1, 도444-2)은 황색바탕과 녹색바탕에 홍색 및 녹색의 반점이 각각 찍혔는데 입을 크게 벌

도444-1. 증장천왕의 외뿔귀면

도444-2. 광목천왕의 외뿔귀면

려 허리띠를 물었다. 입에는 이빨이 하얗게 드러났고 두 눈은 도드라졌다. 큰 코에는 고리를 매달아 포획한 요괴를 매달아 통로 우측의 지국천왕과 다문천왕과 차이를 나타냈다. 두 귀는 위로 솟았고 이마 중심에 소뿔형의 외뿔이 돋았다. 그런데 천왕문에 봉안된 사천왕상의 외뿔귀면은 장흥 보림사의 남방 증장천왕을 비롯해 김천 직지사의 남방 증장천왕과 서방 광목천왕, 남해 용문사의 서방 광목천왕 등에 한정해 새겨졌는데, 영광 불갑사의 동방 지국천왕과 북방 다문천왕, 남방 증장천왕과 서방 광목천왕 등은 모두 이마에 외뿔이 돋아 우리나라의 귀면연구에 중요한 자료가 된다.

상여 보개(寶蓋)에는 전면과 후면에 마구리판이 설치되어 사자(死者)에 대한 장송과 벽사를 나타냈다. 마구리판은 흔히 용수판 또는 귀면판 등으로 불리는데, 용 이외에 귀면과 인면, 인물과 꽃 등이 장식되어 부재명칭으로 적합하지 않다. 목인박물관에 소장된 마구리판은 상여 보개의 전·후면을 막음하는 한 쌍으로, 용과 귀형이 각각 장식되어 중요한 자료가 된다.[145] 일부가 투각된 반원형의 마구리판(도445)에는 팔이 달린 귀형이 무섭게 새겨졌다. 송곳니가 드러난 두툼한 입에는 귀기와 초엽이 뻗쳤는데 초엽을 두 팔로 붙잡고 있다. 두 눈은 왕방울처럼 튀어나왔고 귀는 옆으로 뻗쳤다. 넓은 이마의 중심에는 각진 외뿔이 돋아 상당히 위협적이다.

도445. 상여 귀형문마구리판 조선 (목인박물관)

---

145) 목인박물관, 2014. 앞의 책, p.14, 도560~561.

제3절. 신라 귀면기와의 주요 관점

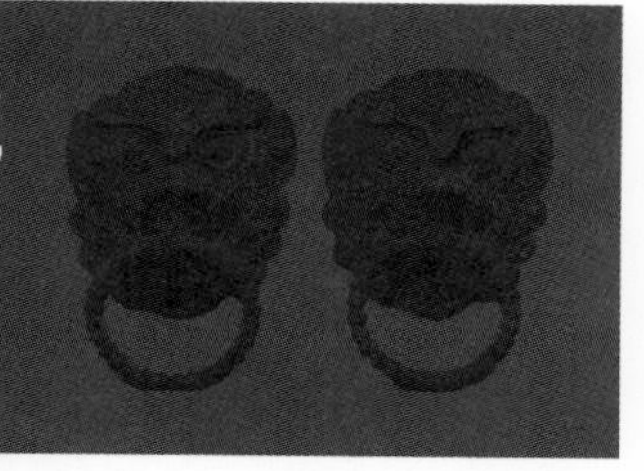

1. 황룡사 9층탑의 창건기와

경주 황룡사지(사적)의 발굴조사에서 귀면이 장식된 신라의 수막새가 출토해 중요한 자료가 된다. 황룡사는 553년(진흥왕 14)에 창건한 신라 최대의 국가사찰로, 1976년부터 1983년까지 8년 동안 발굴조사를 실시해 4만 여점의 방대한 유물이 출토하였다. 황룡사의 건물배치는 회랑으로 둘러싸인 중문·탑·삼금당(三金堂)·강당이 남북일직선상에 위치한 1탑 3금당으로, 탑 전방의 좌우에는 종루와 경루가 자리했다.

귀면이 시문된 신라의 수막새는 귀면문수막새와 귀면·연화문수막새로 구분된다. 귀면문수막새(도446)는 소성온도가 높은 경질기와로 주연에 무늬가 생략되었다. 혀를 내민 입에는 송곳니가 드러났고 눈동자가 돌출했다. 이마에는 소뿔형의 뿔이 돋아 안쪽으로 굽었고 그 사이에 꽃장식이 놓였다. 그런데 동형의 수막새에는 귀면의 눈동자가 파였거나 눈자위가 표현된 것도 일부 포함되어 약간의 변화를 나타냈다. 귀면·연화문수

도446. 귀면문수막새 황룡사지 신라
(국립경주문화유산연구소)

도447. 귀면·연화문수막새 황룡사지 신라 (국립경주박물관)

막새(도447)는 내측과 외측에 귀면과 연꽃을 이중으로 배치했다. 귀면은 크게 벌린 입에 송곳니와 혀가 드러났고 귀기가 서렸다. 두 눈이 도드라졌고 그 끝이 치켜졌다. 미간에는 보주장식이 놓였고 소뿔형의 뿔이 돋아 안쪽으로 굽었다. 그리고 외측의 연꽃은 꽃술형복자엽이 새겨진 14엽의 복판양식으로 7세기 중반의 작례를 나타냈다.146)

귀면문수막새는 황룡사지 폐와무지에서 출토한 68점과 회랑내곽에서 출토한 345점(국립경주박물관 국가귀속 등록유물)을 합해 413점이고, 귀면·연화문수막새는 폐와무지에서 출토한 14점과 회랑내곽에서 출토한 다른 수막새를 합해 46점이다. 그런데 황룡사지의 발굴조사에서 출토한 귀면문수막새와 귀면·연화문수막새의 수량이 모두 합해 459점으로 상당히 방대해 주목되었다.147) 그런데 기와의 상당수는 10㎝이하의 작은 파편으로 출토되어 기와가 높은 곳에서 낙하해 파손되었음을 시사해 준다. 황룡사지에서 출토한 발굴유물을 소장한 국립경주박물관은 그 「국가귀속유물대장(황룡 II)」에 90여점에 달하는 귀면문수막새와 귀면·연화문수막새가 실측불가의 아주 작은 파손품으로 등록되어 고공에서 낙하해서 파손되었음을 방증하고 있다.148) 따라서 두 수막새는 약간의 차이가 있으나 거의 동일한 시기에 제작된 동범 및 동형기와로 많은 수량이 제작되어 동일한 건물의 지붕에 와즙되었

---

146) 국립경주박물관, 2018,『특별전 황룡사』, p.262 도117. 신라의 귀면·연화문수막새를 통일신라시대에 제작된 짐승얼굴무늬수막새(獸面文瓦當)로 기입되었는데 그 명칭과 제작시기가 잘못되었다.

147) 文化財管理局 文化財硏究所, 1984,『皇龍寺 遺蹟發掘調査報告書 I』, p.156 ⑥ 廢瓦무지6號. 폐와무지 6호에서 귀 면문수막새와 귀면·연화문수막새가 함께 다수 출토되었다.

148) 국립경주박물관의 국가귀속유물대장(황룡Ⅱ)에 등록된, 귀면문수막새의 유물번호 황룡1279(34편)와 1280(13편), 황룡1281(17편)과 1282(10편), 그리고 귀면·연화문수막새의 유물번호 황룡1300(15편) 등 89편은 아주 작은 파손품으로 출토되어 등록되었다.

음을 알 수 있다.

황룡사지의 폐와 무지에서 출토한 연화문사래기와(도448)는 원두방형으로 주연이 민무늬인데, 6엽씩의 복판 및 단판연화문을 상부와 하부에 배치했다. 그런데 그 동범기와가 경주 다경와요지에서 수집되어 당시의 수급관계가 밝혀지게 되었다.[149] 사래기와의 복판연화문은 연판이 내곡(內曲)된 상태에서 꽃술형복자엽이 장식되어 귀면·연화문수막새의 복판연화문과 비슷해 대비되었다. 그리고 연화문사래기와는 높이가 45.7㎝인 큰 규모이고 5개의 못 구멍이 뚫렸기 때문에, 황룡사의 금당이나 강당의 사래에 사용되었다기보다 9층 목탑의 1층 또는 2층의 사래에 부착된 것으로 간주된다. 그런데 신라에서 복판연화문이 수막새에 채용된 시기는 대략 7세기경이다. 연판이 볼록한 상태에서 꽃술자엽형의 복자엽이 장식된 복판양식은 7세기전반 경에, 연판이 내곡한 상태에서 같은 복자엽이 장식된 복판양식은 7세기중반이후에 제작된 것으로 간주했다.[150] 따라서 귀면·연화문수막새의 복판연화문과 사래기와의 복판연화문은 서로 관련되어, 그 사용처는 물론 두 기와의 제작시기를 7세기중반 경으로 추정할 수 있게 되었다.

도448. 연화문사래기와 황룡사지 신라 (국립경주박물관)

필자는 황룡사지에서 발굴조사를 통해 동범 및 동형의 수막새가 많은 수량으로 함

149) 金誠龜, 1983, 앞의 글, pp.7~8, p.23 도5, 도6.

150) ① 김성구, 2010,「황룡사 중심곽 출토 와전의 종류와 특징」,『황룡사 중심곽 출토유물』, 국립문화재연구소·경주시, p.168.
② 김성구, 2015,「황룡사지 출토 신라의 고식기와」,『황룡사 와전 및 철물 복원고증연구』, 국립문화재연구소·경주시, pp.82~84.

께 출토한 점에 주목해 이 기와가 황룡사의 어느 건축물에 사용되었을까? 하고 매우 궁금했다. 459점에 이르는 많은 출토수량과 고공에서 낙하해 부서진 90여점의 작은 파손품, 귀면·연화문수막새와 연화문사래기와의 복판연화문의 출현 시기 등을 검토해 황룡사 9층탑에 와즙된 것으로 추정하였다.

경주 황룡사지 9층탑은 신라의 선덕여왕이 당나라에서 유학하고 돌아온 고승 자장(慈藏, 590~658년)의 권유로, 백제의 기술자인 아비지를 초청해 645년(선덕여왕 14)에 창건했다. 9층탑은 높이가 80여m에 달하는 장대한 목탑으로, 탑신부와 상륜부는 각각 65여m, 15여m가량이다. 따라서 신라에서 귀면·연화문수막새와 사래기와에 새겨진 복판연화문의 출현시기가 7세기중반 경이고, 많은 수량의 동범 및 동형관계의 기와를 함께 사용될 수 있는 건축물은 서기 645년에 조성된 황룡사의 9층 목탑뿐임을 감안해, 귀면이 장식된 두 수막새는 9층 목탑의 각 지붕에 이어져 사귀로부터 사리와 탑을 수호했던 대표적인 기와로 간주했다.

2. 당와는 녹유귀면기와이다.

『삼국사기』의 「옥사(屋舍)」조에 기록된 당와(唐瓦)는 어떤 기와일까? 상당히 궁금했다. 당와는 그 동안 막새나 녹유기와로 추정했는데 필자는 녹유귀면기와를 지칭한 것으로 간주했다. 당와가 녹유기와라는 점은 1980년대 초 국립경주박물관에서 실시한 월지출토 발굴유물을 국고에 등록하면서 처음 제기되었고 그 후 여러 연구자에 의해 추정되었다.[151] 경주 월지에서 출토한 녹유귀면기와는 파손품을 포함하여 70여점에 이르는데, 왕궁건축의 최상급 건축부재로서 조각솜씨가 뛰어났고 녹유의 발색도 양호하다.

151) ① 김성구, 2023, 앞의 글, pp.56~60.
② 김유식, 2002, 「統一新羅 綠釉瓦의 檢討」, 『東岳美術史學』 3, 동양미술사학회.
③ 이동주, 2013, 「三國史記 屋舍條에 보이는 唐瓦의 실체」, 『동방학지』 164, 연세대학교 국학연구원.
④ 이지희, 2021, 「7~8세기 동아시아 연유와전 제작기술의 확산과 의의」, 『한국기와학보』 제4호 한국기와학회.

『삼국사기』「옥사」조에는 당와와 수두(獸頭)가 기록되어 귀면연구에 중요한 자료가 된다. 그 내용은 "진골은 당와를 덮지 못하고 비첨을 베풀지 못하고 현어를 조각하지 못한다. 육두품은 당와를 덮지 못하고 비첨·중복·공아·현아를 베풀지 못한다. 오두품은 당와를 덮지 못하고 수두를 설치하지 못하고 비첨·중복·화두아·현어를 베풀지 못한다. 사두품에서 백성에 이르기까지는 당와를 덮지 못하고 수두·비첨·공아·현어를 설치하지 못한다."라고 기록되어 당와와 수두의 사용에 신분상의 규제가 엄격했음을 알 수 있다.[152)]

필자는 그 동안 귀면관련의 문헌과 가사를 조사하면서 『삼국사기』의 「옥사」조에 기록된 당와와 수두를, 조선시대의 문헌에 나오는 수두와 수면, 귀두 등과 비교해 그 상관성을 검토했다. 「옥사」조의 수두는 조선시대의 『세종실록』「오례의」나 『화성성역의궤(華城城役儀軌)』에 나오는 수두 및 수면과 같이 도해되지는 않았으나, 무서운 귀면과 같이 표현하여 벽사를 나타냈다. 그동안 신라의 궁성과 절터의 발굴조사를 통해 녹유가 칠해지지 않은 귀면문마루끝기와가 다수 출토했는데, 「옥사」조의 수두가 곧 이와 같은 마루끝기와의 시문단위인 귀면을 나타낸 것으로 추정했고, 당와는 수두 즉 귀면이 시문된 녹유귀면기와로 간주하게 되었다. 혹자는 수두를 치미 또는 취두, 용두로 비정(比定)하지만, 치미는 통일신라시대에 와즙되어 전혀 다른 형태이고 취두와 용두는 고려시대부터 제작되기 시작해 조선시대에 성행했던 마루장식기와의 하나로 서로 무관하다.

『세종실록』「오례의」에는 수두가, 『화성성역의궤』에는 수면이, 『이충무공전서』의 전라좌수영거북선과 『고려사절요』에는 귀두와 귀면이 기록되었거나 도해되었는데, 「옥사」조의 수두는 조선의 수두 및 수면, 귀두와 귀면 등과 관련된 벽사의미로 사용되었음을 알 수 있다. 『세종실록』「오례의」에는 원방패와 장방패의 도설이 나온다. 원방패(도449)는 판목(板木)으로 만들어 쇠를 둘러 "다섯 가지 색으로 수두를 그렸다."고 쓰였

152) 『三國史記』, 「屋舍」. "眞骨. 不覆唐瓦, 不施飛簷, 不雕懸魚. 六頭品, 不覆唐瓦, 不施飛簷重栿栱牙懸魚. 五頭品, 不覆唐瓦, 不置獸頭, 不施飛簷重栿花頭牙懸魚. 四頭品至百姓, 不覆唐瓦, 不置獸頭飛簷栱牙懸魚."

도449. 원방패의 수두 『세종실록』「오례의」 조선 (국사편찬위원회)

는데, 수두는 발톱을 드러낸 채 정면관의 얼굴에는 수염과 털이 수북하다.[153] 장방패(도450)의 두 수두도 앞니를 드러낸 채 귀기가 서렸는데 얼굴에 털이 수북하다. 이마에는 뿔이 분기한 가지뿔이 돋았다. 두 방패의 수두는 채색되었는데 정면관의 귀면과 비슷하며 동일한 벽사기능을 지녔다고 할 수 있다. 그런데 수두는 『태종실록』에서는 나두(螺頭)로, 『세종실록』「오례의」와 『국조오례의(國朝五禮儀)』에서는 나어두(羅魚頭)로 명칭이 다르게 기록되었으나, 수면과 같이 모두 정면관의 얼굴위주로 표현되었고 사귀를 막는 벽사기능을 나타내 넓은 의미에서 귀면과 차이가 없다.

도450. 장방패의 수두 『세종실록』「오례의」 조선 (국사편찬위원회)

도451. 수면 도설 『화성성역의궤』 조선 (경기문화재단)

『화성성역의궤』에는 동물의 얼굴을 의장한 수면이 도설되었다. 수면(도451)은 수원 화성의 북쪽 수문의 판문에 그려진 것으로 그 용어와 사용처가 처음 확인되었다.[154] 수면은 혀와 이빨이 드러났고 두 눈은 위로 치켜져 날카롭다. 이마에는 분기한 가지뿔이 돋았고 머리털이 솟아 귀면장식

153) 『世宗實錄』「五禮儀」, 凶禮 治葬, 태백산사고본 45책, 51장. 국편 영인본 5책 356면.

154) 경기문화재단, 2007, 앞의 책.

과 유사하다.

당와가 녹유기와라는 것은 여러 연구자에 의해 주장되었으나, 당와가 녹유귀면기와라는 것은 그 동안 검토되지 않았다. 『삼국사기』「옥사」조에 나오는 진골 이하의 불복당와(不覆唐瓦)와 오두품 이하의 불복당와 및 불치수두(不置獸頭)의 기록을 통해, 당와는 수두 즉 귀면을 시문한 녹유기와로 진골 이하는 사용할 수 없는 성골의 전용기와이고, 수두는 귀면을 묘사한 기와로 오두품 이하는 사용할 수 없는, 진골과 육두품이 사용할 수 있는 일반적인 귀면기와로 추정하였다. 그리고 녹유귀면기와가 성골 및 왕궁과 관련된 월지와 월성, 기타 몇 몇의 성전사원에서만 출토했다는 점, 당와가 『삼국사기』에 기록될 정도로 그 위상이 높은 성골의 전용기와이고 가장 화려하고 정교한 최상급의 기와로써 녹유귀면기와가 유일하다는 점 등을 통해 당와가 곧 녹유귀면기와로 간주하게 되었다.[155]

당와는 궁궐의 지붕에 이거나 성골만이 사용할 수 있는 최고급기와로, 수두, 즉 귀면이 새겨진 녹유기와로 간주된다. 통일신라의 녹유귀면기와는 일부 사래기와를 포함해 마루장엄기와인 마루끝기와가 대표한다. 경주 월지에서 출토한 녹유귀면기와인 당와(도452, 도453)는 보물로 지정해도 손색이 없을 만큼 녹유의 발색이 은은하고 귀면의 각 부위가 완벽하게 조화된 최고의 걸작이다. 따라서 경주의 월지와 월성에서 출토한 녹유귀면기와는 『삼국사기』의 「옥사」조에 기록될 만큼 그 수준이 높고 최고급 건축부재로 손색이 없기 때문에, 신라 성골의 전용기와인

도452. 당와(녹유귀면기와) 월지 통일신라 (국립경주박물관)

155) 김성구, 2023, 앞의 글, pp. 56~60.

도453. 당와(녹유귀면기와) 월지 통일신라
(국립경주박물관)

당와로 추정해도 큰 무리가 없을 것이다.

통일신라시대에는 녹유가 시유된 암·수막새를 비롯해 연화문장식기와, 연목기와와 치미 등이 약간씩 제작되어 사용되었으나, 『삼국사기』에 기록될 만큼 그렇게 가치가 있고 비중이 큰 최상급의 기와에 해당되지 않는다. 그리고 수두는 당와인 녹유귀면기와와 달리 녹유가 시유되지 않는, 성골과 진골, 육두품 모두가 집에 사용할 수 있는 일반형의 귀면기와로 추정되었다. 따라서 통일신라시대에는 귀면을 수두로 불렀던 것으로 보이며, 당와는 녹유귀면기와를 비롯한 녹유 암·수막새, 녹유연목기와와 녹유치미 등을 포함한 녹유기와를 통칭한 것이 아니라, 지붕의 마루와 사래에 사용된 최고급의 녹유귀면기와만을 한정해 지칭했던 것으로 간주된다.

제4장
귀면과 다른 존재

제1절. 도깨비의 귀면 차용

1. 도깨비의 개념

비상한 힘과 괴상한 재주를 지닌 도깨비는 사람을 홀리기도 하고 사람에게 짓궂게 장난을 치는 무정형의 존재이다. 또한 도깨비는 재화와 풍요의 능력을 갖춘 부(富)와 풍어(豐漁)의 신으로 인간에게 도움을 주기도 한다. 그런데 도깨비의 개념은 연구자에 따라 차이가 있는데 대개 다음과 같이 두 가지로 요약된다. 하나는 도깨비를 매(魅)나 이매망량(魑魅魍魎), 독각귀(獨脚鬼) 등 귀신과 관련된 무정형의 존재로 인식하고 옛 문헌에 실린 귀(鬼)를 도깨비로 번역해 활용한다. 그런데 다른 하나는 『석보상절(釋譜詳節)』에 기록된 '돗가비'와 관련한, 풍요의 신과 성인남자를 상징함으로써 옛 문헌에 실린 귀와 달리 파악하고 해석한다.

귀신[鬼]와 관련한 매(魅)는 흔히 도깨비로 번역된다. 『설문해자(說文解字)』에서는 '매(魅), 노정물야(老精物也). 종귀(從鬼), 삼(彡). 삼(彡), 귀모(鬼毛)'로 기록되어, 도깨비가 산천초목이나 무생물 등 갖가지 물건에 깃든 혼령인 귀신을 나타냈다. 귀(鬼)의 받침을 지닌 이매망량은 회의자(會意字)로, 산과 집에 있는 괴물과 나무와 돌의 정령을 포함한 온갖 잡된 도깨비를 지칭했다. 그러나 다리가 하나인 독각귀는 양매(魎魅)인데 이매·망량과 함께 중국의 귀신으로 여겨 우리 도깨비와 다르게 구분하기도 한다.

장계이(張繼弛)의 『해동잡록(海東雜錄)』에는 귀(鬼)를 도깨비로 번역해, 도깨비는 산과 바다의 음령(陰靈)한 기운이며, 풀, 나무, 흙, 돌의 정기가 변해서 된 것이라 하였다. 또 옛 문헌에 나오는 망량과 양매, 이매 등은 음기의 영(靈)으로 음귀(陰鬼)라고 불리며, 주로 야음에 들판, 산길, 계곡, 절간, 헌 집 등에 나타나 사는 곳이 일정하지가 않다고 하였다. 따라서 이와 같은 잡된 귀신을 도깨비로 해석하거나 번역해, 귀(鬼)·귓것·도채비·독각귀·독갑이·허주(虛主)·허체(虛體)·망량(魍魎) 등 지역과 계층에 따라 서로 달리 불렀다.

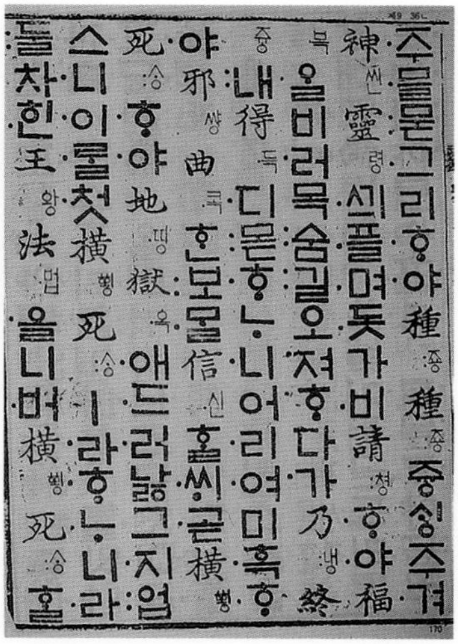

도454. 석보상절의 돗가비 조선

도깨비의 어원은 조선 초 15세기 문헌인 『석보상절』에 기록된 '돗가비(도454)'에서 연유한다. 『석보상절』은 1446년에 서거한 세종의 정실인 소헌왕후의 명복을 빌기 위해 수양대군이 세종의 명을 받아, 1447년(세종 29)에 석가모니의 일대기와 주요설법을 축약해 한글로 편역한 책이다. '석보'는 석가모니의 전기(傳記)를 의미하고 '상절'은 중요한 내용을 자세히(詳) 쓰고 그렇지 않은 내용은 줄여서(節) 쓴다는 뜻이다. 『석보상절』에 기록된 '돗가비'의 '돗'은 불(火)이나 씨앗(種子)의 의미로 풍요를, '아비'는 성인 남자를 상징하며 도깨비에게 복과 장수를 기원했다는 내용이다. 그리고 도깨비는 재물에 탁월한 능력을 지녔고, 술과 여자, 씨름을 좋아하는 남성의 힘을 보여준다고 하였다.[156] 따라서 『석보상절』의 '돗가비'에서 연유한 도깨비는 매와 이매망량, 독각귀와 무관한, 부와 풍어의 신으로 귀신이나 귀면과 다른 존재로 인식한다.

도깨비는 심술궂게 장난을 즐기나 꾀가 없이 미련하다. 사람들은 때로 이러한 도깨비의 미련함을 이용해 재물을 얻거나 이득을 보기도 한다. 그리고 도깨비는 노래와 춤을 즐기고 놀이를 좋아한다. 그런데 도깨비는 변화무쌍하여 잘 보이지도 않고 신통력을 가지고 초월적인 힘을 나타내는 등 다양한 재능을 지녔으나 사악한 기운과 잡귀를 막는 벽사의 주체인 귀면과 다른 부류로 구분한다.

156) 김종대, 1994,「한국의 도깨비 연구」,『민속학연구』5, 국학자료원.

2. 도깨비의 주요 자료

도455. 강진 사문안석조상(앞면) 조선

도깨비는 무정형의 존재로 그 형태를 알 수 없으나, 강진 사문안석조상과 소치 허련이 그린《채씨효행도(蔡氏孝行圖)》의〈귀화전도(鬼火前導)〉에 그 모습이 묘사되어 중요한 자료가 된다. 강진 사문안석조상(전남문화유산자료)은 원래 사문안골 월남사지(月南寺址)로 들어가는 입구에 있었는데, 1943년에 지금의 위치인 작천면 갈동리로 옮겼다고 한다. 석조상은 높이와 폭이 각각 122㎝, 50㎝이고 두께가 28㎝인 자연석을 약간씩 다듬어 세웠는데, 하단이 좁고 상단이 넓은 편이다. 석조상의 앞면과 좌·우측의 3면에는 모두 13구의 인물상이 음각되었고 지름이 155㎝가량인 대좌에는 간략한 연꽃무늬를 장식했다.[157)]

석조상 앞면(도455)에는 입상인 도깨비 2구와 얼굴과 가슴이 묘사된 도깨비 2구 등 모두 4구가 새겨졌다. 상체가 나체인 왼쪽 도깨비는 높이가 68㎝인데, 둥근 얼굴에 입과 코, 눈과 귀가 뚜렷하며 주먹을 쥔 오른손을 가슴에 댔고 왼손은 밑으로 내렸다. 허리끈과 대님, 버선 등이 표현된 하체는 짧고 빈약하다. 우측의 도깨비는 높이가 65㎝인 입상으로 머리에는 두 개의 뿔이 돋았는데, 입에는 송곳니가 드러났고 턱에는 수염이 가슴까지 뻗쳤다. 오른손에는 방망이를 들었는데 왼손은 밑으로 내렸다. 하체

157) 황호균, 2020,「강진 사문안 도깨비 석상의 조성배경 연구」,『향토문화』제39집, 향토문화개발협의회, pp.191~198.

는 바지를 입고 허리띠를 둘렀는데, 버선을 신은 발이 매달려 도깨비의 특징인 허약한 다리를 묘사했다. 앞면 우측에는 3구의 조상이 새겨졌는데, 상체만 새긴 1구와 키 큰 입상 1구, 좌상 1구 등 승려를 묘사한 것으로 보인다.

도456. 강진 사문안 석조상(우측면) 조선

석조상 우측면(도456)에는 입상 1구와 오른 다리와 발만 남은 조각상 1구를 새겼는데 도깨비로 추정된다. 입상 1구(도456-1)는 얼굴 부위가 파손되어 잘 살필 수 없으나 방망이를 손에 쥔 왼팔을 가슴에 올렸고 오른팔은 아래로 내렸다. 하체는 허리에 허리띠를 둘렀고 반바지를 입었다. 굵고 건장한 오른쪽 다리는 반듯하게 뻗었으나 허약한 왼쪽 다리는 구부려 오른쪽 다리 뒤에 붙였다. 도깨비는 왼다리가 허약하다는 전래의 관념을 잘 반영한 모습이다.

도456-1. 도깨비 세부

석조상 좌측면에는 입상 1구와 얼굴만 새긴 4구 등 5구가 조각되었는데 모두 승려를 표현한 것으로 보인다. 사문안 석조상은 사찰의 경계표시 또는 수호신과 같은 역할을 한 것으로 보이는데 월남사가 폐사되기 이전인 조선 중기인 16세기 이전에 조성된 것으로 추정했다.[158] 그리고 사문안 석조상은 승려와 도깨비가 함께 새겨져 불교적 요소와 민간신앙이 복합된 것으로 도깨비 연구에 중요한 자료가

158) 황호균, 2020, 앞의 글, pp. 202~213.

된다. 그런데 도깨비의 머리에 뿔이 돋았고 입에는 송곳니가 드러나 무서운 모습이지만, 방망이를 쥔 손을 가슴에 올렸고 한쪽 다리가 허약하게 묘사됨으로서 사귀를 쫓는 귀형이나 귀면과 다른 부류임을 알 수 있다.

《채씨효행도》는 평강채씨 채홍염(蔡弘念)의 효행을 기리기 위하여 소치 허련(許鍊)이 1868년(고종 6)에 그린 남종화풍의 화첩인데, 삽화인 〈귀화전도〉에는 도깨비와 도깨비불이 그려져 도깨비 연구에 중요한 자료가 된다.[159] 이 그림(도457)은 조선시대에 효자로 소문난 채홍염의 이야기로, 병든 아버지를 정성을 다해 봉양하던 아들이 아버지가 세상을 떠난 후, 아버지의 기일에 맞춰 돌아오는 산길에서 비바람을 만나 갈 수 없게 되자 대성통곡하며 울었다. 그러자 갑자기 도깨비[鬼]가 나타나 도깨비불[鬼火]를 밝혀 제시간에 도착해 제사를 지낼 수 있게 되었다는 사실을 그린 것이다.

《채씨효행도》는 비단에 채색하였는데, 산과 나무, 길과 물 등이 안정된 구도를 이루었고 울타리로 둘러싸인 초가 등이 남종화풍의 모습을 잘 나타냈다. 도깨비(도457-1)는 아이같이 작은 편인데 갸름한 얼굴에 눈과 입이 묘사된 괴상한 모습이다. 왼손에 활활

도457. 허련의 채씨효행도 귀화전도 조선 (개인소장)

도457-1. 귀화전도 세부

159) 김상엽, 2008, 「효자와 도깨비」, 문화재청 문화재검색.

타오르는 횃불을 치켜들고 채홍염이 앞을 잘 볼 수 있도록 안내하는 동작에서 도깨비가 사람에게 두려움을 주기보다 유익한 존재임을 나타냈다. 도깨비는 흐릿하고 마른 형상인데 이마에는 머리털이 질게 뭉쳤고 길게 벌린 두 다리는 허약한 편이다.

3. 귀면 차용

우리나라의 도깨비는 『삼국유사』 기이편(紀異篇)에 실린 「도화녀·비형랑」의 설화를 통해 그 존재가 신라(新羅)까지 거슬러 올라간다.[160] 신라의 제25대 진지왕이 죽은 후에 살아있는 도화랑과 동침해 귀신인 비형(簠形)을 낳았는데, 제26대 진평왕이 비형을 궁중에 불러 벼슬을 주고 정사를 돌보게 하였다. 그런데 비형은 밤마다 궁궐 밖으로 나가 귀중(鬼衆)을 모아 놓고 놀았다. 이 사실을 안 진평왕은 비형으로 하여금 귀중을 부리어 신원사 북쪽의 개천에 돌다리를 놓으라고 했고, 비형은 귀중을 시켜서 하룻밤 사이에 큰 다리를 놓아 귀교(鬼橋)라고 하였다. 따라서 비형은 두목으로 귀중을 부리어 초인간적인 능력을 발휘했는데, 귀와 귀중은 각각 도깨비와 도깨비 무리로, 귀교는 도깨비 다리 등으로 이해되거나 번역되어 신라 때부터 도깨비가 존재했음을 알려준다. 그리고 후대의 기록인 조선의 『왕조실록』과 『동국여지승람(東國輿地勝覽)』, 장계이의 『해동잡록』, 김안로의 『용천담적기(龍泉談寂記)』 등에도 귀(鬼)가 표기되었는데, 귀신의 장난과 행동거지를 통하여 귀(鬼)를 잡된 귀신의 한 부류인 도깨비로 번역하였다.

도깨비 연구자는 그 동안 허상인 도깨비를 귀형 및 귀면과 동일시하거나 이를 차용(借用)해 형상화하였다. 부여의 외리유적과 경주의 월지에서 출토한 귀형문전돌과 귀면기와를 도깨비전돌과 도깨비기와로 이름 붙여 도깨비를 귀형이나 귀면으로 간주했다.[161]

---

160) 李秉燾 譯註, 1977, 『三國遺事』 卷第一, 「桃花女 鼻荊郎」, 廣曺出版社, 原文 p. 43, 譯文 p. 212.

161) ① 임석재, 임동권, 진홍섭, 이부영, 1981, 『한국의 도깨비』, 열화당.
② 許聖姫, 2002, 『한국의 도깨비에 대한 연구』, 한국외국어대학교 대학원, pp. 30~32.

도458. 귀형문전돌 도면 (국립부여박물관)

도459. 녹유귀면기와 월지 통일신라 (국립경주박물관)

백제의 귀형문전돌(도458)은 두 종류가 출토하였는데 전술한 바와 같이 대좌가 바위로 이루어진 암좌와 연꽃으로 이루어진 연화좌의 차이를 지녔다. 귀형은 나신의 입상으로 대좌위에 두 팔을 벌리고 당당하게 서 있다. 두 어께에는 갈기 모양의 털이 솟았고 허리에는 허리띠가 채워졌다. 크게 벌린 입에는 혀와 앞니가 드러났고 두 눈은 눈동자가 돌출하였다. 이마에는 뿔이 돋지 않았다. 귀형은 괴수나 괴인과 같이 무섭게 표현되었으나 인간을 이롭게 하는 벽사의 신으로 도깨비와 차이가 있다.

통일신라의 귀면기와(도459)는 목조건물의 지붕마루에 사용된 마루끝기와로 녹유가 칠해져 화려하다. 정제된 귀면은 입을 벌려 이빨과 혀를 드러냈고 귀기가 서렸다. 두 눈은 도드라졌고 이마에는 영양의 가지뿔과 같이 분기했는데 턱과 얼굴에는 수염과 머리털이 수북하다. 이와 같은 귀면은 사귀를 막는 벽사로 각종 건축물과 기물에 장식되었는데 잡귀신인 도깨비와 다른 모습이다. 전돌과 기와에 장식된 이와 같은 귀형과 귀면은「강진 사문안석조상」과「귀화전도」에 나오는 도깨비의 모습과 많은 차이를 나타내 다른 존재임을 알 수 있다. 따라서 귀형과 귀면을 도깨비로 바꾸어 부를 수 없으며 귀형문전돌과 귀면기와를 도깨비전돌과 도깨비기와로 부르는 것은 부적합하다.[162] 그러나 무정형의 도깨비를 귀형이나 귀면으로 형상화할 수는 있으나 그 역할과 사용처가 달라, 서로 다른 두 존재사이의 차용(借用)에 불과한 것으로 간주된다.

동아시아의 중국과 한국, 일본에서 귀신의 존재는 회의자인 귀(鬼)로 대부분 표기한다. 중국은 이매망량과 다리가 하나인 독각귀를 포함해 모두 귀신이라고 하였고, 우리나라는 귀를 귀신 또는 도깨비로, 일본은 귀를 일괄해 오니[おに]로 부른다. 그런데 필자는 도깨비에 대해 문외한이지만, 귀면을 차용한 도깨비의 형상을 감안한다면, 우리나라 옛 문헌에 기록된 귀를, 귀신의 한 부류인 도깨비로 번역한 것은 중국의 이매망량이나 일본의 오니와 별다른 차이가 없는 회의자로 이해한 것으로 간주된다. 흔히 강시를 포함한 중국의 귀신은 괴이하여 두렵고, 우리나라의 도깨비는 괴이하나 장난을 즐겨 친근하며, 일본의 오니는 무시무시하여 잔인한 것으로 인식하는 것은 개념상의 편견일 뿐 큰 차이는 없어 보인다. 귀신을 비롯한 이매망량과 도깨비, 오니 등은 고대부터 동아시아에 널리 퍼진 같은 부류의 초자연적인 개념으로, 각국의 역사지리적인 환경에 의해 약간씩 다르게 묘사되었거나 기술되었을 뿐 그 전통과 속성에는 별다른 차이가 없을 것으로 보인다.

『석보상절』에 기록된 돗가비를, 회의자인 귀(鬼)와 다른 의미인 풍요의 신과 성인남자로 해석해, 우리나라 도깨비의 존재가 더욱 명확해진 반면에 그 범위는 상당히 축소되어 한정되었다. 전술한 귀형과 귀면장식, 「강진 사문안석조상」의 도깨비 등에 나타난, 이마에 돋은 외뿔과 쌍뿔, 방망이를 손에 쥔 장식의장 등, 『삼국유사』와 『조선왕조실록』, 『동국여지승람』과 『해동잡록』 등의 옛 문헌에 실린 귀(鬼)의 개념을, 『석보상절』에 실린 돗가비와 관련해 어떻게 해석하고 인식하느냐가 도깨비의 귀면 차용은 물론 도깨비의 정체 파악에 중요한 관건이 될 것으로 보인다.

---

162) 진홍섭, 1981, 「와당에 새겨진 도깨비」, 『한국의 도깨비』, 열화당, pp.23~42.

제2절. 용의 귀면 도용

1. 용의 개념

용은 상상의 동물을 형상화한 것으로, 갑골문의 「용(龍)」자는 뱀의 형상을 본 뜬 상형자로 머리에 신(辛)모양의 장식이 있다. 용은 기린·봉황·거북과 함께 사령(四靈)으로 불린 신령스런 동물로, 황제나 왕과 같은 최고의 권위를 빗대어 나타냈고 길상과 벽사의 상징성을 지녔다. 중국 위(魏)의 장읍(張揖)이 편찬한 『광아(廣雅)』「익조(翼條)」에는 용의 형상을 다음과 같이 묘사했다. 용은 "인충 가운데 우두머리로 그 모양은 다른 짐승들과 아홉 가지 비슷한 모습을 하고 있다. 즉, 머리는 낙타와 비슷하고, 뿔은 사슴, 눈은 토끼, 귀는 소, 목덜미는 뱀, 배는 큰 조개, 비늘은 잉어, 발톱은 매, 주먹은 호랑이와 비슷하다."고 했다. 이와 같이 용은 각 동물이 가진 최고의 장점을 모두 갖춘 것으로 조화능력이 무궁무진하고 물과 관련된 수신으로 신앙되었다.[163)]

동아시아의 용은 대개 중국 당나라 때 완성되었다. 당시의 용은 『회편세전(會編世傳)』의 구사삼정지설(九似三停之說)에 그 형상이 묘사되었다. 구사(九似)는 아홉 가지가 유사한 것으로, "용의 뿔은 사슴뿔을 닮았고, 머리는 낙타머리를 닮았으며, 눈은 귀신의 눈을 닮았고, 이마는 뱀의 머리를 닮았으며, 배는 지렁이의 배를 닮았고, 비늘은 잉

163) ① 한국정신문화연구원, 1990, 「용」, 『한국민족문화대백과사전』.
② 국립대구박물관, 2003, 『한국의 문양 龍』.

어비늘을 닮았으며, 발가락은 독수리발가락을 닮았고, 발바닥은 호랑이발바닥을 닮았으며, 귀는 소의 귀를 닮았다."고 했다. 이와 같은 구사삼정지설은『광아』「익조」에 묘사된 용의 형상과 거의 유사하나, 용의 눈이 토끼 대신에 귀신의 눈을 닮았다는 점이 다르다. 따라서 용의 눈이 귀신의 눈을 닮았다는 구사의 묘사에서, 용과 귀신의 상위가 분명하여 용과 귀신, 즉 용면과 귀면은 별도의 존재임이 확실해졌다.

용은 불교가 중국에 전래하면서 천왕팔부중(天王八部衆)의 하나로 불법의 수호자가 되었고, 수신으로 비를 내리게 하여 농작물의 풍작을 기원했다. 그리고 용은 백호·주작·현무와 함께 사신(四神)의 하나인 청룡이 되어 동방의 수호신이 되었고, 십이지신의 하나로 진시의 시직신장(時直神將)이 되었다. 또한 용은 사령(四靈)의 하나로 길상의 상징이 되어 그 역할과 쓰임새가 폭넓게 이루어졌다. 우리나라의 용은 삼국시대부터 조형화되었는데, 조선 중종 22년(1527)에 지은 최세진의『훈몽자회(訓蒙字會)』에서는 용을 우리말로 '미르'라고 하였다.

2. 용면 제기의 오류

귀면이 용면(龍面)이라는 주장은 확실한 근거가 없이 그 용어에 대한 잘못된 인식에서 비롯되었다. 귀신과 용은 그 개념이 전혀 다른데, 귀신의 얼굴인 귀면이 용의 얼굴인 용면이라는 착각을 하게 되었다. 귀면은 일제강점기에 일본인이 사용했던 일본말로 우리의 한국말이 아니기 때문에 귀면대신에 용면이라는 말을 사용해야 하고, 녹유귀면기와의 두 뿔 사이에 장식된 보주장식이 용의 보주와 관련되었고, 귀면기와에 새겨진「왕(王)」명이 용을 상징한다는 등 여러 도상 요소를 언급하면서 귀면기와를 용면기와로 불러야 한다는 주장을 펴 동아시아의 귀면연구와 학계에 적지 않는 혼란을 야기했다.[164)]

164) ① 강우방, 2000,「韓國瓦當藝術論序說」,『新羅瓦塼』, 국립경주박물관, pp.424~427.
② 강우방, 2007,『韓國美術의 誕生, 世界美術史의 定立을 위한 序章』, 솔

또한 우리나라의 귀면와는 일본 귀와의 영향으로 사용되어 귀면와를 용면와로 재고해야 한다는 견해[165]가 덧붙여져 귀면이 용면이라는 논란은 한동안 계속되었다. 그리고 귀면을 귀수(鬼獸)와 용수(龍獸), 귀룡(鬼龍)과 귀면용왕 등으로 잘못 불리기도 했는데, 우리나라의 문헌과 가사에서 귀면 관련의 용어가 다수 확인됨에 따라 부적합한 용어로 간주된다.[166]

일부 박물관에서는 전시실의 유물 설명카드를 비롯해 국고귀속 유물대장, 특별전 도록 등에 귀면대신에 용면이라는 부적합한 용어가 기입되는 촌극이 벌어지기도 했다. 현재는 용면이 잘못된 표기임을 알고 수면(獸面)이라는 말로 바뀌었는데 이 또한 옳지 않아 원래대로 귀면이라는 용어로 환원되어야 한다. 수면은 중국에서 귀면대신에 사용하는 말로 신령스런 신수(神獸)의 의미를 지녔는데, 우리나라에서 쓰이는 수면은 특정하지 않는 단순한 동물의 얼굴을 지칭해 신령 또는 벽사의 의미가 결여되었다.

필자는 그 동안 귀면과 귀와에 대한 용어를, 여러 문헌과 가사를 통해 새롭게 발췌해 제시함으로써 용면의 부당함과 귀와의 잘못된 점을 지적했다.[167] 그리고「귀면 관련의 문헌과 가사」에서 귀면나찰과 귀면불심(鬼面佛心), 어두귀면(魚頭鬼面)과 귀두, 수두(獸頭)와 수면, 나두(螺頭)와 나어두(羅魚頭) 등이 조사되어 우리나라의 귀면연구에 새로운 전기를 마련했다. 따라서 용의 얼굴인 용면은 귀신의 얼굴인 귀면을 도용한 신조어에 불과하며, 우리나라의 고문헌과 사료, 국어사전 등에는 용면이라는 말이 전혀 기록되지 않았다.

귀면은 일본인이 사용한 일본말이 아니라 예부터 동아시아의 중국과 한국, 일본에서 사용한 공용어로,『고려사절요(高麗史節要)』에 그 명칭이 기록되어 사용됨으로써 우리말이나 다름없다. 그리고 귀면은 '귀면불심'의 사자성어와 함께,『박씨전(박씨전)』과

---

165) 국립경주박물관, 2011,『月池出土 龍面文瓦 資料集』, p.7.

166) ① 白種伍, 2005,『高句麗 기와 연구』, 檀國大學校 大學院 博士學位論文, p.93. p.114 도면17.
② 귀룡과 귀면용왕은 귀(鬼)와 용(龍) 및 용왕을 단순히 조합시킨 성어(成語)에 불과하다.

167) ① 김성구, 2015, 앞의 글,『釜山기와』, 부산박물관, pp.237~238.
② 김성구, 2023, 앞의 글, pp.60~65.

『속사미인곡(續思美人曲)』, 판소리의 다섯 마당가운데 하나인 「수궁가」와 휴정이 쓴 「회심곡」 및 「별회심곡」 등에서 '어두귀면'이나 '귀면나찰(鬼面羅刹)' 등이 확인되어 고려와 조선시대에 널리 사용된 우리말이다. 또한 귀면은 사귀를 막는 벽사의 의미로 『우리말 사전』과 『국어사전』 등에 그 뜻이 풀이되었다. 귀면이 장식된 귀와(鬼瓦)는 '오니가와라(おにがわら)'로 불리는 일본만의 기와 명칭이 아닌, 우리나라의 기와 명칭으로 조선시대에 이미 사용되었다. 전술한 바와 같이 권별(1589~1671)이 저술한 『해동잡록(海東雜錄)』의 「정창손」조에는 '소살귀와(燒殺鬼瓦)'의 문구가 기록되어, 귀와가 조선 초기에 사용된 기와의 명칭임을 알 수 있다.

귀면의 두 뿔 사이에는 보주와 구슬, 산형(山形)과 여러 꽃 장식이 새겨졌는데, 용이 입에 물었던 여의주와 이마의 박산 즉 척목(尺木)과 다르다. 실제로 용의 이마에는 보주와 구슬, 꽃장식과 외뿔 등이 새겨진 경우가 거의 없어 귀면과 다른 존재임이 확실하다. 그리고 기와의 「왕(王)」자명은 벽사의 으뜸을 강조한 것으로 용의 상징인 왕권과 무관하다.[168] 이와 같이 귀면과 귀와는 우리나라의 여러 문헌과 가사에 나오며 국어사전에도 그 뜻이 풀이된 우리말이다. 귀면이 일제강점기에 일본인이 사용한 일본말이고, 귀와가 '오니가와라'로 불리는 일본기와의 명칭으로 잘못 인식해, 귀면을 용면으로 대신해 사용해야 한다는 주장은 처음부터 잘못 제기된 것이다. 따라서 용면은 귀면대신에 사용할 수 없는 근거 없는 신조어이며, 귀신 및 귀면이 용과 조합된 귀룡(鬼龍)이나 귀면용왕, 용과 귀를 수(獸)와 합성시킨 용수(龍獸)나 귀수(鬼獸) 등은 모두 부적합한 성어(成語)에 불과하다.

3. 귀면과 용장식의 상위

귀신과 용은 그 개념과 속성이 전혀 다르다. 귀신은 귀형·귀두·귀면·유익귀면·귀목·고리귀면 등 여섯 유형으로, 용은 용형과 용두 등 두 유형으로 구분되어 그 표현

168) 김성구, 2016, 앞의 글, pp.237~239.

도460. 귀형문전돌 외리유적 백제 (국립중앙박물관)

도460-1. 귀형 얼굴 세부

방식에 있어서도 차이가 많다. 이 가운데 귀형과 용형, 귀두와 용두는 서로 대비되어 귀신과 용의 차이를 간명하게 보여주었고 다른 귀신의 유형은 용의 유형이 묘사되지 않아 비교할 수 없으나 귀신의 특성을 잘 드러내 용과 다른 존재임을 알 수 있다. 그리고 전술한 『회편세전』의 「구사삼정지설」에서 '용의 눈은 귀신의 눈을 닮았다'는 구사(九似)의 묘사에서 용과 귀신의 상위가 이미 밝혀졌다. 따라서 용의 개념과 속성, 표현 방식 등이 귀신과 확실히 차이가 있음에도 불구하고, 귀면을 용면이라고 계속 주장하는 것은 일종의 명칭의 도용에 해당한다고 할 수 있다.

귀형과 용장식의 차이를 잘 보여주는 주요 자료는 부여 외리유적에서 출토한 백제의 두 전돌[塼]이다. 전돌에 배치된 귀형(도460)은 연화좌 위에 팔을 펼친 나신의 입상인데 어깨에 갈기가 뻗치고 앞을 주시한 정면관이다. 얼굴(도460-1)에는 털이 수북하며 이마에는 뿔이 돋지 않았다. 이외 암좌에 직립한 귀형문전돌도 출토되어 귀형의 위상을 살필 수 있다. 전돌에 배치된 용(도461)

도461. 용문전돌 외리유적 백제 (국립부여박물관)

은 반룡인데 몸통을 구부린 측면관으로 승천하는 모습이다. 얼굴(도461-1)은 몸체에 비해 큰 편이며 이마에는 뿔이 사슴뿔모양으로 길게 분기했다. 그런데 같은 유적지에서 출토한 두 전돌은 정면관의 귀형과 측면관의 용이 입상과 승천하는 모습으로 다르게 표현되어 그 차이를 가장 잘 나타냈다.

도461-1. 용 얼굴 세부

통일신라의 귀면과 용은 암막새에 다르게 장식되어 벽사와 길상을 나타냈다. 경주 석굴암에서 출토한 암막새(도462)는 정면향의 귀면이 중심장식을 이루었고 양측에는 귀기가 구름처럼 뻗쳤다. 입은 길쭉하며 눈동자가 돌출했는데 눈썹이 굵은 편이다. 귀는 길고 이마의 뿔은 소뿔형으로 안쪽으로 굽었다. 동형의 암막새가 불국사에서 출토했는데 통일신라 후기의 작례를 나타냈다. 통일신라의 암막새(도463)에 새겨진 용은 단룡(單龍)으로 측면관으로 묘사되었다. 용은 목을 S자형으로 구부렸고 네 발을 뻗쳤는데 몸통이 유연하고 탄력적이다. 입에는 서기가 서렸고 이마에는 뿔이 길게 뻗쳤다. 그런데 통일신라시대에는 암막새에 단룡뿐만이 아니라 쌍룡이 배치되어 상당히 성행했다.[169]

도462. 귀면문암막새 석굴암 통일신라 (국립경주박물관)

도463. 용문암막새 경주 통일신라 (국립경주박물관)

창덕궁 수강재의 협문에 이

---

169) 高正龍, 2021,「統一新羅時代龍文軒平瓦の年代と分布」,『東アジア瓦研究』第7號, 東アジア瓦研究會, pp.24~30.

도464. 용문망와와 귀면문망와 창덕궁 수강재 조선

도465. 백자청화주해 『세종실록』「오례의」 조선

어진 두 망와(도464)는 용과 귀면을 다르게 묘사해 그 상위가 뚜렷하다. 두 망와는 협문의 마루에 이어진 동시기의 조선시대의 기와로, 좌측 망와는 전신을 갖춘 용이 몸통을 구부린 채 측면관으로 새겨졌고, 우측 망와는 귀면이 몸체를 생략하고 얼굴 위주의 정면관으로 시문되어 전혀 다른 모습이다.

조선의 『세종실록』「오례의」에는 술자리에서 주인을 도와 손님에게 술을 부어 권하는 준작(準酌)의 예로 백자청화주해(白磁青花酒海)가 도해되었다.[170] 술항아리인 주해는 난간을 두른 육각형의 받침위에 놓였는데, 몸체가 매병처럼 높고 풍만하며 뚜껑에는 보주형꼭지가 달렸다. 그런데 백자청화주해는 1430년(세종 12) 명(明)의 선덕제가 조선의 세종대왕에게 보낸 청화운용백자주해와 유사한 것으로 간주하여 주목되었다.[171] 백자청화주해(도465)의 몸체와 뚜껑에는 구름 속에서 승천하는 용을, 항아리의 두 어깨에는 귀면이 그려져 용과 귀면을 구별할 수 있는 중요한 자료

170) 『世宗實錄』「五禮儀」, 국편 영인본 5책, 304면.

171) 방병선, 2005, 『왕조실록을 통해 본 조선도자사』, 고려대학교출판부.

도466. 수미단의 용과 귀면 백흥암 극락전 조선

가 된다. 용은 얼굴이 긴 모양으로 전신이 꿈틀대는 측면관으로 그려졌는데, 긴 촉수와 세 발가락을 지녔다. 머리와 이마에는 갈기가 휘날리고 뿔은 세 갈래로 분기하였다. 어깨의 두 귀면은 동형으로 정면관의 얼굴 위주로 그려져 용과 차이를 나타냈다. 입에는 송곳니가 드러났고 이마에는 두 갈래로 분기한 뿔이 돋았다.

영천 백흥암의 극락전 수미단(보물)에는 용과 귀면, 봉황과 가릉빈가, 사자와 코끼리 등이 장식되어 길상과 벽사를 나타냈다. 수미단의 하대 전면에는 귀면·용·용·용·귀면을 순차적으로 배열하여 귀면과 용의 차이를 나타냈다. 귀면과 용은 낙양각이 초각된 하대(도466)에 새겨졌는데 그 모습이 전혀 다르다. 귀면은 몸체를 생략한 정면관으로 입에 모란꽃을 물었고, 용은 온 몸이 묘사된 측면관으로 승천하는 모습이다. 경산 환성사의 대웅전 불단의 두 귀면(도467, 도468)은 정면관의 얼굴 위주로, 금강저나 손에 쥔 꽃가지를 입에 물었는데 이마에는 소뿔형의 뿔이 돋았다. 이와 같이 귀면의 특이

도467. 금강저를 입에 문 귀면 환성사 불단 조선

도468. 꽃가지를 입에 문 귀형 환성사 대웅전 조선

도469. 상여 용문마구리판 조선 (목인박물관)

도470. 상여 귀형문마구리판 조선 (목인박물관)

한 모습은 용에게는 전혀 찾아볼 수 없는 의장으로 그 차이를 잘 살필 수 있다.

상여의 보개에는 전면과 후면에 마구리판이 설치되어 용·귀면·방상시·인면·화훼 등이 투각되어 사자(死者)의 장송과 벽사를 나타냈다. 마구리판은 흔히 용수판으로 불렸는데, 용 이외에 귀면과 인면, 꽃 등이 장식되어 용수라는 명칭이 적합하지 않으며, 보개 앞뒤의 끝장식인 부재 명칭으로 차이가 있다. 목인박물관에 소장된 마구리판은 한 쌍인데, 용과 귀형이 각각 다르게 장식되어 그 차이를 나타냈다.[172] 용문마구리판(도469)은 반원형으로 둥근 테두리에는 네모난 결구 홈이 파여 있다. 구름 속의 용은 유연한 모습으로, 몸통을 구부린 측면관으로 투각되었다. 얼굴은 긴 편이고 입에는 여의주를 물었는데 이빨이 드러났다. 이마에는 분기한 뿔이 돋았고 몸통에는 비늘이 채색되었다. 귀형문마구리판(도470)도 반원형으로 둥근 테두리에 네모난 결구 홈이 파였다. 귀형은 정면관의 얼굴 위주로, 입에 초각된 초엽을 두 손으로 잡아 이채롭다. 입가에는 귀기가 서렸고 코는 두툼하며 두 눈은 돌출했다. 미간에는 특이한 삼각형장식이 새겨졌으며 이마에는 소뿔형의 뿔이 돋았다. 이와 같이 상여 보개의 전면과 후면에는 용과 귀형이 장식된 한 쌍의 마구리판이 설치되어 용과 귀형의 차이를 잘 나타냈다.

국립고궁박물관에 소장된 보(簠)는 제례 때 쌀밥[稻]와 기장밥[粱]을 담는 중요한 제

172) 목인박물관, 2014, 앞의 책, 도560·561

기(祭器)가운데 하나이다. 종묘제례 때 사용된 보(도471)는 놋쇠로 제작했는데 몸체와 받침이 모두 평면 장방형이다. 몸체의 측면에는 고리를 입에 문 용두 장식의 손잡이가 달렸고, 몸체의 앞면에는 귀두가 부착되어 용과 귀두의 차이를 나타냈다. 손잡이의 용두는 입을 벌린 장두형으로 고리를 물었는데 측면에 배치한 귀두는 원두형으로 다른 모습이다.

도471. 보(簠) 조선 (국립고궁박물관)

용의 얼굴을 뜻하는 용면은 신조어로 근거 없이 귀면을 도용했는데, 용과 귀면의 몇 자료를 비교하여 그 상위를 살펴보았다. 용은 용두를 제외하고 거의 몸체를 생략하지 않고 조형되며, 귀면은 귀형과 귀두를 제외하고 대부분 몸체를 생략하고 얼굴 위주로 부조하여 다른 모습이다. 귀면은 입에 연꽃이나 모란, 물고기나 금강저 등을 물기도 하고, 이마에는 「왕(王)」자를 새기거나 소뿔형과 가지뿔, 때로는 외뿔 등이 돋아 용과 다른 특성을 나타냈다. 그리고 날개가 달린 유익귀면과 고리를 입에 문 고리귀면, 얼굴의 두 눈만 간략히 새긴 귀목 등은 용의 형상에서는 전혀 찾아볼 수 없는 독자적인 의장이다. 그런데 용과 귀신의 다양한 유형 비교와 용면의 근거 없는 오류를 통하여 그 상위가 명확하게 밝혀졌음에도 불구하고, 귀신과 용, 즉 귀면과 용 얼굴을 제대로 구별하지 못하고 귀신이 용이고 귀면이 용면이라고 계속 주장하는 것은 일종의 명칭 도용으로, 귀면에 대한 몰이해와 인식 부족, 용의 과신(過信)에서 비롯된 잘못된 오류라고 할 수 있다.

제3절. 치우의 귀면 이용

1. 치우의 개념

치우(蚩尤)는 중국의 전설시대에 전하는 염제 신농씨(神農氏)의 후예로, 전쟁의 신 또는 구려족(九黎族)의 우두머리로 알려졌다. 치우는 황제 헌원씨(軒轅氏)와 여러 차례 전쟁을 벌여 탁록대전(涿鹿對戰)에서 패했으나 군신(軍神)과 벽사의 신으로 여기게 되었다. 최근 중국에서는 치우를 황제 헌원씨 및 염제 신농씨와 함께 중국의 3대 조상인 중화삼조(中華三祖)로 여겨 추앙한다.

중국 전한의 사마천이 편찬한 『사기(史記)』「오제본기(五帝本紀)」에는 치우에 대해 다음과 같이 기록되었다. 이를 요약하면 '신농씨(神農氏)의 나라가 쇠하여 제후들이 다투고 백성을 짓밟았으나 이를 제압하지 못했고, 헌원씨(軒轅氏)가 무력으로 제후를 쳐서 모두 복종하게 하였다. 그러나 치우가 가장 사나워 칠 수가 없었고, 염제는 제후들을 쳐서 복종시키려 했으나 모두 헌원씨에게 돌아갔다. 헌원씨는 덕으로 다스려 병사들의 전력을 떨쳤으며, 우(雨)·양(陽)·서(暑)· 한(寒)·풍(風) 등의 오기(五氣)를 다스려 오곡(五穀)을 심게 해 백성들을 어루만졌다. 판천(阪泉) 들에서 염제와 세 번 싸워 이겼다. 이 때 치우가 복종하지 않고 난을 일으키므로 헌원씨는 여러 제후들을 모아 탁록의 들에서 치우와 싸웠다. 드디어 치우를 사로잡아 죽이고 제후들이 헌원씨를 높이므로 신농씨를 대신하여 천자가 되었다.'는 내용이다.

『산해경(山海經)』을 비롯한 여러 문헌에서는 치우를 포악무도한 구려족의 우두머리로 보았다. 그리고 돌과 쇳가루를 먹고, 뿔이 두 개, 눈이 네 개이며, 손과 발이 여덟 개씩이고 입으로 안개를 뿜는 재주를 가진 귀신의 형상으로 묘사했다.[173] 또한 전쟁에서 처음으로 창과 방패를 무기로 사용했는데, 치우를 동으로 된 머리와 철로 된 이마를 가진 동두철액(銅頭鐵額)으로 묘사했다. 『사기』의 「봉선서(封禪書)」에서는 병주(兵主)가 치우에게 제사를 지냈으며, 『포박자(抱朴子)』에서는 유방이 풍패(豐沛)에서 군사를 일으킬 때 치우에게 제사를 올렸다고 기록되어, 치우를 전쟁에서 승리를 기원하는 군신으로 여기게 되었다.

김인희씨는 치우가 재앙을 상징하는 '치(蚩)'자와 욕심을 나타낸 '우(尤)'자가 결합해 서주시대에 등장했다고 전했다. 금문의 '치(蚩)'자가 발로 뱀을 밟고 있는 모습이므로 치우는 곧 뱀을 제어하는 무당, 또는 신으로써 세속적인 통치자이기도 하며, 중국 남방의 장강 중류에서 활동한 고대민족인 삼묘와 관련이 있다고 보았다. 그리고 청동 원료가 장강의 중하류에 대부분 분포했기 때문에 이를 차지하기 위한 남·북방의 대립이 치우와 황제 헌원씨의 싸움인 탁록대전으로 문헌상에 기록된 것으로 간주했다.[174]

조선 후기에 펴낸 『규원사화(揆園史話)』와 『환단고기(桓檀古記)』에는 치우를 치우씨(蚩尤氏)와 치우천왕(蚩尤天王)으로 부르고, 우리 민족의 역사 일부로 기록해 상당한 논란이 되었다. 『규원사화』는 1675년(숙종 1)에 북애자(北崖子)가 저술한 역사서 형식의 사화로, 치우를 단군왕검이 세운 고조선보다 300여년이나 앞선 신시(神市)시대의 우리 조상으로 기록했고, 치우에 대한 중국의 잘못된 기록을 반박하였다. 또한 치우는 환웅의 부하로 집을 만들고 병기를 제작했으며, 신농씨의 말기에는 중국 본토에서 천왕이 되었다고 했다.

『환단고기』는 1911년에 계연수(桂延壽)씨가 편집한 것을 1979년 이유립(李裕岦)씨가 출간한 유사역사학의 서적이다. 「삼성기(三聖紀)」편에는 치우천왕이 기원전 2707년에

---

173) 위키 미디어 재단, 2002, 「치우」, 『위키백과』

174) 김인희, 2011, 「고고유물을 통해 본 선진(先秦)이전 치우의 기원과 형상」, 『우리문화연구』 34, 우리문학회.

즉위하여 109년간 나라를 다스린 왕으로 기록되었다. 그리고 치우천왕은 배달국의 제14대 환웅인 지오지환웅으로 등장하며 중국의 기록과 달리 헌원에게 승리한 것으로 기록되었고, '치우'는 옛날 천자의 호칭이라고 했다.

우리나라 역사학계에서는『규원사화』와『환단고기』를 가짜역사서인 위서(僞書)로 보고 그 내용의 대부분을 부정하였다. 역사학계의 강단사학자들은 재야사학자들이 주장하는, 치우천왕이 지배한 시기가 신석기시대에 해당되어 일정한 정치조직이나 계급구조를 찾아볼 수 없으며, 구리 등 금속을 다루는 우리나라의 청동기시대와 많은 차이가 있다고 생각하였다. 과거에는『환단고기』을 주요 바탕으로 한 사이비역사학을 '재야사학'이라고 했는데, 최근에는 '유사역사학'이라는 용어가 제안되어 또 다른 논란이 계속되었다.[175]

2. 치우와 귀면의 차이

치우와 귀신은 그 개념을 통해 서로 다른 존재이고 그 의장도 차이가 있다. 치우는 군신으로 추앙된 전설상의 인물이고, 귀신은 죽은 자의 혼백과 관련된 관념적인 형상으로 다른 모습이다. 치우는 창과 방패를 쥔, 동두철액의 무시무시한 인물상으로 묘사되었으나, 귀신은 귀형 또는 귀면 등의 기괴한 모습으로 표현되어 그 모습이 다르다.

치우(도472)는 중국의 후한(後漢) 만기에 축조된, 기남한묘(沂南漢墓) 전실의 북벽 기둥에 그려져 중요한 자료가 된다. 치우화상(蚩尤畫像)은 온 몸에 갑옷을 입고, 칼과 창을 손에 쥐고 두 팔을 올린 정면관의 입상으로 무시무시한 모습이다. 치우는 크게 입을 벌려 이빨을 드러냈고 두 눈은 치켜져 날카롭다. 장두형의 얼굴에는 털이 수북하며 팔과 다리에는 갈기가 뻗쳤다. 발가락 사이에는 칼이 꽂혔고 이마에는 특이한 장식 위에 소뿔형의 뿔이 돋았다. 이와 같이 치우 형상은 부여 외리유적에서 출토한, 백제

175) 기경량, 2017,「사이비역사학과 역사파시즘」,『한국고대사와 사이비역사학』, 역사비평사, p.28.

의 귀형문전돌의 귀형과 비교될 수 있으나 그 의장이 전혀 다르며, 귀신의 얼굴을 표현한 귀면과도 많은 차이가 있어 다른 존재임이 분명하다.

박경은씨는 귀신의 한 유형인 귀형과 귀면을 괴수로 보고 귀면을 치우로 추정했다.[176] 치우는 진한대 이후 승리와 복상(福祥)을 구할 수 있는 군신이자 귀신의 수장으로 추앙되어 숭배를 받았던 신으로 해석하였다. 그리고 치우는 무기를 창안하고 어떠한 적이라도 물리칠 수 있는 막강한 힘을 지닌 승리의 군신으로, 사기(邪氣)나 악귀에 대항해서도 탁월한 능력을 발휘하는 벽사신이기 때문에 귀면을 치우로 간주하였다. 그리고 박성수씨는 2001년에 발간한 치우학회 창간 학술대회 논문집에서 치우는 환웅의 신시시대에 중국을 정벌한 용감한 장수로서 한국인의 조상이라고 주장했고, 경주 안압지에서 출토한 녹유귀면와를 치우라고 보았다.[177] 그런데 녹유귀면와의 귀면이 왜 치우인지에 대한 근거는 제대로 제시하지 않았고 치우가 귀면을 이용한 단순한 사례에 불과한 것으로 간주된다.

도472. 치우 기남한묘(沂南漢墓)
중국 한 (기남 한화상석묘박물관)

김인희씨는 치우가 한국인의 조상이라고 주장하는 학자들이 증거로 제시한, 녹유귀면와를 통하여 이의 조상설을 부정하였다.[178] 통일신라시대에 제작된 녹유귀면와의 귀면이 치우라고 주장한다면, 녹유귀면기와 즉 치우상이 중국 산동성 일대에서 발견되어야 하는데 경주에서 출토되어 차이가 있다고 보았다. 그리고 귀면은 청동기의

---

176) ① 朴景垠, 1999,「韓國 三國時代 古墳美術의 怪獸像 試論」,『溫知論叢』5, 溫知學會.
② 李秀美, 2005,『統一新羅時代 怪獸文 圖像 硏究』, 東國大學校 大學院 美術史學科, p.11.

177) 박성수, 2001,「치우천황과 민족사관」,『치우연구』창간호, 치우학회 학술대회 논문집.

178) 김인희, 2016,「綠釉鬼面瓦를 통해 본 蚩尤의 '한국인 조상설' 검토」,『동아시아고대학』, 제43집.

도473. 붉은 악마 로고 현대 (2002년 월드컵 홈페이지)

도473-1. 치우천왕의 얼굴

도철에서 기원한 것으로, 고문헌상에 기록된 도철과 치우는 공통점을 발견하기가 어렵다고 생각하였다. 녹유귀면와는 중국 당의 영향을 받아 통일신라시대에 제작되었기 때문에, 녹유귀면와의 귀면이 치우이고, 치우가 한국인의 조상이라는 증거가 될 수 없다고 간주했다.

치우천왕이 붉은 악마의 마스코트로 처음 등장한 것은 1999년 잠실운동장에서 열린, 한국과 브라질전의 국제축구경기대회였고, 그 후 2002년 FIFA 한일월드컵대회 때 비로소 공식적인 로고(도473)가 되었다. 치우천왕은 전술한 바와 같이 중국과 우리나라의 고문헌에 다르게 기록되었다. 중국의 『사기』와 『산해경』에는 치우가 염제 신농씨의 후예로 군신 및 구려족의 우두머리로 기록되었고, 우리나라의 『환단고기』에서는 치우천왕을 배달국의 14대 임금으로 기록했고, 73차례의 전쟁에서 한 번도 패하지 않은 군신으로 여겼다. 붉은 악마 응원단의 홈페이지에는 치우가 우리 한민족의 강력한 임금이었고 그 투혼의 이미지를 취하기 위하여 치우를 붉은 악마의 상징으로 선택했다고 하였다.

붉은 악마의 로고인 치우천왕의 얼굴(도473-1)은 경주 월지에서 출토한 녹유마루끝기와(도474)의 귀면과 상당히 유사하다. 로고의 치우는 얼굴이 원형으로, 입을 벌려 송곳니와 이빨을 드러냈다. 뭉툭한 코는 콧대가 매듭져 튼실하며 두 눈은 도드라졌고 눈썹이 짙게 뭉쳤다. 이마에는 소뿔형의 뿔이 돋았고 얼굴에는 귀기가 서려, 녹유마루끝기와의 귀면과 닮았으나 서로 다른 존재임을 알 수 있다. 따라서 귀면을 치우로 간주해 붉은 악마의 로고로 도안한 것은 힘차고 무시무시한 귀면의 위협적인 모습이 군신으로 추앙받는 치우의 투혼으로 승화되어, 월드컵 축구경기에서 승리를 간절히 바라는 많은 사람들의 열망이 반영된 것으로 이해해야 할 것이다.

도474. 녹유귀면문마루끝기와 월지 통일신라 (국립경주박물관)

제4절. 귀면과 무관한 키르티무카

1. 키르티무카의 개념

인도의 불교사원과 힌두교 및 자이나교의 사원에는 얼굴을 무섭게 묘사한 키르티무카가 장식되어 부처와 시바 신을 수호하고 이에 대한 벽사를 나타냈다. 키르티무카(Kirttimukha)는 영광을 뜻하는 키르티(kirtti)와 얼굴을 나타낸 무카(mukha)가 합성된 범어로 '영광의 얼굴'을 의미한다. 얼굴을 무섭게 묘사한 무시무시한 형상은 키르티무카뿐만이 아니라 그리스 신화에 나오는 고르곤과 중국의 도철, 동아시아의 귀면 등이 있는데, 그 특이한 얼굴과 비슷한 모티브 때문에 서로 비교되거나 관련된 존재로 인식하고 있다. 특히 귀면의 원류가 인도의 키르티무카이고, 키르티무카를 귀면과 동일시하거나 귀면으로 번역하여 학계에 적잖은 혼란을 초래했는데, 그 개념과 여러 자료를 통하여 서로 다른 존재임을 검토했다.

조지프 캠벨(Joseph Campbell)은 1974년에 펴낸『신화의 이미지』에서 인도의 키르티무카가 '영광의 얼굴'이라고 전했다.[179] '영광의 얼굴'에 관한 전설을 간략히 요약하면, 신들의 지위를 뺏을 정도로 막강한 힘을 가진 인도의 왕이 우주에서 가장 높은 신인 시바에게 도전했다. 왕은 시바 신의 아내인 파르바티 여신을 내놓으라며 괴물 라후를

179) ① 조지프 캠벨 지음, 홍윤희 옮김, 1974,『신화의 이미지』, 살림출판사, 2006. (Joseph Campbell,『The Mythic Image』.
② 永の尾信悟, 1989,「キ-ルティムカのはなし」,『インド思想史研究』6, インド思想史研究會.

신에게 전령으로 보냈다. 왕의 요구사항을 들은 시바 신은 눈썹사이에 있는 세 번째 눈이 떠지면서 번개가 나와 지구를 강타하더니 사자머리를 한 마귀의 모습이 되었다. 라후는 아연실색하여 신에게 자비를 빌었고 그를 보호해주었다. 그러나 아귀처럼 굶주린 사자머리 마귀는 먹이가 없어지자 시바 신에게 먹을 것을 달라고 애원했고, 시바는 가장 위대한 통찰력을 발휘하여 네 스스로 자신을 먹어치우라고 말했다. 그러자 그 괴물은 자신의 발과 손을 비롯하여 배와 가슴 및 목까지 모두 먹어치워 얼굴만 남게 되었다. 시바 신은 자기 소모라는 생명의 신비를 기쁜 마음으로 지켜본 후 미소를 짓고 '너는 지금부터 영광의 얼굴인 키르티무카로 불러질 것이며 영원히 나의 문 앞에 살게 될 것이다'라고 하였다.

키르티무카는 이와 같이 시바 신의 분노에서 화현(化現)한 무서운 얼굴로 형상화되었다. 그리고 키르티무카는 부처와 시바를 수호하고 사귀를 막는 벽사의 상징으로, 인도와 동남아시아의 불교사원은 물론 힌두교 및 자이나교의 여러 사원에 다양하게 장식되었다. 키르티무카는 6세기경부터 인도의 불전과 신전에 부조되어 성행했는데, 조지프 캠벨이 쓴 '영광의 얼굴'에 대한 전설은 인도 건축에 새겨진 이와 같은 괴물을 설명하기 위해 후대에 덧붙여진 이야기로 이해되고 있다.

키르티무카는 인도뿐만이 아니라 인도네시아와 캄보디아, 네팔 등 동남아시아에 전파되어 상당히 성행했다. 인도네시아는 키르티무카를 칼라(Kala)로 불러 사원 입구의 벽감(壁龕)이나 문비의 상인방에 조각했고, 때로는 대칭으로 장식된 한 쌍의 마카라(Makara)를 키르티무카가 내뿜는 꽃줄로 연결하였다. 네팔과 캄보디아에서는 사원의 출입구 상단의 토라나(torana)에 키르티무카가 조각되어 벽사와 장엄을 나타냈다.[180]

180) 立川武藏, 2012,「佛教の展開, 2 鬼瓦の源キ-ルティムカ(カ-ラ)」,『佛教史』第2卷, 西日本出版社, pp.382~385.

2. 키르티무카의 주요 자료

1) 아잔타석굴의 키르티무카

영광의 얼굴인 키르티무카는 인도와 동남아시아의 불교사원과 힌두교사원 및 자이나교사원 등에 장식되어 벽사와 수호를 나타냈다. 인도 마하라슈트라주의 아잔타석굴은 기원전 2세기경에 개굴된 전기 석굴과 기원후 5~7세기경에 조성된 후기 석굴로 구분된다. 전기 석굴은 승려가 거주하는 승원과 불탑을 모신 당(堂)이 세워졌는데 불상은 조각되지 않았다. 후기 석굴은 불상 예배가 성행해 승원의 내당과 벽면에 많은 부처가 모셔졌고 조각되어 굽타양식의 단정하고 섬세한 불교문화를 보여주었다. 29개의 석굴가운데 제1굴과 제19굴의 입구 기둥에는 서로 다른 모습의 키르티무카가 부조되었는데 6세기경에 제작된 것으로 알려졌다.

제1굴의 키르티무카는 입구의 8개 기둥가운데 두 번째와 일곱 번째의 기둥에 새겨졌다. 입구의 두 번째 기둥 상단에 부조된 키르티무카(도475, 도475-1)는 정면관의 얼굴위주로 의장되어 입에서 긴 꽃줄을 내뿜고 있다. 꽃줄은 모두 다섯 갈래인데, 네 갈래는 비천이 손으로 잡아 올렸고 한 갈래는 아래로 향했다. 굵은 줄[繩子]모양인 꽃줄은 분노한 키르티무카가 입에서 분출한 광기(狂氣)를 유려하게 묘사한 것으로, 보석과 구슬 등이 달려 보석줄과 구슬줄로 불리며 일본에서는 화망(花網)으로 일컫는다. 기둥에 부조된 키르티무카는 이빨을 무섭게 드러냈고 코에는 구멍이 파였다. 두 눈은 도드

도475. 인도 아잔타석굴 제1굴 입구 (신병찬)

도475-1. 기둥 상단의 키르티무카

도476. 인도 아잔타석굴 제19굴 입구 (신병찬)

도476-1. 기둥머리의 키르티무카

라졌고 귀는 겉이 꽃모양이다. 이마에는 꽃장식과 함께 뿔이 돋았다. 팔각기둥의 상단은 네모꼴로, 그 네 면에 키르티무카가 똑같이 새겨졌는데 상부의 기둥머리에는 부처와 비천이 장식되었다.

제19굴 입구의 키르티무카는 전면의 좌측과 우측의 기둥머리[柱頭]에 부조한 것과 우측면의 좌측 기둥머리에 부조한 것 등 두 종류로 나뉜다. 전면 좌측의 기둥머리에 부조한 키르티무카(도476, 도476-1)는 입에는 꽃줄이 장식되지 않았는데 송곳니와 앞니가 무섭게 드러났다. 얼굴에는 털이 수북하고, 두 눈은 반달모양으로 도드라졌다. 이마에는 꽃장식이 있고 굵은 뿔이 돋았다.

도477. 기둥머리의 키르티무카 인도 아잔타석굴 제19굴 입구 (다음 블로그)

우측면 기둥머리에 부조한 키르티무카(도477)는 얼굴이외에 두 다리를 갖춰 특이하다. 입에서 꽃줄이 세 갈래로 분출했고 이빨이 드러났고 두 귀는 꽃잎모양이다. 이마에는 꽃장식과 함께 굵은 뿔이 돋았다. 그리고 이외에 제1굴의 내부 기둥에도 키르티무카가 부조되어 부처를 수호했다.

2) 엘로라석굴의 키르티무카

인도 엘로라석굴은 불교와 힌두교, 자이나교의 석굴 등 모두 34개의 굴로 이루어졌는데 6세기부터 10세기에 걸쳐 조성되었다. 제16굴인 카일라샤사원(Kailasha Temple)은 힌두교사원으로, 난디당의 스탐바와 신전의 내부와 외부의 기둥에 여러 형상의 키르티무카가 부조되어 시바신의 수호와 벽사를 나타냈다. 카알라샤사원은 760년 라슈트

도478. 탑의 키르티무카 인도 카일라샤사원의 탑 (계림역사기행)

도478-1. 키르티무카 세부

도478-2. 키르티무카 세부

라쿠타(Rashtrakuta)왕조 때 바위산을 파내어 구축한 큰 사원으로, 시바와 관련된 우주의 산인 카일라샤산을 상징한다.

사원의 내부 중앙에는 난디당이 있고, 두 마리의 코끼리상과 스탐바로 알려진 두 탑이 조각되었다. 탑(도478)은 높이와 폭이 각각 15.5m와 2.4m인 큰 규모인데, 네 면에는 시바신과 관련된 조각들이 가득하다. 탑의 중간과 그 상단에는 키르티무카가가 부조되어 중요한 자료가 된다.[181]

탑 중간의 키르티무카(도478-1)는 정면관으로 얼굴이 도톰한데, 입에서는 꽃줄이 네 갈래로 분출해 다른 조상들과 이어졌다. 코는 위로 들렸고 두 눈이 튀어나왔다. 이마에는 뿔이 직립하여 다른 장식과 이어졌다. 탑 중간의 상단에는 네 면과 각 모서리에 2구씩과 1구씩인 12구의 키르티무카(도478-2)가 부조했는데 모두 꽃줄로 연결되었다. 키르티무카는 입을 벌려 세 갈래의 꽃줄을 분출했는데 중앙의 짧은 갈래에는 보주가 달렸다. 코는 콧구멍이 뚫렸고 두 눈이 튀어나왔는데 이마에는 뿔이 돋았다.

3) 카주라호사원의 키르티무카

인도 카주라호(Khajuraho) 기념물군의 서쪽 락슈마나사원과 칸다리아 마하데바사원, 비슈바나트사원 등에는 키르티무카가 사원의 벽면에 연이어 부조되어 중요한 자료가 된다. 카주라호 사원군은 찬델라왕조 때인 10~11세기경에 건립되었는데, 모두 힌두교와 자이나교의 유적으로 인도 예술의 최대 걸작에 속한다. 높은 기단위에 세워진 사원은 그 벽면을 신화의 다채로운 이야기로 꾸몄는데, 생명력이 넘치는 성적인 미투나상이 특이하다. 미투나(Mithuna)상은 남녀의 성행위를 표현하는 조각으로, 락슈마나사원과 칸다리아 마야데바사원 등의 외벽에 많이 부조되었다.

---

181) 계림역사기행, 2015. 3. 13,「3대 종교의 공존 - 엘로라석굴 제16굴 스탐바」, https://kelim.tistory.com/15717059.

도479. 벽면의 키르티무카 인도 락슈마나사원 (신병찬)

락슈마나사원은 카주라호 기념물군의 서쪽에 있는 사원으로, 외벽에는 시바와 비슈누 신, 요정과 미투나상, 코끼리와 말들이 섬세하게 조각되었다. 키르티무카(도479)는 외벽의 기단과 대석 등 각종 부재에 연속 부조했는데, 정면관의 얼굴이 살이 올라 도톰하다. 키르티무카(도479-1)는 다른 두 유형이 번갈아 부조했는데 입에서 분출하는 꽃줄로 이어졌다. 작은 코는 콧구멍이 뚫렸고 두 눈은 눈동자가 돌출하였다. 이마에는 튼실한 뿔이 돋았다.

도479-1. 키르티무카 세부

칸다리아 마하데바사원은 시바 신에 봉헌하는 사원으로 11세기전반경에 조성된 것으로 보인다. 마하데바(Mahadeva)는 시바 신이 '위대한 남신'이라는 것을 뜻하며, 그의 아내는 '위대한 여신'이라는 뜻의 마하데비(Mahadevi)로 불린다. 이 사원은 84개의 작은 돌탑인 시카라가 서로 겹치

도480. 벽면의 키르티무카 인도 칸다리아 마하데바사원 (신병찬)

면서 장중한 중앙 돌탑이 형성되었는데, 내부 중앙에는 신성한 지성소(garbha griha)가 위치한다. 시카라는 시바가 살고 있는 카일라샤산을 형상화한 것으로, 사원과 불탑의 외벽(도480)에는 수많은 미투나상과 키르티무카가 새겨졌다. 키르티무카(도480-1)는 벽면 대석에 1~5개씩 연속 부조했는데, 입에서 분출하는 꽃줄로 이어졌다. 키르티무카는 얼굴에 살이 올랐고 입에는 앞니가 드러났다. 낮은 코에 두 눈이 돌출했는데 귀는 길쭉하다. 이마에는 뿔이 돋아 안쪽으로 굽었는데, 락슈마나사원의 키르티무카와 다른 모습이다.

비슈바나트사원은 카주라호 기념물군의 서쪽에 위치한 사원으로 시바를 모셨다. 칸다리아 마하데바사원과 마찬가지로 현관과 대소의 집회당, 지성

도480-1. 키르티무카 세부

도481. 벽면의 키르티무카 인도 비슈바나트사원 (신병찬)

도481-1. 키르티무카 세부

소를 갖추었고 중앙의 지성소에는 링가(Linga)상이 안치되었다. 사원의 벽면(도481)에는 시바와 비슈누신, 요정과 말, 키르티무카와 여러 식물무늬가 치밀하게 새겨졌다. 키르티무카(도481-1)는 벽면 대석에 5~10개가 부조했는데, 입에서 분출하는 꽃줄로 연결되었다. 얼굴은 도톰하며 이마에는 뿔이 무섭게 돋았다.

4) 라낙푸르 자이나교사원의 키르티무카

북인도의 라낙푸르 자이나교사원에도 키르티무카가 다수 부조되었다. 15세기전반 경에 건축된 인도 최대 규모의 자이나교사원인 차우무카 만디르(Chaumukha Mandir)

는 자아나교의 창시자인 아디나타(Adinatha)에게 봉헌된 사원이다. 사원 전체가 하얀 대리석으로 축조되었는데, 1,444개에 달하는 대리석 기둥과 사원 내부의 벽면에는 다양한 인물상과 코끼리, 키르티무카와 꽃, 기하학무늬들이 섬세하게 새겨졌다.

도482. 문지방의 키르티무카 인도 라낙푸르 자이나교사원 (신병찬)

사원 중앙의 본당에는 4구의 아디나타 신상이 모셔졌다. 키르티무카는 대리석으로 축조된 기단과 대석, 조각상의 받침과 기둥 등에 연이어 새겨졌다. 문지방에 부조한 키르티무카(도482)는 2구로 얼굴이 무섭게 돌출하였다. 출입자의 보호와 사귀를 막는 벽사를 나타냈는데, 입을 벌려 두 갈래의 꽃줄을 분출했고 혀와 송곳니가 드러났다. 코는 콧구멍이 뚫렸고 두 눈의 눈동자가 튀어나왔다. 이마 중심에는 끝이 뾰쪽한 장식이 솟았고 외측에 뿔이 돋아 굽었다. 기둥에 새겨진 키르티무카(도483)는 2구 1조가 되어 가로방향으로 연속 이어졌다. 키르티무카는 입에서 두 갈래의 꽃줄이 분출하여 위로 굽었고 두 눈이 돌출하였다. 이마의 뿔은 밖으로 굽었다.

도483. 기둥의 키르티무카 인도 라낙푸르 자이나교사원 (신병찬)

5) 기타 사원의 키르티무카

인도네시아의 족자카르타 북부에 위치한 보로부두르(Borobudur)사원은 최대 규모의 불교기념물로, 샤일렌드라 왕조가 번성했던 때인 750년에서 842년 사이에 건립되었다. '보로부두르'는 산스크리트어로 '언덕위에 있는 불교사원'이라는 뜻이다. 보로부두르사원은 캄보디아의 앙코르와트와 미얀마의 바간과 함께 세계 3대 불교유적지로 꼽히는데, 샤일렌드라 왕조가 몰락한 이후 점차 피폐해졌고 장기간 화산재에 묻히고 밀림 속에 갇혀 있었기 때문에 현지인을 비롯해 많은 사람들의 기억에서 사라졌다. 그러나 1814년 자바 섬을 통치했던 영국 총독에 의해 발견되어 그 일부가 발굴조사와 복원공사를 거친 이후 1991년에 프롬바난사원과 함께 유네스코 세계문화유산으로 등재되었다.

기단과 난간에는 다양한 부조가 장식되었고 그 벽면에는 석가모니 일대기가 묘사되었다. 계단을 오르는 모서리와 입구에는 칼라와 마카라로 부르는 흉측한 괴물이 조각되어 수호신 역할을 하였다 기단 위에는 432개의 불감이 있고 그 안에 여러 불상이 모셔졌다. 상층에는 종탑 모양의 많은 스투파(Stupa)가 세워졌고, 가장 높은 정상부 중심에는 대승불교의 '공(空)'을 표상한, 속이 빈 큰 스투파 1기가 놓였다. 사원의 불감 상부와 출입문 상단에는 키르티무카가 부조되어 부처 수호와 벽사를 나타냈다. 상층 출입문의 아치형 상단에 새겨진 키르티무카(도484)는 정면관으로 묘사되어 무시무시한 모습이다. 입에는 날카로운 송곳니와 이빨이 드러났고 꽃줄이 아래로 뻗쳤다. 코 밑에는 콧수염이 뭉쳤고 두 눈은 눈동자가 돌출하였다. 온 얼굴에 털이 수북하며 이마에는 간략한 뿔과 꽃장식이 화려

도484. 계단 아치의 키르티무카 인도네시아 보로부두르사원 (다음 카페)

하다.[182)]

인도네시아의 욕자카르타 남부에 위치한 프롬바난(Prambanan)사원은 힌두교 사원으로, 힌두교 왕국인 마타람왕조에 의해 9세기경에 세워졌다. 힌두교는 창조의 신인 브라흐마와 유지의 신인 비슈누, 파괴의 신인 시바를 트리무르티[三主神]로 모시는데, 경내에는 시바신전을 중심으로 북쪽과 남쪽에는 브라흐마신전과 비슈누신전이 위치했고, 그 주변에는 불교사원을 포함한 크고 작은 사원들이 많이 배치되었다. 시바신전은 높이가 47m로 큰 규모인데, 외벽에는 여러 신상과 함께 비슈누신의 라마 왕자의 모험과 사랑을 노래한 '라마야나' 대서사시가 묘사되었다. 시바신전을 비롯한 여러 신전의 출입구에는 보로부두르 사원의 출입구에 부조한 키르티무카가 유사하게 장식되었다.

도485. 벽감(壁龕)의 키르티무카 인도네시아 프롬바난사원 (네이버 블로그)

신전의 벽감(壁龕, 도485)은 화려한 입상의 여신 위에 키르티무카와 마카라를 새겨 신상의 보호는 물론 벽사를 나타냈다.[183)] 마카라(Makara, 摩伽羅)는 물과 관련된 상상의 괴물로 인도에서는 전설적인 신수(神獸)로 여긴다. 마카라는 인도의 아잔타석굴을 비롯하여 동남아시아의 힌두 사원 등에 조각되어 사원을 지키는 수호신 역할을 한다. 벽감 상단의 키르티무카는 정면관으로, 입에는 이빨이 드러났고 꽃줄이 짧게 내려졌다. 코는 뭉툭하고 두 눈이 돌출했는데, 이마에는 뿔이 돋았고 그

---

182) ① 나무위키, 2011,「보로부두르」,『인도네시아의 세계유산』.
② 우당, 2012. 4. 27, [세계 최대 규모의 불교사원인 보로부두르], https://cafe.daum.net/snumd/3BTF/35?q.

183) lowkey, 2023. 1. 14,「잘란 인도네시아 족자여행 3편」, https://blog.naver.com/treatmeright/22298394415.

중심에 꽃장식이 놓였다. 마카라는 대칭을 이루며 입을 크게 벌렸고, 그 외측에는 서조가 장식되었다. 마카라는 몸통과 꼬리를 위로 굽혀 키르티무카의 양턱에 맞닿았고 그 외측으로 불꽃이 뻗쳤다. 키르티무카가 마카라와 함께 부조한 것은 남인도와 동남아시아의 불교 및 힌두사원에서 종종 발견되는데, 그 선례는 아잔타석굴의 제1굴에서 찾을 수 있다.

6) 벽면장식의 키르티무카

국립중앙박물관에는 불상과 키르티무카가 새겨진 벽면장식(도486)이 소장되어 중요한 자료가 된다. 인도 팔라왕조 때인 10세기경에 제작된 것으로, 높이와 너비가 53.5㎝, 34.5㎝이고 두께가 9.6㎝가량이다. 인도의 비하르와 뱅골지역을 지배한 팔라왕국(765~1200년)은 이슬람교도의 침입으로 불교가 점차 쇠퇴한 이후에도 불교를 계속 후원하여 기교가 넘치고 과장된 모습의 독특한 불교문화를 낳았다. 그리고 팔라왕국 승려들의 적극적인 전도에 의해 티베트의 불교문화가 더욱 발전하여 뿌리를 내릴 수 있게 되었다.

도486. 벽면장식의 불상·키르티무카 (국립중앙박물관)

불교 사원의 벽면을 치장한 건축부재는, 앞면을 세 부분으로 구분하여 불상과 키르티무카를 배치하였다. 상부에는 3개의 감실 안에 불 좌상이 1

구씩 모셔졌는데, 가운데 불상은 전법륜인이나 좌우의 불상은 합장을 취하여 다른 모습이다. 하부의 불상은 입상으로 시무외인을 취했다. 중앙에는 키르티무카 3구가 배치되었는데 좌우측 2구는 반쪽만 새겨져 다른 부재와 이어질 수 있도록 제작되었다. 키르티무카는 입을 벌려 혀와 이빨을 드러냈고 세 갈래의 꽃줄을 내뿜었다. 두 갈래는 길게 뻗쳐 좌우의 키르티무카의 꽃줄과 이어졌고 다른 한 갈래는 하단의 감실에 닿았다. 키르티무카는 콧등에 작은 구슬이 장식되어 특이하며, 두 눈은 눈동자가 돌출하였다. 이마 중심에는 꽃장식이 있고 그 좌우에는 뿔이 돋아 굽었다.

도487. 전돌의 키르티무카 인도 날란다유적 (네이버 블로그)

인도 날란다유적에서 출토한 전돌(도487)은 키르티무카가 장식되어 중요한 자료가 된다.[184] 날란다고고박물관에 「만(卍)」자문전과 함께 전시되었는데, 날란다의 대승원을 축조하기 위해 제작한 붉은 색의 건축부재이다. 날란다유적은 기원전 3세기부터 기원후 13세기까지 승려의 수행 장소인 대승원과 6세기경에 세워진 날란다대학이 위치한 유서 깊은 곳이다. 네모꼴 전돌[塼]은 테두리를 두르고 무시무시한 키르티무카를 부조했다. 입을 크게 벌려 두 손을 입속에 넣는 모습이 특이하며 두 손목에는 팔찌를 끼었다. 양 볼은 살이 올라 도톰하며 코는 구멍이 뚫린 채 위로 들렸다. 두 눈은 눈동자가 돌출하여 매섭고 눈썹이 짙은 편이며, 귀는 작게 묘사하였다. 이마와 머리에는 머리털이 나선형으로 길게 말렸다. 전돌은 9~10세기경에 제작된 것으로 추정되는데, 분노한 키르티무카가 입에서 분출하는 꽃줄 대신에 자신의 양 손을 입속에 넣어 씹고 있다는 점이 독특하다고 할 수 있다.

---

184) 서길수, 2021. 6. 8, 「실크로드(인도편) 날란다대학, 밝은 나라」, http://blog.naver.com/sokoguryo administrata de so gilsu.

도488. 불좌상의 키르티무카 인도국립박물관 (한국국제교류재단)

인도국립박물관에 소장된 여래좌상(도488)은 부처 상단에 키르티무카가 새겨져 벽사를 나타냈다. 높이가 35㎝가량인 작은 목제불상으로 19세기경에 제작되었다. 남인도에서는 힌두교 축제 때 사원의 신상이나 불상 등을 수레에 실거나 부착하여 행렬하는 의식이 행해졌는데, 그 당시 사원의 행상에 쓰인 수레에 부착한 것으로 보인다. 힌두교에서는 불교의 붓다를 비슈누 신의 아홉 번째 화신으로 여겼는데, 여래는 선정인(禪定印)을 한 좌상으로 조각되었다.[185] 부처 머리위에는 키르티무카가 조각되었고, 입속에서는 네 갈래의 꽃줄이 분출해 상하로 뻗쳤다. 두 눈은 부릅떴고 이마에는 뿔이 돋았다.

3. 귀면과 다른 키르티무카

인도와 동남아시아에서 성행한 키르티무카는 일부 사람들에 의해 귀면의 원류로 추정되거나 귀면으로 간주되어 학계에 상당한 혼란과 지장을 초래했다. 키르티무카는 얼굴 위주로 묘사되어 시바 신과 부처를 수호하고 사귀를 막는 벽사를 나타냈다. 그러나 전술한 바와 같이 그 개념과 의장이 귀면과 달라 서로 다른 존재로 간주된다. 키르티무카가 귀면의 원류이고, 키르티무카를 귀면으로 번역했거나, 같은 존재로 여겼던 사람은 일본인 다치카와 무사시(立川武藏)씨를 제외하고, 대부분 두 자료에 대한

185) 이주형, 2006,『인도의 불교미술』, 한국국제교류재단, 도50, pp.77~178.

충분한 검토를 거치지 않고 단순히 전언(傳言)에 의했거나 막연히 그렇다고 생각하는 수준에 불과했다. 전술한 바와 같이 귀면과 키르티무카의 개념을 올바르게 파악하고, 그 쓰임새와 유형적인 차이 등을 감안한다면 두 존재의 차이를 어렵지 않게 파악했을 것이다.

도489. 사래의 귀면단청 공주 마곡사 조선 (『聖なる幻獸』)

도490. 기둥의 키르티무카 네팔 불교사원 (『聖なる幻獸』)

일본인 다치카와 무사시씨는 공주 마곡사의 일주문 사래에 그려진 귀면단청(도489)을, 네팔의 티베트 불교사원 본당의 기둥 상부에 새겨진 키트티무카(도490)와 대비하여 귀면을 키르티무카로 잘못 간주했다.[186] 키르티무카는 얼굴 옆에서 두 손이 나왔고 입에서는 보석이 분출하여 귀면과 다른 모습이다. 마곡사 불전의 사래에 그려진 귀면은 근래에 칠해진 단청의 그림으로, 입을 벌려 혀와 앞니를 드러냈고 초엽이 묘사되었다. 두 눈은 돌출했고 온 얼굴에 털이 수북하여 키르티무카와 다른 모습이다. 이외에도 중국 금강역사상의 어깨에 새겨진 귀면과 일본 시가현(滋賀縣) 선수사(善水寺)의 증장천왕 상갑에 새겨진 귀면을 키르티무카로 잘못 간주했다.[187] 전술한 바와 같이 동아시아 불교사원의 사천왕상과 금강역사상은 중국식 갑옷인 명광개(明光鎧)의 전통을 이은 것으로, 상갑의 상단과 두 어깨에 새겨진 귀면은 키르티무카와 무관한 존재이다.

키르티무카는 입에서 광기(狂氣)를 묘사한 긴 꽃줄을 분출했는데, 귀면은 입에서 귀

---

186) 立川武藏, 2009,『聖なる幻獸』, 日本 集英社, p.41. 의 圖1-6과 p.40의 圖1-5.
187) 立川武藏, 2009, 앞의 책, pp.64~65. 의 圖1-18, 圖1-19.

도491. 인도 아잔타석굴의 키르티무카

도492. 인도 칸다리아 마하데바사원의 키르티무카

기를 넝쿨모양의 당초로 짧게 내뿜는 점이 다른 특징이다. 인도 아잔타석굴의 키르티무카(도491)는 6세기경에 장식되었는데, 입에서는 다섯 갈래의 긴 꽃줄이 분출했다. 네 갈래의 꽃줄은 좌우측의 비천이 잡아 올렸고 한 갈래는 아래로 내렸다. 인도 카주라호의 칸다리아 마하데바사원은 시바 신에 봉헌하는 힌두교사원으로 11세기경에 조성되었다. 사원의 외벽에는 많은 미투나상과 키르티무카가 새겨졌는데, 키르티무카(도492)는 벽면 대석에 1~5구씩 부조되어 입에서 분출하는 꽃줄로 연결되었다. 경주 월지에서 출토한 녹유귀면문기와(도493)는 지붕마루 끝에 이어진 통일신라의 기와로 8세기초에 제작되었다. 귀면은 입을 벌려 앞니와 혀를 드러냈는데 귀기가 넝쿨모양으로 짧게 뻗쳤다. 완주 송광사의 나한전에 사용된 귀면화반(도494)은 귀기가 당초모양으로 얼

도493. 녹유귀면기와 월지 통일신라 (국립경주박물관)

도494. 귀면화반 송광사 나한전 조선

굴 전체에 얽혔는데 매우 유려하다. 이와 같이 키르티무카와 귀면은 얼굴 중심의 정면관으로 무섭게 묘사되었으나, 입에서 분출하는 광기의 꽃줄과 귀기의 당초무늬, 두 눈과 귀, 이마의 뿔과 꽃 장식 등 세부적인 모습에서 많은 차이가 있다.

서하(西夏)의 배사 전탑(拜寺 塼塔)은 키르티무카 대신에 꽃줄이 분출된 귀면이 부조되어, 인도와 동남아시아에서 성행한 키르티무카와 동아시아에서 유행한 귀면장식이 서로 다른 존재임을 살필 수 있는 주요한 자료가 되었다.[188] 서하는 티베트계의 탕구트족인 이원호(李元昊)가 중국 서북부를 중심으로 1038년에 건국했는데, 1227년 몽골의 칭기즈칸에게 정복되어 멸망하였다. 불교를 신봉한 서하는 비단길을 통한 동서 교역을 통하여 세력을 확장했고 중국 한족의 문화와 탕구트의 고유문화가 결합되어 큰 발전을 이루었다. 닝샤 후이족 자치구(寧夏回族自治區)의 인촨(銀川) 허란산 기슭에서는 서하의 왕릉과 불탑이 발견되어 당시의 수준 높은 문화를 엿볼 수 있다.

배사 전탑은 배사구 지역에 위치한 쌍탑으로 배사구 쌍탑(拜寺口雙塔), 또는 상망탑(相望塔)과 부처탑(夫妻塔) 등으로 불린다. 두 탑은 동일한 13층 팔각전탑(도495)으

도495. 서하 배사의 서쪽 전탑 (다음 블로그)

188) 석보, 2013. 8. 4,「2013 실크로드기행 9 은천 배사」, https://cafe.daum.net/aicha/In Yu/402?q.

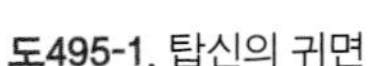

도495-1. 탑신의 귀면

도495-2. 귀면 세부

로 높이가 54m가량인 큰 규모이다. 1층에는 출입구가 있고 각 탑신(도495-1)은 신장상이 있는 소형감실과 귀면, 보주장식 등이 장식되어 화려하다. 귀면(도495-2)은 각 층의 탑신 모서리에 2개씩 부조했고 입에서 분출한 꽃줄로 연결되었다. 작은 구슬이 달린 꽃줄은 원래 키르티무카가 입에서 내뿜는 광기를 묘사한 것인데, 귀면의 입에 채용됨으로써 서로 다른 두 존재사이의 변환(變換)이 이루어졌음을 알 수 있다. 배사 전탑은 중국 북송 양식으로, 불교를 신봉한 서하왕국의 문화적 복합현상을 짐작할 수 있다. 탑신의 귀면은 입을 벌려 꽃줄을 내뿜고 송곳니와 앞니를 무섭게 드러냈다. 구슬이 달린 꽃줄은 일곱 가닥인데, 두 줄은 귀면과 이어졌고 다른 세 줄은 아래로 뻗쳤다. 두 눈은 돌출했고 이마는 도드라져 뿔이 분기했다. 이와 같이 인도와 동남아시아에서 성행한 키르티무카는 서역을 거쳐 서하에 전파했으나, 곧 바로 수용되지 못하고 키르티무카의 주요 특징인 꽃줄이 귀면의 장식의장으로 변환되는 모습을 살필 수 있다.

귀면은 얼굴 중심으로 무섭게 묘사되어, 인간의 생사와 관련된 삶과 죽음을 수호했다. 귀면은 귀형·귀두·유익귀면·귀목·고리귀면 등 여러 유형으로 표현되어 그 쓰임새에 따라 적절하게 벽사기능을 발휘했다. 키르티무카는 시바 신의 분노에서 화현한, 얼굴 위주의 무서운 모습으로 불전이나 신전 등의 입구나 벽면에 부조되어 부처와 시바 신을 수호하고 이의 벽사를 나타냈다. 귀면이 내뿜는 귀기는 초엽이나 당초와 같은 넝쿨모양, 또는 구름모양으로 묘사되어 키르티무카가 내뿜는 광기의 긴 꽃줄과 다른 모습이다. 그런데 키르티무카의 입에서 분출하는 꽃줄은 자신의 분노와 무서움을 나타낸 독특한 의장으로 동아시아의 귀면과 구별되는 주요한 요소가 되었다.

우리나라의 귀면장식은 서기 357년에 축조된 안악3호분의 고구려 고분벽화에 처음 그려졌고, 키르티무카는 6세기경 인도 아잔타석굴의 기둥에 부조되어 그 조성시기가 상당히 차이가 있다. 동아시아의 귀면은 인도의 키르티무카 보다 앞선 시기에 출현해 키르티무카가 귀면의 원류라는 주장은 큰 오류임을 알 수 있다. 키르티무카는 시바 신의 화신으로 형상화되어, 불교사원과 힌두사원을 중심으로 부처와 시바 신을 수호하고 순례자를 보호하여 사귀를 막는 벽사기능을 나타냈다. 따라서 귀면은 주로 인간생활과 밀접하게 관련된 삶과 죽음의 벽사기능을 지녔고, 키르티무카는 불전과 신전에 장식되어 부처와 시바 신의 수호와 장엄을 나타냄으로써 서로 다른 유형적 차이와 함께 별개의 존재라고 할 수 있다.

참고문헌

1. 사료

『各船圖本』, 「戰船圖」, 서울대학교 규장각.

『高麗史節要』, 文宗 元年(1047).

『國朝喪禮補編』, 石床.

『三國史記』, 卷第三十三, 「屋舍」.

『三國遺事』 卷第一, 「桃花女 鼻荊郎」.

『成宗實錄』, 17年. 11月 10日, 己巳.

『世宗實錄』「五禮儀」, 凶禮 治葬.

『龍城誌(1-7책)』. 李羲·李秉楙, 1923.

『李忠武公全書』, 卷首 圖說, 全羅左水營龜船.

『李忠武公全書』, 卷首 圖說, 鬼刀.

『藏書閣圖書韓國本解題』 2-3, 地理類, . 韓國學中央研究院 藏書閣 編, 2005.

『正祖健陵山陵都監儀軌』, 규장각한국학연구원.

『太宗實錄』 7年 9月5日 己巳.

『確齋集』, 「경난록」, 이범석 필사본, 근대, 연세대학교 도서관

『海東雜錄』, 權鼈, 1670, 1798(일부 판각).

『화성성역의궤 건축용어집』, 경기문화재단, 2007.

『呂氏春秋』, 先識覽.

『山海經』, 〈西山經〉, 卷二 第七編 서차 4경, 邽山.

『說文解字』 鬼, 許愼.

『周禮』 卷31, 「夏官司馬」 第4.

『後漢書』 卷16, 列傳 第16 「鄧寇列傳」.

2. 단행본

강우방, 2007, 『韓國美術의 誕生, 世界美術史의 定立을 위한 序章』, 솔 출판사.

國立文化財硏究所, 2001, 『韓國考古學事典』.

국립중앙박물관, 1997, 『入絲工藝』.

국립중앙박물관, 2006, 『고구려 무덤벽화』, 국립중앙박물관 소장 모사도.

국외소재문화재재단, 2015, 『돌아온 와전 이우치 컬렉션』.

김도경, 2011, 『지혜로 지은 집, 한국건축』, 현암사.

김성구, 1992, 『옛기와』, 대원사.

김성구, 1999, 『옛 전돌』, 대원사.

김성구, 2004, 『백제의 와전예술』, 주류성.

김성구, 2018, 『한눈에 보는 제와(製瓦)』, 문화체육관광부, 한국공예·디자인문화진흥원.

김재근, 1994, 『한국의 배』, 서울대학교 출판부.

문화재관리국, 1976, 『종묘제기』.

민승기, 2019, 『조선의 무기와 갑옷』, 가람기획.

방병선, 2005, 『왕조실록을 통해 본 조선도자사』, 고려대학교출판부.

白種伍, 2005, 『高句麗 기와 연구』, 檀國大學校 大學院 博士學位論文.

예맥, 2008, 『아름다운 우리문화재』, 평양 조선중앙력사박물관.

옹기민속박물관, 2002, 『옹기문양』.

李秀美, 2005, 『統一新羅時代 怪獸文 圖像 硏究』, 東國大學校 大學院 美術史學科.

이주형, 2006, 『인도의 불교미술』, 한국국제교류재단.

이한상, 2004, 『황금의 나라 신라』, 감영사.

임석재, 임동권, 진홍섭, 이부영, 1981, 『한국의 도깨비』, 열화당.

장철수, 1995, 「제기(祭器)」, 『한국민족문화대백과사전』, 한국학중앙연구원.

鄭好燮, 2009, 『高句麗 古墳의 造營과 祭儀』, 高麗大學校 大學院 博士學位論文.

진홍섭, 1981, 「와당에 새겨진 도깨비」, 『한국의 도깨비』, 열화당.

한국정신문화연구원, 1990, 「용」, 『한국민족문화대백과사전』.

한국정신문화연구원, 1991, 「화반(花盤)」, 『한국민족문화대백과사전』.

養德社, 1966(昭和 41年). 『朝鮮古文化綜鑑』 第四卷.

立川武藏, 2009,『聖なる幻獸』, 日本 集英社.
平凡社, 1979,『世界考古學事典』上.
山本忠尙, 1998, 日本の美術12,『鬼瓦』, 至文堂.
森 郁夫, 2005,『日本の古代瓦』, 雄山閣.

3. 도록

국립경주박물관, 2000,『新羅瓦塼』.
국립경주박물관, 2001,『특별전 新羅黃金』.
국립경주박물관, 2011,『月池出土 龍面文瓦 資料集』.
국립경주박물관, 2018,『특별전 황룡사』.
국립김해박물관, 2011,『땅속에 묻힌 염원, 창녕 말흘리유적 출토유물』.
국립대구박물관, 2003,『한국의 문양 龍』.
국립대구박물관, 2007,『한국의 칼』.
국립문화재연구소· 미륵사지유물전시관, 2008,『미륵사지출토 금동향로』.
국립부여박물관, 2003,『百濟金銅大香爐』.
國立中央博物館, 1990,『井內孔寄贈瓦甎圖錄』.
국립진주박물관, 1992,『눈으로 보는 고대의 소리』.
국립청주박물관, 1990,『三國時代 馬具特別展』.
동아대학교박물관, 2001,『소장품도록』.
목인박물관, 2014,『용수판 579』.
미륵사지유물전시관, 2005,『전북의 옛 절터 출토유물』.
서울大學校 博物館, 1982,『渤海·高句麗·樂浪遺物』.
서울대학교·동경대학문학부, 2003,『해동성국 발해』.
유금와당박물관, 2008,『한국와당 수집100年 명품100選』.
육군사관학교 육군박물관, 2011,『육군박물관 도록』.
한성백제박물관, 2016,『고구려 고분벽화』.
함안박물관, 2004,『함안박물관도록』.
호암갤러리, 1995,『大高麗國寶展』.

陳永志 主編,『內蒙古出土瓦當』, 2003, 文物出版社.
조지프 캠벨 지음, 홍윤희 옮김, 1974,『신화의 이미지』, 살림출판사, 2006. (Joseph Campbell, 『The Mythic Image』.

4. 보고서

慶尙大學校博物館, 1998,『泗川 月城里古墳群』.
慶尙大學校博物館, 1998,『陜川玉田古墳群 Ⅶ-12· 20·24號墳』.
경주시, 2011,『경주 감은사지 동삼층석탑 해체수리보고서』.
계명대학교 한국학연구원, 2009,『高靈 池山洞 第73·74·75號墳 發掘調査』, 대가야 학술총서 7권.
국립경주문화재연구소, 2014,『四天王寺 回廊外廓 발굴조사보고서』.
국립경주박물관, 2010,『慶州 鷄林路 14號墓』.
국립공주박물관, 2009,『무녕왕릉 신보고서 Ⅰ』.
국립나주문화재연구소, 2006,『羅州 伏岩里 三號墳』.
국립나주문화재연구소, 2017,『羅州 伏岩里 丁村古墳』.
국립문화재연구소, 2005,『일본 도쿄국립박물관소장 오구라컬렉션 한국문화재』.
국립문화재연구소, 2009,『조선왕릉[Ⅰ]』.
국립문화재연구소, 2011,『조선왕릉[Ⅱ]』.
국립문화재연구소, 2014,『조선왕릉[Ⅵ]』.
국립문화재연구소, 2015,『조선왕릉[Ⅸ]』.
국립박물관고적조사보고 1, 1948,『호우총(壺杅塚)과 은령총(銀鈴塚)』, 을유문화사.
國立博物館, 1955,『慶州 路西里 雙床塚·馬塚·一三八號墳』, 國立博物館 古墳調査報告書 第二册.
國立博物館, 1960,『感恩寺址發掘調査報告書』, 國立博物館特別調査報告 第2册.
國立扶餘文化財硏究所, 1996,『彌勒寺遺蹟發掘調査報告書 Ⅱ』,
국립부여문화재연구소, 2011,『제석사지발굴조사보고서 Ⅰ』.
국외소재문화재재단, 2020,『일본 데즈까야마대학 부속박물관 소장 한국문화재』.
동국대학교 박물관, 2001,『영광 무악산 불갑사 자표조사보고서』.
東國大學校博物館·靈光郡, 2001,『靈光 母岳山 佛甲寺』.
木浦大學校博物館, 1990,『珍島 龍藏城』.

목포대학교박물관, 2019, 『珍島 龍藏城 王宮址 발굴조사종합보고서』..
목포대학교박물관, 2013, 『珍島 龍藏城 王宮址-발굴조사 중간보고-』.
文化財管理局 文化財硏究所, 1984, 『皇龍寺 遺蹟發掘調査報告書 Ⅰ』.
文化財管理局 文化財硏究所, 1986, 「傳燈寺 大雄寶殿」, 『韓國의 古建築』 第8號.
文化財管理局, 1986, 「전등사 대웅보전」, 『한국의 고건축』 제8호.
文化財管理局 文化財硏究所, 1992, 「佛甲寺 大雄殿 解說」, 『韓國의 古建築』 第14號.
문화재청, 2004, 『豐南門 실측조사보고서』.
文化財廳, 2004, 『佛甲寺 大雄殿 修理 報告書』.
문화재청·佛敎文化財硏究所, 2022, 「梁山市 通度寺 大雄殿 佛壇」, 『한국의 사찰문화재, 2021 전국 사찰 불단 일 제조사 6』,
문화재청·佛敎文化財硏究所, 2022, 「金井區 梵魚寺 大雄殿 佛壇」, 『한국의 사찰문화재, 2021 전국 사찰 불단 일제조사 5』.
문화재청·佛敎文化財硏究所, 2022, 「金井區 梵魚寺 八相殿 佛壇」, 『한국의 사찰문화재, 2021 전국 사찰 불단 일 제조사 5』.
문화재청·佛敎文化財硏究所, 2022, 「順天市 桐華寺 大雄殿 佛壇」, 『한국의 사찰문화재, 2021 전국 사찰 불단 일 제조사 4』.
문화재청·佛敎文化財硏究所, 2022, 「順天市 定惠寺 大雄殿 佛壇」, 『한국의 사찰문화재, 2021 전국 사찰 불단 일제조사 4』.
문화재청·佛敎文化財硏究所, 2022, 「求禮郡 華嚴寺 圓通殿 佛壇」, 『한국의 사찰문화재, 2021 전국 사찰 불단 일제조사 4』.
박근남, 2013, 『김천 직지사 천왕문 사천왕상 및 복장유물조사보고서』, (재)불교문화재연구소.
扶餘文化財硏究所·忠淸南道, 1993, 『扶餘 舊衙里 百濟遺蹟 發掘調査報告書』.
안악군 안악3호분 1949, 1957, [유적발굴보고 3집] 황남, 고고.
(財)慶尙北道文化財硏究院, 2015, 『浦項 法光寺址發掘調査中間報告 Ⅱ』.
전남대학교박물관, 1990, 『武珍古城』Ⅰ, Ⅱ.
충청남도역사문화연구원·公州市, 2007, 『公州 水村里遺蹟』.
한국문화재보호재단 외, 1998, 『상주 청리유적(Ⅰ)』.

文物出版社, 2004, 『國內城 -2000~2003年集安國內城与民主遺趾試掘報告』.
文物出版社, 2004, 『丸都山城 -2001~2003年集安丸都山城調查試掘報告』.

文物出版社, 2004,『丸都山城 -2001~2003年集安丸都山城調査試掘報告』.

法門寺博物館·中國陝西旅遊出版社, 1994,『法門寺』.

中國社會科學院考古研究所, 1997,『六頂山與渤海鎭』, 中國大百科全書出版社.

梅原末治, 1924,「慶州金鈴塚·飾履塚發掘調査報告」,『大正十三年度古蹟調査報告書』, 朝鮮總督府.

梅原末治 外, 1932,「慶州金鈴塚·飾履塚發掘調査報告」,『大正十三年度古蹟調査報告書 I 』.

有光敎一,「扶餘窺岩面の文樣塼出土遺蹟と遺物」,『昭和十一年度古蹟調査報告書』, 朝鮮古蹟研究會.

5. 논문

강우방, 2000,「韓國瓦當藝術論序說」,『新羅瓦塼』, 국립경주박물관.

기경량, 2017,「사이비역사학과 역사파시즘」,『한국고대사와 사이비역사학』, 역사비평사.

김선기, 2012,「백제시대 암막새 형식과 전개」,『문물연구 22』.

金誠龜, 1983,「多慶瓦窯址出土 新羅瓦塼小考」,『미술자료』제33호, 국립중앙박물관.

金誠龜, 1984,「統一新羅時代의 瓦塼研究」,『考古美術』제162·163號, 韓國美術史學會.

김성구, 2005,「고구려 기와의 분류와 그 변천」,『고구려와당』, 경희대학교 중앙박물관.

김성구, 2010,「황룡사 중심곽 출토 와전의 종류와 특징」,『황룡사 중심곽 출토유물』, 국립문화재연구소·경주시.

김성구, 2014,「조선시대의 마루기와와 그 특성」,『최근 기와출토유적과 조선시대의 마루기와』, 한국기와학회.

김성구, 2015,「한국의 기와연구와 주요 과제」,『釜山기와』, 부산박물관.

김성구, 2015,「황룡사지 출토 신라의 고식기와」,『황룡사 와전 및 철물 복원고증연구』, 국립문화재연구소·경주시.

김성구, 2016,「한국사원의 귀면장식과 김제 금산사출토「王」자명 귀면기와」,『불교사상과 문화』, 제8호, 중앙승가 대학교 불교학연구원.

김성구, 2019,「고려이후 한국기와의 변천과 특성」,『한국의 기와』, 경희대학교 중앙박물관.

김성구, 2023,「조선시대의 왕실 마루장식기와」,『동아시아 중·근세 왕실 마루장식기와 국제학술대회』, 국립해 양 문화재연구소·태안해양유물전시관.

김성구, 2023,「한국의 귀면장식과 그 정체성-귀면기와를 중심으로-」,『기와, 지붕을 장엄하다』, 제20회 한국기와학 회 정기학술대회, 한국기와학회.

김성구, 2024,「한국귀면의 유형분류와 그 정체성」,『한국기와학보』제9호, 한국기와학회.
김약수, 2019,「경산 환성사의 연혁과 가람배치와 유물」,『鄕土文化』第34輯, 大邱慶北鄕土文化研究所.
김유식, 2002,「統一新羅 綠釉瓦의 檢討」,『東岳美術史學』3, 동양미술사학회.
김인희, 2011,「고고유물을 통해 본 선진(先秦)이전 치우의 기원과 형상」,『우리문화연구』34, 우리문학회.
김인희, 2016,「綠釉鬼面瓦를 통해 본 蚩尤의 '한국인 조상설' 검토」,『동아시아고대학』, 제43집.
김종대, 1994,「한국의 도깨비 연구」,『민속학연구』5, 국학자료원.
김희찬, 2009,「고구려 귀면문와당의 형식과 변천」,『고구려발해연구』34집.
朴景垠, 1999,「韓國 三國時代 古墳美術의 怪獸像 試論」,『溫知論叢』5, 溫知學會.
박성수, 2001,「치우천황과 민족사관」,『치우연구』창간호, 치우학회 학술대회 논문집.
양종현, 2012,「경주지역 신라시대 귀면문마루끝장식기와 고찰」,『선사와 고대』, 제37호.
申昌秀, 1985,「皇龍寺址 廢瓦무지出土 新羅瓦當」,『文化財』第十八號, 文化財管理局.
유미나, 2014,「조선후반기의 統制營 水軍操鍊圖연구-국립진주박물관 소장《통제영수군조련도》병풍을 중심으-」,『美術史學研究』第281號.
윤용희, 2018,「신라 귀면와의 형식과 변천」,『신라기와의 편년』제15회 한국기와학회 정기학술대회 자료집.
이동주, 2013,「三國史記 屋舍條에 보이는 唐瓦의 실체-문헌적 접근-」,『동방학지』164, 연세대학교 국학연구원.
李秀美, 2005,『統一新羅時代 怪獸文 圖像 研究』, 東國大學校 大學院 美術史學科 碩士學位論文,
이인경, 2021,「《說文解字》'鬼' 부수 漢子와 고대 중국의 鬼文化」,『中國學論叢』第73輯, 고려대학교 중 국학연구소.
이종철, 2009,「민속미술에서 본 장승」,『한국 민속신앙의 탐구』, 민속원.
이지희, 2021,「7~8세기 동아시아 연유와전 제작기술의 확산과 의의」,『한국기와학보』제4호, 한국기와학 회.
이태호, 2006,「평양지역 8기의 고구려 벽화고분」,『남북공동 고구려 고분벽화고분 보존실태조사 보고서』제1 권, 문화재청
장경희, 2014,「보물 제440호, 통영 충렬사 팔사품(八賜品)연구」,『역사민속학』, 한국역사민속학회 제46호.
장경희, 2016,「고려 왕릉의 석인상」,『조선왕릉 석물조각사 I』, p.222, 국립문화재연구소.

전호태, 2006, 「퉁구사신총 벽화의 귀면」, [고구려 벽화고분], 한국역사연구회.
鄭好燮, 2009, 『高句麗 古墳의 造營과 祭儀』, 高麗大學校 大學院 博士學位論文.
許聖姬, 2002, 『한국의 도깨비에 대한 연구』, 한국외국어대학교 대학원.
홍선표, 2017, 『한국회화사통사1. 선사 고대회화』.
황호균, 2020, 「강진 사문안 도깨비 석상의 조성배경 연구」, 『향토문화』 제39집, 향토문화개발협의회.

關根龍雄, 1939, 「本邦上代の鬼瓦た就いて」, 『考古學雜誌』 29卷 5号.
高正龍, 2021, 「統一新羅時代龍文軒平瓦の年代と分布」, 『東アジア瓦研究』 第7號, 東アジア瓦研究會.
根江昌司, 1963, 「獸身紋鬼板通考(上・下)」, 『大和文化研究』 9卷 2号·6号.
藤澤一夫, 1964, 「鬼面の屋瓦」, 『日本美術工藝』 312号.
岩戸晶子, 2005, 「技術的觀點からみる統一新羅の鬼面文鬼瓦その抉りに注目して」, 『MUSEUM』, 東京國立博物館研究誌, No. 596.
永の尾信悟, 1989, 「キ-ルティムカのはなし」, 『インド思想史研究』 6, インド思想史研究會.
立川武藏, 2012, 「佛教の展開, 2 鬼瓦の源キ-ルティムカ(カ-ラ)」, 『佛教史』 第2卷, 西日本出版社.
山本忠尙, 1979, 「舌出し獸面考」, 『研究論集』 V, 奈良文化財研究所.
小杉一雄, 1938, 「鬼瓦考」, 『綜合古瓦研究』, 夢殿 18册.
長廣敏雄, 1969, 「鬼神圖の系譜」, 『六朝時代の美術研究』.
井內潔, 昭和42年, 「新羅棟端式瓦の展望」, 『鬼面紋瓦の研究』, 井內古文化研究室編.
井內功, 昭和42年, 「高句麗の鬼面紋屋瓦」, 『鬼面紋瓦の研究』. 井內古文化研究室編.
村田治郎, 1968, 「中國建築に用いられた鬼面紋概說」, 『鬼面紋瓦の研究』, 井內古文化研究所.

6. 기타

나무위키, 2011, 「보로부두르」, 『인도네시아의 세계유산』.
문화재검색, 김상엽, 2008, 「효자와 도깨비」, 문화재청.
불교문화재연구소, 2018, 『경주 황용사지 발굴조사 현장설명회 자료』.
불교문화재연구소, 2020, 『경주 황용사지 발굴조사 현장설명회 자료』
위키 미디어 재단, 2002, 「치우」, 『위키백과』
朝鮮日報, 1997, 「화보(7) 분단 50년, 첫 공개되는 북한문화재」.

한국콘텐츠진흥원, 문화콘텐츠닷컴, 「고구려 고분벽화이야기 수산리벽화분」.

계림의 국토박물관 순례, 「경주 신라 성덕왕릉」, https:/blog.daum.net/kelim/7749468, 2006년 3월 14일.

계림역사기행, 2015. 3. 13, 「3대 종교의 공존 - 엘로라석굴 제16굴 스탐바」, https://kelim.tistory.com/15717059.

서길수, 2021. 6. 8, 「실크로드(인도편) 날란다대학, 맑은 나라」, http://blog.naver.com/sokoguryo administrata de so gilsu.

석보, 2013. 8. 4, 「2013 실크로드기행 9 은천 배사」, https://cafe,daum.net/aicha/In Yu/402?q.

우당, 2012. 4. 27, [세계 최대 규모의 불교사원인 보로부두르], https://cafe.daum.net/snumd/3BTF/35?q.

lowkey, 2023. 1. 14, 「잘란 인도네시아 족자여행 3편」, https://blog.naver.com/treatmeright/22298394415.